Grenzen aktiver Produktionsbehinderung im Arbeitskampf

# Europäische Hochschulschriften

Publications Universitaires Européennes
European University Studies

**Reihe II**
**Rechtswissenschaft**

Série II Series II
Droit
Law

**Bd./Vol. 4108**

PETER LANG
Frankfurt am Main · Berlin · Bern · Bruxelles · New York · Oxford · Wien

Marcus Richter

# Grenzen aktiver Produktionsbehinderung im Arbeitskampf

PETER LANG
Europäischer Verlag der Wissenschaften

**Bibliografische Information Der Deutschen Bibliothek**
Die Deutsche Bibliothek verzeichnet diese Publikation in der Deutschen Nationalbibliografie; detaillierte bibliografische Daten sind im Internet über <http://dnb.ddb.de> abrufbar.

Zugl.: Köln, Univ., Diss., 2004

D 38
ISSN 0531-7312
ISBN 3-631-53542-2



www.peterlang.de

***Meinen Eltern***

# Vorwort

Die vorliegende Arbeit wurde im Sommersemester 2004 von der Rechtswissenschaftlichen Fakultät der Universität zu Köln als Dissertation angenommen.

Angeregt wurde das Thema meiner Dissertation durch Herrn Prof. Dr. Dres. Peter Hanau während meiner Tätigkeit als wissenschaftlicher Mitarbeiter an dem von ihm geleiteten Institut. Herr Prof. Hanau hat mein Interesse am Arbeitsrecht als Student geweckt und meine wissenschaftliches und berufliches Fortkommen stets gefördert. Hierfür gilt ihm mein Dank.

Nach der Emeritierung von Herrn Prof. Hanau übernahm Herr Prof. Dr. Ulrich Preis die Leitung des Instituts und die Betreuung meiner Dissertation. Ihm gebührt in jeder Hinsicht mein persönlicher und besonderer Dank. Ohne seinen Einsatz und seine Unterstützung hätte die Arbeit möglicherweise keinen, jedenfalls aber nicht einen so zeitnahen Abschluss gefunden. Hierfür vielen Dank!

In diesem Vorwort nicht unerwähnt bleiben dürfen die Freunde und Kollegen, die mich auf meinem wissenschaftlichen „Leidensweg" begleitet und in unnachahmlicher Weise unterstützt haben. Besonders zu erwähnen sind: Dr. Carsten Beck, Markus Brinkmann, Wiebke Brose, Nicole Clemens, Dr. Jan Eickelberg; Dr. Björn Gercke, Klaus Linde; Marc Sarburg, Dr. Birgitta Stindt, Ingo Wolfgarten und nicht zuletzt Silke Berkau. In dieser illustren Runde verdient besondere und deshalb gesonderte Erwähnung Felipe Temming, der hingebungsvoll wiederholt mit mir Rechtsfragen diskutiert und unter Einsatz seiner wenigen Freizeit das Manuskript mehrfach korrekturgelesen hat. Euch allen gilt mein Dank.

Schließlich möchte ich den Menschen Dank sagen, ohne die ich nicht und nicht wie ich bin wäre: Meinen Eltern. Sie haben mir mein Studium ermöglicht und mich in einer Weise unterstützt, die seinesgleichen sucht. Ohne Sie hätte es keine erfolgreichen Staatsexamen, geschweige denn einen erfolgreichen Abschluss meiner Dissertation gegeben. Sie haben mir stets den Rückhalt gegeben, den ich zur Bewältigung der sich mir in meinem Leben stellenden Hürden und Aufgaben benötigt habe. Für Eure liebevolle Unterstützung und das stets in mich gesetzte Vertrauen Danke ich Euch von ganzem Herzen.

Köln, den 29. September 2004

# Inhaltsverzeichnis

# Abkürzungsverzeichnis

| | |
|---|---|
| A | |
| a.A. | anderer Ansicht |
| a.a.O. | am angegebenen Ort |
| Abs. | Absatz |
| AcP | Archiv für die civilistische Praxis (Zeitschrift) |
| AFG | Arbeitsförderungsgesetz v. 25.6.1969 |
| AG | Amtsgericht |
| AiB | Arbeitsrecht im Betrieb (Zeitschrift) |
| AK/Bearbeiter, GG | Alternativkommentar zum Grundgesetz der Bundesrepublik Deutschland, hrsg. von *Wassermann* |
| AK/Bearbeiter, StGB | Alternativkommentar zum Strafgesetzbuch, hrsg. von *Wassermann* |
| AktG | Aktiengesetz v. 6.9.1965 |
| Alt. | Alternative |
| Anm. | Anmerkung |
| AöR | Archiv des öffentlichen Rechts (Zeitschrift) |
| AP | Arbeitsrechtliche Praxis – Nachschlagewerk des Bundesarbeitgerichts, hrsg. von *Bauer/Dörner/Hauck/Matthes/Oetker* |
| ArbG | Arbeitsgericht |
| ArbGeb | Der Arbeitgeber, (Zeitschrift) |
| ArbGG | Arbeitsgerichtsgesetz i.d.F. v. 2.7.1979 |
| AR-Blattei [ES] | Arbeitsrechts-Blattei, Entscheidungssammlung, hrsg. von *Dieterich/ Neef/ Schwab* |
| AR-Blattei [SD] | Arbeitsrechts-Blattei- Systematische Darstellung, hrsg. von *Oehmann/Dieterich* |
| ArbRGew | Arbeitsrecht der Gegenwart (Jahrbuch) |
| AuR | Arbeit und Recht (Zeitschrift) |
| Art. | Artikel |
| AuA | Arbeit und Arbeitsrecht (Zeitschrift) |
| Aufl. | Auflage |
| AÜG | Gesetz zur Regelung der gewerbsmäßigen Arbeitnehmerüberlassung (Arbeitnehmerüberlassungsgesetz) v. 3.2.1995 |
| B | |
| BAG | Bundesarbeitsgericht |
| BAGE | Amtliche Entscheidungssammlung des Bundesarbeitsgerichts |
| BB | Betriebs-Berater (Zeitschrift) |
| Bd. | Band |
| BDA | Bundesvereinigung Deutscher Arbeitgeberverbände |
| BetrVG | Betriebsverfassungsgesetz v. 15.1.1972 |
| BGB | Bürgerliches Gesetzbuch v. 18.8.1896 |

| | |
|---|---|
| BGB-AT | Allgemeiner Teil des Bürgerlichen Gesetzbuches |
| BGBl. | Bundesgesetzblatt |
| BGH | Bundesgerichtshof |
| BGHZ | Amtliche Sammlung von Entscheidungen des Bundesgerichtshofs in Zivilsachen |
| BK/Bearbeiter | Bonner Kommentar zum Grundgesetz, hrsg. von *Dolzer/Vogel/Graßhof* |
| Bl. | Blatt |
| BPersVG | Bundespersonalvertretungsgesetz, i.d.F. v. 15.3.1974 |
| BSHG | Bundessozialhilfegesetz i.d.F. v. 23.3.1994 |
| BT-Drs. | Bundestagsdrucksache |
| BVerfG | Bundesverfassungsgesetz |
| BVerfGE | Amtliche Sammlung der Entscheidungen des Bundesverfassungsgerichts |
| BVerwG | Bundesverwaltungsgericht |
| bzgl. | Bezüglich |
| C | |
| c.i.c. | culpa in contraendo |
| ca. | Circa |
| CR | Computer und Recht |
| D | |
| DAG | Deutsche Angestellten Gewerkschaft |
| DB | Der Betrieb (Zeitschrift) |
| DDR | Deutsche Demokratische Republik |
| ders. | Derselbe |
| dies. | Dieselbe |
| DAR | Deutsches Arbeitsrecht |
| DÖV | Die öffentliche Verwaltung |
| DuR | Demokratie und Recht |
| E | |
| EFZG | Gesetz über die Zahlung des Arbeitsentgelts an Feiertagen und im Krankheitsfall (Entgeltfortzahlungsgesetz) v. 26.5.1994 (BGBl. I 94, 1065), zuletzt geändert durch Art. 38 SGB IX v. 19.6.01 |
| ErfK/Bearbeiter | Erfurter Kommentar zum Arbeitsrecht, hrsg. von *Dieterich/Müller-Glöge/Preis/Schaub* |
| ESC | Europäische Sozialcharta |
| EuGH | Europäischer Gerichtshof |
| EuZW | Europäische Zeitschrift für Wirtschaftsrecht |
| EWiR | Entscheidungen zum Wirtschaftsrecht |
| EzA | Entscheidungssammlung zum Arbeitsrecht, hrsg. von *Stahlhacke* |
| F | |
| f., ff. | Folgende |
| FAZ | Frankfurter Allgemeine Zeitung |
| Fn. | Fußnote |
| FS | Festschrift |

| | |
|---|---|
| G | |
| GG | Grundgesetz für die Bundesrepublik Deutschland v. 23.5.1949, zuletzt geändert durch das Gesetz zur Änderung des GG vom 26.11.01 |
| ggf. | Gegebenenfalls |
| GK-BetrVG/*Bearbeiter* | Gemeinschaftskommentar zum Betriebsverfassungsgesetz, hrsg. von *Fabricius/Kraft/Wiese/Kreutz/Oetker* |
| GMH | Gewerkschaftliche Monatshefte |
| GWB | Gesetz gegen Wettbewerbsbeschränkungen |
| H | |
| HBV | Vereinigung des Handels und |
| HdVR/Bearbeiter | Handbuch des Verfassungsrechts, hrsg. von *Benda/Maihofer/Vogel* |
| Hess.Verf. | Landesverfassung des Bundeslandes Hessen v. 1.12.1946 |
| Hrsg. | Herausgeber |
| Hs. | Halbsatz |
| HStR/Bearbeiter | Handbuch des Staatsrechts, hrsg. von *Isensee/Kirchhof* |
| HzA | Handbuch zum Arbeitsrecht, hrsg. von *Leinemann* |
| I | |
| i.d.F. | in der Fassung |
| i.S. | im Sinne |
| i.V.m. | in Verbindung mit |
| IG | Industriegewerkschaft Metall |
| ILO | Internationale Arbeitsorganisation |
| IMSF | Institut für marxistische Studien und Forschungen |
| IT | Informationstechnologie |
| J | |
| JA | Juristische Arbeitsblätter |
| JherJB | Jherings Jahrbücher für die Dogmatik des bürgerlichen Rechts (Zeitschrift) |
| Jura | Juristische Ausbildung |
| JuS | Juristische Schulung |
| JZ | Juristenzeitung |
| K | |
| KJ | Kritische Justiz |
| KRG | Kontrollratsgesetz v. 30.11.1946 |
| KSchG | Kündigungsschutzgesetz i.d.F. v. 25.8.1969 |
| L | |
| LAG | Landesarbeitsgericht |
| LAGE | Entscheidungen der Landesarbeitsgerichte, hrsg. von *Stahlhacke/Lipke* |
| LG | Landgericht |
| Lit. | litera (Buchstabe) |

| | |
|---|---|
| LK/Bearbeiter | Leipziger Kommentar zum Strafgesetzbuch, hrsg. von *Jeschek/Ruß/Willms* |
| Ls. | Leitsatz |
| | |
| M | |
| m.w.N. | mit weiteren Nachweisen |
| MDR | Monatsschrift für Deutsches Recht |
| MitBestG | Gesetz über die Mitbestimmung der Arbeitnehmer (Mitbestimmungsgesetz) v. 4.5.1976 |
| MMR | Zeitschrift für Multi-Media-Recht |
| MüKo/Bearbeiter | Münchener Kommentar zum Bürgerlichen Gesetzbuch, hrsg. Von *Rebmann/Säcker/Rixecker* |
| MünchArbR/*Bearbeiter* | Münchener Handbuch zum Arbeitsrecht, hrsg. von *Richardi / Wlotzke* |
| MuSchG | Gesetz zum Schutze der erwerbstätigen Mütter (Mutterschutzgesetz) i.d.F. v. 17.01.1997 |
| | |
| N | |
| n.F. | neue Fassung |
| NJW | Neue Juristische Wochenzeitschrift |
| NJW-CoR | Neue Juristische Wochenzeitschrift – Computer Report |
| Nr. | Nummer |
| n.v. | Nicht veröffentlicht |
| NZA | Neue Zeitschrift zum Arbeitsrecht |
| NZA-RR | Neue Zeitschrift zum Arbeitsrecht – Rechtsprechungsreport |
| | |
| O | |
| OLG | Oberlandesgericht |
| OVG | Oberverwaltungsgericht |
| | |
| R | |
| RAG | Reichsarbeitsgericht |
| RdA | Recht der Arbeit |
| RG | Reichsgericht |
| RGZ | Amtliche Sammlung der Entscheidungen des Reichsgerichts in Zivilsachen |
| Rn. | Randnummer(n) |
| | |
| S | |
| s. | Siehe |
| S. | Seite / Satz |
| SAE | Sammlung Arbeitsrechtlicher Entscheidungen |
| SchuldR | Schuldrecht |
| scil. | Scilenter |
| SeeAE | Sammlung Seearbeitsrechtlicher Entscheidungen, hrsg. vom Verband Deutscher Reeder/Verband Deutscher Küstenschiffseigner |
| SGB III | Sozialgesetzbuch, Drittes Buch (Arbeitsförderung) v. 24.3.1997 |
| SK/Bearbeiter | Systematischer Kommentar zum Strafgesetzbuch, hrsg. von *Rudolphi/Horn/Günther/Hoyer/Wolters* |

| | |
|---|---|
| sog. | Sogenannte |
| SPD | Sozialdemokratische Partei Deutschlands |
| | |
| StGB | Strafgesetzbuch i.d.F. v. 13.11.1998 |
| str. | Streitig |
| StudKomm/Bearbeiter | Studienkommentar zum Strafgesetzbuch, hrsg. von *Joecks* |
| SZ | Süddeutsche Zeitung |
| | |
| T | |
| TVG | Tarifvertragsgesetz i.d.F. v. 25.8.1969 |
| | |
| U | |
| u.a. | unter anderem |
| Urt. | Urteil |
| usw. | und so weiter |
| | |
| V | |
| VCockpit | Vereinigung Cockpit |
| vgl. | Vergleiche |
| | |
| W | |
| Wistra | Zeitschrift für Wirtschaft, Steuer, Strafrecht |
| WM | Wertpapiermitteilungen |
| WSI-Mitt. | Mitteilungen des Wirtschafts- und Sozialwissenschaftlichen Instituts des Deutschen Gewerkschaftsbundes |
| | |
| Z | |
| ZHR | Zeitschrift für das gesamte Handels- und Wirtschaftsrecht |
| z.B. | zum Beispiel |
| | |
| ZfA | Zeitschrift für Arbeitsrecht |
| ZIAS | Zeitschrift für ausländisches und internationales Arbeits- und Sozialrecht |
| Ziff. | Ziffer |
| ZiP | Zeitschrift für Wirtschaftsrecht |
| ZPO | Zivilprozessordnung v.30.1.1877 i.d.F. v. 12.9.1950 |
| ZRP | Zeitschrift für Rechtspolitik |
| ZTR | Zeitschrift für Tarifvertragsrecht |
| zust. | Zustimmend |

## 1. Teil Problemstellung

Die Rechtswidrigkeit eines Arbeitskampfes kann sich aus verschiedensten Gründen einstellen. Letztlich lassen sich drei Kategorien für die Bewertung der Rechtmäßigkeit bzw. Rechtswidrigkeit eines Arbeitskampfes bilden: (1) Die den Arbeitskampf führenden **Parteien**, (2) das mit dem Arbeitskampf angestrebte **Ziel** und (3) das für die Durchsetzung der Forderung gewählte **Mittel**.

Die vorliegende Bearbeitung wird sich im Wesentlichen mit der letzten und wohl auch interessantesten der genannten Rechtswidrigkeitskategorien auseinandersetzen. Es wird untersucht, welche Mittel von den zum Arbeitskampf berechtigten Parteien zur Durchsetzung eines rechtmäßigen Arbeitskampfziels eingesetzt werden können. Anlass für eine solche Untersuchung besteht zur Genüge:

Das Bundesarbeitsgericht hat bereits in seiner ersten Entscheidung zum Arbeitskampfrecht im Jahre 1955 festgestellt, das Arsenal der Arbeitskampfmittel auf Arbeitnehmerseite werde nicht nur durch den Streik und den Boykott gebildet, sondern den Arbeitnehmern müssten auch solche Maßnahmen als Arbeitskampfmittel zur Verfügung gestellt werden, die erforderlich seien, um ein funktionierendes Tarifvertragssystem zu gewährleisten. Insoweit bestünde die „freie Wahl der Arbeitskampfmittel“. Ein geschlossenes System des Arbeitskampfs existiere nicht[1].

Ihr vom Bundesarbeitsgericht abgesegntes Recht auf freie Wahl der Arbeitskampfmittel im Blick versucht die Arbeitnehmerseite seither, weitere Arbeitskampfmittel und Streiktaktiken neben dem klassischen Arbeitskampfmittel des Flächenstreiks zu etablieren[2]. Im Zentrum ihrer Bemühungen steht dabei die

---

[1] BAG 28.1.1955, AP Art. 9 GG Arbeitskampf Nr. 1. Seither wenn auch mit anderer Begründung ständige Rechtsprechung: BAG 27.9.1957, AP Art. 9 GG Nr. 6; BAG 25.1.1963, AP Art. 9 GG Nr. 24; BAG 21.4.1971, AP Art. 9 GG Arbeitskampf Nr. 43; BAG 26.10.1971, AP Art. 9 GG Arbeitskampf Nr. 44; BAG 10.6.1980, AP Art. 9 GG Arbeitskampf Nr. 64; BAG 8.11.1988, AP Art. 9 GG Arbeitskampf Nr. 111. Der Grundsatz der „freien Arbeitskampfmittelwahl“ wurde zwischenzeitlich bestätigt durch das Bundesverfassungsgericht: BVerfG 26.6.1991, BVerfGE 84, S. 212, 224; BVerfG 2.3.1993, BVerfGE 88, S. 103, 114; BVerfG 4.7.1995; BVerfGE 92, S. 365, 393.

[2] BAUMANN/DÄHN-*DÄUBLER*, S. 91, 115ff.; IMSF-*BALDER*, S. 178, 183; BIEBACK/ZECHLIN-MÜCKENBERGER, S. 114, 121; DÄUBLER, Arbeitsrecht 1, Rn. 706ff. und 717ff.; DÄUBLER/*WOLTER*, Arbeitskampfrecht, Rn. 280q, 280wc, 280wf; GEGENWART, Arbeitskampf im Medienbereich, S. 42; HEILMANN/WAHSNER, DuR 1976, S. 378, 409; HENSCHE/KUSCHKA-*ZECHLIN*, S. 188, 189; HINDRICHS/MÄULEN/SCHARF, S. 57, 78; HOYER, AiB 1986, S. 243, 247; *DERS.*, DuR 1986, S. 387; LÜBBE-WOLFF, DB 1988, Beilage Nr. 9, S. 1, 4; MUHR-*HENSCHE*, S. 127, 138ff.; MÜLLER-GUERCKE, S. 95; NAUDITT, AuR 1987, S. 153, 154f.;

rechtliche Anerkennung der Betriebsbesetzung und der Betriebsblockade, von Warn- und Wellenstreik, des sog. „Bummelstreiks", des Spezialistenstreiks, der offenen oder verdeckten Schlechtleistung sowie der partielle Arbeitsniederlegung.

Mit den Arbeitskämpfen im Druck- und Pressebereich zu Beginn der 80er Jahre kam der Gedanke auf, dass eine Erweiterung des Kampfmittelarsenals der Arbeitnehmerseite zwingend erforderlich sei[3]. Man begründete dies damit, dass die modernen technischen Entwicklungen es dem Arbeitgeber ermöglichten, den Betriebsablauf mit nur wenigen Arbeitswilligen aufrecht zu erhalten, mit der Folge des Ausbleibens der erwünschten Streikwirkungen auf den Arbeitgeber. Könne der Arbeitskampf in der Form des Streiks die Herstellung der Verhandlungsparität nicht mehr leisten, müssten schon im Hinblick auf den Grundsatz der „freien Kampfmittelwahl" in das Arsenal zulässiger Kampfmaßnahmen der Gewerkschaften neue Taktiken und gegebenenfalls sogar die Produktion aktiv behindernde Maßnahmen, insbesondere die Betriebsblockade und die Betriebsbesetzung, aufgenommen werden[4].

Diese Gedanken aufgreifend, behauptet eine im Vordringen befindliche Ansicht - entgegen der ständigen Rechtsprechung[5] und noch herrschenden Meinung[6] -

---

SPIEKERMANN/BOBKE, Einstweilige Verfügungen im Arbeitskampf 1984 in der Metallindustrie, S. 19; STEINBRÜCK, Streikposten und einstweiliger Rechtsschutz im Arbeitskampfrecht der Bundesrepublik Deutschland, S. 170; *DERS.*, AuR 1987, S. 161ff.; TREBER, Aktiv produktionsbehindernde Maßnahmen, S. 148f. und 155; WENDT, Die Betriebsbesetzung, S. 124f.; WOLTER, AuR 1988, S. 355, 357f.; ZECHLIN, AuR 1986, S. 289, 291; *DERS.*, Streik, Strafrecht, Polizei; *DERS.*, AuR 1986, S. 289, 292.

[3] DÄUBLER/*BIEBACK*, Arbeitskampfrecht, Rn. 431; DÄUBLER, Arbeitsrecht 1, Rn. 708, 717; HOYER, AiB 1986, S. 243, 247; *DERS.*, DuR 1986, S. 387; LÜBBE-WOLFF, DB 1988, Beilage Nr. 9, S. 1, 4; WENDT, Die Betriebsbesetzung, 1984; DÄUBLER/*WOLTER*, a.a.O., 280wc, 280wf; ZECHLIN, Streik, Strafrecht, Polizei; *DERS.*, AuR 1986, S. 289, 292.

[4] neuestens TREBER, Aktiv produktionsbehindernde Maßnahmen, 1996; zuvor bereits: DÄUBLER/*BIEBACK*, Arbeitskampfrecht, Rn. 431; DÄUBLER, Arbeitsrecht 1, Rn. 708, 717; HOYER, AiB 1986, S. 243, 247; *DERS.*, DuR 1986, S. 387; LÜBBE-WOLFF, DB 1988, Beilage Nr. 9, S. 1, 4; WENDT, Die Betriebsbesetzung, 1984; DÄUBLER/*WOLTER*, a.a.O.; ZECHLIN, Streik, Strafrecht, Polizei; *DERS.*, AuR 1986, S. 289, 292.

[5] ***Zu Betriebsbesetzungen***: BAG 29.3.1957, AP Art. 9 GG Arbeitskampf Nr. 5; BAG 14.2.1978, AP Art. 9 GG Arbeitskampf Nr. 59; BAG 8.6.1982 - 1 AZN 289/81 (n.v. - juris); LAG Düsseldorf 24.2.1994, LAGE Art. 9 GG Arbeitskampf Nr. 54; LAG Bremen 6.5.1953, AP 1954, Nr. 87, S. 304, 308; LAG Hannover 25.5.1956, BB 1956, S. 924; LAG Hamm 6.11.1975, DB 1976, S. 343f.; LAG Hamm 27.10.1975, DuR S. 396; LAG Hamm 6.11.1975, DuR 1976, S. 402; AG Paderborn 15.7.1975, DuR 1976, S. 398; AG Paderborn 1.7.1975, DuR 1976, S. 400. ***Zu Betriebsblockaden***: BAG 7.11.1995, AP Art. 9 GG Arbeitskampf Nr. 138 und 139; BAG 21.6.1988 - 1 AZR 651/86, AP Art. 9 GG Arbeitskampf Nr. 108; BAG 21.6.1988 - 1 AZR 653/86, AP Art. 9 GG Arbeitskampf Nr. 109; BAG

die Zulässigkeit solcher Maßnahmen jedenfalls für den Fall, dass die zuständige Gewerkschaft bei Vorliegen einer erheblichen Paritätsverschiebung zu derartigen Handlungen aufruft[7].

---

8.11.1988, AP Art. 9 GG Arbeitskampf Nr. 111; BayOLG 7.10.1955, NJW 1955, S. 1806 (Streikposten/Gassenbildung); LAG Köln 2.7.1984, EzA Art. 9 Arbeitskampf Nr. 53; BGH 19.10.1954, AP § 125 StGB Nr. 1; LAG Schleswig-Holstein 25.6.1986, LAGE Art. 9 GG Arbeitskampf Nr. 29; LAG Hamm 26.3.1981, DB 1981, S. 1571, 1572; LAG München 2.6.1953, BB 1953, S. 858f; LAG München 11.2.1955, BB 1955, S. 1025; ArbG Lübeck 10.6.1993, EzA Art. 9 GG Arbeitskampf Nr. 111; ArbG Bad Hersfeld 20.6.1984 - 1 Ga 4/84 (n.v.); ArbG Bielefeld 23.5.1984 - 1 Ga 11/84 (n.v.); ArbG Darmstadt 19.6.1984 - 2 Ga 11/84 (n.v.); ArbG Detmold 28.5.1984 - 3 Ga 11/84 (n.v.); 28.6.1984 - 3 Ga 13/84 (n.v.); ArbG Elmshorn 23.5.1984 - 1b Ga 6/84 (n.v.); ArbG Essen 7.7.1984 - 4 Ga 22/84 (n.v.); ArbG Frankfurt 28.5.1984 - 2 Ga 11/84 (n.v.); 30.5.1984 - 2 Ga 10/84 (n.v.); 25.6.1984 - 2 Ga 14/84 (n.v.); 28.6.1984 - 2 Ga 13/84 (n.v.); ArbG Hamburg 13.7.1984 - 20 Ga 11/84 (n.v.); ArbG Kassel 7.6.1984 - 5 Ga 7/84 (n.v.); ArbG Köln 6.6.1984, BB 1984, S. 1297.

[6] AUKTOR, Der Wellenstreik im System des Arbeitskampfrechts, S. 43; BERGHAUS, Rechtsprobleme der Betriebsbesetzung und Betriebsblockade, 1989; BOBROWSKI/GAUL, Bd. II, H III, Rn. 30; BROX/RÜTHERS, Arbeitsrecht, Rn. 325a; BUCHNER, RdA 1987, S. 209, 217; DÜTZ, Arbeitsrecht, Rn. 655; HANAU/ADOMEIT, Arbeitsrecht, Rn. 322; HANAU, FAZ v. 3.1. 1987, Nr. 2, S. 13; GAMILLSCHEG, KollArbR I, S. 1057f; GELLERMANN, Grundrechte in einfachgesetzlichem Gewande, 2001; HENSSLER, SAE 1989, S. 130, 131f.; v.HOYNINGEN-HUENE, JuS 1987, S. 505, 513; KÄPPLER, JuS 1990, S. 619, 620; KONZEN, Anm. zum Urteil des BAG v. 21.6.1988 und 8.11.1988, EzA Art. 9 GG Arbeitskampf Nr. 75/76 (insb. S. 43ff.); KAPPES, DB 1993, S. 378f.; LÖWISCH, RdA 1987, S. 219, 221; LÖWISCH/RIEBLE, Arbeitskampf- und Schlichtungsrecht, 170.2, Rn. 324; LORITZ, DB 1987, S. 223ff.; *DERS.*, Symposion Arbeitskampfrecht, S. 117, 140; MÜLLER-RODEN, ZRP 1988, S. 161ff.; MünchArbR/*OTTO*, § 286 Rn. 58ff.; PICKER, ZfA, 1986, S. 199, 211f.; *DERS.*, Warnstreik, S. 160; *DERS.* Vertrags oder Kampfprinzip?, S. 34, 43 und 57; PREIS, Kollektivarbeitsrecht, § 119ff.; RONELLENFITSCH, BB 1987, Beilage Nr. 6, S. 1, 2; SCHWARZE, RdA 1993, S. 264, 270; STAUDINGER/*RICHARDI*, vor § 611 BGB, Rn. 955; MünchArbR-*RICHARDI*, § 2 Rn. 35 und § 233 Rn. 23 und 24; RIEBLE, Arbeitsmarkt und Wettbewerb, Rn. 1347; SCHAUB, Arbeitsrechtshandbuch, § 193 III, Rn. 21, 57 und 59; SCHOLZ, SAE 1984, S. 351, 353; SCHWITANSKI, Deliktsrecht, Unternehmensschutz und Arbeitskampfrecht, 1987; SEITER, SAE 1980, S. 154; *DERS.* Streikrecht und Aussperrungsrecht, S. 143f. und S. 522 m.w.N. in Fn. 44, 45; WEITNAUER, in FS H. Kaufmann (1972), S. 371; WESCH, Betriebsbesetzung, S. 209, 214; ZÖLLNER, FS Bötticher, S. 427ff.; vgl. auch die Begründung des „Professoren-Entwurfs“: BIRK/KONZEN/LÖWISCH/RAISER/SEITER, § 8, S. 51, 52.

[7] TREBER, Aktiv produktionsbehindernde Maßnahmen, 1996; auch DÜTZ, Arbeitsrecht, Rn. 645, weist darauf hin, dass im Falle einer völligen Unwirksamkeit des Streiks im klassischen Sinn aufgrund moderner technischer Entwicklungen eine Rechtfertigung von Betriebsbesetzungen zur Wahrung der Parität notwendig werden könnte. Jetzt sogar DIETERICH in ErfK/*DIETERICH*, Art. 9 GG, Rn. 273 und Otto in MünchArbR/*OTTO*, § 286 Rn. 63, die beide eine Zulassung dieser Kampfmittel dann für denkbar halten, wenn eine ausreichende Störung der Parität im Raume steht, wobei sie das Vorliegen einer derartigen Störung im Verhandlungsgleichgewicht bei den gegenwärtigen Umständen als noch nicht gegeben ansehen.

Bedenken gegenüber diesen Entwicklungen sind in mehrfacher Hinsicht angebracht. Zum einen, weil sie mit der bisherigen rechtlichen Beurteilung solcher Maßnahmen durch die Rechtsprechung brechen. Dies ist zwar kein zwingendes Argument, aber auch kein zu vernachlässigender Gesichtspunkt. Zum anderen ist die Konsequenz des Ansatzes der Befürworter der Zulassung alternativer Kampfweisen bedenklich. Ihr Ansatz läuft letztlich auf ein Arbeitskampfsystem hinaus, in dem der *Zweck alle Mittel heiligt*, soweit nur die jeweils anerkannten und damit zur Verfügung stehenden Mittel nicht mehr zur Zweckerreichung genügen. Es stellt sich doch die Frage, welche weiteren Mittel gegebenenfalls zuzulassen sein werden, wenn die derzeit in Rede stehenden Arbeitskampfmittel, wie die Betriebsbesetzung oder die Schlechtleistung, in Folge erfolgreichen Taktierens der angegriffenen Arbeitgeber nicht mehr ausreichen, um sie an den Verhandlungstisch zu zwingen.

Berücksichtigt man, dass der Arbeitskampf letztlich nur ein Mittel der Preisbildung am Arbeitsmarkt ist[8], er also ein vertragsrechtliches Instrument ist, spricht einiges dafür, dass auch für ihn Grenzen anzuerkennen sind, soweit er den ihn legitimierenden Boden der Privatrechtsordnung verlässt. Der anerkennenswerte Zweck heiligt eben nicht immer die zu seiner Durchsetzung eingesetzten Mittel.

Vor diesem Hintergrund ergibt sich die zwingende Notwendigkeit, die angesprochenen Kampfmittel und -taktiken auf ihre Zulässigkeit hin zu untersuchen. Dabei wird zu analysieren sein, inwieweit sich die neuen Arbeitskampfmittel in Qualität und Quantität von den bisherigen unterscheiden. Nach einer Konkretisierung des dogmatischen Rahmens des Streikrechts und der Grenzen des Arbeitskampfrechts wird geprüft, welche alternativen Formen des Arbeitskampfes von der Rechtsordnung noch umfasst und welche nicht bzw. nur eingeschränkt anerkannt werden.

Im Zentrum der Überlegungen wird dabei die Frage stehen, ob es sich beim Arbeitskampf tatsächlich um ein Sonderrecht zur Verbesserung der Verhandlungsposition um jeden Preis handelt oder ob er letztlich nur eine besondere Form der Vertragsverhandlung ist, bei der jeder auf das Recht beschränkt bleibt, die eigene vertragliche Leistung zurückzuhalten, bis es zum Abschluss eines neuen Vertrages kommt. Denn ist letzteres der Fall, dürfte jedenfalls all denjenigen Kampfmethoden eine Absage zu erteilen sein, die über die bloße Zurückbehaltung der eigenen Arbeitsleistung hinausgehend Druck auf die Gegenseite ausüben.

---

[8] GAMILLSCHEG, KollArbR I, S. 925; Brox/Rüthers, Arbeitskampfrecht, Rn. 8ff; SEITER, Streikrecht und Aussperrungsrecht, S. 121.

Bei alledem soll die Frage nach der Entwicklung gänzlich neuer Arbeitskampfmittel, also solcher Mittel, deren Zulassung bislang von der Arbeitnehmerseite nicht vorgeschlagen wurde, nicht vernachlässigt werden. Diesbezüglich bieten die Modernisierung der Produktionsabläufe und der vermehrte Einsatz von computergestützten Arbeitsabläufen, wie überhaupt der Einsatz computerbasierender Medien im Unternehmen, Anknüpfungspunkte für besondere Modifizierungen der Streiktaktik oder sogar ganz neuer Formen des Arbeitskampfes. Auch der Boykott könnte in Folge der Computerisierung einen zweiten Frühling im Bereich des Arbeitskampfrechtes erleben, indem etwa durch aktives bzw. passives Blockieren des Internetangebots die interne oder externe Unternehmenskommunikation unterbrochen wird.

Dass das Arbeitskampfrecht grundsätzlich für Erweiterungen des Kampfmittelinstrumentariums der Sozialpartner offen ist, wurde erst jüngst wieder durch die Anerkennung der Betriebsstilllegung als zulässiges Arbeitskampfmittel durch das Bundesarbeitsgericht[9] belegt. Tarifvertrags- und Arbeitskampfpraxis zeigen zudem, dass die Koalitionen an der Entwicklung neuer Taktiken arbeiten und deren Einsatz im Ernstfall auch nicht scheuen. Diesbezüglich ist neben der Entwicklung des Warnstreiks in der Form der „neuen Beweglichkeit“ und dem Wellenstreik auf den von der IG-Metall im Jahr 2002 eingesetzten „Flexi-Streik“[10] oder auf den vom Marburger Bund im Vorjahr angekündigten Computer- bzw. Bleistiftstreik der angestellten Ärzte hinzuweisen[11].

---

[9] BAG 25.1.1963, AP Art. 9 GG Arbeitskampf Nr. 24; BAG 22.3.1994, DB 1994, S. 738; BAG 27.6.1995, DB 1995, S. 1409, BAG 31.1.1995, AP Art. 9 GG Arbeitskampf Nr. 135.

[10] Beim „Flexi-Streik“ wird jeweils einen Tag lang ein Betrieb bestreikt, wobei vorher nicht bekannt gegeben wird, zu welchem Zeitpunkt welcher Betrieb oder welches Unternehmen von der Maßnahme betroffen sein wird. Zur Taktik gehört dabei auch, dass ein Unternehmen oder Betrieb auch wiederholt bestreikt werden kann. Auf diesem Wege soll die „kalte Aussperrung“, also Aussperrungen durch mittelbar betroffene Arbeitgeber, verhindert werden.

[11] Deutsches Ärzteblatt, 2001, S. 1; Rheinisches Ärzteblatt, 2001, S. 14; Kölnische Rundschau, vom 15.11.2001; http://marburger-BUND.de/bundesverband/pressestelle/ mitteilungen.

# 2. Teil Systematik der Arbeitskampfmittel

## § 1 Besondere Arbeitskampfmittel

### A. Kollektive Arbeitsniederlegung

#### I. Begriff

Das nach wie vor bedeutendste Kampfmittel der Arbeitnehmerseite ist der früher[12] noch als „Ausstand" bezeichnete Streik. Hierunter wird ganz allgemein die kollektive planmäßige Arbeitsniederlegung trotz vertraglich geschuldeter Arbeitsleistung mit dem Willen zur Fortsetzung der Arbeit nach Erreichen des Kampfzieles und Beendigung des Arbeitskampfes verstanden[13]. Er dient der wirtschaftlichen Druckausübung auf den Arbeitgeber, um diesen bzw. den mittelbar betroffenen Arbeitgeberverband zum Abschluss von Tarifverträgen zu bewegen.

Üblich war zunächst die Durchführung sogenannter Voll- oder Flächenstreiks[14]. Bei dieser Form des Streiks werden alle gewerkschaftlich organisierten Arbeitnehmer im Geltungsbereich eines Tarifvertrages, regelmäßig sogar die Außenseiter, zur Arbeitsniederlegung aufgerufen. Beabsichtigt ist, dass möglichst viele Arbeitnehmer eines Tarifgebiets ihre Arbeit bis zum Erfolg oder Misserfolg des Arbeitskampfes einstellen.

Später gingen die Gewerkschaften zu den wesentlich effizienteren Teil- und Schwerpunktstreiks über. Diese zeichnen sich dadurch aus, dass nur in einem Teil des Tarifgebietes - meist bei ausgewählten Unternehmen oder Betrieben - zur Arbeitsniederlegung aufgerufen wird[15]. Der gewerkschaftliche Teilstreik ist motiviert durch die arbeitskampftaktische Überlegung, das Arbeitskampfziel durch ein Mindestmaß an gewerkschaftlichem Einsatz wirtschaftlicher und organisatorischer Art zu erreichen[16].

Diese Streikformen bilden den Ursprung einer Vielzahl verschiedener neuer Kampfmittel und Taktiken der Gewerkschaften. Erwähnenswert sind insoweit der Warnstreik, der Wechsel- und Wellenstreik, der Spezialistenstreik sowie die Schlechtleistung und die partielle Arbeitsniederlegung. All diesen Formen ist

---

[12] Kissel, Arbeitskampfrecht, § 39 Rn. 1.

[13] Statt aller: BROX/RÜTHERS, Arbeitskampfrecht, Rn. 26; KISSEL, NZA 1989, S. 81, 86.

[14] Dazu BROX/RÜTHERS, Arbeitskampfrecht, Rn. 35f.; MünchArbR/*OTTO*, § 281 Rn. 11.

[15] ErfK/*DIETERICH*, Art. 9 GG, Rn. 155; KISSEL, Arbeitskampfrecht, § 14 Rn. 11.

[16] KISSEL, Arbeitskampfrecht, § 14 Rn. 11.

gemein, dass sie sich – wie im Einzelnen noch zu zeigen sein wird[17] – im wesentlichen auf die Druckausübung durch kollektive Nichterbringung der vertraglich geschuldeten Arbeitsleistung beschränken und damit letztlich Modifikationen des Flächenstreiks darstellen. Dabei darf aber nicht verkannt werden, dass sich die genannten Maßnahmen durch die Besonderheiten bei der Arbeitsniederlegung in zeitlicher, räumlicher, personeller, gegenständlicher und in qualitativer Hinsicht erheblich vom klassischen Voll- und Flächenstreik absetzen, weshalb man sie begrifflich vom Streik im eigentlichen Sinne abgrenzen muss. Vor diesem Hintergrund sollen die genannten Kampfmaßnahmen und Taktiken daher begrifflich als „besondere Formen der kollektiven Arbeitsniederlegung im Arbeitskampf" zusammengefasst werden.

## II. Besondere Formen der kollektiven Arbeitsniederlegung

### 1. Warnstreik und „neue Beweglichkeit"

Wie bereits vorstehend angerissen, hat sich das Streikgeschehen in den vergangenen Jahrzehnten vom langfristig mit möglichst vielen Arbeitnehmern geführten Flächenstreik immer mehr entfernt[18]. Heute bestimmen kurzzeitige und kurzfristige, aber dafür gezielte Arbeitsniederlegungen die Vorgehensweise beim Arbeitskampf. Im Zentrum stehen mehr und mehr Warn-, Wechsel und Wellenstreiks.

Als **Warnstreik** bezeichnet man kurzfristige Arbeitsniederlegungen vor der förmlicher Beendigung laufender Tarifverhandlungen[19]. Er soll der Arbeitgeberseite die Entschlossenheit und Schlagkraft der Arbeitnehmer demonstrieren[20]. Dem Warnstreik kommt nach überwiegender Ansicht daher im Gegensatz zum Streik kein Erzwingungs-, sondern ein reiner Demonstrationscharakter zu.

Charakteristisch für den Warnstreik wurde mit der Zeit, dass er - noch vor der förmlichen Erklärung des Scheiterns der Tarifverhandlungen - für eine unbestimmte Dauer in Folge einer präzisen Koordination in verschiedenen, möglichst aufeinander angewiesenen Betrieben oder Betriebsteilen verschiedener Unternehmen kurzfristig eingesetzt wurde[21]. Diese von der IG Metall entwickelte und

---

[17] Vgl. sogleich unter 2. Teil § 1A.II und 2. Teil § 3B.I.

[18] MünchArbR/*Otto*, § 281 Rn. 11.

[19] ErfK/*Dieterich*, Art. 9 GG, Rn. 157; Kissel, Arbeitskampfrecht, § 14 Rn. 13; MünchArbR/*Otto*, § 281 Rn. 12; Preis, Kollektivarbeitsrecht, § 113 I 4.

[20] Kissel, Arbeitskampfrecht, § 14, Rn. 13.

[21] So die allgemeine Beschreibung dieser Kampfweise: BAG 21.6.1988, AP Art. 9 GG Arbeitskampf Nr. 108; Auktor, Der Wellenstreik im System des Arbeitskampfrechts, S. 22; Gamillscheg, KollArbR I, S. 1159ff.; Heinze, NJW 1983, S. 2409; Scholz, SAE 1985, S. 33, 36.

als die „**Neue Beweglichkeit**“[22] bezeichnete Kampftaktik wurde zum ersten Mal in den Arbeitskämpfen des Jahres 1981[23] eingesetzt. Aus Sicht der Gewerkschaft war sie ein voller Erfolg. Denn erst unter Zuhilfenahme der neuen Taktik konnte der gewünschte Tarifabschluss erzwungen werden. Für die betroffenen Unternehmen und die deutsche Wirtschaft hatte der Einsatz der „Neuen Beweglichkeit“ verheerende Folgen: Bis zum Tarifabschluss wurden über einen Zeitraum von sechs Wochen 4.839 verschiedene Betriebe kurzfristig bestreikt, mit der Folge von Produktionsstillständen. Es beteiligten sich 1,2 Millionen Arbeitnehmer; insgesamt fielen 1,5 Millionen Arbeitsstunden aus.[24]

2. Wechsel- und Wellenstreik

Als Pendant zur „Neuen Beweglichkeit“ gilt der **Wechselstreik**[25] . Dieser zeichnet sich dadurch aus, dass die Gewerkschaft - in Abgrenzung zur „Neuen Beweglichkeit“ nach dem Scheitern der Verhandlungen - Unternehmen nach einem vorher festgelegten Kampfplan mit Arbeitsniederlegungen überzieht. Die Arbeitsniederlegungen selbst werden hierbei in ihrer Dauer ständig variiert[26]. Diese Streiktaktik hat in der Vergangenheit zu vernachlässigende Modifikationen unter gleichzeitiger Umbenennung in Schachbrett-, Stotter-[27] oder Flexistreik[28] erfahren.

Aus der Taktik des Wechselstreiks wurde mit dem **Wellenstreik** die wohl interessanteste Form des Streiks entwickelt. Dieser wurde erstmalig im Jahre 1994

---

[22] In der Literatur wird synonym der Begriff Nadelstichtaktik verwandt: vgl. etwa KISSEL, Arbeitskampfrecht, § 14 Rn. 13 a.E.

[23] BROX/RÜTHERS, Arbeitskampfrecht, Rn. 156.

[24] BROX/RÜTHERS, a.a.O.

[25] Auch als rollierender oder rotierender Streik bezeichnet: MünchArbR/*OTTO*, § 281 Rn. 11; WOLF, Der Gewerkschafter, 1990, S. 18f.

[26] MünchArbR/*OTTO*, § 281, Rn. 11; PREIS, Kollektivarbeitsrecht, § 113 I 4; WOLF, Der Gewerkschafter, 1990, S. 18f.

[27] Beim Stotterstreik legen die Arbeitnehmer eines Produktionsablaufs/Betriebes geschlossen in kurzen Zeitabständen (einige Stunden oder einen Tag) ihre Arbeit nieder, vgl. DÄUBLER/*BIEBACK*, Arbeitskampfrecht, Rn. 432; SEITER, Streikrecht und Aussperrungsrecht, S. 541.

[28] Im Arbeitskampf der IG-Metall im Jahre 2002 eingesetzt, dürfte diese Taktik als die aktuellste im Arbeitskampfmittelarsenal der Gewerkschaften anzusehen sein. Der „Flexi-Streik“ zeichnet sich dadurch aus, dass jeweils für die Dauer eines Tages ein Betrieb bestreikt wird, wobei vorab nicht bekannt gegeben wird, zu welcher Zeit welcher Betrieb betroffen sein wird. Weitere Einzelheiten finden sich unter: http://www.ig-metall.de/tarife/nachrichten/metall/flexistreik.html; FAZ v. 3.5.2002, S. 17.

in der Druckindustrie eingesetzt[29]. Es wurden Druckereien in Nordrhein-Westfalen, Berlin, Bayern und Schleswig-Holstein in der Weise bestreikt, dass in verschiedenen Schichten zu unterschiedlichen Zeiten insgesamt 30 kürzere Arbeitsniederlegungen stattfanden, deren Dauer zwischen einer halben Stunde und 4½ Stunden variierte. Die Arbeitgeber leiteten aufgrund dessen ein Notprogramm ein: Sie reduzierten den Umfang der Produktion, hielten diese aber durch den Einsatz von betriebsangehörigen Arbeitskräften, betriebsfremden Aushilfskräften und/oder durch Vergabe von Arbeiten an Fremdfirmen aufrecht[30]. Infolge dieses Notprogramms wurden die streikenden Arbeitnehmer nach Beendigung der Kurzstreiks für den Rest der betroffenen Schicht nicht mehr beschäftigt.

Der Wellenstreik ist demnach gekennzeichnet durch planmäßig wiederholte, unangekündigte und kurze Arbeitsniederlegungen einer vorher nicht bekannt gegebenen Anzahl von Arbeitnehmern innerhalb einzelner Teilbereiche eines Produktionsprozesses[31]. Jegliche Information über Beginn, Ende, Dauer, Anzahl, Zeitpunkt der Wiederholungen, Lokalität und Anzahl der sich beteiligenden Arbeitnehmer wird unterlassen. Im Anschluss an die Arbeitsniederlegung bieten die Arbeitnehmer sofort ihre Dienste wieder an.

Beim Vergleich der Streiktaktik der „neuen Beweglichkeit" mit der des Wellenstreiks ist deren Ähnlichkeit unübersehbar. Abgrenzen lassen sich die beiden Kampfvarianten zum einen durch den Zeitpunkt, zu dem die jeweilige Kampf-

---

[29] Zur Gesamtproblematik des Wellenstreiks neuestens: AUKTOR, Der Wellenstreik im System des Arbeitskampfrechts, 2002.

[30] Zum Wellenstreik in einer Druckerei in Nordrhein-Westfalen vgl. den Sachverhalt der Entscheidung des BAG vom 12.11.1996, AP Art. 9 GG Arbeitskampf Nr. 147.
Der Entscheidung des BAG vom 17.2.1998, AP Art. 9 GG Arbeitskampf Nr. 152 lag ein Wellenstreik in einem Berliner Druckhaus zugrunde. Hier war eine rechtzeitige Unterrichtung über das Ende der einzelnen Arbeitsniederlegungen trotz dahingehender Aufforderung durch den Arbeitgeber nicht oder nur verspätet erfolgt.
Zum Wellenstreik in einer bayrischen Druckerei siehe den Sachverhalt zu der Entscheidung des BAG vom 15.12.1998, AP Art. 9 GG Arbeitskampf Nr. 155. In diesem Fall hatte der Arbeitgeber den Arbeitnehmern sogar die Arbeit angeboten, soweit sie weitere Arbeitniederlegungen ausschließen könnten. Gegenstand der bislang letzten Entscheidung des Bundesarbeitsgerichts zum Wellenstreik bildeten Streiks in einer Druckerei in Schleswig-Holstein. Zum Sachverhalt siehe BAG 15.12.1998, AP Art. 9 GG Arbeitskampf Nr. 154.

[31] BAG 12.11.1996, AP Art. 9 GG Arbeitskampf Nr. 147; BAG 17.2.1998, AP Art. 9 GG Arbeitskampf Nr. 152; BAG 15.2.1998, AP Art. 9 GG Arbeitskampf, Nr. 154 und Nr. 155; AUKTOR, Der Wellenstreik im System des Arbeitskampfrechts, S. 13; ähnlich BITTNER, AR-Blattei [ES] 170.1 Nr. 43; K.GAMILLSCHEG, Anm. zu BAG v. 15.12.1998, EzA Art. 9 GG Arbeitskampf Nr. 131; OTTO, Anm. zu BAG v. 15.12.1998, AP Art. 9 GG Arbeitskampf Nr. 155; HERGENRÖDER, Anm. zum Urteil des BAG v. 17.2.1998, SAE 1999, S. 51ff.; NICOLAI, Anm. zum Urteil des BAG v. 17.2.1998, EzA Art. 9 GG Arbeitskampf Nr. 129; RIEBLE, Anm. zum Urteil des BAG v. 12.11.1996, SAE 1997, S. 281ff.

maßnahme ergriffen wird. Ein weiterer wesentlicher Unterschied liegt zum anderen darin, dass der Wellenstreik innerbetrieblich eingesetzt wird, wohingegen die „Neue Beweglichkeit“ unternehmensübergreifende Arbeitsniederlegungen vorsieht – zumindest bislang.

An dieser Stelle sei betont, dass auch Wechsel- und Wellenstreik trotz aller Ähnlichkeit letztlich durchaus unterschiedliche Vorgehensweisen sind. Während beim Wechselstreik nur die zu bestreikenden Unternehmen ausgetauscht werden, wird zum Wellenstreik innerhalb *eines* Unternehmens *zeitlich begrenzt* aufgerufen, wobei Dauer und Umfang der Arbeitsniederlegung nicht offen gelegt werden.

Denkbar ist aber auch, Wechsel und Wellenstreik kombiniert einzusetzen. Das Ergebnis sind dann kurze, in verschiedenen Betrieben oder Betriebsteilen[32] zu verschiedenen, aber koordinierten Zeitpunkten stattfindende Arbeitsniederlegungen[33]. *AUKTOR* weist in diesem Zusammenhang darauf hin, dass eine derartige Kombination den Charakter eines Wellenstreiks nur dann behält, wenn ein Unternehmen betroffen ist, dessen Betriebe wesentliche Teilaufgaben in einem einheitlichen Produktionsprozess erfüllen. Denn soweit unterschiedliche Arbeitgeber oder Betriebsteile vom Streik betroffen wären, in denen unabhängig von anderen Betrieben produziert werde, entfiele der Zwang zur Neuorganisation. Dieser sei aber gerade das wesentliche Ziel, welches durch den Wellenstreik ausgelöst werden solle[34].

### 3. Partielle Arbeitsniederlegung

Eine weitere Streikvariante stellt die auf einen abgrenzbaren Teil der vertraglich geschuldeten Leistung beschränkte Arbeitsniederlegung dar[35]. Die Beschränkung kann sich dabei auf eine ganz bestimmte Tätigkeit richten[36]. Beispielhaft seien der Lehrer genannt, der die Teilnahme am Elternsprechtag verweigert, oder der Dockarbeiter, der die Entladung der Fracht eines bestimmten Schiffs ablehnt. Daneben kann die Beschränkung auch in der Verweigerung der Arbeit zu

---

[32] Die Unterstreichungen kennzeichnen das Element des Wechselstreiks.

[33] Eine Kombination mit dem Warnstreik kommt demgegenüber nicht in Frage. Dessen Struktur steht einer wiederholten Arbeitsniederlegung in einem Betrieb ganz grundsätzlich entgegen, so auch AUKTOR, Der Wellenstreik im System des Arbeitskampfrechts, S. 19.

[34] AUKTOR, Der Wellenstreik im System des Arbeitskampfrechts, S. 14.

[35] GAMILLSCHEG, KollArbR I, S. 987f.; MünchArbR/*OTTO*, § 286 Rn. 54ff.; BROX/RÜTHERS, Arbeitskampfrecht, Rn. 527ff.

[36] GAMILLSCHEG, KollArbR I, a.a.O.

bestimmten Zeiten liegen. Zu denken ist etwa an die Verweigerung der Leistung von vertraglich geschuldeten Überstunden oder Sonntagsarbeit[37].

Der sich auf einen Teil der Arbeitsleistung beschränkende Streik bietet sich vornehmlich in Bereichen an, in denen das Recht auf Arbeitsniederlegung aufgrund wesentlicher Belange der Allgemeinheit - Stichwort „lebenswichtige Versorgung" - eingeschränkt ist[38]. Denkbar wäre insofern, dass die in einem öffentlichen Krankenhaus oder einer Privatklinik angestellten Ärzte ihre Tätigkeiten darauf beschränken, die medizinische Versorgung der Bürger sicherzustellen, die verwaltungstechnischen Bereiche ihrer Tätigkeiten hingegen unbearbeitet lassen (sog. „Bleistift- oder Computerstreik")[39].

Jüngst hat die teilweise Nichterbringung der Arbeitsleistung an Aktualität hinzugewonnen. Der EuGH hat in dem sogenannten SIMAP-Urteil[40] festgestellt, dass der von Ärzten in Krankenhäusern erbrachte Bereitschaftsdienst Arbeitszeit im Sinne der Arbeitszeitrichtlinie darstellt. Zur Umsetzung der Entscheidung des EuGHs in Deutschland[41], hat der Marburger Bund als Interessenvertretung der Ärzteschaft eben solche Computer- bzw. Bleistiftstreiks angekündigt[42].

#### 4. „Spezialistenstreik"

Viele Großunternehmen stehen in Abhängigkeit weniger spezialisierter Arbeitskräfte. Nicht selten steht und fällt der gesamte Betrieb mit der Tätigkeit besonderer Arbeitnehmergruppen. Für die Gewerkschaft bietet es sich folglich an, ausschließlich diese zentralen Arbeitskräfte zum Streik aufzurufen. Denn stellen diese Arbeitnehmer ihre Tätigkeit ein, werden die Arbeitsabläufe in einzelnen Betrieben, Unternehmen oder möglicherweise sogar konzernweit empfindlich

---

[37] Vgl. etwa den Sachverhalt von LAG Baden-Würtemberg 21.4.1982, DB 1982, S. 1409. Dort hatte die Gewerkschaft die Betriebsräte aufgefordert, die Leistung von Überstunden zu verweigern sowie die Arbeitnehmer, jegliche überobligatorische Arbeit einzustellen.

[38] LIEB, Arbeitsrecht, Rn. 606f.; LÖWISCH/KRAUSS, AR-Blattei [D], Arbeitskampf VI [A], 170.1 Rn. 28f.; BROX/RÜTHERS, Arbeitskampfrecht, Rn. 537ff.; SEITER, Streikrecht und Aussperrungsrecht, S. 546ff.

[39] dazu GAMILLSCHEG, KollArbR I, S. 988; REUß, RdA 1972, 321ff.; SEITER, Streikrecht und Aussperrungsrecht, S. 262; UHLENBRUCK, RdA 1972, S. 327ff.

[40] EuGH 3.10.2000 - Rs. C-303/98, EuZW 2001, S. 53ff.

[41] Die Problematik der vom Marburger Bund angekündigten Maßnahmen liegt zudem darin, dass sie nicht zur Durchsetzung tarifvertraglicher Regelungen eingesetzt würden und damit ohnehin rechtswidrig wären. Vgl. zum Schutzbereich des Arbeitskampfrechts aus Art. 9 Abs. 3 GG die Ausführungen unter 3. Teil § 3A.

[42] Deutsches Ärzteblatt, 2001, S. 1; Rheinisches Ärzteblatt, 2001, S. 14; Kölnische Rundschau, vom 15.11.2001; http://marburger-bund.de/bundesverband/pressestelle/mitteilungen.

gestört. Dieses Streikgeschehen lässt sich schlagwortartig als Spezialistenstreik bezeichnen.

Jüngstes Beispiel für diese Kampfform ist der von der Gewerkschaft Cockpit e.V. durchgeführte Pilotenstreik bei der Fluggesellschaft Lufthansa. Aufgrund dieses Streiks durch im Verhältnis zu den übrigen Arbeitnehmern dieses Unternehmens wenige Arbeitnehmer lagen wesentliche Teile des Unternehmens für Wochen still. Arbeitswillige konnten nicht beschäftigt werden; Fluggäste und Fracht konnten nicht befördert werden.

Der vermehrte Computereinsatz in den Unternehmen, insbesondere die Verwendung von Computernetzwerken[43], Internet[44], Intranet[45] und E-Mail[46] erhöht den Anwendungsbereich für den Spezialistenstreik. Durch die Arbeitsniederlegung weniger spezialisierter Arbeitnehmer, etwa der Web- oder Systemadministratoren[47], lässt sich die Weiterproduktion, der Handel sowie die Erbringung von „online" angebotenen Dienstleistungen mit geringem Aufwand verhindern. Einerseits ermöglichen die modernen Kommunikations- und Präsentationsmedien die Beschleunigung durch Verbesserung der Koordination von Arbeitsabläufen und bieten neue Wege im Umgang mit dem Kunden. Auf der anderen Seite jedoch bringen sie die Firmen in eine kaum zu kontrollierende Abhängigkeit von diesen Fachkräften. Darin liegt eine bedeutende Schwachstelle dieser Unternehmen im Arbeitskampf.

Damit hält der Spezialistenstreik Einzug in allen Unternehmensbereichen, deren geschäftlicher Ablauf auf computergesteuerten Arbeitssysteme basiert. Als be-

---

[43] Ein Comuternetzwerk ist der Zusammenschluss mehrerer Rechner.

[44] Das Internet ist ein Verbund von Computern und Netzwerken, die über feste Leitungen gleichrangig miteinander verbunden sind. Es setzt sich aus verschiedenen Teilbereichen zusammen: u.a. E-Mail, world wide web (www), FTP, Usenet, IRC.

[45] Das Intranet ist ein unternehmens- oder betriebsinterner Computerverbund, auf den vom Internet aus nicht zugegriffen werden kann. Seine Struktur entspricht im übrigen ganz weitgehend dem des Internets.

[46] Die E-mail ist eine Nachricht in digitaler Form, welche über das Internet versandt und empfangen wird.

[47] Ein Netzwerk-Administrator ist für den Aufbau und die Pflege des Computernetzwerks eines Unternehmens verantwortlich. Er baut die Hardware auf, wie z.B. Server, Terminals, Router usw. und verbindet alle Komponenten systematisch miteinander. Er installiert die Software und weist jedem Nutzer bestimmte Zugriffs- und Nutzungsrechte zu. Er ist dafür verantwortlich, dass alle Computer und Server im Unternehmen reibungslos funktionieren und technisch auf dem neuesten Stand bleiben. Bei neuen Software-Versionen führt er die Updates durch. In seinen Zuständigkeitsbereich fallen auch die Datensicherheit sowie das Planen und Analysieren von Netzwerkkapazitäten und Informationsflüssen, http://www.wissen.de: Stichwort „Netzwerk-Administrator".

sonders anfällig dürften Banken, Versicherungen, Unternehmen der Medienbranche sowie Luftfahrtunternehmen und die Bahn anzusehen sein.

Denkbar ist zudem die Kombination des Spezialistenstreiks mit der Kampfform der partiellen Arbeitsniederlegung. Hierzu ein Beispiel: Web-Administratoren könnten sich darauf beschränken, jeglichen Zugriff auf die unternehmenseigenen Internet- oder Netzwerkdaten von Mitarbeitern und Kunden zu verhindern oder die Aktualisierungen der Internet- und Intranetdaten nicht vorzunehmen. In Unternehmen der IT-Branche könnten die für das Internet bestimmten Daten von den IT-Arbeitnehmern bearbeitet, aber nicht auf den Server aufgespielt werden. Denkbar ist ebenfalls, dass Systemadministratoren zwar das Netzwerk verwalten, aber jegliche Datenübermittlung durch die anderen Arbeitnehmer sperren bzw. keine Arbeitgeberinformationen an die Arbeitnehmer weiterleiten. Es wird schnell deutlich, wie vielgestaltig die Konstellationen bei dieser Ausprägung des Streiks sein können.

### 5. Schlechtleistung

Bei der Kampfvariante der sog. Schlechtleistung wird kollektiv die arbeitsvertraglich geschuldete Leistung bewusst minderwertig erbracht.

Die Schlechtleistung tritt in verschiedenen Formen auf[48]. Beim sog. „Bummelstreik"[49] handelt es sich um eine derart verlangsamte Wahrnehmung der vertraglich geschuldeten Arbeitspflicht, dass sich das quantitativ vorgesehene Arbeitsergebnis verringert[50]. Herausragendes Beispiel eines Bummelstreiks ist der „Fluglotsenstreik" aus dem Jahre 1973, in welchem die Bediensteten der Flugsicherungsanstalt ihre Arbeitsleistung so verringerten, dass der Flugverkehr erheblich in Mitleidenschaft gezogen wurde[51]. Ein Beispiel aus jüngerer Zeit bildet die verlangsamte Ausladung von Schiffen durch Dockarbeiter[52].

Eine Variante des Bummelstreiks stellt die vornehmlich im öffentlichen Dienst eingesetzte Form des „Dienstes nach Vorschrift" dar. Dabei wird eine im gewöhnlichen Arbeitsablauf vorgenommene Leistungsdichte auf das nach den Dienstvorschriften[53] geforderte Maß zurückgeschraubt mit der Folge, dass es zu erheblichen Verzögerungen im Arbeitsablauf kommt[54].

---

[48] Vgl. statt aller nur ErfK/*Dieterich*, Art. 9 GG, Rn. 268ff.
[49] auch bekannt unter den Begriffen des „go slow" oder der „passiven Resistenz".
[50] Kissel, Arbeitskampfrecht, § 61 Rn. 8.
[51] BGH 16.6.1977, BGHZ 69, S. 128ff.; BVerwG 22.11.1979, NJW 1980, S. 1809.
[52] ArbG Bremen, 7.10.1999, NZA-RR 2000, S. 35.
[53] Vgl. Gamillscheg, KollArbR I, S. 1063.
[54] Zu den Definitionen der einzelnen Ausformungen vgl. Knapp, Die passive Resistenz, S. 5-8.

Ebenfalls der Kategorie „Schlechtleistung" wird häufig die aus dem angloamerikanischen Bereich entliehene Form des sogenannten „go sick"[55] zugeordnet[56]. Dabei melden sich aufgrund gemeinsamer Verabredung mehrere Arbeitnehmer krank, obschon die jeweiligen Arbeitnehmer gesund und arbeitsfähig sind.

Auch die Schlechtleistung stellt eine zielgerichtete Ausübung kollektiven Drucks durch die Arbeitnehmerseite mittels Zufügung von Nachteilen oder deren Abwehr dar und ist folglich als Mittel des Arbeitskampfes anzusehen. Obwohl es bei der Schlechtleistung nicht zu einer Niederlegung der Arbeit kommt, ist sie systematisch noch der Gruppe der Sonderformen kollektiver Arbeitsniederlegung zuzuordnen, da sie als qualitative Minderung der Arbeitleistung angesehen werden kann.

## B. Boykott

### I. Begriff

Ein weiteres Arbeitskampfmittel der Arbeitnehmerseite ist der Boykott[57] des Arbeitgebers. Hierunter versteht man die planmäßige Absperrung des Gegners vom geschäftlichen Verkehr zur Erreichung eines gemeinsamen Ziels.

Der Boykott kann in der Weise geschehen, dass die kämpfende Partei und ihre Mitglieder mit dem Boykottierten selber keine Verträge (mehr) schließen oder geschlossene Verträge nicht einhalten. Üblicher ist indessen, durch Aufrufe an (potentielle) Vertragspartner, den Abbruch, die Einschränkung oder die Aufnahme von Rechtsbeziehungen zu bewirken, um auf diese Weise mittelbar wirtschaftlichen Druck auf den Arbeitgeber auszuüben.

Beispiele aus der jüngeren Zeit sind der Aufruf der Hafenarbeiter, die Entladung solcher Schiffe zu verweigern, deren Reeder nicht zum Abschluss von Tarifverträgen zugunsten der Seeleute bereits sind[58].

---

[55] Vgl. die Sachverhalte der sogenannten „Fluglotsen-Entscheidungen" des BGH 31.1.1978, NJW 1978, S. 816ff. und BGH 16.6.1977, BGHZ 69, S. 128ff.

[56] KISSEL, Arbeitskampfrecht, § 61 Rn. 11, geht unter Hinweis auf die Verwirklichung des Tatbestands des § 263 StGB davon aus, dass es sich hierbei überhaupt nicht um ein Arbeitskampfmittel handelt. Dies dürfte jedoch unzutreffend sein. Denn erfolgt das „go sick" aufgrund eines entsprechenden Gewerkschaftsaufrufs und zur Durchsetzung tariflich regelbarer Ziele kommt im Hinblick auf § 263 StGB sicherlich die Rechtswidrigkeit seines Einsatzes in Betracht; Zweifel an dem Charakter als Arbeitskampfmittel können in der angesprochenen Konstellation – und um diese geht es - jedoch kaum bestehen.

[57] Vgl. grundlegend zum Boykott: KONZEN, FS Molitor, S. 181ff.

[58] Zum Sachverhalt vgl. BAG 19.10.1976, AP § 1 TVG Form Nr. 6; ArbG Bremen 7.10.1999, NZA-RR 2000, S. 35ff. Folgen die angesprochenen Arbeitnehmer dem Aufruf, so ist darin

Der Boykott könnte im Hinblick auf das moderne Medium des Internets neues Interesse der Gewerkschaften finden. Dieses eröffnet nämlich die Möglichkeit, durch entsprechende Hinweise auf der eigenen Homepages oder via E-mail, (nahezu) kostenfrei eine Vielzahl von Dritten zur Abstandnahme von Vertragsschlüssen mit bestimmten Unternehmern aufzurufen[59]. Damit wird der Einsatz des Boykotts erheblich vereinfacht.

## II. Formen

### 1. Arbeitnehmerboykott

Beim Boykott sind für den Bereich des Arbeitskampfes im wesentlichen zwei Formen voneinander abzugrenzen, nämlich der Arbeitnehmerboykott[60] und güterrechtlicher Boykott[61].

Ein Arbeitnehmerboykott liegt vor, wenn eine Gewerkschaft externe Arbeitnehmer auffordert, mit dem bestreikten Unternehmen keine *Arbeitsverträge* abzuschließen.

### 2. Güterrechtlicher Boykott

Als güterrechtlicher Boykott ist es demgegenüber anzusehen, wenn Personen, die gerade nicht (potentielle) Arbeitnehmer sind (also Verbraucher, Konkurrenten), zu einem derartigen Verhalten aufrufen oder aufgerufen werden[62].

Ein berühmt gewordenes Beispiel für den güterrechtlichen Boykott ist der Aufruf an die Bevölkerung, so lange keine Brötchen bei bestimmten Bäckern zu kaufen, bis man für die Arbeitnehmer dieser Bäckereien verbesserte Arbeitsbedingungen ausgehandelt hat[63].

---

eine partielle Arbeitsniederlegung gegenüber dem eigenen Arbeitgeber zu sehen. Insbesondere wenn dieser die Arbeitnehmer nicht anders beschäftigen kann, nähert sich hier der Boykott dem Sympathiestreik, vgl. dazu auch MünchArbR/OTTO, § 281 Rn. 18.

[59] Hierauf wird sogleich unter 2. Teil § 1C.II.3.b) näher eingegangen.

[60] Teilweise auch als Verruf bezeichnet: KISSEL, Arbeitskampfrecht, § 61 Rn. 122.

[61] Es finden sich auch die Bezeichnungen wettbewerbsrechtlicher oder gesellschaftlicher Boykott, siehe etwa PREIS, Kollektivarbeitsrecht, § 113 III.

[62] Fraglich und damit klärungsbedürftig dürfte sein, ob dieser auch als „wirtschaftlicher" oder „gesellschaftlicher" bezeichnete Boykott noch als Arbeitskampfmittel angesehen werden kann, soweit Personen die gerade nicht (potentielle) Arbeitnehmer sind (Verbraucher oder Konkurrenten) zur Abstandnahme aufrufen: dazu später unter 3. Teil § 3A.II.3.b)(2). Vgl. auch PREIS, Kollektivarbeitsrecht, § 113 III.

[63] Sog. Kieler Bäckereiboykott, RG 12.7.1906, RGZ 64, S. 52ff.

## C. Aktive Produktionsbehinderung i.e.S.

### I. Begriff

Immer wieder werden zur Durchführung von Arbeitskämpfen neben dem traditionellen Mittel der Arbeitsniederlegung gänzlich anders geartete Maßnahmen ins Feld geführt, vornehmlich die Betriebsbesetzungen und die Betriebsblockaden. Diese Mittel zeichnen sich dadurch aus, dass unmittelbar in die Produktion eingegriffen wird, um auf diese Weise die Verwendung von Betriebsmitteln bzw. die Auslieferung produzierter Waren zu behindern. Es wird also über die passive Arbeitsniederlegung hinaus aktiv in das Streikgeschehen eingegriffen.

*TREBER* bezeichnet solche auf die Verhinderung von Kompensationsmaßnahmen der Arbeitgeber gerichtete Arbeitskampfmittel als aktiv produktionsbehindernde Maßnahmen[64]. Diese Bezeichnung trifft sicherlich den Charakter der hiervon erfassten Maßnahmen. Dennoch ist die Bezeichnung klarstellend um den Zusatz „im engeren Sinne" (i.e.S.) zu ergänzen. Denn zum einen ist letztlich jedes Arbeitskampfmittel - zumindest auch - auf die Störung der Betriebsabläufe gerichtet und somit in gewisser Weise als Produktionsbehinderung zu qualifizieren. Zum anderen werden die Arbeitnehmer mit dem Einsatz jedes Arbeitskampfmittels in gewisser Weise „aktiv" und zwar selbst dann, wenn sie sich im Arbeitskampf auf die reine Arbeitsniederlegung beschränken. Im Folgenden werden die in diesem Abschnitt vorstehend beschriebenen Maßnahmen daher zutreffender als aktive Produktionsbehinderung (i.e.S.) bezeichnet.

### II. Formen

#### 1. Betriebsbesetzung

Neben dem Begriff der „Betriebsbesetzung" werden in der Literatur auch andere Bezeichnungen, wie beispielsweise das „Ausharren"[65], der „Streik am Arbeitsplatz"[66], das „Verweilen"[67] oder das „Verbleiben im Betrieb"[68] verwendet. Dabei handelt es sich jedoch mehr um sprachliche als um inhaltliche Differenzierun-

---

[64] TREBER, Aktiv produktionsbehindernde Maßnahmen, 1996.

[65] DÄUBLER/*BIEBACK*, Arbeitskampfrecht, Rn. 415.

[66] ZECHLIN, Streik-Strafrecht-Polizei, S. 77; HINDRICHS/MÄULEN/SCHARF, Streikfähigkeit, S. 77.

[67] DÄUBLER, Strafbarkeit von Arbeitskämpfen, S. 115; KITTNER, Gewerkschaftsjahrbuch 1988, S. 356; HINDRICHS/MÄULEN/SCHARF, Streikfähigkeit, S. 77; RONELLENFITSCH, BB 1987, Beilage Nr. 6, S. 1, 2; OHM, Gewerkschaftsreport 1986, S. 4, 5.

[68] ZECHLIN, Polizei und Arbeitskampf, S. 217, 220; LORITZ, DB 1987, S. 223; RONELLENFITSCH, Beilage Nr. 6, BB 1987, S. 1, 2; NAUDITT, AuR 1987, S. 153, 155; KLEMM, Arbeitgeber 1987, S. 204.

gen. Letztlich ist all diesen Formen neben ihren subtilen terminologischen Differenzen gemein, dass sie den Aufenthalt von Arbeitnehmern, eventuell auch betriebsfremder Personen[69], auf dem Betriebsgelände[70] gegen den Willen des Arbeitgebers betreffen.

Betriebsbesetzungen werden mit ganz unterschiedlicher Zielrichtung vorgenommen. Teilweise werden sie gegen Massenentlassungen oder Stillegungen von Betrieben eingesetzt. Damit sind sie inhaltlich auf die Beeinflussung einer unternehmerischen Entscheidung des Arbeitgebers gerichtet. Ein wirtschaftlicher Druck kann dabei aufgrund der Stillegung gerade nicht mehr erzeugt werden. Durch einen ähnlichen Demonstrationscharakter gekennzeichnet sind Betriebsbesetzungen gegen die 'heiße' oder 'kalte' Aussperrung als Mittel zur politischen Auseinandersetzung mit dem Arbeitgeber.

Eine dritte und aus arbeitskampfrechtlicher Warte einzig interessante Variante richtet sich gegen die Weiterproduktion und die Beschäftigung von arbeitswilligen Arbeitnehmern während eines Arbeitskampfes. Diese Form wird eingesetzt, wenn die reine Arbeitsniederlegung weitgehend wirkungslos bleibt oder nicht den erwünschten bzw. keinen wirtschaftlichen Druck auf die Arbeitgeberseite zu erzeugen vermag. Bedeutung kommt dieser Art der Betriebsbesetzung vornehmlich in Branchen zu, in denen es aufgrund moderner technischer Entwicklungen möglich ist, im Wege der Belegschaftsersetzungen oder mit wenigen Arbeitnehmern den Betrieb trotz Arbeitsniederlegung aufrechtzuerhalten. Nur diese Form der Betriebsbesetzung ist ein Arbeitskampfmittel im rechtlichen Sinne und kann unter die aktive Produktionsbehinderung (i.e.S.) subsumiert werden[71].

### 2. Betriebsblockade

Eine höhere Einigkeit als bei der Besetzung von Betrieben besteht in der wissenschaftlichen Literatur hinsichtlich der begrifflichen Einordnung von Betriebsblockaden. Nach ganz allgemeiner Meinung liegt eine Betriebsblockade vor, wenn das Hinein- oder Herausgelangen von Menschen oder Sachen in bzw. aus einem Betrieb verhindert wird[72]. Dies geschieht zumeist durch das Absperren

---

[69] BERGHAUS, Rechtsprobleme der Betriebsbesetzung und Betriebsblockade, S. 13; SÖLLNER, FS Molitor, S. 333, 346.

[70] BERGHAUS, Rechtsprobleme der Betriebsbesetzung und Betriebsblockade, S. 14; DÄUBLER, Arbeitsrecht 1, Rn. 715; V.HOYNINGEN-HUENE, JuS 1987, S. 505, 512; HzA/*KALB*, Rn. 1145; LÖWISCH, RdA 1987, S. 219, 220; LORITZ, DB 1987, S. 223, 224; RONELLENFITSCH, BB 1987, Beilage Nr. 6, S. 1, 7; TREBER, Aktiv produktionsbehindernde Maßnahmen, S. 109.

[71] TREBER, Aktiv produktionsbehindernde Maßnahmen, S. 98.

[72] BERGHAUS, Rechtsprobleme der Betriebsbesetzung und Betriebsblockade, S. 20; BLOESINGER, Rechtsstellung von Streikposten, S. 90; BOBROWSKI/GAUL, Bd. II, H II, Rn. 32; HzA/*KALB*, Rn. 1144; LÖWISCH, RdA 1987, S. 219, 221; G. MÜLLER, Arbeitskampf und

der betrieblichen Zugänge oder Werkstore. Demgemäß bezeichnet das Bundesarbeitsgericht[73] die Blockade als eine Absperrung des Betriebes von außen. Ihr Einsatz ist wie die Betriebsbesetzung auf die Absicherung der mit der Arbeitsniederlegung beabsichtigten Produktionsstörung gerichtet.

### 3. „Internetstreik"

#### a) Begriff

Durch die Globalisierung und die „New Economy" wird ein Strukturwandel in der Wirtschaft beschrieben. Informationstechnologien, im Wesentlichen das Internet, verändern Grundregeln der Wirtschaftswelt. Damit geht eine Veränderung des Verständnisses von Arbeit und Unternehmensführung einher. Nach und nach bildet sich ein neuer Arbeitnehmertypus[74] heraus. Sein Know-how ist das Kapital und die Macht des modernen Unternehmens. *OH*[75] hat darauf aufmerksam gemacht, dass eine Reaktion des Arbeitsrechts, insbesondere des Mitbestimmungsrechts, auf diese neuen Strukturenwicklungen notwendig werde.

Seit den Arbeitkämpfen der 80er Jahre deutet sich an, dass dieser Strukturwandel auch für den Bereich des Koalitions- und Arbeitskampfrechts von Bedeutung sein dürfte. Der technologische Fortschritt und die Veränderung der Unternehmensstrukturen geben nicht nur Raum für die Fortentwicklung der Arbeitsorganisation, sondern eröffnen gleichzeitig Möglichkeiten für die Entwicklung und den Einsatz neuer Arbeitskampfmittel und -taktiken.

Noch stehen Tarifvertragsverhandlungen und damit einhergehende Arbeitskämpfe im Bereich der „New Economy" nicht ernsthaft in Rede. Dies geht im wesentlichen auf den „Boom" dieses Marktsegments und die in wirtschaftlicher Hinsicht zunächst märchenhaft scheinenden Erfolge zurück. Die Nachfrage nach qualifizierten Arbeitskräften in der IT-Branche war bislang groß, die Arbeitsbedingungen überdurchschnittlich attraktiv. Allerdings finden in diesem Marktsegment derzeit Veränderungen statt. Die Anpassung des Arbeitsmarktes an die abnehmende Nachfrage ist mehr und mehr absehbar und so werden auf kurz oder lang die bekannten arbeitsrechtlichen Themen - Gestaltung von Arbeitsbe-

---

Recht, S. 142; MünchArbR/*OTTO*, § 281, Rn. 17; § 279, Rn. 64; NAUDITT, AuR 1987, S. 153, 155; REUTER, SAE 1989, S. 101, 103; SÖLLNER, FS Molitor, S. 333, 344; STEINBRÜCK, Streikposten und einstweiliger Rechtsschutz im Arbeitskampfrecht der Bundesrepublik Deutschland, S. 137; TREBER, Aktiv produktionsbehindernde Maßnahmen, S. 112f; WESCH, Betriebsbesetzung, S.27; ZECHLIN, AuR 1986, S. 289, 292.

[73] BAG 8.11.1988 – 1 AZR 417/86, AP Art 9 GG Arbeitskampf Nr. 111.

[74] neuestens LINNEKOHL, BB 2001, S. 42ff.

[75] OH, AiB 2000, S. 655.

dingungen, Entlohnung von Arbeitsleistungen - Einzug halten. Kurz: Der IT-Arbeitnehmer dürfte in der Zukunft dort im Arbeitsmarkt stehen, wo heute der Metallarbeiter oder Industriechemiker zu finden ist.

Ist diese Wandlung erst einmal vollzogen, werden sich tarifvertragliche und damit konsequenterweise auch arbeitskampfrechtliche Problematiken für diese neue Berufsgruppe stellen. Anzeichen dafür gibt es bereits heute: So haben Unternehmer der IT-Branche in Schweden nach ersten wirtschaftlichen Talfahrten mit Kürzungen der Vergütungen und Sonderleistungen reagiert. Daran schloss sich eine Flucht in die Gewerkschaften an. Eine vergleichbare Sättigung des Multimedia-Markts vollzieht sich derzeit auch in Deutschland. Deshalb besteht die hohe Wahrscheinlichkeit, dass sich in absehbarer Zeit die Arbeitnehmer dieser „jungen“ Marktbereiche zu Koalitionen zusammenschließen bzw. bestehenden Koalitionen beitreten, Tarifverhandlungen aufnehmen und Arbeitskämpfe zur Durchsetzung ihrer Vorstellungen durchführen werden.

Vornehmlich für den Arbeitskampf öffnet sich in den genannten Berufssparten, aber auch in anderen von moderner Computertechnik abhängigen Wirtschaftszweigen unter Zuhilfenahme des Inter- und Intranets ein ganzes Arsenal neuer, über die bloße Arbeitsniederlegung hinausgehender Kampfvarianten. Die Informationstechnologie hält arbeitskampftaktisch höchst attraktive Möglichkeiten bereit, die sich mit dem Begriff des Internetstreiks grob umreißen lassen. Diese aus Sicht der Gewerkschaften effektiven Vorgehensweisen sollen im Weiteren aufgeführt und erläutert werden. Einzelne der dargestellten Maßnahmen sind bereits erprobt worden – wenn auch nicht in Zusammenhang mit einem Arbeitskampf. Gegenstand rechtlicher Würdigungen waren sie allerdings bisher noch nicht.

#### b) Formen

##### (1) *Online-Demonstration*

Im Frühjahr 2001 riefen die Gruppen „Kein Mensch ist illegal“ und „Libertad“ dazu auf, gegen die Lufthansa „online“ zu demonstrieren, um auf die Beteiligung des Unternehmens an der Abschiebung von Flüchtlingen aufmerksam zu machen[76]. Dazu wurde ein direkt von den Rechnern der sich beteiligenden Demonstranten zu startendes Programm verwendet[77], das in hoher Frequenz Anfra-

---

[76] Berliner Zeitung v. 1.7.2001, S. 16; Frankfurter Rundschau v. 19.10.2001, S. 23; vgl. dazu auch KRAFT/MEISTER, MMR 2003, S. 366.

[77] Das Programm musste erst von einer anderen Homepage herunter geladen und installiert werden. Nähere Informationen dazu unter http://go.to/online-demo.

gen an den Hauptserver der Lufthansa AG richtete, mit der Folge, dass deren Homepage für Dritte nicht mehr erreichbar war[78].

Dem Computerprogramm der Demonstranten liegt eine Technik zugrunde, die sich aus dem sogenannten „Spamming"[79] entwickelt hat. Beim „Spamming" werden unzählige E-Mails[80] mit nutzlosem Inhalt an einen ausgewählten Empfänger geschickt und auf diese Weise die Aufnahmekapazität seines „Postfachs", des sog. Mailservers, erschöpft. Da die zur Verwaltung des Postfachs dienenden Computer grundsätzlich nicht zwischen gewollten und ungewollten Nachrichten unterscheiden können, lässt sich nicht verhindern[81], dass gewollte Nachrichten aufgrund der ausgereizten Aufnahmekapazität des Servers nicht mehr im Postfach des Empfängers aufgenommen werden können. Der Empfänger wird schlichtweg blockiert.

In vergleichbarer Weise funktioniert die Internetdemonstration. Durch die Vielzahl von Aufrufen der Homepage des Unternehmers werden die Rechner derart überbelastet, dass sie weitere Anfragen nicht mehr bearbeiten können. Auch hier können die Server nicht zwischen ernsthaften Anfragen und denen der Demonstranten unterscheiden.

Hinzuweisen ist in diesem Zusammenhang darauf, dass bei der Internetdemonstration unter Verwendung des Spammings keine Daten unmittelbar verändert, zerstört oder entnommen werden[82], da der Datenbestand beim Betroffenen selbst unangetastet bleibt[83]. Da heutzutage nahezu alle großen Unternehmen mit einem

---

[78] Eine Homepage ist ein Internetangebot, auf das Dritte Zugriff haben. Hier können Texte, Bilder, animierte Grafiken, Videos abgelegt, bzw. für Dritte bereitgestellt werden. Die Startseite des Angebots wird durch die Eingabe des jeweiligen Domainnamens (z.B. www.lufthansa.de www.audi.de, www.uni-koeln.de oder www.lycos.de) aufgerufen. Dieser sog. Domainname ist die Adresse der Homepage im Internet. Dargestellt wird die Internetseite auf dem eigenen Rechner mittels eines Computerprogramms, dem sogenannten Browser.

[79] Spamming leitet sich vom englischen Wort Spam (Müll) ab und kann mit „jemanden mit Müll zuschütten" übersetzt werden, http://www.wissen.de: Stichwort Spam/Spamming.

[80] Häufig betrifft der Inhalt dieser E-mails unverlangte Werbeangebote, vgl. dazu LG Traunstein, 14.10.1997, NJW-CoR, 1997, S. 494f.; AG Essen-Borbeck, MMR 2001, S. 261; LG Berlin, 23.6.2000, NJW-RR 2001, S. 628f.; LG Berlin 14.11.2000, MDR 2001, S. 391f.; KOCH, Internet-Recht, S. 44f., mit Nachweisen zur US-Rechtsprechung in vergleichbar gelagerten Fällen.

[81] Allenfalls ist eine nur sehr eingeschränkte Abwehr mit Hilfe von Anti-Spamming-Programmen, wie z.B. „Cancelmoose", möglich. Die Funktionalität dieser Programme muss daher als eher gering eingeschätzt werden.

[82] Vgl. zur Haftung bei Einsatz von Computerviren: BARTSCH, CR 2000, S. 721ff.

[83] Bei der Demonstration gegen die Lufthansa handelte es sich daher nach Ansicht der Aktivisten um eine Demonstration im Sinne des Ordnungsrechts, weshalb sie ihr Vorhaben beim

eigenen Internetangebot vertreten sind und sogar Leistungen über das Internet angeboten werden, kann die aufgezeigte Vorgehensweise in nahezu allen Wirtschaftsbereichen eingesetzt werden. Für den Erfolg bedarf es alleine der Aktivierung einer hinreichend großen Teilnehmerzahl, mit deren Hilfe eine Überlastung des Unternehmensservers bewirkt werden kann.

Die „Online-Demonstration" könnte, so sie sich als zulässiges Arbeitskampfmittel erweist, eine für die Gewerkschaftsseite interessante Alternative zu oder neben den klassischen Vorgehensweisen im Arbeitskampf darstellen und wird daher u.a. Gegenstand der vorliegenden Untersuchung sein.

(2) *Veränderung von Inhalten der unternehmenseigenen Homepage*

Eine an den Spezialistenstreik anknüpfende Kampfform stellt das Vorgehen in Berlin tätiger Informatiker und Wissenschaftler des öffentlichen Dienstes im Streit um die Angleichung eines westdeutschen Haustarifvertrages an den BAT-Ost dar[84].

Am 21. Oktober 1998 stellten diese Mitarbeiter unter dem Motto „Wer nur 86,5% zahlen will, soll auch nur 86,5% der Forschungsergebnisse bekommen" - entgegen ihrer arbeitsvertraglichen Verpflichtung - die von ihnen erforschten Daten nur teilweise auf der Homepage des Arbeitgebers zur Verfügung. Dies geschah in der Weise, dass sie die Internetseiten nur teilweise leserlich auf den Internetserver aufspielten[85]. Sie stellten 13,5 % des im Internet veröffentlichten Textes mit blinkenden Dollarzeichen dar, um so gegen die geplante Kürzung ihrer Gehälter zu protestieren. Die auf diese Weise modifizierten Internetseiten enthielten jedoch einen „Hyperlink"[86] zu dem vollständigen Internetangebot ihres Arbeitgebers. Diese Aktion war von der zuständigen Gewerkschaft getragen und diente vornehmlich der Verdeutlichung der eigenen Schlagkraft und Möglichkeiten. Ungeachtet dieser Einschränkung brachte die Aktion neben einem erheblichen Presseecho[87] den Abschluss eines an den Forderungen der Arbeitnehmerschaft orientierten Tarifvertrages mit sich.

---

örtlich zuständigen Ordnungsamt sogar offiziell angemeldet hatten. Dass die Demonstration im Internet stattfinde, könne - so die Verwender - an ihrem Charakter nichts ändern: Berliner Zeitung v. 1. 6. 2001, S. 16.; a.A. war die Kölner Ordnungsbehörde, ebenfalls Berliner Zeitung v. 1. 6. 2001, S. 16.

[84] http://www.first.gmd.de/persons/mtv/p.html.

[85] siehe: http://www.first.gmd.de/persons/mtv/bsp9810.html; ÖTV-Magazin 1998, Heft 11-12, S. 2.

[86] Ein Hyper- oder Internetlink ist eine digitale Verknüpfung zu einer anderen Seite im Internet.

[87] Das Vorgehen der Arbeitnehmerschaft der GMD First wurde von der Presse als „erster Internetstreik der Welt" bezeichnet und geradezu gefeiert. Siehe dazu u.a. Berliner Kurier v.

Der Verlauf dieser Ereignisse verdeutlicht, welche machtvollen Möglichkeiten die Computer- und Internetentwicklung der Arbeitnehmerschaft im Arbeitskampf an die Hand gibt. Welche Wirksamkeit und welches Potential ein solches Vorgehen bei Internetprovidern wie Yahoo, Lycos, der Deutschen Telekom und ähnlich strukturierten Unternehmen und Konzernen[88] entwickeln kann, ist unschwer zu erkennen. Durchaus sind tägliche Verluste in Millionenhöhe durch Herbeiführung von Störungen bei einzelnen Internetangeboten, -seiten oder Hostrechnern[89] zu erwarten.

Dabei steht der Funktionstauglichkeit dieser Kampfweise auch nicht der geringe Organisationsgrad der betroffenen Arbeitnehmer entgegen, denn diese Arbeitskampfmaßnahme kann bereits von einigen wenigen Arbeitnehmern ein- und umgesetzt werden. Zudem verdeutlicht das oben angesprochene Beispiel[90] des schwedischen Marktes, dass gewerkschaftsgetragene Arbeitskämpfe im IT-Bereich allenfalls noch eine Frage der Zeit sind. Zuwachs bei den Gewerkschaften dieser Wirtschaftszweige ist ebenso zu erwarten wie die Nutzung des sich in diesen Tätigkeitsbereichen für den Arbeitskampf anbietenden Potentials. Dies gilt erst recht, sollte die Rechtmäßigkeit dieser Arbeitskampfvarianten gerichtlich festgestellt oder zumindest von einem erheblichen Teil des Schrifttums befürwortet werden.

Unter Einsatz der in diesem Abschnitt vorgestellten Maßnahmen könnte sich dann ein ganz neues Arbeitskampfarsenal herausbilden. Aufgrund dessen scheint eine nähere rechtliche Auseinandersetzung mit der Frage[91], ob oder ggf. in welchem Umfang dieses Vorgehen durch das Arbeitskampfrecht zu legitimieren wäre, angezeigt.

---

22.10.1998; BILD v. 23.10.1998 (http://www.bild.de/service/archiv/1998/oct/23/computer/streik23/streik23.html); Bonner Generalanzeiger v. 22.10.1998; Frankfurter Rundschau v. 22.10.1998; Kölner Stadtanzeiger v. 22.10.1998; Der Spiegel 21.10.1998 (Spiegel-Netzwelt: http://www.first.gmd.de/persons/mtv/presse/spiegel_981021.html); Welt am Sonntag v. 1.11.1998, S. 65; Weser Kurier v. 22.10.1998, S. 1; Online-Bericht bei zdnet: http://www.zdnet.de/news/ artikel/1998/10/22012-wc.htm; ZEIT v. 22/29.10 1998.
Ein kompletter Presse- und Medienspiegel findet sich bei: http://www.first.gmd.de/persons/mtv/p.html.

[88] Provider sind Anbieter von Internetzugängen, z.B. T-Online, AOL oder Freenet.

[89] Hostrechner sind Zentralrechner der Internetanbieter (Provider), über welche die Kunden Zugang zum Internet erhalten.

[90] Siehe 2. Teil § 1C.II.3.

[91] dazu unten im 3. Teil § 3.

# § 2 Entwicklung der verschiedenen Arbeitskampfmittel

## A. Entwicklung des Arbeitskampf- und Streikrechts

### I. Die Entwicklung bis 1945

Der Kampf der Arbeitnehmer um Arbeits- und Lohnbedingungen kann auf eine lange Tradition zurückblicken. Erste dem heutigen Koalitionsverständnis ähnelnde Ansätze finden sich bereits im Mittelalter, als sich die Gesellen in „Bruderschaften" organisierten. Diese verhandelten mit den Zünften, den Vertretern der Arbeitgeber, über Löhne und Arbeitsbedingungen[92]. Im Jahr 1329 fand der erste bekannt gewordene Ausstand statt. Mit dem Ziel, angemessene Löhne zu vereinbaren, legten die Breslauer Gürtlergesellen ein Jahr lang die Arbeit nieder. Später verweigerten dann die Weberknechte in Speyer ihre Arbeit, um auf diese Weise eine bessere Entlohnung zu erzwingen.

Fand sich der Staat mit dieser „Kampf-Situation" im Mittelalter noch ab, kam es mit dem **Absolutismus** zu ersten Verboten von Koalitionen; so geschehen 1530 im Rahmen der Augsburger Polizeireformation durch den von Kaiser Karl V. einberufenen Reichstag. Mit der Reichszunftordnung von 1731 wurde die Bildung von Koalitionen und die Betätigung im Wege des Arbeitskampfes dann gesetzlich verboten[93].

**1869** traten erste Liberalisierungstendenzen in Form der §§ 152, 153 Reichsgewerbeordnung auf, die Arbeitnehmer und Arbeitgeber zumindest formell gleichstellten. Der Staat duldete die Bildung von Koalitionen der Arbeitnehmer oder Arbeitgeber, vermied es aber, eine rechtliche Grundlage für den Abschluss von Tarifverträgen oder gar für Arbeitskämpfe zu schaffen[94]. Einerseits wurden durch die Reichsgewerbeordnung Straftatbestände und Verbote aufgehoben, welche die Einstellung der Arbeit oder die Entlassung von Arbeitnehmern zur Erreichung der Änderung von Arbeitsbedingungen betrafen. Andererseits enthielt § 153 Reichsgewerbeordnung eine Handhabe gegen Arbeitskämpfe unter Anwendung körperlicher Gewalt, Ehrverletzungen oder Verrufserklärungen mit einer Strafandrohung bis zu drei Monaten Gefängnis. Eine große Belastung für das Koalitionsrecht bedeutete § 152 Abs. 2 Reichsgewerbeordnung. Diese Vor-

---

[92] Zum ganzen: KASKEL-*BOGS*, Koalitionen und Koalitionskampfmittel, S. 1, 3.

[93] RITSCHER, Koalitionen und Koalitionsrecht in Deutschland bis zur Reichsgewerbeordnung, 1917, S. 90; umfassend auch Sieg'l, Arbeitskämpfe seit dem Spätmittelalter, S. 129ff. In Art. 10 hieß es entsprechend, dass „[...] sich die Gesellen es sich nicht gelüsten lassen sollten, unter irgendeinem Vorwand einen Aufstand zu machen[...]", abgedruckt bei RITSCHER a.a.O., S. 93.

[94] MünchArbR/*OTTO*, § 282 Rn. 3, S. 506.

schrift versagte den Koalitionen jeglichen zivilrechtlichen Schutz. Jedem Teilnehmer stand sanktionslos der Rücktritt von Abreden oder der Austritt aus der Vereinigung frei. Vertragliche Ansprüche waren nicht einklagbar. Dies verhinderte insbesondere den Einsatz von Vertragsstrafen als wirkungsvolles Druckmittel[95]. Trotz all dieser Hürden kam es 1873 als Ergebnis eines Streiks zum ersten Buchdruckertarifvertrag[96]. Gegen Ende des ersten Weltkrieges wurde schließlich den Bestrebungen der Gewerkschaften nachgegeben und der ungeliebte § 153 GewO aufgehoben[97]; Der umstrittene § 152 Abs. 2 Reichsgewerbeordnung wurde indessen aufrecht erhalten, aber durch Urteil des Reichsgericht vom 2.7.1925 mit der Weimarer Reichsverfassung für unvereinbar erklärt[98].

Der Weimarer Reichsverfassung von 1919 (WRV) lag die Absicht zu Grunde, keine abschließende Entscheidung über das Streikrecht zu fällen[99]. Schon in den Beratungen wurde daher eine verfassungsrechtliche Verankerung überwiegend abgelehnt. Dennoch gilt die WRV als Wiege des deutschen kollektiven Arbeitsrechts und damit auch des Arbeitskampfrechts[100]. In Art. 159 WRV wurde die Vereinigungsfreiheit und damit das Recht, Koalitionen zu bilden, unter verfassungsrechtlichen Schutz gestellt. Diese verfassungsrechtliche Garantie erfasste zumindest nach dem damaligen herrschenden Verständnis[101] aber nur die Vereinigungsfreiheit des einzelnen, nicht hingegen das Recht auf Arbeitskampf. Dieses musste daher als Teil der allgemeinen Handlungsfreiheit verstanden werden; mithin blieb es durch einfachgesetzliche Normierungen einschränkbar.

In einer Entscheidung des Reichsgerichts aus dem Jahr 1925 wurde der Streik den allgemeinen Regeln des privaten und öffentlichen Rechts unterstellt[102], so dass er nur nach Kündigung des Arbeitsverhältnisses unter Wahrung der - damals sehr kurzen - ordentlichen Kündigungsfristen zulässig war. Aussperrung

---

95 Die Regelung des § 152 Abs. 2 Reichsgewerbeordnung wurde vom Reichsgericht zeitweilig sogar auf Tarifverträge angewandt, so dass auch nach dessen Regelungen bestehende Ansprüche gerichtlich nicht durchsetzbar waren: RG 10.4.1902, RGSt. 36, S. 236ff. Diese strafgerichtliche Entscheidung wurde nach heftiger Kritik aus dem Schrifttum vom Reichsgericht am 20.1.1910, RGZ 73, S. 92, 99ff aufgehoben.

96 BRENTANO/AUERBACH-*ZAHN*, Arbeitseinstellung und Fortbildung des Arbeitsvertrages, S. 373ff. und 384ff.

97 Gesetz v. 22.5.1918, RGBl. S. 423.

98 RG 2.7.1925, RGZ 111, S. 199ff.

99 SINZHEIMER, Berichte und Protokolle, Nr. 21, S. 389, 390.

100 RAMM, ZfA 1988, S. 157.

101 RG 11.2.1926, RGZ 113, S. 33, 36; ANSCHÜTZ/THOMA, Handbuch des Deutschen Staatsrechts, Bd. II, 1932, S. 584; ANSCHÜTZ, Die Verfassung des Deutschen Reiches vom 11. August 1919, Art. 159, Anm. 5, S. 733.

102 In dieser Entscheidung wurde § 152 Abs. 2 GewO als mit Art. 159 WRV unvereinbar erklärt, RG 2.7.1925, RGZ 111, S. 199ff.

war aus gleichem Grunde nur als ordentliche Massenkündigung durch den Arbeitgeber zulässig[103].

Unter Hitler wurden 1933 die freien Arbeitnehmer-Koalitionen aufgelöst, ihre Anführer in „Schutzhaft" genommen und ihr Vermögen beschlagnahmt[104]. An ihre Stelle trat die „Deutsche Arbeitsfront" als Organisation von Arbeitgebern und Arbeitnehmer gleichermaßen. Am 19.5.1933 wurden die „Treuhänder der Arbeit" installiert. Dies waren unmittelbar dem Arbeitsministerium unterstellte Beamte, welche Tarifordnungen erließen und damit die Tarifverträge ersetzten. Dies hatte zur Konsequenz, dass jegliche kollektive Arbeitsverweigerung als Auflehnung gegen den Staat gesehen und deshalb in § 36 Abs. 1 Gesetz zur Ordnung der Nationalen Arbeit (AOG) verboten und sanktioniert wurde. Dennoch fanden zu dieser Zeit, wenn auch nur vereinzelt, Arbeitsniederlegungen statt.[105]

### II. Die Entwicklung nach 1945

Das AOG wurde durch das Kontrollratsgesetz (KRG) vom 30.11.1946[106] zum 1.1.1947 aufgehoben. In Nr. 35 dieses Gesetzes wurden zwar Regelungen über ein freiwilliges bzw. teilweise zwingendes Schlichtungsverfahren geschaffen; eine Regelung des Arbeitskampfrecht unterblieb indessen.

#### 1. Die Entwicklung in der Deutschen Demokratischen Republik

In der ersten Verfassung der DDR vom 7.10.1949 war in Art. 14 Abs. 2 zunächst die Einrichtung von Gewerkschaften sowie der Einsatz des Arbeitskampfes gewährleistet worden. Zwischen dieser Garantie und der Rechtswirklichkeit klaffte allerdings eine große Lücke[107]. Letztlich entfiel diese Garantie in der Verfassung von 1968 und fand sich auch in der Neufassung von 1974 nicht wieder.

Dies stellt sich im Hinblick auf das "Identitätsdogma" des Sozialismus als durchaus konsequent dar, wonach das Interesse der Arbeitnehmer mit den gesellschaftlichen Erfordernissen *per definitionem* als konform galt. Da ein Arbeitskampf in einem sozialistischen System theoretisch nicht erforderlich werden konnte, bedurfte es auch keiner verfassungsrechtlichen Garantie. Daher wurde der Streik als „konterrevolutionärer Umtrieb" verurteilt[108].

---

[103] RG 30.03.1926, RGZ 113, S. 197, 201.
[104] RAMM, ZfA 1988, S. 157, 161.
[105] MASON, Sozialpolitik im Dritten Reich, 1978, S. 103, 316.
[106] Amtsblatt des Kontrollrats, S. 229.
[107] Siehe bei MünchArbR/*OTTO*, § 282 Rn. 29.
[108] Vgl. RÜTHERS, Arbeitsrecht und politisches System, S. 27.

Einschneidende Veränderungen brachte dann die friedliche Revolution im Jahre 1989 mit sich. Seit der Herstellung der Deutschen Einheit am 3.10.1990 gilt gemäß Art. 8 Einigungsvertrag[109] das Arbeitskampfrecht der Bundesrepublik Deutschland.

2. Die Entwicklung in der Bundesrepublik Deutschland

In seiner ursprünglichen Fassung fand sich in Art. 9 Abs. 3 GG keine Aussage zum Streikrecht. Bemühungen im Parlamentarischen Rat scheiterten, ein Recht auf Streik verfassungsrechtlich zu verankern.

Die berühmte Grundsatzentscheidung des Großen Senats des Bundesarbeitsgerichts unter seinem Präsidenten *NIPPERDEY* vom 28.1.1955[110] ließ die Frage nach einer verfassungsrechtlichen Anerkennung des Streikrechts noch offen, etablierte aber das kollektive Geschehen „Arbeitskampf" als zulässige Durchbrechung der vertraglichen Ordnung. Arbeitskämpfe seien tariffähigen Parteien zur Erreichung tariflicher Ziele als *ultima ratio* erlaubt[111]. Gleichfalls wurde festgestellt, dass für den Arbeitskampf die Grundsätze der Parität und der freien Wahl der Kampfmittel gelten. Des Weiteren kehrte sich der Große Senat von der individualrechtlichen Betrachtung ab und verstand nunmehr den Arbeitskampf als kollektivrechtlich zu bewertendes Ereignis. Dies hatte zur Folge, dass die Rechtmäßigkeit eines Streiks nicht mehr von einer vorangehenden Kündigung der Arbeitsverhältnisse der Streikenden abhing, sondern die Arbeitsverhältnisse im Falle des ansonsten rechtmäßigen Streiks nur suspendiert wurden. Mit der Entscheidung des Großen Senats des Bundesarbeitsgerichts vom 21.4.1971[112] wurden dann weitere Meilensteine des Arbeitskampfrechts gesetzt. So wurde u.a. festgestellt, dass sich der Arbeitskampf am Gebot der Verhältnismäßigkeit zu orientieren habe[113].

Erst im Jahre 1991 bezog das Bundesverfassungsgericht zur Arbeitskampfrechtsprechung des Bundesarbeitsgerichts Stellung[114]. In seiner Entscheidung betonte

[109] BGBl. II S. 885.
[110] AP Art. 9 GG Arbeitskampf Nr. 1.
[111] BAG GS 28.1.1955, AP Art. 9 Arbeitskampf Nr. 1 unter II 1.
[112] BAG GS 21.4.1971, AP Art. 9 GG Arbeitskampf Nr. 43.
[113] In den folgenden Jahren hat das Bundesarbeitsgericht diese Positionen nur teilweise bekräftigt. Besondere Bedeutung kommt dabei den Grundsatzentscheidungen vom 10.6.1980, AP Art. 9 GG Arbeitskampf Nr. 64-66, in der das Aussperrungsrechts ausdrücklich anerkannt, aber ihm gleichzeitig Beschränkungen auferlegt wurden. Das Gericht knüpft dabei nicht an die bis dahin für das Arbeitskampfrecht entwickelten Grundsätze an, sondern setzt sich mit der Entscheidung des Großen Senats des Bundesarbeitsgerichts aus dem Jahre 1971 in Widerspruch. Eine Anrufung des Großen Senats unterblieb jedoch.
[114] BVerfG 26.6.1991, BAG AP Art.9 GG Arbeitskampf Nr. 117.

das Gericht die Geltung der Koalitionsfreiheit für Arbeitnehmer und Arbeitgeber. Es sah Bestand und Betätigung der Koalitionsfreiheit als durch Art. 9 Abs. 3 Satz 1 GG verfassungsrechtlich geschützt an; Mittel, die der Verfolgung des Koalitionszwecks dienten, seien ebenso von der Verfassung gedeckt[115]. Besonderer Bedeutung kommt dem zweiten Leitsatz dieser Entscheidung zu, der lautet:

> *„Zu den durch Art. 9 Abs. 3 GG geschützten Mitteln zählen auch Arbeitskampfmittel, die auf den Abschluss von Tarifverträgen gerichtet sind. Sie werden insoweit von der Koalitionsfreiheit erfasst, als sie allgemein erforderlich sind, um eine funktionierende Tarifautonomie sicherzustellen. Der Schutz umfasst unter den gegebenen Verhältnissen jedenfalls Aussperrungen mit suspendierender Wirkung, die in Abwehr von Teil- und Schwerpunktstreiks der Herstellung der Verhandlungsparität dienen.“*

Das Bundesverfassungsgericht stellt in den weiteren Leitsätzen seiner Grundsatzentscheidung klar, dass die Koalitionsfreiheit zum Schutze Dritter oder anderer Rechtsgüter mit Verfassungsrang eingeschränkt werden kann und sie im Verhältnis der Tarifpartner untereinander näherer Ausgestaltung durch die Fachgerichte bedarf[116].

Aus dem Umstand, dass das Bundesverfassungsgericht in seiner Entscheidung der Aussperrung ausdrücklich Verfassungsrang einräumt, wird einhellig die gleichzeitige verfassungsrechtliche Anerkennung des Streiks als fester Bestandteil der Koalitionsfreiheit in Art. 9 Abs. 3 GG[117] gefolgert. Inwieweit besondere Streikformen und –taktiken bzw. in ihrem Charakter vom Streik abweichende Arbeitskampfformen vom Schutz der Verfassung umfasst werden, ist bislang seitens des Bundesverfassungs- und Bundesarbeitsgerichts nicht entschieden worden[118].

## B. Entwicklung alternativer Arbeitskampfmittel

### I. Sonderformen der Arbeitsniederlegung

Unter den Sonderformen der Arbeitsniederlegung können die Schlechtleistung und die partielle Arbeitsniederlegung auf eine längere Historie zurückblicken. Warnstreik, „Neue Beweglichkeit“, Wechsel-, Wellen- und Spezialistenstreik

---

[115] BVerfG 26.6.1991, a.a.O., Leitsatz 1.

[116] BVerfG 26.6.1991, a.a.O., Leitsätze 3-5.

[117] BVerfG 2.3.1993, AP Art. 9 GG Arbeitskampf Nr. 126; BVerfG 4.7.1995, AP § 116 AFG Nr. 4.

[118] Zur Geschichte einzelner Streiktaktiken oder sonstiger Kampfformen vergleiche jeweils bei der Gesamtdarstellung der Arbeitskampfmittel in § 3 des 2.Teil dieser Arbeit.

sind, wie dargestellt[119], als Weiterentwicklungen des Voll- und Teilstreiks erst im letzten Drittel des 20. Jahrhunderts in Erscheinung getreten.

Schlechtleistung und partielle Arbeitsniederlegungen wurden im Arbeitskampf Anfang der 20er Jahre erstmalig in Deutschland eingesetzt. Im Rahmen einer Tarifstreitigkeit im Jahre 1921 erschienen die Arbeitnehmer zwar am Arbeitsplatz, arbeiteten aber so verlangsamt bzw. mit so großen Unterbrechungen, dass der Betriebsablauf in einem Maße gestört wurde, dass der Arbeitgeber seinen Betrieb für die Dauer von 14 Tagen schloss[120]. Der mit diesem Sachverhalt beschäftigte 3. Senat des Reichsgericht bezeichnete das Vorgehen der Arbeitnehmer damals als „passive Resistenz“[121].

Zu ersten gewerkschaftlich organisierten *partiellen Arbeitsniederlegung* kam es im Jahre 1922. Damals riefen zwei Gewerkschaften trotz laufenden Tarifvertrags die bei ihnen organisierten Schiffer auf Flugblättern auf, die Leistung von zusätzlicher Arbeit, Überstunden und Sonntagsarbeit zu verweigern. Die Arbeitnehmer folgten dem Aufruf. Das mit diesem Sachverhalt beschäftigte Reichsgericht lehnte die vom Kammergericht in der Vorinstanz aus den Schlechtleistungsfällen übertragene Bezeichnung dieser Maßnahmen als „passive Resistenz“ ausdrücklich ab und erklärte das Vorgehen der Gewerkschaften als grundsätzlich zulässig[122].

Danach kam es erst wieder in den 70er Jahren zu nennenswerten Einsätzen dieser Kampfmittel. 1971 rief der Marburger Bund e.V. die Ärzteschaft nach einer mit überwältigender Mehrheit erfolgreichen Urabstimmung zum Streik auf. Dieser sollte in der Weise geschehen, dass nur „rein“ ärztliche Aufgaben wahrgenommen und daher jede Verwaltungstätigkeit abgelehnt werden sollte. Dies taten die Ärzte. Patienten erlitten dadurch keinen Schaden[123]. Im Jahre 1976 meldeten sich die bei der von der Bundesrepublik Deutschland eingerichteten Flugsicherung Fluglotsen mit Vorankündigung krank („go sick“) bzw. setzten ihre Arbeitsleistung beträchtlich herab („go slow“), wodurch der zivile Flugverkehr im Luftraum der Bundesrepublik zum Erliegen kam[124].

---

[119] Vgl. unter 2. Teil § 1A.II 1-4 und die dort jeweils aufgeführten Einzelfälle.
[120] Vergleiche zu diesem Sachverhalt vergleiche RG 9.6.1925, RGZ 111, S. 105, 112.
[121] RG 9.6.1925, RGZ 111, S. 105, 112.
[122] RG 30.3.1926, RGZ 113, S. 197ff.
[123] Zum ganzen vgl. UHLENBRUCK, RdA 1972, S. 327, 328.
[124] Vgl. zu den Sachverhalten: BGH 31.1.1978, NJW 1978, S. 816ff.; BGH 16.6.1977, BGHZ 69, S. 128ff.

## II. Boykott

Die Bezeichnung Boykott geht auf den Namen eines irischen Gutsverwalters[125] aus dem 19. Jahrhundert zurück, der wegen seiner Härte gegen die Pächter allseits geächtet und zur Auswanderung gezwungen wurde.

Im deutschen Raum findet der arbeitsrechtliche Boykottgedanke seinen Ursprung jedoch wesentlich früher. Als Arbeitskampfmittel entstand der Boykott mit dem mittelalterlichen Zunftwesen. Er wurde seinerzeit zur Eindämmung egoistischer Bestrebungen der Mitglieder der Zünfte eingesetzt. Die Grundform des Boykotts stellte die „Schelte“ dar. Wurde ein Meister gescholten, hatte dies zur Folge, dass kein Geselle mehr bei ihm Arbeit aufnehmen und er auf dem Markt seine Ware nicht mehr mit den anderen Meistern anbieten durfte[126]. Nachdem sich Gesellen in Bruder- oder Gesellenschaften zusammengeschlossen hatten, griffen sie die Idee der „Schelte“ auf und machten ihn zur Durchsetzung besserer Arbeitsbedingungen nutzbar[127]. Mit der Normierung eines Koalitionsverbots in der Polizeiordnung von 1530 sowie der Reichszunftordnung von 1731 verschwand der Arbeitskampf und mit ihm der Streik und der Boykott. Erst unter dem Eindruck der Reichsgewerbeordnung von 1869 kam es Anfang des 20. Jahrhunderts zu ersten Boykotts durch die sich gerade entwickelnden Arbeitnehmervertretungen[128]. Aus dieser Zeit wurde eine gegen die Kieler Bäcker gerichtete Boykottwelle wegen des Kost- und Logierzwangs berühmt[129]. Erst in den 70er Jahren hielt der Boykott mit dem Aufruf von Hafenarbeitern, die Entladung solcher Schiffe zu unterlassen, deren Reeder nicht zum Abschluss von Tarifverträgen bereit waren, wieder Einzug in das Arbeitskampfgeschehen[130].

## III. Aktive produktionsbehindernde Maßnahmen

### 1. Betriebsbesetzung

Bereits während der Arbeitskämpfe der Ruhrbergarbeiter im Jahre 1889 wie auch 1905 kam es zu Streikversammlungen vor - und in Einzelfällen - auf dem Betriebsgelände, mit dem Ziel der Verhinderung einer Weiterproduktion. Hier

---

[125] Captain Charles Cunningham Boycott.

[126] BRUNNER, Der Boykott – selbständiges oder unselbständiges Nebenkampfmittel eines zulässigen Arbeitskampfes, S. 3.

[127] RITSCHER, Koalitionen und Koalitionsverbot bis zur Gewerbeordnung, S. 25 und 223.

[128] BRUNNER, Der Boykott – selbständiges oder unselbständiges Nebenkampfmittel eines zulässigen Arbeitskampfes, S. 5.

[129] RG 12.7.1906, RGZ 64, S. 52ff.

[130] vgl. dazu BAG 19.10.1976, AP § 1 TVG Form Nr. 6; LAG Baden-Württemberg 2.8.1973, AuR 1976, S. 316.

zeichneten sich erstmals die aktive Produktionsbehinderung als Bestandteil des Arbeitskampfes ab[131].

Es dauerte bis in die 50er Jahre, bis in Deutschland während eines Arbeitskampfes wieder ein Betrieb besetzt wurde. Ab dem 2.3.1950 kam es zu Belegschaftsversammlungen auf dem Betriebsgelände der Salzgitter Werke zur Verhinderung der Demontage durch britische Militärs[132]. Während eines gewerkschaftlich nicht getragenen Streiks im Jahre 1955 fanden auf dem Gelände der Howaldt-Werft Streikversammlungen statt[133]. Am 24.8.1955 wurde dabei ein Dock besetzt und das Einlaufen eines Schiffes verhindert. Allerdings wurde das Dock anschließend durch die Polizei geräumt[134]. Mit Blick auf Frankreich[135] und Italien[136], wo das Besetzen von Betrieben zur Durchsetzung von Forderungen der Arbeitnehmerschaft seit jeher gang und gäbe ist, lässt sich die Arbeitskampfform der Betriebsbesetzung in Deutschland als besondere und verhältnismäßig junge Kampfform einstufen[137].

Mit den „Septemberstreiks" im Jahre 1969[138] und den Streikbewegungen des Jahres 1973[139] traten vermehrt Besetzungen von Betrieben auf. Die streikenden Arbeitnehmer blieben an ihren Arbeitsplätzen; neben Demonstrationen wurden Betriebsversammlungen auf dem Betriebsgelände abgehalten. Bei den „spontanen Streiks" 1973 besetzte die Belegschaft der Mannesmann Röhrenwerke in Duisburg vier Tage lang den Rollengang der Walzstraße zur Verhinderung von Streikbrechereinsätzen. Die erstrebten Lohn- und Strukturforderungen wurden so erfolgreich durchgesetzt[140].

---

131 RAMM, Arbeitskampf, S. 185, Fn. 7; DITT/KIFT-*DE JONG*, S. 69; TENFELDE/VOLKMANN-*STEFFENS*, S. 124, 137.

132 DEGEN/SIEBERT/STÖHR, S. 298; KÖNIG/*OSTERTAG*/SCHULZ, S. 119.

133 JÜRES/KÜHL, S. 150ff.

134 KALBITZ, Tarifpolitik, S. 66; JÜRES/KÜHL, S. 159.

135 JAKOBI/MÜLLER-JENTSCH/SCHMIDT, S. 249 m.w.N auf S. 282; OLBRICHT, Die Betriebsbesetzung als Arbeitskampfmaßnahme, S. 2; WENDT, DuR 1978, S. 14ff., *DIES.*, Die Betriebsbesetzung, S. 26 und 162ff.

136 SPÖHRING, Streiks im internationalen Vergleich, S. 122ff. m.w.N. in Fn. 109.

137 So auch OLBRICHT, Die Betriebsbesetzung als Arbeitskampfmaßnahme, S. 2; WENDT, Die Betriebsbesetzung, S. 34; WESCH, Betriebsbesetzung, S. 33; TREBER, Aktiv produktionsbehindernde Maßnahmen, S. 64.

138 Vgl. dazu bereits unter 2. Teil § 2A.II; BLONDIAU, S. 260; E. SCHMIDT, Gewerkschaften, S. 81ff, S. 117ff.; STEINHAUS, S. 43ff.

139 JACOBI/MÜLLER-JENTSCH/SCHMIDT-*E.SCHMIDT*, S. 30.

140 IMFS, Informationsbericht Nr. 21, S. 30; MÜLLER-JENTSCH/KESSLER, KJ 1973, S. 361, 365.

Bis heute sind Betriebsbesetzungen im Rahmen gewerkschaftlich getragener Arbeitskämpfe eher vereinzelt aufgetreten. Auslöser für die Besetzung von Betrieben waren in der Vergangenheit vielmehr drohende Massenentlassungen oder Stillegungsmaßnahmen[141]. Bekannteste, nicht tarifbezogene Besetzungsmaßnahme in Deutschland ist der „Erwitte-Fall" aus dem Jahre 1975. Damals stand die fast zweimonatige Dauerbesetzung eines Betriebes der Erwitter Zementwerke Seibel & Söhne[142] im Mittelpunkt (nicht nur) juristischer Auseinandersetzungen. Der damalige Preiskampf in der Zementindustrie gefährdete eine Vielzahl von Arbeitsplätzen, so dass es zu 100 Kündigungen unter Verstoß gegen das Kündigungsschutzrecht und das Mitbestimmungsrecht des Betriebsrates kam. Nachdem die Arbeitnehmer die Arbeit niedergelegt hatten, drohte der Arbeitgeber mit Betriebsschließung und stellte die Lohnzahlungen ein. Das Werk wurde am 10.3.1975[143] besetzt und erst nach Einigung über den Vergleichsvorschlag des Arbeitsgerichts Paderborn[144] am 2.5.1975 wieder freigegeben. Erst als sich alle arbeitsgerichtlichen Instanzen[145] mit diesem Fall auseinandergesetzt hatten, wurde im Anschluss an den dritten Schlichtungsversuch am 2.6.1976 die Produktion wieder aufgenommen.

Besetzungen im Falle drohender Insolvenz des Unternehmens zur Erzwingung einer Weiterführung des Betriebes blieben danach keine Seltenheit[146]. Dies ist insofern verständlich, als sich dieses Vorgehen als probates Mittel bewährt hatte, um die Aufmerksamkeit der Öffentlichkeit und der Medien auf Missstände zu richten.

---

[141] DÄUBLER/*BIEBACK*, Arbeitskampfrecht, Rn. 416; DÄUBLER, Arbeitsrecht 1, Rn. 711; WENDT, Die Betriebsbesetzung, S. 42ff.

[142] JACOBI/MÜLLER-JENTSCH/SCHMIDT-*DUHM*, S. 18ff.; HEILMANN/WAHSNER, DuR 1976, S. 374, 382ff.; DUHM/MÜCKENBERGER-*E.SCHMIDT*, S. 147.

[143] JACOBI/MÜLLER-JENTSCH/SCHMIDT-*DUHM*, S. 64ff.; HEILMANN/WAHSNER, DuR 1976, S. 374, 387ff.; WENDT, Die Betriebsbesetzung, S. 36.

[144] im Ganzen dazu: HEILMANN/WAHSNER, DuR 1976, S. 374, 391ff.

[145] BAG 14.2.1978 – 1 AZR 54/76, AP Art. 9 GG Arbeitskampf Nr. 57; BAG 14.2.1978 – 1 AZR 76/76, AP Art. 9 GG Arbeitskampf Nr. 58; BAG 14.2.1978 – 1 AZR 103/76, AP Art. 9 GG Arbeitskampf Nr. 59; LAG Hamm 6.11.1975, DB 1976, S. 343f.; LAG Hamm 27.10.1975, DuR S. 396; LAG Hamm 6.11.1975, DuR 1976, S. 402; AG Paderborn 15.7.1975, DuR 1976, S. 398; AG Paderborn 1.7.1975, DuR 1976, S. 400. Höchst ausführliche Darstellung des Sachverhalts bei HEILMANN/WAHSNER, DuR 1976, S. 374, 382ff.

[146] So bei der Kleiderfabrik BÜCKING, der Maschinenfabrik ARENDT und der Baumaschinenfabrik HANOMAG, vgl. dazu die Nachweise bei TREBER, Aktiv produktionsbehindernde Maßnahmen, S. 69.

Im Rahmen gewerkschaftlich getragener Arbeitskämpfe traten Betriebsbesetzungen bis 1984 äußerst selten auf[147]. Erwähnenswert sind aus dieser Zeit allenfalls das „Verweilen am Arbeitsplatz“ von Arbeitnehmern des Münchner Zeitungsverlages[148] und der Firma Klingspohr in Offenbach[149] im Jahre 1978. Man wollte damit gegen die als rechtswidrig empfundene Flächenaussperrungen vorgehen. Nicht minder von Bedeutung sind Besetzungsaktionen bei Arbeitskämpfen auf ausländischen Schiffen in deutschen Häfen[150]. Diese zwischen 1977 und 1983 erfolgten Besetzungen stellen nämlich die erste Konstellation dar, in der die aktive Produktionshinderung zur Sicherung des für die Herstellung von Verhandlungsgleichgewicht notwendigen Drucks auf der Gegenseite – vorliegend gegen das mit einer Ersatzcrew weitergeführte Beladen, Entladen und Auslaufen des Schiffes – eingesetzt wurde[151].

Zum vermehrten Einsatz von Betriebsbesetzungen kam es in den Arbeitskämpfen der Druck und Metallindustrie im Jahre 1984. Nachdem durch einstweilige Verfügung das Blockieren der Zufahrten des Betriebsgeländes untersagt worden war, wurden bei der Firma Bosch als „Betriebsbegehungen“ und „Werksbesichtigungen“[152] getarnten Betriebsbesetzungen vorgenommen. Diese neuartigen Maßnahmen im Kampf gegen die „kalte“ Aussperrung wurde von der IG Metall getragen. Sodann kam es zu einer dreitägigen Besetzung des Betriebsgeländes

---

[147] Die 1952 durchgeführten Demonstrationen während des Druckerstreiks könnten durchaus als Besetzungen qualifiziert werden. So sah es auch das LG Augsburg 11.3.1954, BB 1954, S. 657; ebenso TREBER, Aktiv produktionsbehindernde Maßnahmen, S. 74, Fn. 138.

[148] BOBKE, Aussperrung, S. 65; DEGEN/SIEBERT/STÖHR, S. 87; WENDT, Die Betriebsbesetzung, S. 40.

[149] BOBKE, Aussperrung, S. 65; WENDT, Die Betriebsbesetzung, S. 36; druck + papier 1980, Heft 5, S. 33.

[150] Zu den einzelnen Sachverhaltskonstellationen siehe: ArbG Husum 18.2.1983, SeeAE/*LINDMANN* Art. 9 GG Nr. 9; ArbG Bremen 5.8.1977, SeeAE/*LINDMANN*, Art. 9 GG Nr. 6; ArbG Bremen 19.4.1982 – 9 Ca 9102/83 (n.v.); ArbG Hamburg 5.12.1979, SeeAE/*LINDMANN* Art. 9 GG Nr. 7, ArbG Hamburg 15.3.1983, SeeAE/*LINDMANN*, Art. 9 GG Nr.10 (I) und ArbG Hamburg 29.5.1981, SeeAE/*LINDMANN*, Art. 9 GG Nr. 8; LAG Hamburg 26.8.1983, SeeAE/*LINDMANN*, Art. 9 GG Nr. 10 (II).

[151] In diesem Sinne auch erwähnt bei STEINBRÜCK, Streikposten und einstweiliger Rechtsschutz im Arbeitskampfrecht der Bundesrepublik Deutschland, S. 138 und TREBER, Aktiv produktionsbehindernde Maßnahmen, S. 75; RICHTER/ZWANZIGER, AuR 1985, S. 175, 178; ZWANZIGER, S. 79. Zur Problematik der Rechtmäßigkeit solcher Betriebsbesetzungen sogleich unter 3. Teil § 3A.II.3.b)(3) und 3. Teil § 3B.III.

[152] ACHTEN/*RÖDER*, S. 131, 132f.

des Unternehmens Filter-Knecht in Lorch[153] sowie bei SMV-Devalit in der Nähe Hamburgs.

Im Jahr 1989 wurde während der Verhandlung über den Abschluss eines neuen Tarifvertrags für die Druckindustrie bei einem Warnstreik eine für die Zeitungsherstellung unentbehrliche Produktionsanlage besetzt[154]. Im Zuge der Tarifauseinandersetzungen 1992 verblieben Arbeitnehmer der Springer Druckerei in Kettwig von 10.30 Uhr bis 23.35 Uhr entgegen der Aufforderung der Unternehmensleitung in der Produktionshalle und verhinderten so die Inbetriebnahme der Druckmaschinen[155].

2. Betriebsblockaden

Schon vor 1869 wurden Streikposten und Blockaden zur Abhaltung Arbeitswilliger eingesetzt[156]. Im Bergarbeiterstreik in Königshütte 1871 sollte durch die Blockaden der Zugänge der Einsatz von Streikbrechern verhindert werden[157]. Während der Ruhrbergarbeiterstreiks 1889 und 1905 wurde durch Versammlungen vor - vereinzelt auch auf - dem Betriebsgelände erfolgreich die Fortführung der Produktion verhindert[158]. Absperrungsmaßnahmen sollten auch den Einsatz „berufsmäßiger Streikbrecher" in einer Berliner Kohlehandlung im Jahr 1912 verhindern[159]. Zu vergleichbaren Maßnahmen kam es auch während einiger Arbeitskämpfe in der Weimarer Republik. Mit dem Arbeitskampfverbot im Nationalsozialismus verschwanden die Betriebsblockaden.

In den 50er Jahren kam es dann wieder zu Arbeitkämpfen und mit ihnen zur „Streikbrecherabwehr" durch „Streikpostenketten". Mit ihrer Hilfe sollte jeglicher Zugang zum Betrieb verhindert werden. Regelmäßig kam es dabei zu Eskalationen und zur Notwendigkeit polizeilichen Einschreitens[160]. 1971 erklärte die

---

[153] HINDRICHS/MÄULEN/SCHARF, S. 256; AG Schwäbisch-Gemünd, 29.5.1984 - 7 C 628/84-16 (n.v.); ArbG Stuttgart 1.6.1984 - 13 Ga 33/84 (n.v.); BAHDE, Solidarität gegen kalte Aussperrung, S. 56ff.

[154] SZ v. 3.3.1989, S. 1.

[155] LAG Düsseldorf 24.2.1994, LAGE Art. 9 GG Arbeitskampf Nr. 54.

[156] TENFELDE/VOLKMANN-*FISCHER*, Streik. Zur Geschichte des Arbeitskampfes in Deutschland während der Industrialisierung, S. 74, 79ff.; SAUL, S. 307; TODT, S. 67.

[157] TENFELDE/VOLKMANN-*MACHTAN*, a.a.O., S. 52, 85.

[158] TENFELDE/VOLKMANN-*STEFFEN*,,a.a.O., S. 124, 137.

[159] TENFELDE/VOLKMANN-*MACHTAN*, a.a.O., S. 52ff., 222.

[160] Z.B. während des Landarbeiterstreiks 1951: Darstellung bei GROTE, S. 74, 131; im Rahmen des Metallarbeiterstreiks 1951, LG Frankfurt 22.9.1953, abgedruckt bei NIESE, Streik und Strafreht, S. 140f. Auch die Zugangsverhinderung im Zusammenhang mit dem Streik der Textilarbeiter 1953 - vgl. NIESE, a.a.O., S. 141 - und des Malerstreiks 1954 – LG Hannover 5.11.1953, zit. nach NIESE, Streik und Strafrecht, S. 138, Revision zum BGH

IG Chemie-Papier-Keramik in der Tarifrunde den „aktiven tariflosen Zustand". Folge war eine Vielzahl von Blockaden durch Streikposten in den verschiedensten Unternehmen dieses Tarifbereichs[161]. Ähnlich verhielt es sich im Bereich der IG Metall Nordwürttemberg-Nordbaden im gleichen Jahr[162].

Anfang der 80er Jahre kam es vermehrt zu Blockaden von Werkstoren durch Arbeitnehmer, um das An- und Abliefern von Produkten zu verhindern[163]. Bis dahin waren diese Blockadeaktionen weder auf die Erreichung tariflich regelbarer Ziele ausgerichtet, noch gab es eine offizielle gewerkschaftliche Übernahme oder Aufrufe zu einem derartigen Vorgehen. Letzteres kann auf das hohe Schadensersatzrisiko zurückgeführt werden, welches die Klagen der Arbeitgeber und Arbeitgeberverbände mit sich gebracht hätten[164]. Jedoch entwickelte sich die noch Ende der siebziger Jahre vehement ablehnende Haltung der Gewerkschaften mehr und mehr hin zu einer unterstützenden. Dies führte 1981 zum vermehrten Einsatz von Blockademaßnahmen[165]. Während der bereits erwähnten Arbeitskämpfe im Jahre 1984 kam es schließlich zu Betriebsblockaden in erheblichem Umfang[166].

Der Abschluss tariflicher Regelungen bildete nur selten das Ziel der Betriebsblockaden. Wie bereits in früheren Jahren richteten sie sich zumeist gegen Be-

---

19.10.1965, AP § 125 StGB Nr. 1 - führten zu Strafverfahren. Letztlich kam es hier wie auch in späteren Fällen zu zahlreichen Verurteilungen. Höhepunkt stellt mit 374 Strafverfahren insoweit der Metallarbeiterstreik des Jahres 1954 dar. Eine umfassende Darstellung findet sich bei NIESE, a.a.O., 1954, S. 4ff.

[161] Eine detaillierte Auflistung der Vorgänge findet sich in: Arbeitsring, Arbeitgeberverbände der deutschen chemischen Industrie (Hrsg.), 1971, S. 78ff.

[162] Ausführlich dazu MEYER, Streik und Aussperrung in der Metallindustrie, S. 11.

[163] Als Beispiele sind zu nennen: Die Blockade der Werke bei TRIUMPH-ADLER im Jahre 1981. Ebenfalls 1981 wurden die Werkstore bei VDM, mit dem Ergebnis eines Abschlusses eines Sozialplans blockiert. Ferner kam es zu einer Blockade bei ROCKWELL-GOLDE in Frankfurt 1982, nachdem drei Besetzungsversuche scheiterten. Im gleichen Jahr wurde der Verlust von 16 Arbeitsplätzen bei DEMAG-POKORNY in Frankfurt erfolgreich verhindert. Zu alledem vgl. die Darstellungen bei HAUTSCH/SEMMLER, Betriebsbesetzung, S. 28ff.; ebenfalls mit einer umfassenden Zusammenstellung: TREBER, Aktiv produktionsbehindernde Maßnahmen, S. 71f.

[164] DÄUBLER, Arbeitsrecht 1, Rn. 714; HAUTSCH/SEMMLER, Betriebsbesetzung, S. 66; IMSF, Informationsbericht Nr. 21, S. 769ff.; WENDT, Die Betriebsbesetzung, S. 39.

[165] Vgl. hierzu den Tatbestand der Entscheidung des LAG Hamm 26.3.1981, DB 1981, S. 1571, 1572.

[166] Vgl. die Nachweise in Fn. 5.

triebsstillegungen, Massenentlassungen, Insolvenzen oder Zwangsvollstreckungen in das Unternehmervermögen[167].

## § 3 Unterschiede alternativer Arbeitskampfmittel zum klassischen Streik

### A. Besondere Ziele des alternativen Kampfmitteleinsatzes

Arbeitskämpfe selbst sind auf den Abschluss von Tarifverträgen bzw. die Herstellung der Bereitschaft zur Aufnahme von Tarifverhandlungen gerichtet[168]. Der konkrete Einsatz eines einzelnen Arbeitskampfmittels kann jedoch ganz anderen Zwecken dienen, besonders kampftaktischen.

Die Teilnahme der Arbeitnehmer an einem rechtmäßigen Arbeitskampf führt nach heute gefestigter Rechtsprechung[169] zur Suspendierung der Hauptleistungspflichten ihrer Arbeitsverhältnisse[170]. Damit verlieren die sich am Arbeitskampf beteiligenden Arbeitnehmer ihren Anspruch gegen den Arbeitgeber auf Lohnzahlung. Aus diesem Grund verpflichten sich die Gewerkschaften in ihrer Satzung gegenüber den bei ihnen *organisierten*[171] Arbeitnehmern zur Zahlung einer Streikunterstützung für den Fall, dass sich diese an einem gewerkschaftlich getragenen Streik beteiligen. Dies hat unmittelbar zur Folge, dass bei einer hohen Anzahl von Arbeitsniederlegungen auf Gewerkschaftsseite enorme Kosten bewältigt werden müssen. Dieser finanzielle Aspekt gab Anlass, neue Vorge-

---

167 So wurde beispielsweise die Klingspohr AG bis zur Insolvenzeröffnung durch die Arbeitnehmerschaft besetzt, druck + papier 1985, Heft 14, S. 12f. Aufgrund von Stillegungsentscheidungen der Treuhand kam es zu Besetzungen auch bei Unternehmen in den neuen Bundesländern, SZ v. 19.6.1991, „Betriebsbesetzung bei der dkk-Scharfenstein". Eine Zusammenfassung findet sich auch insoweit bei TREBER, Aktiv produktionsbehindernde Maßnahmen, S. 89-92.

168 Die Rechtsprechung lehnt einen Verhandlungsanspruch einer Tarifvertragspartei ab: BAG 14.2.1989, AP Art. 9 GG Arbeitskampf Nr. 52 = SAE 1990, 13 mit Anmerkung HANAU; bereits zuvor ablehnend BAG 14.7.1981, AP § 1 TVG Verhandlungspflicht Nr. 1 mit kritischer Anmerkung WIEDEMANN; ebenso sehr kritisch SEITER, SAE 1984, S. 100. Zum Ganzen vgl. MAYER-MALY, FS Molitor, 1988, S. 239 m.w.N.

169 Grundlegend BAG GS 28.1.1955, AP Art. 9 GG Arbeitskampf Nr. 1.

170 Anders die früher herrschende, sog. individualrechtliche Betrachtungsweise, welche als (alleinige) Rechtmäßigkeitsvoraussetzung für den Streik die vorherige Kündigung des Arbeitsverhältnisses verlangte. Vgl. dazu die Zusammenstellung in BAG GS 28.1.1955, AP Art. 9 GG Arbeitskampf Nr. 1.

171 Nicht- oder anders organisierten Arbeitnehmern kommt zwar ein Recht zur Teilnahme am Arbeitskampf zu (BAG GS 21.4.1971, AP Art. 9 GG Arbeitskampf Nr. 43; vgl. auch PREIS, Kollektivarbeitsrecht, § 115 II 1. m.w.N.), eine finanzielle Unterstützung durch die den Arbeitskampf führenden Gewerkschaften erhalten sie jedoch nicht.

hensweisen zu entwickeln, die bei möglichst gleichbleibender Streikeffizienz geringere Kosten verursacht.

Zwischenziel im Kampf um den Tarifvertrag ist es also, neben der Schaffung einer wirtschaftlichen Drucksituation auf der Gegenseite den eigenen finanziellen Druck möglichst gering zu halten. Je kostengünstiger der Arbeitskampf für die Gewerkschaften verläuft, desto länger kann der Arbeitskampf fortgeführt und damit der Druck auf den Gegenspieler aufrecht erhalten werden. Diesem Aspekt wurde von Seiten der Gewerkschaft durch die Entwicklung von Wechsel- und Wellenstreik[172], deren diversen verschiedenen Erscheinungsformen, den Spezialistenstreik[173] sowie durch den Einsatz der „neuen Beweglichkeit"[174] Rechnung getragen.

Seit den Arbeitskämpfen der Druckindustrie in den 80er Jahren ist ein weiteres kampftaktisches Ziel in den Vordergrund gerückt. Abwehrmaßnahmen der Gegenseite, sei es eine (rechtswidrige) Aussperrung[175], der Einsatz von „Streikbrechern"[176] und die Aufrechterhaltung der Produktion[177], sollen vermieden oder zumindest abgefedert werden. Im Kern geht es dabei schlicht um die Erhaltung der eigenen Streikeffizienz[178] und damit um die Ermöglichung eines wirkungsvoll geführten Arbeitskampfes[179].

Die Notwendigkeit dieser Zielrichtung ergibt sich nach einer Auffassung[180] des Weiteren aus der in einer mehr und mehr technisierten Welt nachlassenden Druckwirkung des klassischen Streikeinsatzes. Dessen ansteigende Wirkungslosigkeit sei auf den Einsatz modernster Technik und einer damit einhergehenden

---

[172] Vgl. dazu oben unter 2. Teil § 1A.II.2.

[173] Siehe 2. Teil § 1A.II.4.

[174] Vgl. 2. Teil § 1A.II.1

[175] BUCHNER, RdA 1987, 209, S. 217; DÄUBLER/*BIEBACK*, Arbeitskampfrecht, Rn. 415ff.; HENSCHE, Notwendigkeit flexibler Arbeitskampfmittel, S. 129; LYON-CAEN, Streik und Aussperrung, 1974, S. 333; MÜCKENBERGER, Verbot der Aussperrung, S. 328; WENDT, Die Betriebsbesetzung, S. 50; WESCH, Betriebsbesetzung, S. 29.

[176] DÄUBLER/*BIEBACK*, Arbeitskampfrecht, S. 345; WENDT, Die Betriebsbesetzung, S. 50; HENSCHE, Notwendigkeit flexibler Arbeitskampfmittel, S. 134.

[177] DÄUBLER/*BIEBACK*, Arbeitskampfrecht, Rn. 313ff.; HENSCHE, Notwendigkeit flexibler Arbeitskampfmittel, S. 134; TREBER, Aktiv produktionsbehindernde Maßnahmen, S. 184-186.

[178] DÄUBLER/*BIEBACK*, Arbeitskampfrecht, Rn. 415ff.; HINDRICHS/MÄULEN/SCHARF, Streikfähigkeit, S. 9; DERLEDER, BB, 1987, S. 818.

[179] DÄUBLER/*WOLTER*, Arbeitskampfrecht, 280vd ff.

[180] Jüngst: TREBER, Aktiv produktionsbehindernde Maßnahmen, 1996. Ähnlich auch: DÄUBLER/*BIEBACK*, Arbeitskampfrecht, Rn. 431; DÄUBLER, Arbeitsrecht 1, Rn. 708, 717; HOYER, AiB 1986, S. 243, 247; *DERS.*, DuR 1986, S. 387; LÜBBE-WOLFF, DB 1988, Beilage Nr. 9, S. 1, 4; WENDT, Die Betriebsbesetzung, 1984; DÄUBLER/*WOLTER*, Arbeitskampfrecht, Rn. 280q, 280wc, 280wf; ZECHLIN, Streik, Strafrecht, Polizei; *DERS.*, AuR 1986, S. 289, 292.

Entfernung von der menschlichen Arbeitskraft zurückzuführen[181]. Folge des technischen Fortschritt sei es, dass sich die heute überwiegend computergesteuerten Produktionen mit einigen wenigen arbeitswilligen Arbeitskräften in einem ausreichenden Umfang aufrecht erhalten lasse, weshalb die „normale" Arbeitsniederlegung nicht zu der angestrebten Störung der Produktion führen könne. In diesem Fall sei den Arbeitnehmern die Möglichkeit genommen, die Gegenseite unter Druck zu setzen. In dieser Situation sei dann aber mit einem Voll- oder Teilstreik eine Druckausübung auf den Arbeitgeber unmöglich und in der Folge eine Verhandlungs- oder Abschlussbereitschaft auf Seiten der Arbeitgeber nicht mehr hervorzurufen[182]. Diese Situation bildet zwar auch den Ansatzpunkt für die Entwicklung und den Einsatz von Sonderformen der Arbeitsniederlegung, etwa Wechsel, Wellen- und Spezialistenstreik. Vor allem aber wird die Zulässigkeit solcher Arbeitskampfmittel gestützt, die über die bloße Arbeitniederlegung hinausgehen (insbesondere Betriebsbesetzung und Betriebsblockade), auf die nachlassende Wirkung des Vollstreiks gestützt[183].

Die taktische Zielrichtung der fortentwickelten Arbeitskampfmaßnahmen ist mithin zweigliedrig. Zum einen ist sie auf die Senkung der eigenen Kosten gerichtet, zum anderen sollen Kompensationsmöglichkeiten auf Arbeitgeberseite blockiert werden, um die Durchführung eines effektiven Arbeitskampfes durch die Arbeitnehmerseite sicherzustellen.

---

[181] Vgl. Nachweise Fn. 180.

[182] BAUMANN/DÄHN-*DÄUBLER*, S. 91, 115ff.; IMSF-*Balder*, S. 178, 183; BIEBACK/ZECHLIN-MÜCKENBERGER, S. 114, 121; DÄUBLER, Arbeitsrecht 1, Rn. 706ff., 717ff.; DÄUBLER/*WOLTER*, Arbeitskampfrecht, Rn. 280q, 280wc, 280wf; GEGENWART, Arbeitskampf im Medienbereich, S. 42; HEILMANN/WAHSNER, DuR 1976, S. 378, 409; HENSCHE/KUSCHKA-*ZECHLIN*, S. 188, 189; HINDRICHS/MÄULEN/SCHARF, S. 57, 78; HOYER, AiB 1986, S. 243, 247; *DERS.*, DuR 1986, S. 387; LÜBBE-WOLFF, DB 1988, Beilage Nr. 9, S. 1, 4; MUHR-*HENSCHE*, S. 127, 138ff.; MÜLLER-GUERCKE, S. 95; NAUDITT, AuR 1987, S. 153, 154f.; SPIEKERMANN/BOBKE, Einstweilige Verfügungen im Arbeitskampf 1984 in der Metallindustrie, S. 19; STEINBRÜCK, Streikposten und einstweiliger Rechtsschutz im Arbeitskampfrecht der Bundesrepublik Deutschland, S. 170; TREBER, Aktiv produktionsbehindernde Maßnahmen, S. 148f. und 155; WENDT, Die Betriebsbesetzung, S. 124f.; WOLTER, AuR 1988, S. 355, 357f.; ZECHLIN, AuR 1986, S. 289, 291.

[183] u.a. DÄUBLER/*BIEBACK*, Arbeitskampfrecht, Rn. 431; DÄUBLER, Arbeitsrecht 1, Rn. 708, 717; HOYER, AiB 1986, S. 243, 247; *DERS.*, DuR 1986, S. 387; LÜBBE-WOLFF, DB 1988, Beilage Nr. 9, S. 1, 4; TREBER, Aktiv produktionsbehindernde Maßnahmen, 1996; WENDT, Die Betriebsbesetzung, 1984; DÄUBLER/*WOLTER*, Arbeitskampfrecht, Rn. 280q, 280wc, 280wf; ZECHLIN, AuR 1986, S. 289, 292.

## B. Herstellung einer besonderen Drucksituation für den Arbeitgeber

### I. Sonderformen der Arbeitsniederlegung

#### 1. Warnstreik und „neue Beweglichkeit"

Die Durchführung eines Warnstreiks ist für die Gewerkschaften in erster Linie auch im Hinblick auf verringerte Streikunterstützungszahlungen von Vorteil. Die Dauer des Warnstreiks erstreckt sich meist nur auf wenige Stunden, so dass eine finanzielle Unterstützung für ausgefallene Lohnzahlungen überschaubar bleibt.

Der durch den Warnstreik erzeugte wirtschaftliche Druck auf den Arbeitgeber ist aufgrund seines Demonstrationscharakters[184] und der geringen Arbeitskraftausfälle als eher gering anzusehen. Darüber hinaus hebt sich der Warnstreik gegenüber dem Vollstreik nach förmlicher Erklärung des Scheiterns der Verhandlung kaum ab.

Ganz anders fällt die Beurteilung der „Neuen Beweglichkeit" aus: Dort kommt es zu einer qualitativ veränderten Drucksituation beim Arbeitgeber. Denn einen milden, demonstrativen Druck wie der klassische Warnstreik sieht diese Kampfmaßnahme gerade nicht vor. Durch Aufgreifen von Schwachpunkten im Bereich der Arbeitsorganisation der Arbeitgeberseite sollen spürbare, wirtschaftliche Schäden verursacht werden, welche die Gegenseite schon frühzeitig dazu veranlassen soll, sich den gewerkschaftlichen Forderungen zu beugen. Gleichzeitig macht sich die „Neue Beweglichkeit" die Rechtsprechung des Bundesarbeitsgericht zum Warnstreik zu Nutze. Das Bundesarbeitsgericht hat nämlich die Aussperrung auf kurze Arbeitsniederlegungen zwar nicht personell, aber zeitlich limitiert[185]. Das Gericht sah eine zweitägige Aussperrung als Reaktion auf einen halbstündigen Warnstreik als unverhältnismäßig und damit rechtswidrig an. Einer längeren Aussperrung habe es nach Auffassung des Gerichts zur Demonstration der Kampfbereitschaft auf Arbeitgeberseite nicht bedurft. Auf die Taktik der Neuen Beweglichkeit als Ausprägung des Warnstreiks übertragen bedeutet dies, dass dem Arbeitgeber die Aussperrung als Reaktion auf die nur kurz andauernden Arbeitsniederlegungen rechtlich zwar nicht völlig abgeschnitten, ihr rechtmäßiger Einsatz aber erheblich erschwert wird.

Durch parallel zur Arbeitsniederlegung breit angelegte Sonderaktionen soll gleichzeitig ein gewisser Druck durch die Öffentlichkeit auf den Arbeitgeber erzeugt werden.

---

[184] Dazu bereits unter 2. Teil § 1A.II.1.

[185] BAG 11.8.1992, EzA Art. 9 GG Arbeitskampf Nr. 105.

Die Gesamtschau der nadelstichartig eingesetzten Arbeitsniederlegung zu einem möglichst frühen Zeitpunkt des Tarifstreits mit der Folge eingeschränkter Verteidigungsmöglichkeit auf Arbeitgeberseite unterscheidet dieses Vorgehen der Gewerkschaften in seiner Druckwirkung beim Arbeitgeber ganz erheblich von einem Voll- oder Warnstreik.

2. Wechsel- und Wellenstreik

Beim Wechselstreik wird nicht in allen oder vielen, sondern nur in wenigen ausgewählten Unternehmen eines Tarifgebiets zur Arbeitsniederlegung aufgerufen. Damit verringert sich gegenüber dem Vollstreik grundsätzlich das Kostenrisiko im Hinblick auf die zu zahlenden Unterstützungsgelder.

Für die Beurteilung des durch den Wechselstreik auf den Arbeitgeber ausgeübten wirtschaftlichen Drucks stellt sich damit die Frage, wer die Lohnkosten derjenigen Arbeitnehmer zu tragen hat, die der Arbeitgeber in Folge der Arbeitsniederlegungen - obgleich arbeitswillig - nicht mehr beschäftigen kann oder soll.

Im Grundsatz trägt der Arbeitgeber das sogenannte Betriebs- und Wirtschaftsrisiko. Er bleibt also zur Lohnzahlung auch dann verpflichtet, wenn er den oder die Arbeitnehmer ohne sein Verschulden aus betriebstechnischen Gründen nicht beschäftigen kann oder wenn die Fortsetzung des Betriebes wirtschaftlich sinnlos wird[186].

Hiervon zu trennen ist nach Ansicht des Bundesarbeitgerichts aber das besondere Risiko der Betriebsstörung durch einen legitimen Arbeitskampf. Nach der sogenannten Arbeitskampfrisikolehre[187], die heute weitgehend anerkannt ist[188], tragen die arbeitswilligen Arbeitnehmer des bestreikten Betriebs das Lohnrisiko; in außenstehenden, vom Streik mittelbar betroffenen Betrieben soll die Arbeitswilligen das Lohnrisiko hingegen nur dann treffen, wenn dies zur Herstellung eines Verhandlungsgleichgewichts[189] erforderlich wird[190]. Nach dem Bundesar-

---

[186] Eingehend BAG 22.12.1980, AP Art. 9 GG Arbeitskampf Nr. 70. Diese grundsätzliche Verteilung des Betriebsrisikos kommt nunmehr in § 615 S. 3 BGB klar zum Ausdruck.

[187] Eine umfassende Darstellung der Problematik des Arbeitskampfrisikos findet sich bei KISSEL, Arbeitskampfrecht, § 33 Rn. 8ff.

[188] BROX/RÜTHERS, Arbeitskampfrecht, Rn. 173; GAMILLSCHEG, KollArbR I, S. 1259f.; HANAU/ADOMEIT, Arbeitsrecht, Rn. 777; LÖWISCH/BITTNER, Arbeitskampf und Schlichtungsrecht, 170.3.2 Rn. 9; MünchArbR/*OTTO*, § 290, Rn. 12ff.; ZÖLLNER/LORITZ, § 18 V 2a), S. 241ff. Im Ergebnis ebenso: LIEB, Arbeitsrecht, Rn. 671f.; ErfK/*PREIS*, § 615 BGB, Rn. 134: Beide leiten die besondere Verteilung des Risikos im Falle des Arbeitskampfes aber abweichend von der Rechtsprechung unmittelbar aus § 615 BGB her. Die Lehre vom Arbeitskampfrisiko ablehnend: DÄUBLER/*COLNERIC*, Arbeitskampfrecht, Rn. 605, 614 m.w.N.

[189] Zur Beurteilung der Parität später ausführlich unter 3. Teil § 3B.II.1.b).

beitsgericht[191] ist – eine in der Literatur verbreitet vertretene Ansicht[192] aufgreifend – der Partizipationsgedanke (Ergebnisbeteiligung, Regelungsbetroffenheit der nicht streikenden Arbeitnehmer) besonders zu berücksichtigen. Keinesfalls soll der Arbeitgeber den Lohn an arbeitswillige Arbeitnehmer im Falle eines Arbeitskampfes zahlen müssen, wenn die Fortsetzung des Betriebs oder Betriebsteils unmöglich oder wirtschaftlich unzumutbar wird[193].

Für den Wechselstreik folgt daraus, dass der Arbeitgeber den Arbeitnehmern keinen Lohn zahlen muss, wenn infolge des Wechselstreiks eine Beschäftigung der anderen, nicht streikenden Arbeitnehmer wirtschaftlich oder tatsächlich nicht möglich ist. In diesem Fall hätte die Gewerkschaft in wirtschaftlicher Hinsicht durch den Wechselstreik kaum etwas hinzugewonnen. Sie müsste den nunmehr „arbeitslosen“ organisierten Arbeitswilligen die ihnen satzungsgemäß zustehende Streikunterstützung zahlen. Demgemäß besteht in der Drucksituation beim Wechselstreik kaum ein Unterschied zum Vollstreik[194]. Dies dürfte auch der Grund dafür sein, dass die Gewerkschaften nicht bei dieser Kampftaktik geblieben sind, sondern aus ihr heraus weitere Kampfmittel entwickelt haben.

Ähnlich wie im Verhältnis Warnstreik und „Neue Beweglichkeit“ verhält es sich auch bei Wechsel- und Wellenstreik. Der Wellenstreik hebt sich in seiner Druckausübung auf den Arbeitgeber qualitativ merklich vom Wechsel- und damit nach dem Vorgesagten auch vom Vollstreik ab.

Beim Wellenstreik handelt es sich – insoweit besteht kein Unterscheid zum Wechselstreik - um eine Taktik, die mit einem Minimum an Aufwand ein Maximum an Schäden hervorrufen soll[195]. Mit der Arbeitsniederlegung an ausgewählten Stellen des Produktionsprozesses soll möglichst die gesamte Produktion

---

[190] Ständige Rechtsprechung seit BAG 22.12.1980, AP Art. 9 GG Arbeitskampf Nr. 70; BAG 14.12.1993, AP Art. 9 GG Arbeitskampf Nr. 129; BAG 12.11.1996, AP Art. 9 GG Arbeitskampf Nr. 147.

[191] BAG 22.12.1980, AP Art. 9 GG Arbeitskampf Nr. 70.

[192] U.a. BROX/RÜTHERS, Arbeitskampfrecht, Rn. 172; DÜTZ, DB 1979, Beilage Nr. 14, S. 1, 10; MünchArbR/*BOEWER*, § 79 Rn. 47; MünchArbR/*OTTO*, § 290, Rn. 33, SEITER, Streikrecht und Aussperrungsrecht, S. 305, 344; ZÖLLNER/LORITZ, § 18 V 2b), S. 242f.

[193] So ausdrücklich BAG 22.3.1994, AP Art. 9 GG Arbeitskampf Nr. 130 und BAG 31.1.1995, AP Art. 9 GG Arbeitskampf Nr. 135.

[194] Zwar wird durch den Wechselstreik des Weiteren die Spaltung des Arbeitgeberlagers gefördert, da die einzelnen Arbeitgeber einer Branche aufgrund der untereinander bestehenden Konkurrenzsituation dazu tendieren, jeden kurzzeitigen Produktionsvorteil gegenüber den bestreikten Mitbewerbern als Marktvorteil zu nutzen. Dies ist aber auch ein bereits aus dem Schwerpunkt- bzw. Teilstreik bekanntes Phänomen (vgl. dazu BAG 11.8.1992, AP Art. 9 GG Arbeitskampf Nr. 124; BAG 10.6.1980, AP Art. 9 GG Arbeitskampf Nr. 64).

[195] BAG 12.11.1996, AP Art. 9 GG Arbeitskampf Nr. 147; RIEBLE, SAE 1997, S. 281, 285.

lahmgelegt oder zumindest erheblich gestört werden. Der Arbeitgeber wird bei dieser Kampfweise aber weniger durch den tatsächlichen Arbeitsausfall, sondern vorrangig durch die Unsicherheit, wann, wo und in welchem Umfang streikbedingte Arbeitsausfälle auftreten werden, unter Druck gesetzt. Ihm wird also jede arbeitsorganisatorische Planung unmöglich gemacht[196].

Gerade in Produktionsprozessen, die auf einem zeitlich genau bestimmten Zusammenwirken mehrerer Betriebe oder Betriebsteile beruhen, ist die Unsicherheit über das weitere Streikverhalten der Belegschaft in hohem Maße schädlich[197]. Der Arbeitgeber wird hier in die Situation versetzt, permanent den Produktionsablauf an das geänderte Streikverhalten anpassen zu müssen. Als Alternative bleibt ihm nur, von der vom Bundesarbeitsgericht[198] inzwischen zuerkannten Berechtigung zur Betriebsstilllegung Gebrauch zu machen, wobei er sich hierbei „im Rahmen der gegnerischen Kampfmaßnahme verhalten muss"[199].

Insoweit bildet diese Kampfvariante eine wirkungsvolle Waffe gegen Kompensationsmaßnahmen des Arbeitgebers. Haben die Umorganisation des Betriebsablaufs, die Umsetzung von Arbeitswilligen, Beschäftigung externer Arbeitkräfte und Auslagerung der Produktion begonnen, erklärt die Gewerkschaft gegenüber dem Arbeitgeberverband und dem betroffenen Arbeitgeber schnellstmöglich[200] das Ende der Arbeitsniederlegung. Damit wird der Arbeitgeber zur Rückkehr in den normalen Betriebslauf gezwungen. Die von ihm eingeleiteten Maßnahmen laufen dann ins Leere[201]. Haben die Arbeitnehmer die Arbeit wieder aufgenommen, erfolgt ein erneuter Streikaufruf in einer der nächsten Schichten, womit der Produktion wieder zum Erliegen kommt. Dies kann im weiteren Verlauf des Arbeitskampfes beliebig wiederholt werden.

---

[196] KORNBICHLER, Die Stillegung des Betriebs im Arbeitskampf, S. 85; RIEBLE, SAE 1997, S. 281, 285.

[197] AUKTOR, Der Wellenstreik im System des Arbeitskampfrechts, S. 9.

[198] BAG 22.3.1994, AP Art. 9 GG Arbeitskampf Nr. 130; BAG 27.6.1995, AP Art. 9 GG Arbeitskampf Nr. 137.

[199] BAG 27.6.1995, AP Art. 9 GG Arbeitskampf Nr. 137 unter III 1.

[200] Der Beginn und die Beendigung einer Kampfmaßnahme müssen im Hinblick auf das im Arbeitskampf geltende Fairnessgebot nach Meinung des Bundesarbeitsgerichts ausdrücklich gegenüber dem sozialen Gegenspieler erklärt werden (BAG 23.10.1996, AP Art. 9 GG Arbeitskampf Nr. 147. Nicht entschieden und diskutiert ist aber, ob eine Ankündigungsfrist für Beginn und Ende der Kampfmaßnahme einzuhalten ist. Lediglich der sog. „Professorenentwurf" (BIRK/KONZEN/LÖWISCH/RAISER/SEITER, Gesetz zur Regelung kollektiver Konflikte, 1988) sieht in seinen §§ 7, 11 Abs. 3 – ebenfalls unter Berufung auf das Fairnesgebot die Notwendigkeit zu einer Ankündigung des vorgesehenen Beginns und Endes für jede einzelne Kampfmaßnahme mit einer Zwölf-Stunden-Frist vor.

[201] AUKTOR, Der Wellenstreik im System des Arbeitskampfrechts, S. 9.

Die Effektivität dieser Kampfvariante wird mithin in der Ausnutzung des generell von Arbeitgeber zu tragenden Betriebsrisiko gesehen. Der Wellenstreik wurde derart konzipiert, dass er von den Grundsätzen der vom Bundesarbeitsgericht entwickelten Arbeitskampfrisikolehre an sich nicht erfasst wird: Greift der Arbeitgeber zu organisatorischen Maßnahmen, die zu Doppelbelegungen von Arbeitsplätzen führen, realisiert sich darin ein *grundsätzlich* vom Arbeitgeber durch den Kompensationsversuch neu geschaffenes, wirtschaftliches Risiko. Die für die Arbeitskampfrisikolehre statuierten Grundsätze erfordern es jedoch, dass die Erbringung der Arbeitsleistung unmittelbare Folge einer Arbeitskampfmaßnahme der Arbeitnehmer ist[202]. Auf die Nutzbarmachung dieser Lücke zielt die Wellenstreiktaktik ab. Der Arbeitgeber soll entweder auf die Kompensation der Arbeitskampfmaßnahmen verzichten oder die sich durch die Kompensation entstehenden doppelten Lohnkosten tragen.

Vor diesem Hintergrund würde sich eigentlich der finanzielle Druck auf den Arbeitgeber beim Einsatz des Wellenstreiks gegenüber einer bloßen Arbeitsniederlegung über die wirtschaftlichen Folgen der Produktionsstörung um die nutzlos aufgewandten Entgelte für die eingeplanten aber überschüssigen Arbeitskräfte erhöhen. Die Rechtsprechung hat das Kostenrisiko für die während einer Schicht aus dem Wellenstreik zurückgekehrten Arbeitnehmer jedoch nicht dem Arbeitgeber auferlegt[203] und so die Druckwirkung des Wellenstreiks erheblich relativiert[204].

### 3. Partielle Arbeitsniederlegung

Der besondere Charme der partiellen Arbeitsniederlegung besteht darin, dass der Arbeitsplatz bei dieser Arbeitskampfmaßnahme durch den Arbeitnehmer besetzt bleibt[205]. Dem Arbeitgeber wird also seine Dispositionsmöglichkeit genommen, da er den betroffenen Arbeitsplatz nur in beschränktem Umfang wiederbesetzen

---

[202] Ständige Rechtsprechung seit BAG 22.12.1980, AP Art. 9 GG Arbeitskampf Nr. 70; BAG 14.12.1993, AP Art. 9 GG Arbeitskampf Nr. 129; BAG 22.3.1994, AP Art. 9 GG Arbeitskampf Nr. 130; BAG 31.1.1995, AP Art. 9 GG Arbeitskampf Nr. 135; BAG 12.11.1996, AP Art. 9 GG Nr. 147.

[203] BAG 15.12.1998, NZA 1999, S. 550, 552; BAG 17.2.1998, NZA 1998, S. 896; BAG 12.11.1996, NZA 1997, 393; FISCHER, RdA 1999, S. 406; HERGENRÖDER, Anm. zum Urteil des BAG v. 17.2.1998, SAE 1999, S. 51ff.; RIEBLE, Anm. zum Urteil des BAG v. 12.11.1996, SAE 1997, S. 281ff. Zuletzt zu dieser Frage: AUKTOR, Der Wellenstreik im System des Arbeitskampfrechts, S. 80ff.

[204] Vgl. ausführlich zu den Hintergründen der vom Bundesarbeitsgericht getroffenen Entscheidung zum Kostenrisiko, seine Begründung und ihre Auswirkungen auf die Zulässigkeit des Wellenstreiks als Arbeitskampfmittel im 3. Teil § 3B.II.2.b).

[205] Vgl. zur Typologie der partiellen Arbeitsniederlegung unter 2. Teil § 1A.II.3.

kann. Eine Kompensation der ausgefallenen Arbeit ist häufig sogar gänzlich unmöglich. Nicht selten wird es sich bei den eingestellten Arbeiten um solche handeln, die nicht völlig unabhängig von der weiterhin durch den „streikenden" Arbeitnehmer erbrachten Arbeit erledigt werden können. So ist es beispielsweise im Falle des sogenannten „Bleistiftstreiks" durch einen Arzt[206] einem Dritten nahezu unmöglich, dessen Verwaltungsarbeiten isoliert von seiner Behandlungstätigkeit und dessen Kenntnisstand zu übernehmen. In gewisser Weise trägt die Arbeitskampfform der partiellen Arbeitseinstellung Charakterzüge der Betriebsbesetzung.

Zudem führt die partielle Arbeitsniederlegung zu einer weiteren Besonderheit der beim Arbeitgeber ausgelösten wirtschaftlichen Drucksituation. Es gilt nämlich zu berücksichtigen, dass die teilweise erbrachte Arbeitsleistung nicht zwingend für den Arbeitgeber auch einen entsprechend anteiligen Wert hat. Zur Verdeutlichung dieses Gedankens dient erneut das Beispiel des „Bleistiftstreiks": Behandelt der Arzt zwar die Patienten, verweigert er darüber hinaus aber jedwede Verwaltungstätigkeit für den Krankenhausträger, so kann dieser mit Patienten und Krankenkassen nicht abrechnen. Somit bleiben in diesen Fällen die laufenden Kosten in vollem Umfang bestehen, ohne andererseits für Einnahmen Sorge tragen zu können. Damit löst die Kampfform völlig andere wirtschaftliche Folgen aus als etwa der Vollstreik. Bei diesem können die laufenden Kosten unabhängig davon, ob es sich um ein Dienstleistungsunternehmen oder um ein Unternehmen des produzierenden Gewerbes handelt, in gewissem Umfang gesenkt werden.

Es besteht aber noch ein weiterer Unterschied zwischen der partiellen Arbeitsniederlegung und dem Vollstreik. Dieser liegt in der jeweiligen Lohnzahlungsverpflichtung gegenüber den sich am Arbeitskampf beteiligenden Arbeitnehmern. Zwar entfällt nach der ständigen Rechtsprechung des Bundesarbeitsgerichts beim Vollstreik grundsätzlich die Lohnzahlungsverpflichtung des Arbeitgebers gegenüber den Streikenden[207]. Fraglich dürfte aber sein, wie es sich auf seine Lohnzahlungspflicht auswirkt, wenn der einzelne Arbeitnehmer seine Arbeitsleistung nur teilweise verweigert. Vor dem Hintergrund der Rechtsprechung des Bundesarbeitsgerichts zur Suspendierung der Hauptpflichten des Arbeitsverhältnisses schließt die ganz einhellige Ansicht bei nur teilweiser Arbeitsniederlegung auf eine anteilige Suspendierung und damit eine anteilige Lohnzahlungspflicht des Arbeitgebers[208]. Für diese Schlussfolgerung spricht, dass ein

---

[206] Siehe dazu oben unter 2. Teil § 1A.II.3.
[207] Vgl. Nachweise in Fn. 186.
[208] GAMILLSCHEG, KollArbR I, S. 988; MünchArbR/*OTTO*, § 286 Rn. 57; SEITER, Streikrecht und Aussperrungsrecht, S. 262f. Nicht eindeutig: DÄUBLER, Arbeitskampfrecht, Rn. 1442f.

begrenzter Kurzstreik, der ebenso wie die partielle Arbeitsniederlegung letztlich nur eine zeitliche Einschränkung der vertraglich geschuldeten Arbeitspflicht bedeutet, nach einhelliger Auffassung eine Teilsuspendierung nach sich zieht. Im Hinblick auf den zeitlichen Aspekt bestehen grundsätzlich keine Bedenken dagegen, die partielle Arbeitseinstellung rechtlich anders zu handhaben.

Danach erhält der Arbeitgeber eine für ihn eventuell geringwertigere Arbeitsleistung, muss diese dennoch anteilig nach dem Arbeitsumfang vergüten, während seine sonstigen Kosten in gleicher Höhe anlaufen. Vor diesem Hintergrund ist festzuhalten, dass bei der partiellen Arbeitsniederlegung erhebliche Unterschiede in den ausgelösten wirtschaftlichen Folgen beim Arbeitgeber und damit in der bei diesem verursachten Drucksituation im Verhältnis zum Vollstreik bestehen.

### 4. Spezialistenstreik

Die Arbeitsniederlegung der Piloten der Lufthansa hat die Effektivität des Spezialistenstreiks den Arbeitgebern, aber auch der breiten Öffentlichkeit in beeindruckender Weise demonstriert[209]. Der Arbeitgeber geriet infolge der Arbeitsniederlegung unter einen derart massiven Druck, dass die Gewerkschaft „Cockpit" eine Erhöhung des tarifvertraglichen Entgeltes um 26 % bei einer Laufzeit von 39 Monaten erzwingen konnte[210]. Damit dürfte der Gewerkschaft „Cockpit" der wohl hinsichtlich seines Ergebnisses spektakulärste Abschluss in der Geschichte des Tarifvertragwesens gelungen sein. Zu hinterfragen ist, weshalb dieser Streik von Spezialisten einen derart massiven Druck beim Arbeitgeber auslösen konnte.

#### a) Umfangreiche wirtschaftliche Einbußen

Zunächst zieht der Spezialistenstreik durch die umfangreichen Auswirkungen auf die Produktionsabläufe oder - wie im Fall Lufthansa - auf die Erfüllung der vertraglichen Verbindlichkeiten wirtschaftliche Folgen in erheblichem Umfang für das Unternehmen nach sich. Das bereits vorstehend aufgeführte Beispiel des Ausstandes von Computerspezialisten[211] bestätigt diese Einschätzung. Arbeitsleistungen von Arbeitnehmern an computergestützten Arbeitsplätzen, die von der Funktions- und Einsatzfähigkeit des Computernetzes, des Intranets oder auch nur des Internets abhängig sind, werden für den Arbeitgeber gänzlich wertlos,

---

209 Ein vergleichbarer Druck wäre bei der Lufthansa auch dadurch hervorzurufen gewesen, dass die Computerspezialisten des Unternehmens in den Ausstand getreten wären. Auch in diesem Fall würde das gesamte Unternehmen, *scil.* der Flugverkehr, die Logistik, die Kundenbetreuung sowie die Auftragsbearbeitung zusammenbrechen.

210 http://www.vcockpit.de unter Pressemitteilung, Archiv.

211 Vgl. oben unter 2. Teil § 1A.II.4.

wenn der lokale Rechner, das Computernetzwerk oder die Zugänge zum Internet nicht funktionieren, beziehungsweise Hardware und Software nicht mehr gepflegt werden. Ebenso können nicht aktualisierte Internetangebote für Anbieter, deren Geschäfte oder Kundenservice über das Internet abgewickelt werden, bereits bei Stillegungen für wenige Stunden Millionenschäden hervorrufen[212]. Diese wirtschaftlichen Auswirkungen des Spezialistenstreiks ließen sich weiter steigern[213], kombinierte man die Arbeitsniederlegung mit der vorgestellten Variante der partiellen Arbeitsleistung[214].

Andererseits könnten die angesprochenen wirtschaftlichen Folgeschäden gleichermaßen durch die Arbeitsniederlegung der gesamten Belegschaft, also durch den Vollstreik verursacht werden. Insoweit hebt sich der Spezialistenstreik nicht wesentlich vom Vollstreik ab. Damit stellt sich die Frage, ob der Spezialistenstreik im Vergleich zum Vollstreik Komponenten aufweist, die zu einer darüber hinausgehenden Drucksituation beim Arbeitgeber führen.

#### b) Einschränkung der Reaktionsmöglichkeiten

Der Spezialistenstreik schränkt den kampftaktischen Spielraum des Arbeitgebers ein. Zunächst ist der Ausfall der Arbeitskräfte praktisch nicht zu kompensieren. Denn der Spezialist zeichnet sich gerade dadurch aus, dass seine Arbeit nicht ohne weiteres von anderen Arbeitnehmern übernommen werden kann, so dass - mangels zur Verfügung stehender Alternativen - weder eine Ersetzung der im Streik befindlichen Arbeitnehmer mit externen Fachkräften noch eine Besetzung der betroffenen Arbeitsplätze mit fachfremden Arbeitnehmern in Betracht kommt.

So dürfte eine notdürftige *Aufrechterhaltung des Betriebs* mit betriebseigenen, arbeitswilligen Spezialkräften nicht in Betracht kommen, da die Anzahl der betriebsangehörigen Spezialisten zumeist gering ist und daher keine oder zu wenige der benötigten Fachkräfte zur Verfügung stehen.

Ein *Einsatz externer Fachkräfte* scheitert regelmäßig daran, dass auch hier kompetente Arbeitskräfte selten zur Verfügung stehen werden. Dies verdeutlicht

---

212 Beim Unternehmen Yahoo, einem der renommiertesten Internetprovider und -dienstleister, kam es für wenige Stunden zu einem völligen Zusammenbruch des Angebots. Millionenschäden waren die Folge, da gemietete Internetportale nicht abrufbar waren, Internetzugänge der Kunden nicht funktionierten und Werbung auf den Seite nicht ausgestrahlt werden konnte.

213 Dazu unter 2. Teil § 1A.II.1.

214 Vgl. dazu auch MünchArbR/*Otto*, § 286 Rn. 56f. unter „partielle offene Arbeitsverweigerung"; Gamillscheg, KollArbR I, S. 987ff.; Reuß, RdA 1972, S. 321f.; Seiter, Streikrecht und Aussperrungsrecht, S. 263.

einmal mehr das Beispiel der Piloten und der Ärzte. Eine Ersetzung dieser Fachkräfte mit externen Arbeitswilligen oder die Aufrechterhaltung des Flug- oder Klinikbetriebes mit wenigen Arbeitswilligen ist schlichtweg nicht denkbar. Ein vergleichbares Bild zeigt sich bei der Arbeitsniederlegung von IT-Spezialisten. Das Kompensationspotential auf Seiten der Unternehmer ist auch hier als äußerst gering zu bewerten. In der Regel wird eine kurzfristige Kompensation von Arbeitsniederlegungen der IT-Mitarbeiter in Ermangelung qualifizierter und arbeitswilliger Arbeitskräfte nicht möglich sein. Jedenfalls bedürfen selbst Fachkräfte einer gewissen Einarbeitungszeit in die zumeist sehr unternehmensspezifischen Computeranwendungen und Arbeitsabläufe, so dass eine Kompensation zumindest nicht in der gebotenen Eile realisierbar sein wird.

Daneben bleibt dem Arbeitgeber natürlich die Möglichkeit zur Aussperrung weiterer Arbeitnehmer. Eine solche Aussperrung müsste sich dann aber in den von der Rechtsprechung[215] vorgegebenen Grenzen verhalten. In der Praxis dürfte sich diese Alternative daher als weitgehend wertlos darstellen, da die Aussperrung - legt man die Rechtsprechung des Bundesarbeitsgericht zu Grunde – nicht nur hinsichtlich ihrer Dauer, sondern auch bezüglich ihres personellen Umfangs im Verhältnis zu den Arbeitsniederlegungen stehen muss[216]. Da sich der Streikaufruf der Gewerkschaft aber auf wenige Arbeitnehmer beschränkt, dürfte nach Maßgabe der Rechtsprechung auch dem Arbeitgeber nur eine zahlenmäßig beschränkte Aussperrung offenstehen. Im Ergebnis bleibt der Arbeitgeber damit auf ein bloßes Warten und Durchstehen des Arbeitskampfes beschränkt[217].

#### c) Kostenrisiko bezüglich der arbeitswilligen Arbeitnehmer

Einen weiteren Aspekt bei der Druckausübung auf den Arbeitgeber bildet der Umstand, dass aufgrund der Arbeitsniederlegung weniger Arbeitskräfte die

[215] Grundlegend zum Aussperrungsrecht des Arbeitgebers: BVerfG 26.6.1991, AP Art. 9 GG Arbeitskampf Nr. 117; BAG 10.6.1980 – 1 AZR 822/79, AP Art. 9 Arbeitskampf Nr. 64, BAG 10.6.1980 – 1 AZR 168/79, AP Art. 9 Arbeitskampf Nr. 65, BAG 10.6.1980 – 1 AZR 331/79, AP Art. 9 Arbeitskampf Nr. 66; BAG GS 21.4.1971, AP Art. 9 GG Arbeitskampf Nr. 43; vgl. auch die umfassende Darstellung bei KISSEL, Arbeitskampfrecht, §§ 51-59 m.w.N.

[216] Die zwischen RÜTHERS, ZfA 1987, S. 1, 22 und LÖWISCH, ZfA 1988, S. 137, 144, entbrannte Diskussion über die Anwendbarkeit der sogenannten „Quotenrechtsprechung" auf diese Fallkonstellation ist insofern als überholt anzusehen, als das Bundesarbeitsgericht zwischenzeitlich festgestellt hat, dass es nicht mehr an der Quotenregelung festhalte, sondern die Aussperrung sich in einem angemessenen Verhältnis zum Streikaufruf verhalten müsse: BAG 11.8.1992, AP Art. 9 GG Arbeitskampf Nr. 124. Insbesondere wird in dieser Entscheidung die Anwendung dieses Grundsatzes nicht mehr ausdrücklich auf Arbeitkämpfe beschränkt, die auf den Abschluss eines Verbandstarifvertrages gerichtet sind.

[217] RÜTHERS, ZfA 1987, S. 1, 22f.

Mehrzahl der Arbeitnehmer ihre Arbeitsleistung zwar anbieten, sie aber vom Arbeitgeber nicht beschäftigt werden können.

Die streikführende Gewerkschaft hätte es demnach in der Hand, durch den Streik weniger Arbeitnehmer in Schlüsselpositionen den betrieblichen Ablauf empfindlich zu stören, wobei der Arbeitgeber nach der Betriebsrisikolehre in vollem Umfang zur Lohnzahlung gegenüber den Arbeitswilligen verpflichtet bliebe. Demnach müsste der Arbeitgeber die besondere Verstärkung der Drucksituation beim Spezialistenstreik selber finanzieren; die Gewerkschaft andererseits wäre in der Lage, aufgrund der äußerst geringen Kosten[218] den Streik nahezu endlos zu führen. Insgesamt käme damit im Vergleich zum Vollstreik eine erheblich höhere Belastung auf den Arbeitgeber zu. Denn beim Vollstreik würde durch den Wegfall der Vergütungsansprüche der streikenden Arbeitnehmer zumindest einen Teil des Produktionsausfalles wirtschaftlich kompensiert.

Nach Maßgabe der Arbeitskampfrisikolehre[219] kommt es zu dieser Situation indessen in denjenigen Fällen nicht, in denen dem Arbeitgeber die Weiterbeschäftigung der Arbeitswilligen in Folge des Arbeitskampfes unmöglich oder wirtschaftlich unzumutbar wird und zwar unabhängig davon, ob die betroffenen Arbeitnehmer im bestreikten Betrieb tätig, nicht organisiert oder Mitglieder einer anderen im Unternehmen vertretenen Gewerkschaft sind[220]. In diesem - regelmäßig gegebenen - Fall relativiert sich die durch den Spezialistenstreik an sich ausgelöste besondere Drucksituation in gewisser Weise.

#### d) Besonderer sozialer Druck im Bereich der Daseinsfürsorge

Es ist keine Seltenheit, dass Spezialistenstreiks im Bereich der Daseinsfürsorge stattfinden[221]. In dieser Fallkonstellation gewinnt ein weiterer Faktor für die Druckausübung auf den Arbeitgeber an Bedeutung.

Der Pilotenstreik sorgte u.a. auch deshalb für Furore, weil er erhebliche Auswirkung auf die Allgemeinheit hatte. Diese lagen im wesentlichen in einem hohen Grad von Nichterfüllungen der Transportverpflichtung im Personenverkehr durch den Arbeitgeber, die weder durch die anderen Fluggesellschaften, noch

---

[218] Die Gewerkschaft müsste nur den wenigen „Streikenden“ Streikunterstützungszahlungen gewähren.

[219] Siehe dazu schon unter 2. Teil § 3B.I.2.

[220] Vgl. BAG 22.12.1980, AP Art. 9 GG Arbeitskampf Nr. 70; BAG 14.12.1993, AP Art. 9 GG Arbeitskampf Nr. 129; BAG 12.11.1996, AP Art. 9 GG; BAG 22.3.1994, AP Art. 9 GG Arbeitskampf Nr. 130; BAG 31.1.1995, AP Art. 9 GG Arbeitskampf Nr. 135 Arbeitskampf Nr. 147.

[221] Neben den Piloten ist insoweit auf Fachkräfte in Krankenhäusern, der Energieerzeuger, der Post und des sonstigen Nah- und Fernverkehrs zu verweisen.

durch die Deutsche Bahn AG aufgefangen werden konnten. Daneben kam es zu erheblichen Wartezeiten bei gleichzeitiger Überfüllung der Flughäfen. Neben dem reisenden Publikum wurden zudem die Fracht verladenden Wirtschaftsunternehmen, die Flughäfen sowie alle Service-Lieferanten des Luftverkehrs betroffen. Schäden für die Volkswirtschaft in Millionenhöhe waren die Folge. Bei näherer Betrachtung ist folglich mit einem Spezialistenstreik im Bereich der Daseinsfürsorge ein überdurchschnittlicher öffentlicher und damit sozialer Druck für den Arbeitgeber als der zur Dienstleistung Verpflichtete verbunden.

5. Schlechtleistung

Auch die verschiedenen Varianten der Schlechtleistung sorgen für eine andere Drucksituation als der Vollstreik. Auf den ersten Blick scheint eine Langsamarbeit für den Arbeitgeber weniger nachteilig als die Nichtarbeit zu sein. Fokussiert auf die Arbeitsleistung ist das sicherlich zutreffend. Es bliebe aber unberücksichtigt, dass die Schlechtleistung ein Weniger an Arbeitsleistung bedeutet, ohne dass die Arbeit offiziell niedergelegt werden muss. Damit wird dem Arbeitgeber sowohl eine verhältnismäßige Reaktion – etwa eine Aussperrung – als auch der Einsatz von Kompensationsmaßnahmen erschwert bzw. unmöglich gemacht. Der tatsächliche Minderwert der Arbeitsleistung lässt sich nicht bestimmen, so dass eine Aussperrung kaum im Rahmen der vom Bundesarbeitsgericht aufgestellten Vorgaben vorgenommen werden kann[222]. Da die Arbeitsplätze im Falle der Schlechtleistung besetzt bleiben, wird eine Beschäftigung Arbeitswilliger zur Bewältigung liegengebliebener Arbeit vermieden oder zumindest erschwert[223].

Daneben zielt die Schlechtleistung darauf ab, das Entgeltrisiko gänzlich auf die Arbeitgeber abzuwälzen. Um den in Folge der Suspendierungswirkung[224] eintretenden Verlust des Entgeltanspruchs gegenüber dem Arbeitgeber zu verhindern, kämpfen die Arbeitnehmer verdeckt, indem sie sich kollektiv krank melden[225], besonders „leise in einer Aufführung singen“[226], sie Ausschuss herstellen[227] oder sehr verlangsamt ihre Arbeit erbringen[228]. Durch den Entzug der vollen Arbeits-

[222] Ebenso MünchArbR/*OTTO*, § 286 Rn. 53; GAMILLSCHEG, KollArbR I, S. 1063f.; TOMANDL, ZfA 1974, S. 83, 86.

[223] SEITER, Streikrecht und Aussperrungsrecht, S. 268; ZÖLLNER, FS Bötticher, S. 433, 437.

[224] Siehe dazu die Nachweise in Fn. 169.

[225] Zur Schlechtleistung in Form des „go sick“ vgl. oben unter 2. Teil § 1A.II.5.

[226] Dieses Beispiel wird zur Verdeutlichung auch von BROX/RÜTHERS, Arbeitskampfrecht, Rn. 28 und GAMILLSCHEG, KollArbR I, S. 1062, verwandt.

[227] Vgl dazu RG 6.4.1922, RGZ 104, S. 327, 330; RG 9.6.1925, RGZ 111, S. 105, 112; BGH 31.1.1978, AP Art. GG Arbeitskampf Nr. 61.

[228] MünchArbR/*OTTO*, § 281 Rn. 16.

leistung soll der Arbeitgeber zum einen unter Druck gesetzt werden, zum anderen zur Zahlung des vollen Lohns verpflichtet bleiben[229]. Hält der Arbeitgeber indessen den Lohn insgesamt oder auch nur teilweise zurück, wirkt er wie der Angreifer und nicht wie der Angegriffene[230]. Damit verschiebt diese Kampfmaßnahme das äußere Bild des Arbeitskampfes zu Lasten der Arbeitgeber.

### II. Boykott

Beim Boykott wird die Druckausübung Dritten, also Betriebsfremden überlassen. Auf diesem Wege soll der Unternehmer nicht nur von neuen Arbeitskräften (Arbeitnehmerboykott), sondern auch von Warenlieferung und Absatzmöglichkeit (güterrechtlicher Boykott) abgekoppelt werden. Der Unterschied zum Streik liegt darin, dass nicht unternehmens- oder betriebsangehörige Arbeitnehmer für die Schaffung des notwendigen Drucks auf den Arbeitgeber Sorge tragen, sondern Dritte auf Veranlassung der Gewerkschaft.

### III. Aktive Produktionsbehinderung (i.e.S)

Betriebsbesetzung, Betriebsblockaden aber auch der Internetstreik heben sich in der Art und Weise der Druckausübung deutlich von der passiven Arbeitsniederlegung ab. Sie entfalten besonderen Druck auf den Arbeitgeber, indem sie ihm die tatsächliche Sachherrschaft an den Produktionsmitteln entziehen. Der Arbeitgeber wird nicht nur an einer Weiterproduktion, sondern auch an der Auslieferung und Annahme von Waren gehindert. Der Arbeitgeber wird folglich an der Erfüllung seiner vertraglichen Verpflichtungen nicht aufgrund der Zurückbehaltung der Arbeitsleistung gehindert (die Produkte sind bereits hergestellt oder könnten mit Hilfe der Arbeitswilligen hergestellt werden), sondern im Wesentlichen durch die Verhinderung der Auslieferung bereits hergestellter Waren bzw. durch die Verhinderung der Annahme angelieferter Waren.

Welche Ausmaße die aktive Produktionsbehinderung (i.e.S.) annehmen kann, veranschaulichten die *Blockade- und Besetzungsaktionen* während der Arbeitskämpfe des Jahres 1984. Damals gelang es der Geschäftsführung der Frankfurter Allgemeinen Zeitung unter Einsatz des sogenannten News-Layout-System[231] eine Notausgabe trotz Streiks eines Großteils der Beschäftigten zu erstellen, so

---

[229] Ein richtig bemessener Lohnabzug scheidet aus praktischen Erwägungen aus: MünchArbR/*Otto*, § 286 Rn. 53; dennoch für eine Lohnminderung: Seiter, Streikrecht und Aussperrungsrecht, S. 296ff.

[230] RG 9.6.1925 RGZ 111, S. 105, 112; RG 30.3.1926 RGZ 113, S. 197, 200. Aktuellere Rechtsprechungzur Problematik der Schlechtleistung als Arbeitskampfmittel, insbesondere des Bundesarbeitsgerichts, existiert nicht.

[231] Dieses System ermöglicht ein computergestütztes Layouten von Dokumenten.

dass es am Folgetag zu Absperrungen des Betriebsgeländes kam, um die Auslieferung einer weiteren Ausgabe zu verhindern. In einer als „Big Lift" berühmt gewordenen Aktion ließ die Unternehmensleitung die Notausgabe durch Einsatz eines Hubschraubers auf dem Luftwege abtransportieren[232]. Damit fanden sich die streikenden Arbeitnehmer jedoch nicht ab und warfen Knallkörper, Bierflaschen, Steine, Rollen von Toilettenpapier gegen den Hubschrauber[233]. Später produzierte Notausgaben konnten erst ausgeliefert werden, nachdem die Polizei die Zu- und Abfahrtsmöglichkeit wieder hergestellt hatte[234]. Vergleichbares ereignete sich bei der Rheinischen Post in Düsseldorf[235], dem Du Mont Verlag in Köln[236], der Turmhausdruckerei in Stuttgart[237] und dem Axel Springer Verlag in Hamburg[238].

Welche enormen Folgen der *Internetstreik* nach sich ziehen kann, wurde bereits angedeutet[239], soll aber noch durch das folgende Beispiel nachgezeichnet werden. Die Lufthansa erwartet für das Jahre 2004 eine Zahl von weit über 1.000.000 „online" verkaufter Flugtickets. Andauernde oder sich wiederholende Blockaden der Unternehmenshomepage hätten diese Geschäftsmöglichkeit nachhaltig, möglicherweise sogar gänzlich gefährdet. Daneben hätte die Wahrscheinlichkeit einer Umorientierung vieler unzufriedener Kunden bestanden, die - zumindest für den Zeitraum des Internetstreiks - ihren Bedarf durch andere Anbieter abgedeckt hätten.

Ebenso wie in den Fällen der Betriebsbesetzung kommt es bei den verschiedenen Formen des Internetstreiks zum Entzug der Herrschaft des Arbeitgebers über seine multimedialen Unternehmensmittel sowie den daraus gebildeten Netzwerken und seines Internetauftritts.

Im Vergleich zum Vollstreik erzeugt die aktive Produktionsbehinderung (i.e.S.) also einen erheblich intensiveren wirtschaftlichen Druck und darüber hinaus auch eine psychische Drucksituation beim Arbeitgeber.

In gewisser Hinsicht gleicht die aktive Produktionsbehinderung (i.e.S.) dem Spezialistenstreik. Denn beide Kampfvarianten ermöglichen es einer Minder-

---

232 ArbG Frankfurt 25.6.1984 - 2 Ga 14/84, Bl. 3 (n.v.); FAZ Chronik, S. 24.
233 FAZ-Chronik, S. 23, 53.
234 FAZ, Druckerstreik, S. 24f.
235 ArbG Düsseldorf 18.5.1984 - Ga 3 36/84 (n.v.); ArbG Düsseldorf 8.4.1984 - 3 Ga 36/84 (n.v.).
236 ArbG Köln 6.6.1984, BB 1984, S. 1297; LAG Köln 2.7.1984, EzA Art. 9 GG Arbeitskampf Nr. 53.
237 ArbG Stuttgart 6.6.1984 - 5 Ga 5/84 (n.v.).
238 Weitere Beispiele bei TREBER, Aktiv produktionsbehindernde Maßnahmen, S. 82ff.
239 Oben unter 2. Teil § 1C.II.3.b).

heit, gegen den Willen der Mehrzahl der Arbeitnehmer einen Arbeitskampf zu führen. Ähnlich dem Wechsel- oder Spezialistenstreik[240] entsteht die Drucksituation nicht dadurch, dass der Arbeitgeber die Arbeitswilligen vergüten muss. Insoweit kommt ihm die Arbeitskampfrisikolehre zu Hilfe. Danach muss er die Arbeitswilligen jedenfalls nicht vergüten, wenn er sie in Folge einer Arbeitskampfmaßnahme der Arbeitnehmer aufgrund wirtschaftlicher oder tatsächlicher Hindernissen nicht beschäftigen kann. Unter diesem Aspekt wird die wirtschaftliche Drucksituation durch die aktive Produktionsbehinderung (i.e.S.) nicht wesentlich erhöht.

Die aktive Produktionsbehinderung (i.e.S.) grenzt sich aber gegenüber der reinen Arbeitsniederlegung in qualitativer Hinsicht dadurch ab, dass neben den Verletzungen der Arbeitsverpflichtung aufgrund des aktiven Eingreifens in betriebliche Vorgänge weitere Rechts- und Pflichtverstöße gegenüber dem Arbeitgeber, aber auch gegenüber arbeits- oder zugangswilligen Dritten im Raume stehen.

## C. Ergebnis

Die vorstehenden Ausführungen haben verdeutlicht, dass der Streik und die neuen Arbeitskampfmittel sowohl hinsichtlich der Art und Weise der Druckausübung als auch in der Qualität des ausgeübten Drucks stark voneinander abweichen. Die neuen Kampfvarianten bilden mithin ein aliud zum Voll- und Teilstreik.

Insgesamt lässt sich aber auch bereits in diesem Stadium der Untersuchung ein Stufenverhältnis innerhalb der neuen Arbeitskampfmittel feststellen. Unter den Sonderformen der Arbeitsniederlegung stehen die unmittelbar aus dem Streik entwickelten Kampfmittel des Warn-, Wechsel-, Wellen- und Spezialistenstreiks hinsichtlich ihrer Wirkungsweise dem Vollstreik näher als partielle Arbeitniederlegung und Schlechtleistung. Mit dem Boykott entfernen sich die neuen Arbeitskampfmittel in der Art der Vorgehensweise und der Drucksituation vom Streik. Die aktive Produktionsbehinderung (i.e.S.) geht schließlich in Zielsetzung, Vorgehensweise und Drucksituation weit über Voll- und Teilstreik hinaus. Dies alles gibt Anlass, sich mit der rechtlichen Zulässigkeit dieser Kampfmittel auseinanderzusetzen.

[240] Dazu oben 2. Teil § 3B.I.2 und 2. Teil § 3B.I.4.c).

# 3. Teil Zulässigkeit und Grenzen der Arbeitskampfmittel

## § 1 Straf- und zivilrechtliche Tatbestände der Arbeitskampfmittel

### A. Notwendigkeit einer Analyse

In einem ersten Schritt sollen die einzelnen neuen Arbeitskampfmittel- und taktiken daraufhin überprüft werden, inwiefern sie vertragliche Pflichtverletzungen, deliktische Handlungen bzw. strafrechtlich relevantes Verhalten darstellen. Dabei werden insbesondere Abweichungen zum klassischen Streik herauszuarbeiten sein.

Teilweise wird in der Literatur gänzlich auf die Prüfung, welche Tatbestände straf- oder zivilrechtlichen Vorschriften durch den Einsatz einer Arbeitskampfmaßnahme erfüllt werden, unter Hinweis darauf verzichtet, dass alleine entscheidend sei, ob der Kampfmitteleinsatz einer Rechtfertigung zugänglich sei[241]. Ein solches Vorgehen ist dogmatisch fragwürdig. Zwar kann die „normale" Rechtsordnung - namentlich Straf-, Vertrags- und Deliktsrecht - nur eine vorläufige, weil unter Umständen rechtfertigungsfähige Antwort hinsichtlich der Rechtmäßigkeit arbeitskampfrelevanten Verhaltens geben. Jedoch kommt der strafrechtlichen und zivilrechtlichen Tatbestandsmäßigkeit eines Verhaltens eine gewisse Indizwirkung für die Frage der Rechtsmäßigkeit eines Verhaltens zu. In ihr spiegelt sich ihre generelle Bewertung durch den Gesetzgeber wider.

### B. Sonderformen der Arbeitsniederlegung und Boykott

Die Sonderformen der Arbeitsniederlegung haben, ebenso wie der Boykott, ihren tatbestandlichen Schwerpunkt in der Nicht- oder in der mangelhaften Erbringung der Arbeitsleistung[242]. Sie stellen daher insofern keine Besonderheiten zu dem Normalstreik dar: Wie dieser sind sie Hauptpflichtverletzungen des Arbeitsvertrages gemäß § 280 Abs. 1 S. 1 BGB (ggf. i.V.m. § 241 Abs. 2) BGB i.V.m. § 611 BGB i.V.m. dem Arbeitsvertrag. Regelmäßig wird darüber hinaus der eingerichtete und ausgeübte Gewerbebetrieb des Arbeitgebers i.S. des § 823 Abs. 1 BGB verletzt. Sonstige Rechtsverletzungen treten allenfalls als Exzesse einzelner Arbeitnehmer auf. Strafrechtliche Relevanz kann all diesen Arbeitskampfmitteln nicht beigemessen werden. Auf eine tiefergehende Würdigung der

---

241 So etwa TREBER, Aktiv produktionsbehindernde Maßnahmen, S. 287f.

242 Zur Tatbestandsmäßigkeit bei der Arbeitsniederlegung vgl. grundlegend: BAG GS 28.1.1955, AP Art. 9 GG Arbeitskampf Nr. 1; zu weiteren Einzelheiten siehe ErfK/*DIETERICH*, Art. 9 GG, Rn. 110 und 186; GAMILLSCHEG, KollArbR I, S. 985ff. und 1182ff.; MünchArbR/*OTTO*, § 288 Rn. 1ff.

Tatbestandsmäßigkeit dieser Kampfmittel soll daher im folgenden verzichtet werden.

## C. Aktive Produktionsbehinderung (i.e.S.)

### I. Strafrechtliche Einordnung

#### 1. Betriebsbesetzung und Betriebsblockade als Nötigung gemäß § 240 Abs. 1 StGB

Durch die Blockade von Betrieben oder deren Besetzung wird dem Arbeitgeber die unmittelbare Kontrolle über seine Produktionsmittel bzw. Produkte genommen. Arbeitswillige Arbeitnehmer werden von der Arbeit abgehalten, indem sie am Betreten des Betriebes gehindert werden. Folglich werden durch diese Maßnahmen nicht nur der Arbeitgeber, sondern auch die Arbeitswilligen in ihrer Willensbildungs- und Willensausübungsfreiheit eingeschränkt[243]. Deshalb könnten sich die den Betrieb besetzenden bzw. blockierenden Arbeitnehmer wegen Nötigung gemäß § 240 Abs 1 StGB strafbar machen.

##### a) Nötigungsmittel

Eine Nötigung im Sinne des § 240 StGB läge vor, wenn das Verhalten der Arbeitnehmer als Gewalt[244] im Sinne dieser Vorschrift verstanden werden könnte.

##### (1) *Konkretisierung des Gewaltbegriffs: Die „Sitzblockadenentscheidungen"*

Welche Verhaltensweisen Gewalt im Sinne des Nötigungstatbestandes darstellen, ist in Rechtsprechung und Strafrechtswissenschaft seit langem ungeklärt. Das Reichsgericht[245] definierte Gewalt ursprünglich als Anwendung physischer Kraft zur Überwindung eines erwarteten oder geleisteten Widerstandes. Zunächst griff der Bundesgerichtshof diese Rechtsprechung auf, wandelte sein Verständnis von Gewalt später jedoch dahingehend ab, dass weniger eine Kraftentfaltung beim Handelnden als die beim Opfer empfundene Zwangswirkung ausschlaggebend sei[246]. Die Rechtsprechung sah daher Gewalt als physisch vermit-

---

[243] Insoweit allgemeine Meinung, vgl. KISSEL, Arbeitskampfrecht, § 61 Rn. 107 m.w.N.

[244] Das Tatbestandsmerkmal der „Drohung mit einem empfindlichen Übel" tritt, sofern man es überhaupt bejaht, hinter dem eingriffsintensiveren Merkmal der Gewalt zurück, vgl. dazu auch WESCH, Betriebsbesetzung, S. 62.

[245] RG 13.1.1913, RGSt 46, S.403, 404; RG 2.12.1929, RGSt 64, S. 113, 115; RG 1.10.1935, RGSt 69, S. 327, 330.

[246] BGH 4.6.1955, BGHSt 8, S. 102; BGH 4.3.1964, BGHSt 19, S. 263; BGH 27.8.1969, BGHSt 23, S. 126; BGH 17.3.1987, wistra 1987, S. 212; BGH 21.3.1991, BGHSt 37, S. 353.

telten Zwang zur Überwindung eines geleisteten oder erwarteten Widerstandes an (sog. vergeistigter Gewaltbegriff).

Erhebliche Probleme bereitete dieses Gewaltverständnis dem Bundesgerichtshof bei der Beurteilung von Straßen- und Zufahrtsblockaden durch sitzende Menschen[247]. Die Besonderheit dieser Fälle (und damit auch ihre besonders hohe Relevanz für die Frage nach der Tatbestandsmäßigkeit von Betriebsblockaden im Arbeitskampf) lag darin, dass es weder zu körperlicher Kraftentfaltung auf Seiten der Blockierenden noch zu einer physischen Zwangswirkung auf Seiten der Blockierten kam.

Der Bundesgerichtshof[248] nahm dennoch an, dass auch das Blockieren durch bloßes Sitzen Gewalt im Sinne des Nötigungstatbestandes darstelle. Das Gericht räumte ein, von den ruhenden Menschenkörpern gehe zwar kein körperlicher Zwang aus, da ein Überrollen mit dem Fahrzeug ohne weiteren Kraftaufwand möglich bliebe. Gewalt liege auch dann vor, wenn nur ein psychischer Zwang ausgeübt werde, dieser aber körperlicher empfunden werde. Bei Sitzblockaden sei dies der Fall, weil die Situation die Fahrer der blockierten Fahrzeuge vor die Entscheidung stellen würde, andere Menschen zu überrollen. Dieser hervorgerufene psychische Druck stehe dem physischen Druck gleich. Daher seien selbst passive Blockaden als gewalttätig anzusehen. Dieser Sichtweise schloss sich das Bundesverfassungsgericht im Jahre 1986 an[249].

Mit einer Entscheidung aus dem Jahre 1995 wandte sich das Gericht von seiner bisherigen Auffassung ab[250]. Es vertrat nunmehr die Ansicht, dass der bisherige Gewaltbegriff zu weit gefasst sei und daher gegen das Bestimmtheitsgebot des Art. 103 Abs. 2 GG verstoße. Führe eine Nötigungshandlung alleine zu einer psychischen Zwangwirkung, reiche dies nicht für die Bejahung von Gewalt i.S. des § 240 StGB aus.

---

247 Umfassende Darstellung zu dieser Problematik bei: SCHÖNKE/SCHRÖDER-*ESER*, § 240 StGB, Rn. 1b und 28ff.; TRÖNDLE/FISCHER, § 240, Rn. 10ff.; LK/*SCHÄFER*, § 240 StGB, Rn. 22.

248 BGH 8.8.1969, BGHSt 23, S. 46 (Straßenbahnblockade); BGH 24.4.1986, BGHSt 34, S. 71ff. (Sitzblockade vor der Ausfahrt eines Militärgeländes); BGH 5.5.1988, BGHSt 35, S. 270ff. (Sitzblockade vor Militärgelände – Verhinderung der Ein- und Ausfahrt von Versorgungsfahrzeugen); BGH 21.3.1991, BGHSt 37, S. 350ff. (Wackersdorf).

249 BVerfG 11.11.1986, BVerfGE 73, 206ff.

250 BVerfG 10.1.1995, BVerfGE 92, S. 1ff.; dieses Gewaltverständnis wurde vom Bundesverfassungsgericht bestätigt, zuletzt im Zusammenhang mit Demonstranten, die sich an Toren festgekettet hatten, um die Zufahrt zu einem Gelände zu blockieren: BVerfG 24.10.2002, BVerfGE 104, S. 92ff.

Der Bundesgerichtshof[251] hat diese Entscheidung des Bundesverfassungsgerichts aufgegriffen und eine Sitzblockade dennoch als Gewalt angesehen. Zwar stelle die Blockade des ersten an der Weiterfahrt gehinderten Fahrzeugs eine gewaltsame Nötigung dar. Jedoch sei sie als Gewalt gegenüber den im folgenden durch die bereits stehenden Fahrzeuge blockierten Kraftfahrern als Gewalt zu qualifizieren, da sich die Sitzblockade diesen gegenüber als physischer Zwang darstelle.

(2) *Die Arbeitskampfmittel Betriebsbesetzung und Betriebsblockaden als Gewalt im Sinne des § 240 StGB*

(a) *Meinungsstand*

In der Rechtsprechung[252] und im ganz überwiegenden arbeitsrechtlichen Schrifttum[253] wird meist ohne näher auf die Problematik des Gewaltbegriffs einzugehen[254] die Betriebsbesetzung und Blockade im Rahmen von Arbeitskämpfen als Gewalt angesehen.

*LÖWISCH*[255] hat darauf hingewiesen, dass diese Einschätzung nur noch eingeschränkt zutreffend sei. Zwar habe die im Anschluss an das Bundesverfassungsgericht ergangene Entscheidung des Bundesgerichtshofs vom 2.7.1995 klargestellt, dass das Absperren von Ein- und Ausfahrten bzw. Ein- und Zugängen mittels Kraftfahrzeugen, Maschinen oder sonstigen Materialien den Tatbestand der

---

251 BGH 20.7.1995, EzA § 240 StGB Nr. 2.

252 LAG Köln 2.7.1984, EzA Art. 9 Arbeitskampf Nr. 53; LAG Schleswig-Holstein 25.6.1986, LAGE Art. 9 GG Arbeitskampf Nr. 29; LG Düsseldorf 10.12.1985, NJW 1986, S. 942f.; LAG München 11.2.1955, BB 1955, S. 1025; LAG München 2.6.1953, BB 1953, S. 858f.; LAG Hamm 27.11.1953, BB 1954, S. 318, 319; LAG Hamm 9.9.1953, BB 1953, S. 976f.; LAG Hamm 4.12.1953 und 23.2.1953, BB 1954, S. 318 (Behinderung der Abfuhr von Waren); LAG München 11.2.1955, BB 1955, S. 1025.
Behinderung der Abfuhr von Waren: LAG Hamm 4.12.1953 und 23.2.1953, BB 1954, S. 318.

253 HANAU, FAZ 3.1.1987, S. 13; HUECK/NIPPERDEY/SÄCKER, Bd. II/2, S. 1058; LORITZ, DB 1987, S. 223, 231; HELLENTHAL, NZA 1987, S. 52, 53; KISSEL, Arbeitskampfrecht, § 61 Rn. 109; LÖWISCH, Anm. zu BGH 20.7.1995, EzA § 240 StGB Nr. 2; LÖWISCH/KRAUß, Arbeitskampf- und Schlichtungsrecht, 170.10, Rn. 3a; LÖWISCH/KRAUß, DB 1995, S. 1330f.; MÜLLER-RODEN, ZRP 1988, S. 161, 163; OHM, Gewerkschaftsreport, S. 4; MünchArbR/*OTTO*, § 286 Rn. 59; RAISER, RdA 1987, S. 201, 205; RONELLENFITSCH, BB 1987, Beilage Nr. 6, S. 7; SCHOLZ, SAE 1984, S. 351, 352; TÖTEBERG, Arbeitgeber, S. 465f.; ULE, Streik und Polizei, S. 39.

254 Dies erklärt sich für die Betriebsbesetzung daraus, dass bei dieser unbestritten die Tatbestandsalternative der Nötigung durch „Drohung mit einem empfindlichen Übel" erfüllt wird, vgl. dazu nur KISSEL, Arbeitskampfrecht, § 61 Rn. 66.

255 LÖWISCH, Anm. zu BGH 20.7.1995, EzA § 240 StGB Nr. 2.

Nötigung erfülle und zwar auch dann, wenn das Versperren in einem einfachen Sich-in-den-Weg-Stellen bestehe[256]. Gleichzeitig ergebe sich daraus aber auch, dass solche Blockadeaktionen nicht mehr als Gewalt (und damit nicht mehr als Nötigung i.S. des § 240 StGB) angesehen werden könnten, bei denen sich die Blockierenden lediglich persönlich Arbeitswilligen oder Kunden in den Weg stellten.

*OTTO*[257] wendet gegen diese Schlussfolgerung ein, die Bundesgerichtshofentscheidung vom 20.7.1995[258] lasse sich sicherlich auf solche Blockademaßnahmen durch Arbeitnehmer gegenüber Zugangswilligen übertragen, so dass eine Nötigung der ersten blockierten Arbeitswilligen oder Lieferanten nicht angenommen werden könne; soweit es aber infolge der Blockademaßnahme zur Bildung einer Menschenkette oder -traube komme, die ein Durchdringen weiterer Zugangswilliger verhindere, würden jedenfalls diese im Sinne des § 240 StGB gewaltsam genötigt.

Ein Teil der Lehre sieht demgegenüber weder in der Blockade eines Betriebes noch im Verweilen am Arbeitsplatz eine Gewaltanwendung im Sinne des § 240 StGB[259]. Eine Strafbarkeit der blockierenden Arbeitnehmer gemäß § 240 StGB scheide aus. Dies gelte jedenfalls insofern, als sich die Arbeitnehmer auf ein passives und friedliches Blockieren des Betriebes beschränken würden. Es seien auch nicht allzu enge Maßstäbe an die Passivität des Verhaltens anzulegen. Ein bloßes Wegdrängen sei daher noch nicht als Nötigung anzusehen[260]. *OSTENDORF* vertritt die Auffassung, als passives Verhalten sei es noch anzusehen, wenn Arbeitswilligen im Zuge einer Betriebsblockade als Streikbrecher bezeichnet werden oder ein „Spießrutenlaufenlassen" stattfände[261].

(b) *Stellungnahme*

Im Ergebnis verdient - auch im Lichte der jüngsten Rechtsprechung des Bundesverfassungsgerichts zur Sitzblockade - die bislang herrschende Auffassung Zustimmung, wonach Betriebsblockade und Betriebsbesetzung unabhängig von

---

[256] LÖWISCH, a.a.O.

[257] MünchArbR/*OTTO*, § 287 Rn. 15; vorher bereits LÖWISCH, Anm. zum Urteil des BGH v. 20.7.1995, EzA § 240 StGB Nr. 2 und LÖWISCH/KRAUß, DB 1995, S. 1330f.

[258] BGH 20.7.1995, EzA § 240 StGB Nr. 2.

[259] HOYER, AiB 1986, S. 243, 248; NAUDITT, AuR 1987, S. 156; WENDT, Die Betriebsbesetzung, S. 159; DÄUBLER/*WOLTER*, Arbeitskampfrecht, Rn. 280v, 280we, 286, 289; ZECHLIN, AuR 1986, S. 289, 295; ZECHLIN, Streik, Strafrecht, Polizei, S. 60.

[260] DÄUBLER/*WOLTER*, Arbeitskampfrecht, Rn. 280wf.

[261] OSTENDORF, Kriminalisierung des Streikrechts, S. 28.

ihrer Ausgestaltung Gewalt i. S. des § 240 StGB darstellen und damit den Tatbestand der Nötigung erfüllen.

Insbesondere bei Blockaden von Zugängen für Arbeitswillige, die ohne Kraftfahrzeug auf das „abgesperrte" Gelände gelangen wollen, ist das Tatbestandsmerkmal der Gewalt im Sinne des § 240 StGB erfüllt. In diesen Fällen wird der eigenen Körper als physisches Hindernis („Menschenmauer") gegen die Zugangswilligen persönlich eingesetzt[262]. Entgegen der Ansicht von *Löwisch* und *Otto* ist es daher unerheblich, ob sich die Blockierenden völlig passiv verhalten[263], da ein Überwinden der Blockade nur durch erheblichen eigenen Kraftaufwand der Zugangswilligen möglich ist[264].

Problematischer stellt sich – was bislang in der arbeitsrechtlichen Literatur nicht problematisiert wurde – demgegenüber die Einordnung einer Betriebsblockade in Form einer echten Sitzblockade dar, welche Fahrzeugen die Zufahrt auf das Betriebsgelände unmöglich macht. Denn legt man die Entscheidung des Bundesverfassungsgerichts vom 10.1.1995 zu Grunde, wäre dieses Verhalten an sich nicht als nötigender Gewalteinsatz gegenüber den Zufahrtswilligen anzusehen. Allerdings ist auch in dieser Fallgestaltung die in seinem Urteil vom 20.6.1995 aufgestellte Folgerung des Bundesgerichtshofs zu berücksichtigen, wonach die Sitzblockade eine Nötigung gegenüber solchen Zufahrtswilligen darstellt, die mittelbar durch ein bereits blockiertes Fahrzeuge an der Zufahrt gehindert werden. Sobald es also, was ganz regelmäßig bei einer Sitzblockade an einem Werkstor der Fall sein wird, infolge einer Sitzblockade zu einem Rückstau von Kraftfahrzeugen kommt, überschreitet auch diese die Schwelle zur Gewaltanwendung i.S. des § 240 StGB[265].

Als Zwischenergebnis ist daher festzuhalten, dass Blockade und Betriebsbesetzung gegenüber Arbeits- bzw. Zugangswilligen regelmäßig als Gewalt im Sinne des § 240 StGB anzusehen ist.

---

[262] So schon Löwisch, Anm. zum Urteil des BGH v. 20.7.1995, EzA § 240 StGB Nr. 2.

[263] Nicht strafbar wäre im Sinne der Bundesverfassungsgerichtsentscheidung vom 10.1.1995 daher nur eine Betriebsblockade, welche im Verhältnis zu den Zugangswilligen derart passiv wäre, dass sie ohne größeren Kraftaufwand überwunden werden könnte. Fraglich erscheint dann aber, ob sich dieses Verhalten überhaupt als „Blockade" einordnen lässt und welches Interesse an ihrer Durchführung bestehen sollte.

[264] Eine Übertragung der tragenden Gründe der Bundesgerichtshofentscheidung vom 20.6.1995 auf die Fälle der passiven Blockade, wie sie *Otto* vorschlägt, bedarf es mithin nicht, da sich die gegen Zugangswillige gerichtete Blockade auch nach Maßgabe des Bundesverfassungsgerichts als Gewalt gegen den ersten Eintrittswilligen darstellt.

[265] So im Ergebnis auch Löwisch, Anm. zum Urteil des BGH v. 20.7.1995, EzA § 240 StGB, Nr. 2.

b) Verwerflichkeit des Verhaltens nach § 240 Abs. 2 StGB

(1) *Inhalt*

§ 240 Abs. 2 StGB sieht eine Rechtswidrigkeit für nötigendes Verhalten aber nur vor, soweit es als verwerflich angesehen werden kann. Im Grunde versteht sich Verwerflichkeit als ein erhöhter Grad an sozialethischer Missbilligung der für den erstrebten Zweck angewandten Mittel[266]. Das Bundesverfassungsgericht[267] hat klargestellt, das Nötigungsmittel und Nötigungszweck zueinander in Beziehung gesetzt werden müssen und unter Berücksichtigung der wesentlichen „Umstände und Beziehungen" die „auf dem Spiel stehenden Rechte, Güter und Interessen nach ihrem Gehalt in der konkreten Situation" gegeneinander abzuwägen sind.

Des Weiteren wird in Rechtsprechung und Lehre auf den Zweck der Verwerflichkeitsklausel hingewiesen. Dieser liege in der Vermeidung einer Strafbarkeit von Beeinträchtigungen der Entschließungsfreiheit nach § 240 StGB[268], welche ausschließlich Bagatellcharakter hätten. Strafwürdig im Sinne des § 240 StGB sei daher nur ein Verhalten, das nicht nur unerheblich in die Rechtsphäre anderer eingreife[269].

(2) *Verwerflichkeit von Betriebsbesetzung und Betriebsblockade*

Soweit die Betriebsbesetzung und die Blockade als Gewalt im Sinne des § 240 StGB eingestuft wird[270], bejaht man regelmäßig gleichzeitig ihre Verwerflichkeit, teilweise ohne sich mit den strafrechtlichen Einzelheiten auseinander zusetzen[271]. Hingewiesen wird im Besonderen auf die Gewaltwirkung der Kampfmit-

[266] BGH 5.5.1988, BGH St 17, S. 322.

[267] BVerfG 11.11.1986, BVerfGE 73, S. 206ff.

[268] OLG Stuttgart 14.3.1983, NJW 1984, S. 1909, 1910; OLG Koblenz 27.6.1985, NJW 1985, S. 2432, 2433; LK/*SCHÄFER*, § 240, Rn. 59 und 75; SCHÖNKE/SCHRÖDER-*ESER*, Rn. 18; ROXIN, JuS 1964, S. 373, 376; SK-*HORN*, § 240, Rn. 49; RÜTH, DAR 1982, S. 241, 250.

[269] Umstritten ist zudem, ob die Verwerflichkeit eines Verhaltens Tatbestandsmerkmal oder Rechtswidrigkeitselement ist. Die ganz überwiegende Ansicht in der Lehre geht unter Hinweis auf Wortlaut und systematischer Stellung des Verwerflichkeitskriteriums davon aus, dass die Verwerflichkeitsklausel der Rechtfertigungsebene zugehörig ist (vgl. etwa LK/*SCHÄFER*, § 240, Rn. 66; TRÖNDLE/FISCHER, § 240 StGB, Rn. 20; WESSELS/HETTINGER, Rn. 410.); *WESCH* (WESCH, Betriebsbesetzung, S. 75.) sowie ein Teil des strafrechtlichen Schriftums (SCHÖNKE/SCHRÖDER-*ESER*, § 240, Rn. 16.) begreifen die Verwerflichkeit als tatbestandskorrigierend, weshalb es sich um ein der Tatbestandsmäßigkeit zugehöriges und damit der Rechtfertigungsebene vorstehendes Merkmal handele.

[270] Dazu soeben unter 3. Teil § 1C.I.1.a)(2)(a).

[271] So führt beispielsweise TÖTEBERG, Arbeitgeber 1987, S. 465f. schlicht aus, dass „der Zweck nicht alle Mittel" heilige.

tel Besetzung und Blockade[272] und die Einschränkung der Rechte von Arbeitswilligen und Arbeitgeber[273].

Von einem Teil der Lehre wird die Betriebsbesetzung und die Betriebsblockade nicht als verwerfliches und insoweit nicht strafbares Verhalten angesehen[274]. Als Maßstab für die Verwerflichkeit müsse die „sittliche Anschauung der Mehrheit" bzw. die „herrschende Sozialmoral" herangezogen werden, welche im Notfall mit Hilfe empirischer Umfragen zu ermitteln sei. Die Geschichte zeige auf, dass Blockademaßnahmen nicht grundsätzlich von der Bevölkerung missbilligt würden.

(3) *Stellungnahme*

Vergegenwärtigt man sich, dass die Frage nach der Verwerflichkeit eines nötigenden Verhaltens der Rechtfertigungsebene zugehörig, dort sogar den allgemeinen Rechtfertigungsgründen nachgeschaltet ist, kommt eine abschließende Beurteilung der Verwerflichkeit eines Verhaltens erst nach Überprüfung einer Rechtfertigung des Verhaltens nach allgemeinen Maßstäben in Betracht[275]. Für die vorliegende Frage nach der Tatbestandsmäßigkeit von Betriebsbesetzung und -blockade ist sie daher an sich nicht von Belang. Die Relevanz der Verwerflichkeitskontrolle konzentriert sich mithin alleine auf die Frage der Rechtswidrigkeit einer tatbestandsmäßigen, von den herkömmlichen Rechtfertigungsgründen nicht gedeckten Handlung[276].

Ordnet man die Frage der Verwerflichkeit dennoch, einem Teil der Literatur[277] folgend, dem objektiven Tatbestand des § 240 StGB zu, so müssen Rechtfertigungsaspekte weitgehend außen vor bleiben. Damit stünde im Zentrum der Ver-

---

272 LORITZ, DB 1987, S. 223, 230; MÜLLER-RODEN, ZRP 1988, S. 161, 163; ULE, Streikrecht und Polizei, S. 36ff.

273 LORITZ, DB 1987, S. 223, 230; LÖWISCH, Anm. zu BGH 20.7.1995 EzA § 240 StGB Nr. 2; LÖWISCH, RdA 1987, S. 219, 221; RONELLENFITSCH, BB 1987, Beilage Nr. 6, S. 1, 7; TÖTEBERG, Arbeitgeber 1987, S. 465f.

274 DÄUBLER, Strafbarkeit von Arbeitskämpfen, S. 118; OSTENDORF, Kriminalisierung des Streikrechts, Rn. 56; DÄUBLER/WOLTER, Arbeitskampfrecht, Rn. 280wt und 304; ZECHLIN, Streik, Strafrecht, Polizei, S. 59.

275 So auch die Argumentation bei StudKomm/*JOECKS*, § 240 Rn. 8; TRÖNDLE/FISCHER, § 240 StGB, Rn. 20; WESSELS/HETTINGER, Rn. 410.

276 So ist beispielsweise der gewerkschaftliche, auf tariflich regelbare Ziele gerichtete Vollstreik keine strafbare Nötigung, steht ihm doch nach herrschender Meinung die Rechtfertigungswirkung des Art. 9 Abs. 3 GG zur Seite. Er kann schon aus diesem Grund nicht als verwerflich angesehen werden.

277 WESCH, Betriebsbesetzung, S. 75. SCHÖNKE/SCHRÖDER-*ESER*, § 240, Rn. 16. Vgl. oben schon Fn. 269.

werflichkeitsprüfung die Frage nach der Erheblichkeit des Eingriffs in die Rechte der Betroffenen. Denn zu beachten bleibt, dass die Verwerflichkeitsklausel nach der vorzugswürdigen Rechtsprechung[278] der Vermeidung einer Strafbarkeit von Beeinträchtigungen mit Bagatellcharakter dient. Danach kann ein Verhalten dann nicht als verwerflich angesehen werden, wenn es offensichtlich zu unerheblichen Beschränkungen eines Dritten führt.

Als Bagatelle wird man Betriebsbesetzungen oder -blockaden im Hinblick auf die mit ihr einhergehenden Beeinträchtigungen der Arbeitgeber und der Arbeitswilligen kaum ansehen können[279]. Demgemäß muss es auch im Falle einer Verortung des Verwerflichkeitskriteriums im Tatbestand bei der bisherigen Subsumtion der Maßnahme unter den Tatbestand des § 240 Abs. 1 StGB bleiben.

(4) *Ergebnis*

Eine Betriebsblockade durch die Arbeitnehmer, auch in Form der passiven Sitzblockade, erfüllt gegenüber Zutrittswilligen regelmäßig den Tatbestand der Nötigung gemäß § 240 StGB[280]. Gleiches gilt für die Betriebsbesetzung im Verhältnis zum Arbeitgeber und den Arbeitswilligen[281].

2. Betriebsbesetzung als Hausfriedensbruch gemäß § 123 StGB

Durch die Besetzung des Betriebsgeländes oder betrieblicher Räumlichkeiten könnten die Arbeitnehmer des Weiteren den Tatbestand des Hausfriedensbruchs gemäß § 123 StGB erfüllen.

a) Meinungsstand

(1) *Berechtigung des Arbeitnehmers zum Aufenthalt auf dem Betriebsgelände auch bei Beteiligung am Arbeitskampf*

Ein Teil der Lehre geht davon aus, die Betriebsbesetzung stelle bereits tatbestandlich keinen Hausfriedensbruch dar[282]. Die Vertreter dieser Ansicht ver-

---

278 Vgl. Fn. 268.

279 So auch WESCH, Betriebsbesetzung, S. 75.

280 Gleiches gilt für das sogenannte „Spießrutenlaufenlassen“, LAG Köln 2.7.1984, EzA Art. 9 GG Arbeitskampf Nr. 53.

281 Zu den weiteren zwar in Betracht kommenden, aber nach einhelliger Ansicht keinesfalls einschlägigen Straftatbeständen der §§ 253, 111, 125, 130 StGB vgl. die Ausführungen bei WESCH, Betriebsbesetzung, S. 76.

282 Betriebsgelände als befriedetes Besitztum: DÄUBLER/*WOLTER*, Arbeitskampfrecht, Rn. 300; zur Sozialpflichtigkeit siehe Amelung, NJW 1986, S. 2075 und OSTENDORF, Kriminalisierung des Streikrechts, S. 50ff.

weisen darauf, dass dem Arbeitnehmer die Berechtigung – und zwar auch für den Fall der Suspendierung der arbeitsvertraglichen Pflichten infolge einer Beteiligung am Arbeitskampf – zukomme, sich auf dem Betriebsgelände aufzuhalten. Aus diesem Grund fehle es an einer Verletzung des Hausrechts, weshalb die Betriebsbesetzung durch Arbeitnehmer den Tatbestand des Hausfriedensbruchs nicht erfülle. Die Herleitung einer solchen Berechtigung des Arbeitnehmers wird dabei sehr unterschiedlich vollzogen.

(a) *Arbeitnehmer als Hausrechtsinhaber*

Teilweise wird dabei angenommen, dem Arbeitnehmer stünde ein dem Arbeitgeber gleichgestelltes Hausrecht hinsichtlich des Betriebsgeländes zu.[283] Aus der besonderen Situation des Arbeitsverhältnisses ergebe sich, dass das Hausrecht dem Arbeitgeber nicht alleine zustehen könne. Begründet wird dies mit dem „sozialen Gebilde" von Betrieb und Unternehmen, welches Arbeitnehmer und Arbeitgeber derart verknüpfe, dass sie als gleichberechtigte Subjekte anzusehen seien. Eine Stütze finde dieses Ergebnis in der Unternehmensmitbestimmung, welche die Arbeitnehmerschaft als „Insider" mit besonderer Rechtsstellung kennzeichne[284].

*DÄUBLER* konstruiert das Bestehen eines Hausrechts auf Arbeitnehmerseite hingegen aus einer Analogie zum Wohnraummietrecht[285]. Der Arbeitnehmer stehe im gleichen Verhältnis zu seinem Arbeitsplatz wie der Mieter zu seiner Wohnung. Da dem Mieter unstreitig das Hausrecht an den gemieteten Räumlichkeiten zukomme, könne für den Arbeitnehmer im Hinblick auf seine Arbeitsstätte nichts anderes gelten.

Im Ergebnis jedenfalls könne bei wirksam bestehendem Arbeitsverhältnis folglich kein Hausfriedensbruch durch einen Arbeitnehmer erfolgen, da dieser Tatbestand durch den Hausrechtsinhaber nicht selber erfüllt werden könne.

(b) *Aufenthaltsrecht der Arbeitnehmer*

Neben der Annahme eines neben dem des Arbeitgebers gleichrangig bestehenden Hausrechts der Arbeitnehmer bestehen vielfältige Ansätze, dem Arbeitneh-

[283] DÄUBLER, Strafbarkeit von Arbeitskämpfen, S. 116; *DERS.* Arbeitsrecht 1, S. 182; DÄUBLER/*BIEBACK*, Arbeitskampfrecht, Rn. 426; ähnlich: BOBKE/*GRIMBERG*, Warnstreik, S. 199, Fn. 2; MÜLLER-GUERCKE, S. 227; WENDT, Die Betriebsbesetzung, S. 129, 135.

[284] DÄUBLER, Strafbarkeit von Arbeitskämpfen, S. 116; *DERS.* Streik im öffentlichen Dienst, S. 249f.; zustimmend HEILMANN/WAHSNER, DuR 1976, S. 374, 409.

[285] DÄUBLER, Arbeitsrecht, S. 322, 323; zustimmend HEILMANN/WAHSNER, DuR 1976, S. 374, 409.

mer unmittelbar aus dem Arbeitsvertrag jedenfalls ein das Hausrecht des Arbeitgebers sogar überlagerndes Aufenthaltsrecht herzuleiten[286].

*BIEBACK* stützt seine Annahme der Existenz eines solchen Aufenthaltsrecht auf die Kommunikationsfunktion des Arbeitsplatzes[287]. Dem einzelnen Arbeitnehmer erwachse aus dem Arbeitsverhältnis das Recht, wesentliche und mit dem Arbeitsprozess zusammenhängende Angelegenheiten des Betriebes am Arbeitsplatz besprechen zu dürfen. Damit sei das Recht zum Aufenthalt am Arbeitsplatz außerhalb der Arbeitszeit zwingend verknüpft.

*DÄUBLER* und *WOLTER* stellen indessen auf die Betriebsverfassung ab[288]: Da während eines Arbeitskampfes die Rechte und Pflichten des Betriebsrates weitgehend erhalten blieben, bestehe mithin die Berechtigung des Betriebsrats zur Einberufung der Betriebsversammlung gemäß §§ 42 ff. BetrVG auch während eines Arbeitskampfes fort. Die Arbeitnehmer hätten ein Recht, an einer solchen Veranstaltung teilzunehmen und sich zu diesem Zwecke auf dem Betriebsgelände aufzuhalten. Da die Betriebsbesetzung letztlich als Betriebsversammlung zu begreifen sei, ergebe sich die Berechtigung des Arbeitnehmers zum Aufenthalt auf dem Betriebsgelände zu Zwecken des Arbeitskampfes unmittelbar aus § 42 BetrVG.

(c) *Widersprüchliches Verhalten des Arbeitgebers*

Ein letzter Ansatz geht davon aus, dass – wenn den Arbeitnehmern schon kein Haus- oder Aufenthaltsrecht – zukomme, jedenfalls das Hausrecht gegenüber den Arbeitnehmern, die den Betrieb besetzen, nicht wirksam ausgeübt werden könne. Insoweit könne eine Verpflichtung, das Gelände zu verlassen, nicht begründet werden[289]. Die Aufforderung an die Arbeitnehmer, diese mögen sich vom Betriebsgelände entfernen, stelle sich als widersprüchliches Verhalten des Arbeitgebers dar, weil der Arbeitnehmer aus dem Arbeitsvertrag verpflichtet sei, am Arbeitsplatz zu erscheinen bzw. sich dort aufzuhalten[290]. Schon im Abschluss eines Arbeitsvertrages sei eine konkludente Zustimmung zum Aufenthalt des Arbeitnehmers zur Erbringung der Arbeitsleistung zu sehen. Die widersprüchliche Haltung des Arbeitgebers stehe der Wirksamkeit der Hausrechtsausübung

---

286 DÄUBLER/*BIEBACK*, Arbeitskampfrecht, Rn. 421ff.; WENDT, Die Betriebsbesetzung, S. 125; DÄUBLER/*WOLTER*, Arbeitskampfrecht, Rn. 300; ZECHLIN, Streik, Strafrecht, Polizei, S. 75.

287 DÄUBLER/*BIEBACK*, Arbeitskampfrecht, Rn. 422.

288 DÄUBLER, Arbeitsrecht, Rn. 717; DÄUBLER/*WOLTER*, Arbeitskampfrecht, Rn. 280wm.

289 OSTENDORF, Kriminalisierung des Streikrechts, Rn. 76; ebenso DIEKHOFF, AuR 1958, S. 178.

290 AltKomm/*OSTENDORF*, StGB, § 123, Rn. 31.

entgegen, weshalb auch eine Betriebsbesetzung keinen Verstoß gegen § 123 StGB darstellen könne.

(2) *Betriebsbesetzung durch Arbeitnehmer als Hausfriedensbruch*

Rechtsprechung[291] und ganz herrschende Lehre[292] gehen demgegenüber davon aus, dass die Besetzung von Betrieben durch die Arbeitnehmer als Hausfriedensbruch i.S. des § 123 StGB zu bewerten seien. Das durch § 123 StGB geschützte Hausrecht[293] stehe grundsätzlich demjenigen zu, der die rechtmäßig begründete Sachherrschaft über den Schutzbereich oder ein im Verhältnis zu Dritten stärkeres Recht hinsichtlich der betreffenden Räumlichkeit innehabe[294]. Dieses besitze bezüglich des Betriebsgeländes und der Betriebsräume aufgrund seiner Eigentümer- bzw. Pächterstellung - auch im Verhältnis zu den beschäftigten Arbeitnehmern - einzig und allein der Arbeitgeber. Ebenso wenig wie ein Hausrecht der Arbeitnehmer bestehe, lasse sich das Bestehen eines dem Hausrecht des Arbeitgebers entgegenstehenden Aufenthaltsrechts der Arbeitnehmer konstruieren. Zur Begründung wird darauf verwiesen, der Arbeitsvertrag gewähre lediglich einen Anspruch auf Beschäftigung, nicht aber einen Anspruch auf Aufenthalt am Arbeitsplatz bzw. auf dem Betriebsgelände[295]. Im Ergebnis stelle die

[291] BAG 14.2.1978, AP Art. 9 GG Arbeitskampf Nr. 59; OLG Hamm 5.11.1951; LAG Düsseldorf 24.2.1994, LAGE Art. 9 GG Arbeitskampf Nr. 54; LAG Bremen 6.5.1953, AP 1954, Nr. 87, S. 304, 308; LAG Hannover 25.5.1956, BB 1956, S. 924.

[292] BELTZ/RÜBELMANN, S. 45, 57; BERGHAUS, Rechtsprobleme der Betriebsbesetzung und Betriebsblockade, S. 151f.; BROX/RÜTHERS, Arbeitskampfrecht, S. 145; FRIEDERICH, DÖV 1988, S. 194, 195; BOBROWSKI/GAUL, Bd. II, H II, S. 29f.; GAMILLSCHEG, KollArbR I, S. 1059; HELLENTHAL, NZA 1987, S. 52, 53f.; V.HOYNINGEN-HUENE, JuS 1987, S. 505, 513; KÄMEREIT, Pressefreiheit und Arbeitskampfrecht, S. 174; KALB, Arbeitskampfrecht, Rn. 136; KISSEL, Arbeitskampfrecht § 61 Rn. 65 und 76; LÖWISCH, RdA 1987, S. 219, 220; LÖWISCH/*KRAUß*, Arbeitskampf- und Schlichtungsrecht, Rn. 922ff.; LORITZ, DB, 1987, S. 223, 230; MÜLLER-RODEN, ZRP 1988, S. 161, 163; OLBRICHT, Die Betriebsbesetzung als Arbeitskampfmaßnahme, S. 37ff, 41; MünchArbR/*OTTO*, § 286, Rn. 60; RAISER, RdA 1987, S. 201, 205; RIEBLE, Arbeitsmarkt und Wettbewerb, Rn. 1347; RONELLENFITSCH, BB 1987, Beilage Nr. 6, S. 1, 7 und 9; RUDOLPHI, RdA 1987, S. 160, 161; SAMSON, RdA 1987, S. 250; SEITER, Streikrecht und Aussperrugsrecht, S. 522; SÖLLNER, S. 102; STAHLHACKE, Zulässigkeit neuer Arbeitskampfmittel, 1994; TÖTEBERG, ArbGeb 1987, S. 465; WESCH, Betriebsbesetzung, S. 51ff., 61.

[293] So die ganz herrschende Ansicht zu § 123 StGB: AltKomm/*OSTENDORF*, StGB, § 123, Rn. 22; LK/*SCHÄFER*, § 123, Rn. 1; SCHÖNKE/SCHRÖDER-*Lencker*, § 123, Rn. 1; TRÖNDLE/FISCHER, § 123, Rn. 1.

[294] AltKomm/*OSTENDORF*, StGB, § 123, Rn. 33; LK/*SCHÄFER*, § 123, Rn. 51; SCHÖNKE/SCHRÖDER-*Lencker*, § 123, Rn. 16; TRÖNDLE/FISCHER, § 123, Rn. 2.

[295] SEITER, Streikrecht und Aussperrungsrecht, S. 522, 523; ULE, Streikrecht und Polizei, S. 40.

Betriebsbesetzung nach alledem eine Verletzung des Hausrechts und damit einen tatbestandsmäßigen Hausfriedensbruch gemäß § 123 StGB dar, wenn die Arbeitnehmer während eines Arbeitskampfes entgegen dem geäußerten Willen des Arbeitgebers das Betriebsgelände beträten oder sich dort aufhielten.

b) Stellungnahme

Mit der herrschenden Meinung ist davon auszugehen, dass die Betriebsbesetzung durch Arbeitnehmer im Arbeitskampf den Tatbestand des Hausfriedensbruches erfüllt. Das Hausrecht steht alleine dem Arbeitgeber zu. Ein Aufenthaltsrecht der Arbeitnehmer lässt sich nicht herleiten.

(1) *Kein Hausrecht der Arbeitnehmer*

Zunächst vermag die teilweise in der Literatur favorisierte Ablehnung eines Hausfriedensbruches unter Berufung auf das Bestehen eines Hausrechts der sich am Arbeitskampf beteiligenden Arbeitnehmer nicht zu überzeugen. Es ist weitestgehend anerkannt, dass die Beteiligung am Arbeitskampf die Hauptpflichten aus dem Arbeitsverhältnis suspendiert[296]. Mit diesem Wegfall der Arbeitsleistungspflicht geht daher auch der Verlust der Berechtigung zum Aufenthalt am Arbeitsplatz einher[297].

Des Weiteren wird nicht deutlich, aus welchem Grund ein etwaig bestehendes Hausrecht der Arbeitnehmer gleichberechtigt neben das unbestreitbar bestehende Hausrecht des Arbeitgeber treten sollte. *SEITER* hat für die Unternehmensmitbestimmung einst herausgearbeitet, dass die diesbezüglichen Einzelrechte der Arbeitnehmer diese noch nicht zu Mitunternehmern machen[298]. Die darin enthaltene Wertung lässt sich an dieser Stelle für die Frage nach dem Bestehen eines Hausrechts fruchtbar machen: Selbst wenn den Arbeitnehmern ein Hausrecht zukäme, müsste dieses den Weisungen des Arbeitgebers nachrangig sein. Eine andere Beurteilung brächte beispielsweise die seltsame Folge, dass ein Arbeitnehmer Kunden, denen der Zutritt zum Betrieb durch den Arbeitgeber versagt wurde, die Zutrittserlaubnis wieder erteilen könnte[299]. Insgesamt kann daher das Bestehen eines eigenständigen, gleichrangig neben die Rechte des Arbeitgebers tretenden Hausrechts der Arbeitnehmer nicht angenommen werden.

---

[296] Vgl. zur Suspendierungswirkung der Arbeitskampfbeteiligung bereits ausführlich oben unter 2. Teil § 3B.

[297] So jetzt auch: KISSEL, Arbeitskampfrecht, § 61 Rn. 63.

[298] SEITER, Streikrecht und Aussperrungsrecht, S. 523; ebenso HELLENTHAL, NZA 1987, S. 52, 53; G. MÜLLER, Arbeitskampf und Arbeitskampfrecht, S. 129; WESCH, Betriebsbesetzung, S. 54.

[299] So auch WESCH, Betriebsbesetzung, S. 53.

(2) *Kein Aufenthaltsrecht der Arbeitnehmer*

Ebenso wenig lässt sich ein eigenständiges, gegenüber der Hausrechtsausübung durch den Arbeitgeber konkurrierendes Aufenthaltsrecht der Arbeitnehmer begründen. Der Verweis von *BIEBACK* auf ein dem Arbeitsverhältnis innewohnendes Kommunikationselement überzeugt jedenfalls für die Betriebsbesetzung nicht, denn diese dient, wie gezeigt, der Produktionsstörung, nicht aber der Kommunikation darüber[300]. Ohnehin steht die Annahme eines Aufenthaltsrechts zur Erhaltung des Kommunikationsflusses im Widerspruch zum dienstvertraglichen Wesen des Arbeitsvertrages. Die Erlaubnis zum Aufenthalt auf dem betrieblichen Gelände ist gekoppelt an die zu erbringende Leistung. Entfällt aufgrund der infolge der Arbeitskampfbeteiligung eintretenden Suspendierungswirkung die Pflicht zur Erbringung der Arbeitsleistung, wird davon zwangsläufig auch die daran anknüpfende Aufenthaltsberechtigung erfasst[301].

Ebenso wenig überzeugt die Ableitung eines Aufenthaltsrechts aus dem Mietrecht[302]. Dieser Ansatz verkennt, dass bereits die Voraussetzungen für eine Übertragbarkeit mietvertraglicher Regelungen und Grundsätze, insbesondere eine Vergleichbarkeit der Regelungsgegenstände, nicht vorliegen. So ist *Hauptleistungspflicht* des Mietvertrags über Wohnraum die Einräumung der Aufenthalts- und Nutzungsberechtigung durch den Vermieter. Hauptleistungspflicht des Arbeitsverhältnisses bildet demgegenüber auf Seiten des Arbeitgebers alleine die Zahlung des Arbeitsentgelts. Darüber hinaus erscheint es problematisch, dem Arbeitgeber im Wege der Analogie eine vertragliche Verpflichtung aufzuerlegen, die in ihrer konkreten Form im Dienst- und Arbeitsvertrag nicht angelegt ist. Vielmehr sehen die Regelungen zum Dienstvertrages wohl bewusst kein Recht des Dienstleistenden zum Aufenthalt in den Arbeitsräumen vor[303]. Da der Dienstleistende seine Leistung dem Dienstberechtigten nicht gegen dessen Willen aufdrängen kann, erschiene es widersinnig, ihm gegen den Willen des Anspruchsberechtigten dennoch ein Recht zum Aufenthalt am Arbeitsplatz zuzugestehen. Mit Recht wird insoweit darauf verwiesen, dass der Arbeitsvertrag zwar einen Anspruch auf Beschäftigung, nicht aber einen Anspruch auf Aufenthalt am Arbeitsplatz bzw. auf dem Betriebsgelände gewähre[304]. Spätestens mit dem Verzicht des Arbeitgebers auf die Leistung - ungeachtet etwaig fortbeste-

[300] TÖTEBERG, Arbeitgeber 1986, S. 466.
[301] Ebenso KISSEL, Arbeitskampfrecht, § 61 Rn. 63.
[302] Dazu oben unter 3. Teil § 1C.I.2.a)(1)(b).
[303] so schon das RG 12.11.1881, RGSt 5, S. 235; RG 12.12.1885, RGSt 13, S. 189.
[304] SEITER, Streikrecht und Aussperrungsrecht, S. 522, 523; ULE, Streikrecht und Polizei, S. 40.

hender Lohnansprüche des Arbeitnehmers - muss folglich auch die Berechtigung entfallen, sich am Leistungsort aufhalten zu dürfen.

Entgegen der Ansicht von *DÄUBLER* und *WOLTER*[305] lässt sich auch aus der Betriebsverfassung kein Aufenthaltsrecht der sich an einer Betriebsbesetzung beteiligenden Arbeitnehmer ableiten. Zutreffend ist sicherlich, dass die Rechte und Pflichten des Betriebsrats während des Arbeitskampfes grundsätzlich erhalten bleiben[306]. Richtig ist des Weiteren, dass den Arbeitnehmern für die Teilnahme an einer vom Betriebsrat einberufenen Betriebsversammlung ein Aufenthaltsrecht zukommt[307]. Der Vorschrift des § 40 Abs. 2 BetrVG wird entnommen, der Arbeitgeber habe den Arbeitnehmern für die Versammlung geeignete Räumlichkeiten zur Verfügung zu stellen[308]. Daraus folgt zwar noch nicht, dass es sich dabei um Räumlichkeiten auf dem Betriebsgelände handeln muss. Denn es ist anerkannt, dass der Arbeitgeber für die geplante Versammlung auch geeignete Räumlichkeiten außerhalb des Betriebes zur Verfügung stellen kann, soweit sich diese in unmittelbarer Nähe des Betriebsgeländes befinden. Findet aber die Versammlung auf dem Betriebsgelände statt, gibt § 40 Abs. 2 BetrVG der Belegschaft natürlich ein Recht auf Teilnahme und damit letztlich auch ein Aufenthaltsrecht.

Ob ein solches Recht auf Teilnahme an einer (arbeitskampftaktisch eingesetzten) Betriebsversammlung auch in Zeiten des Arbeitskampfes für streikende Arbeitnehmer gelten kann, erscheint jedoch in mehrfacher Hinsicht fraglich. § 74 Abs. 2 und § 45 BetrVG erklären ausdrücklich arbeitskampfunterstützende Maßnahmen des Betriebsrates für unzulässig, folglich auch darauf ausgerichtete Betriebsversammlungen. Daraus muss geschlossen werden, dass im laufenden Arbeitskampf zwar ein Recht zur Betriebsversammlung aus § 42 BetrVG fortbesteht, dieses jedoch gemäß § 74 BetrVG entfällt, wenn sich seine Ausübung als arbeitskampfrelevantes Verhalten des Betriebsrates darstellt. Dies wiederum dürfte immer dann der Fall sein, wenn der Betriebsrat eine Betriebsbesetzung durch die Einberufung einer Betriebsversammlung deckt. Gleiches gilt, wenn

---

305 Siehe oben unter 3. Teil § 1C.I.2.a)(1)(b).

306 Teilweise werden zu Zeiten des Arbeitskampfes aber Beschränkungen des Mitbestimmungsrechtes angenommen: BAG 16.10.1971, AP Art. 9 GG Nr. 7; BAG 14.2.1978, AP § 15 KSchG Nr. 19; HESS/SCHLOCHAUER/GLAUBITZ, BetrVG, § 74, Rn. 28; RICHARDI, BetrVG, § 74, Rn. 32; **a.A.** DÄUBLER/KITTNER/KLEBE, BetrVG, § 74, Rn. 20; FITTING, BetrVG, § 74, Rn. 18, 19; GK-BetrVG/*KREUTZ*, § 74, Rn. 62.

307 BAG 5.5.1987, AP § 44 BetrVG Nr. 4; BERGHAUS, S. 121; DÄUBLER/KITTNER/KLEBE, BetrVG, § 42, Rn. 7; FITTING, BetrVG, § 42, Rn. 12.

308 DÄUBLER/KITTNER/KLEBE-*BLANK/WEDE*, BetrVG, § 40, Rn. 71; FITTING, BetrVG, § 40, Rn. 87; HESS/SCHLOCHAUER/GLAUBITZ, BetrVG, § 40, Rn. 84a. RICHARDI entnimmt die Pflicht des Arbeitgebers unmittelbar aus § 42 BetrVG; vgl. RICHARDI, BetrVG, § 42, Rn. 14.

eine einberufene Betriebsversammlung in eine Betriebsbesetzung umschlägt und der Betriebsrat diese nicht umgehend auflöst. Vor diesem Hintergrund kann § 42 BetrVG nicht für die Begründung eines Aufenthaltsrechts zur Betriebsbesetzung herangezogen werden[309].

(3) *Wirksamkeit der Hausrechtsausübung*

Auch der Hinweis OSTENDORFS auf eine widersprüchliche Hausrechtsausübung durch den Arbeitgeber überzeugt nicht[310]. Diese Auffassung lässt unberücksichtigt, dass nach ganz herrschender Meinung dem Arbeitnehmer generell schon kein Recht zum Aufenthalt in den Arbeitsräumen zukommt, um seine Vertragspflicht zu erfüllen[311]. Daran kann auch die grundsätzliche Verpflichtung des Arbeitnehmers, am Arbeitsplatz erscheinen zu müssen, nichts ändern. Spätestens mit dem Verzicht des Arbeitgebers auf die Dienstleistung, ungeachtet etwaiger Lohnansprüche, entfällt somit die Berechtigung, am Arbeitsplatz verweilen zu dürfen[312].

Würde man hingegen die vom Arbeitgeber konkludent erteilte Einwilligung zur Nutzung der Räumlichkeiten als unwiderruflich einstufen, erhöbe man die Aufenthaltsberechtigung zu einem selbständigen vertraglichen Anspruch, obschon sie dies nach Sinn und Zweck gerade nicht sein soll[313]. Zudem führt die Ansicht OSTENDORFS dazu, dass der Arbeitgeber den Aufenthalt des Arbeitnehmers auch bei einer fristlosen Kündigung so lange zu dulden hätte, bis die Wirksamkeit der Kündigung festgestellt ist[314]. Dem ist aber unbestrittener Maßen gerade nicht so[315]. Äußert der Arbeitgeber konkludent oder ausdrücklich seinen, dem Aufenthalt eines Arbeitnehmers entgegenstehenden Willen, so führt dies zwingend zum Wegfall der bis dahin bestehenden Berechtigung zum Aufenthalt auf dem Betriebsgelände.

---

[309] Ebenso HANAU/ADOMEIT, Arbeitsrecht, Rn. 387.

[310] Dazu oben unter 3. Teil § 1C.I.2.a)(1)(c).

[311] RG 12.11.1881, RGSt 5, S. 235; RG 12.12.1885, RGSt 13, S. 189; LK/*SCHÄFER*, § 123, Rn. 70.

[312] So auch OLG Hamm 5.11.1951, JMBl. NRW 1952, S. 12.

[313] Vgl. FABRICIUS, ZfA 1972, S. 35, 61f.

[314] Mit dieser Kritik auch schon WESCH, Betriebsbesetzung, S. 59.

[315] BAG 26.5.1977, AP § 611 BGB Beschäftigungspflicht Nr. 5; BAG GS 27.2.1985, AP § 611 BGB Beschäftigungspflicht Nr. 14; BAG 19.12.1985, AP § 611 BGB Beschäftigungspflicht Nr. 17; statt vieler vgl. nur ErfK/Ascheid, § 4 KSchG Rn. 94ff. m.w.N.

c) Ergebnis

Im Ergebnis ist festzuhalten, dass die Besetzung des Betriebes durch die Arbeitnehmer tatbestandlich einen Hausfriedensbruch gemäß § 123 StGB darstellt, wenn der Arbeitgeber seinen entgegenstehenden Willen kundgetan hat.

3. Erfüllte Straftatbestände beim Internetstreik

Der Einsatz des Internetstreiks könnte ebenfalls strafrechtlich relevant sein. In Betracht kommt eine Nötigung durch Gewaltanwendung gemäß § 240 Abs. 1 StGB sowie einer Datenveränderung bzw. Datensabotage gemäß §§ 303a und b StGB.

Nur bei der Internetdemonstration[316] kommt überhaupt eine Nötigung durch Gewaltanwendung i.S. des § 240 StGB in Betracht. Im Ergebnis greift der Tatbestand jedoch nicht ein. Der virtuellen Blockade einer Homepage liegt keine Kraftentfaltung zugrunde. Es kommt im Hinblick auf den nach der Rechtsprechung heute maßgeblichen Gewaltbegriff[317] nicht mehr darauf an, ob sich die Maßnahme bei den abgeblockten Besuchern der Internetpräsenz des Arbeitgebers psychisch auswirkt[318].

Näher dürfte die Annahme einer Datenveränderung gemäß § 303a StGB bei einer Veränderung von Internetinhalten durch die Arbeitnehmer liegen[319]. Nach dieser Vorschrift macht sich strafbar, wer rechtswidrig Daten, die elektronisch, magnetisch oder sonst nicht unmittelbar wahrnehmbar gespeichert sind, löscht, unterdrückt, unbrauchbar macht oder verändert. Tatobjekt sind dabei nur fremde Daten, also solche, an denen ein unmittelbares Recht einer anderen Person auf Verarbeitung, Löschung oder Nutzung (mit-) besteht[320].

Die von § 303a StGB aufgestellten Voraussetzungen für eine Strafbarkeit werden beim Internetstreik durch Veränderung von Internetinhalten nur erfüllt, wenn die ursprünglichen Daten der Homepage gelöscht werden oder sie dem

---

[316] Vgl. hierzu unter 2. Teil § 1C.II.3.b)(1).

[317] Siehe soeben unter 3. Teil § 1C.I.1.a)(1).

[318] A.A. KRAFT/MEISTER, MMR 2003, S. 366, 370, die eine Kraftentfaltung in der Bedienung der Tatstatur bzw. der Computermouse sehen und somit im Hinblick auf die ausgelöste psychische Drucksituation bei den Benutzern des Internets zur Begehung einer Nötigung durch Gewalteinsatz kommen.

[319] Durch die Internetdemonstration wird der Tatbestand des § 303a StGB keinesfallls erfüllt, da sich diese Vorgehensweise gerade dadurch auszeichnet, dass keine Daten Dritter i.S. des §§ 303a, 202a Abs. 2 StGB verändert, zerstört oder unterdrückt werden; mit gleichem Ergebnis KRAFT/MEISTER, MMR 2003, S. 366, 371f.

[320] SCHÖNKE/SCHRÖDER-STREE, § 303a StGB, Rn. 4; TRÖNDLE/FISCHER, § 303a StGB, Rn. 4; V.GRAVENREUTH, NStZ 1989, S. 201, 206.

Zugriff des Arbeitgeber als Berechtigtem entzogen werden. Vor diesem Hintergrund wurde bislang bei der Durchführung von Internetstreiks grundsätzlich vermieden, dass der Arbeitgeber nicht mehr auf die ursprünglichen Daten zugreifen kann[321]. In diesen Fällen scheidet eine Strafbarkeit nach § 303a StGB aus.

Gehen die Streikenden bei der Veränderung von Internetinhalten jedoch dazu über, die Daten einer Homepage des Arbeitgebers zu löschen oder dem Arbeitgeber den Zugang zu diesen Daten zu erschweren bzw. völlig zu versperren, ist der objektive Tatbestand § 303a StGB erfüllt.

In diesen Fällen wird die Qualifikation zur Datenveränderung, die Computersabotage gemäß § 303b Abs. 1 Nr. 1 StGB, dann regelmäßig miterfüllt sein. Nach dieser Vorschrift ist die Veränderung von Daten eines fremden Betriebs, eines Unternehmens oder einer Behörde mit einer erhöhten Strafandrohung versehen. Bei den Internetmaßnahmen kommt es zu einer Veränderung von Daten eines Unternehmens bzw. Betriebs. Diese sind für die agierenden Arbeitnehmer auch „fremd“, da Fremdheit i.S. des § 303b StGB rechtlich-wirtschaftlich zu bestimmen ist[322]. Als Täter des § 303b StGB kommen damit auch Unternehmensangehörige in Betracht.

Im Ergebnis erfüllen die Arbeitnehmer, die Inhalte des Internetauftritts des Arbeitgebers verändern und dabei die ursprünglichen Daten des Arbeitgebers löschen oder dem Arbeitgeber den Zugriff auf diese erschweren, die Tatbestände der §§ 303a und b StGB.

### II. Zivilrechtliche Einordnung

#### 1. Verletzung von Nebenpflichten durch aktive Produktionsbehinderung (i.e.S.) gemäß § 280 Abs. 1 BGB i.V.m. § 611 BGB i.V.m. dem Arbeitsvertrag

Bestandteil der Betriebsbesetzung und Betriebsblockade ist die Arbeitsniederlegung. Insofern stellt sie, wie sämtliche Formen der Arbeitsniederlegung[323], unproblematisch eine Verletzung der arbeitsvertraglichen Hauptleistungspflicht dar[324].

Darüber hinaus beurteilt die Rechtsprechung, wie auch eine überwiegende Ansicht in der Lehre, das Abhalten der Arbeitswilligen, Lieferanten und Kunden

---

[321] Vgl. dazu die Erläuterungen zu den Internetstreiks bei GMD-First im 2. Teil § 1C.II.3.

[322] SCHÖNKE/SCHRÖDER-Stree, § 303b StGB Rn. 6; Tröndle/FISCHER, § 303b StGB, Rn. 8.

[323] Siehe dazu schon 3. Teil § 1B.

[324] Vgl. dazu nur BROX/RÜTHERS, Arbeitskampfrecht, Rn. 322; MünchArbR/*OTTO*, § 289 Rn. 4; PREIS, Kollektivarbeitsrecht, § 128 I.

durch Blockaden, ebenso wie die Verhinderung der Weiterproduktion durch Besetzung des Betriebes, als Verletzung von arbeitsvertraglichen Nebenpflichten im Sinne der §§ 280 Abs. 1, 241 Abs. 2, 611 BGB i.V.m. dem Arbeitsvertrag. So sei im weisungswidrigen Aufenthalt auf dem Betriebsgelände in jedem Falle ein Verstoß gegen das arbeitsvertragliche Direktionsrecht des Arbeitgebers zu erblicken[325].

Daneben würde durch die Produktionsbehinderung[326] die Leistungstreuepflicht[327] verletzt[328]. Diese lege dem Arbeitnehmer auf, den Vertragszweck aktiv zu fördern und alles zu unterlassen, was den Vertragszweck gefährde. Eine solche Gefährdung wohne Betriebsbesetzung und Blockade jedoch inne, da die unmittelbare Störung der Produktionsabläufe eine Weiterbeschäftigung Arbeitswilliger ebenso verhindere wie die Disposition über Produktionsmittel und Produkte.

Unter Hinweis auf Haus- und Aufenthaltsrechte des Arbeitnehmers wird das Vorliegen der aufgezeigten Nebenpflichtverletzungen bestritten[329]. Die Kritik an der herrschenden Ansicht greift jedoch im Hinblick auf die bereits im Rahmen der Prüfung des § 123 StGB vorgestellten Argumente nicht durch. Insoweit sei auf die dortigen Ausführungen verwiesen[330]. Im Ergebnis ist daher der herrschenden Ansicht zu folgen und jede aktive Produktionsbehinderung (i.e.S.) wegen des Eingriffs in die Dispositionsbefugnis des Arbeitgebers tatbestandlich als Nebenpflichtverletzung gemäß §§ 280 Abs. 1, 241 Abs. 2, 611 BGB i.V.m. dem Arbeitsvertrag zu beurteilen.

### 2. Verbotene Eigenmacht gemäß § 855, 858 BGB

#### a) Betriebsbesetzung als verbotene Eigenmacht

---

[325] BAG 14.2.1978, AP Art. 9 GG Arbeitskampf Nr. 59; DERLEDER, FS Gnade, S. 419ff.; MÜLLER-RODEN, ZRP 1988, S. 161, 162; WESCH, Betriebsbesetzung, S. 25ff.

[326] Insoweit lassen sich die Ansichten zur Betriebsbesetzung und Blockade auf den Internetstreik übertragen.

[327] MÜLLER-RODEN, ZRP 1988, S. 161, 162, stellt auf die „Treuepflicht" ab.

[328] Vgl. WESCH, Betriebsbesetzung, S. 25.

[329] DÄUBLER, Arbeitsrecht 1, S. 182; *DERS.*, Arbeitskampfrecht, Rn. 417ff.; DÄUBLER/BIEBACK, Arbeitskampfrecht, Rn. 426; vgl. zum Meinungstand unter 3. Teil § 1C.I.2.a)(1).

[330] 3. Teil § 1C.I.2.a)(2).

(1) *Meinungsstand*

Die ganz überwiegende Ansicht[331] sieht bei einer Betriebsbesetzung den Tatbestand der verbotenen Eigenmacht gemäß §§ 855, 858 BGB als erfüllt an. Der Arbeitgeber sei alleiniger Besitzer der betrieblichen Räumlichkeiten sowie der Betriebsmittel. Dem Arbeitnehmer komme grundsätzlich weder unmittelbarer noch mittelbarer Besitz zu. Er sei daher gurndsätzlich i.S. des § 855 BGB. Da der Arbeitgeber durch eine Betriebsbesetzungen von seiner Sachherrschaft über Betriebsgelände und Betriebsmitteln ausgeschlossen werde, müsse man die Besetzung spätestens ab der Aufforderung des Arbeitgebers, das Betriebsgelände zu verlassen, als verbotene Eigenmacht i.S. des § 858 BGB ansehen.

Trotz dieser an sich eindeutigen Rechtslage wird von *DÄUBLER* die Ansicht vertreten, Blockade- und Besetzungsmaßnahmen könnten nicht als verbotene Eigenmacht angesehen werden, da mit dem in Vollzugsetzen des Arbeitsvertrags dem Arbeitnehmer der Besitz an den Betriebsmitteln gemittelt würde[332]. *DERLEDER* vertritt zudem die Auffassung, ein bloß passives Verbleiben am Arbeitsplatz, könne den Besitzschutz der §§ 858ff. noch nicht auslösen[333]. Der Arbeitnehmer beeinträchtige den Besitz des Arbeitgebers durch ein Unterlassen. Für die Besitzschutzansprüche sei in diesem Fall die Pflichtwidrigkeit des Verhaltens erforderlich. Eine entsprechende Pflicht des Arbeitnehmers könne sich im Besitzrecht jedoch alleine aus possessorischen Gesichtpunkten ergeben. Die bloße arbeitsvertragliche Verpflichtung zum Verlassen des Arbeitsplatzes nach Ablauf der Arbeitszeit sei folglich nicht ausreichend. Fehle es aber an einer Pflicht zum Verlassen im besitzrechtlichen Sinne, scheide damit auch ein pflichtwidriger Verstoß gegen §§ 855, 858 BGB aus.

(2) *Stellungnahme*

Beide vorgenannten Ansätze überzeugen nicht. Der Arbeitnehmer verkörpert den klassischen Fall des Besitzdieners im Sinne des § 855 BGB. Inwiefern sich ein dieser Wertung entgegenlaufendes Ergebnis aus den Besonderheiten des Ar-

---

[331] RONELLENFITSCH, DB 1987, Beilage Nr. 6, S. 8; KÄMEREIT, Pressefreiheit und Arbeitskampfrecht, S. 179; KISSEL, Arbeitskampfrecht, § 61 Rn. 60; LORITZ, DB 1987, S. 223, 227 ; LÖWISCH, RdA 1987, S. 219, 221; LÖWISCH/KRAUß, DB 1995, S. 1330; MÜLLER-RODEN, ZRP 1988, S. 161, 163; OLBRICHT, Die Betriebsbesetzung als Arbeitskampfmaßnahme, S. 68ff.; WESCH, Betriebsbesetzung, S. 125; grundsätzlich auch DERLEDER, BB 1987, S. 818, 819, der das passive Verbleiben am Arbeitsplatz nach Arbeitsschluss nicht mehr der verbotenen Eigenmacht zuordnet.

[332] DÄUBLER/*BIEBACK*, Arbeitskampfrecht, Rn. 418ff.

[333] DERLEDER, BB 1987, S. 818, 822.

beitsvertrages ergeben soll, lässt sich den Ausführungen von *DÄUBLER* nicht entnehmen.

Aber selbst wenn man mit *DÄUBLER* einmal unterstellt, der Arbeitnehmer sei Besitzmittler, führt dies hinsichtlich des Vorliegens von verbotener Eigenmacht nach § 858 BGB zu keiner anderen Bewertung von Betriebsbesetzungen als von der herrschenden Meinung angenommen. Denn unstreitig ist eine Besitzmittlung jederzeit widerruflich[334]. Folglich entfällt spätestens mit der Aufforderung durch den Arbeitgeber an die Arbeitnehmer, dass Betriebsgelände zu verlassen, die im Arbeitsvertrag angelegte Berechtigung zum Aufenthalt.

Auch die Auffassung von *DERLEDER* vermag nicht zu überzeugen. Zunächst folgt aus der Vertragspflicht, das Betriebsgrundstücks nach Erfüllung der arbeitsvertraglichen Hauptpflicht verlassen zu müssen noch nicht, dass nicht auch eine possessorische Pflicht vorliegt, den Arbeitsplatz zu räumen. Eben diese besitzrechtliche Verpflichtung besteht nämlich sehr wohl. Löst der Arbeitgeber mit der Aufforderung an den Arbeitnehmer, das Betriebgelände zu verlassen, dessen Status als Besitzdiener auf, so folgt unmittelbar aus dem Wegfall der Besitzdienereigenschaft die Verpflichtung, jegliche Beschränkung des Besitzers in seiner Besitzausübung zu beseitigen. Insoweit existiert entgegen der Meinung *DERLEDERS* eine sich aus possessorischen Erwägungen ableitende Pflicht zur Beseitigung der Besitzstörung.

b) Betriebsblockaden als verbotene Eigenmacht

Anders als bei der Betriebsbesetzung bereitet die besitzrechtliche Beurteilung einer Blockade von Arbeitswilligen und Dritten an Zugängen des Betriebsgeländes wenige Probleme. Sie erfüllt den Tatbestand der Verbotenen Eigenmacht gemäß § 858 BGB[335]. Dies ist entspricht der ganz herrschenden Meinung[336].

---

334 Die jederzeitige Widerrufsmöglichkeit vermittelter Besitzrechte ist ganz allgemeine Meinung, vgl. statt aller: STAUDINGER/*BUND*, § 858 BGB, Rn. 19 m.w.N.; MüKo/*JOOST*, § 858 BGB, Rn. 7 m.w.N.

335 Die herrschende Meinung im Schrifttum bejaht auch das Vorliegen verbotener Eigenmacht bei der Durchführung von Betriebblockaden: RONELLENFITSCH, DB 1987, Beilage Nr. 6, S. 8; KÄMEREIT, Pressefreiheit und Arbeitskampfrecht, S. 179; KISSEL, Arbeitskampfrecht, § 61 Rn. 103; LORITZ, DB 1987, S. 223, 227; LÖWISCH, RdA 1987, S. 219, 221; LÖWISCH/KRAUß, DB 1995, S. 1330; MÜLLER-RODEN, ZRP 1988, S. 161, 163; OLBRICHT, Die Betriebsbesetzung als Arbeitskampfmaßnahme, S. 68ff.

336 RONELLENFITSCH, DB 1987, Beilage Nr. 6, S. 1, 8; KÄMEREIT, Pressefreiheit und Arbeitskampfrecht, S. 179; KISSEL, Arbeitskampfrecht, § 61 Rn. 103; LORITZ, DB 1987, S. 223, 227; LÖWISCH, RdA 1987, S. 219, 221; LÖWISCH/KRAUß, DB 1995, S. 1330; MÜLLER-RODEN, ZRP 1988, S. 161, 163; OLBRICHT, Die Betriebsbesetzung als Arbeitskampfmaßnahme, S. 68ff.

Dem liegt zugrunde, dass § 858 BGB den Besitzer nicht nur gegen einen tatsächlichen Entzug der Sachgewalt[337], sondern auch gegen die Behinderung der Ausübung des bestimmungsgemäßen Gebrauchs durch den Berechtigten[338] schützt[339]. Auf diese Weise soll vertraglich, aber nicht dinglich Berechtigten, beispielsweise Mietern und Pächtern, ein dem Eigentümer vergleichbarer Schutz gewährt werden[340]. Versperren Arbeitnehmer Arbeitswilligen oder Dritten den Zugang zum Betriebsgelände oder zu Geschäftsräumen, so kann das Betriebsgelände ebenso wie die sich dort befindlichen Betriebsmittel nicht mehr, wie vom Berechtigten vorgesehen, eingesetzt werden. Mithin sind auch Betriebsblockaden als Besitzstörung zu qualifizieren.

#### c) Ergebnis

Betriebsbesetzungen und Betriebsblockaden durch Arbeitnehmer stellen die Ausübung verbotener Eigenmacht i.S. der §§ 855, 858 BGB dar. Dies gilt auch soweit sich die Arbeitnehmer auf ein passives Verbleiben am Arbeitsplatz beschränken.

### 3. Unerlaubte Handlung gemäß § 823 Abs. 1 BGB

#### a) Eingriff in das Freiheitsrecht durch Betriebsbesetzung und Betriebsblockade

Die Besetzung und die Blockade eines Betriebes könnten darüber hinaus den Tatbestand der Freiheitsverletzung gemäß § 823 Abs. 1 BGB erfüllen. Durch diese Maßnahmen wird nicht nur dem Arbeitgeber die Dispositionsmöglichkeit über seinen Betrieb und seine Betriebsmittel vorsätzlich entzogen[341]. Auch die Arbeitswilligen werden an der Wahrnehmung ihrer freien Entscheidung, arbeiten zu wollen, bewusst gehindert. Andererseits wird es Arbeitgeber, Arbeitswilligen, Lieferanten und Kunden erschwert, sich auf das Betriebsgelände zu begeben, worin eine Beeinträchtigung ihrer körperlichen Bewegungsfreiheit liegen könnte. Es stehen daher Verletzungen verschiedenster Freiheiten in Frage. Es bedarf zunächst der Klärung, welchen Inhalts der Schutzbereich der „Freiheit" i.S. des § 823 Abs. 1 BGB ist.

---

[337] So gegeben beim Einsatz von Betriebsbesetzungen.

[338] Eine Besitzbeeinträchtigung der Arbeitnehmer kommt ohnehin nicht in Frage, da ihnen als Besitzdiener kein Besitzrecht an den Betriebsmitteln zu kommt.

[339] Vgl. statt vieler nur: STAUDINGER/*BUND*, § 858 BGB, Rn. 14; MüKo/*JOOST*, § 858 BGB, Rn. 5; PALANDT/*BASSENGE*, § 858 BGB, Rn. 5.

[340] STAUDINGER/*BUND*, § 858 BGB, Rn. 14.

[341] Vgl. hierzu ausführlich unter 2. Teil § 1C.

(1) *Konkretisierung des Freiheitsrechts*

(a) *Kein Schutz der Willensbetätigungsfreiheit*

Teilweise wird davon ausgegangen, dass § 823 Abs. 1 BGB die Willensbetätigungsfreiheit schützt[342]. Zwar soll nach dieser Meinung nicht jeder Eingriff in die freie Entfaltung der Persönlichkeit i.S. des Art. 2 Abs. 1 GG von § 823 Abs. 1 BGB erfasst sein, aber soweit ein Verhalten die Schwelle einer vorsätzlichen Nötigung gemäß § 240 StGB überschreite, löse dies eine Schadensersatzpflicht gemäß § 823 Abs. 1 BGB aus.

Diese Ansicht lässt sich weder mit dem Wortlaut des § 823 Abs. 1 BGB, der eindeutig auch fahrlässige Rechtsverletzungen sanktioniert, noch mit § 823 Abs. 2 BGB in Einklang bringen, welcher wegen Verstoßes gegen die Schutzvorschrift des § 240 StGB Schadensersatz gewährt. Auch die Motive und Protokolle[343] sprechen gegen ein solch weites Verständnis des Schutzbereichs. Sie belegen vielmehr, dass den Gesetzesverfassern hinsichtlich der Freiheitsverletzung an einer zivilrechtlichen Umsetzung solcher Normen des Strafrechts gelegen war, die Einschränkungen der Bewegungsfreiheit – wie etwa Freiheitsberaubung und Entführung – sanktionierten. Im Ergebnis ist daher davon auszugehen, dass das Rechtsgut „Freiheit" in § 823 Abs. 1 BGB nicht die Willensbetätigungsfreiheit erfasst.

(b) *Körperliche Bewegungsfreiheit*

Rechtsprechung und herrschende Lehre gehen von einem engen, auf die körperliche Bewegungsfreiheit bezogenen Freiheitsbegriff im Rahmen des § 823 Abs. 1 BGB aus[344]. Dabei ist auch der Begriff der körperlichen Bewegungsfreiheit nach überwiegender Ansicht[345] eng auszulegen. In Anlehnung an den Tatbestand des § 239 StGB seien nur solche Verhaltensweisen als Einschränkungen der körperlichen Bewegungsfreiheit anzusehen, die jegliches Fortbewegen der

---

[342] RG 27.2.1904, RGZ 58, S. 24, 28; BGH 14.2.1958, BGHZ 26, S. 349, 355; MüKo/*Mertens*, § 823 BGB, Rn. 82; Palandt/*Thomas*, § 823 BGB, Rn. 6.

[343] Mot. Bd. II, S. 795f; Prot.Bd.II, S. 630.

[344] BGH 19.9.1961, BGHZ 35, S. 363, 367f.; OLG München 14.6.1985, OLGZ 1985, S. 466, 467; Erman/*Schiemann*, § 823 BGB, Rn. 23; Esser-Weyers, SchuldR II, § 55 I a; Fraenkel, Tatbestand und Zurechnung bei § 823 Abs. 1, 1979, S. 165; Jauernig-*Teichmann*, § 823 BGB, Rn. 5; Kötz, Deliktsrecht, Rn. 56; Larenz/Canaris, Schuldrecht II 2, § 76 II 2a; Medicus, SchuldR II, Rn. 783; Soergel/*Zeuner*, § 823 BGB, Rn. 28; Staudinger/*Hager*, § 823 BGB, Rn. B53

[345] Staudinger/*Hager*, § 823 BGB, Rn. B54; Jauernig-*Teichmann*, § 823 BGB, Rn. 5; Wesch, Betriebsbesetzung, S. 80ff.

betroffenen Person verhindern[346]. Keine Verletzung körperlicher Bewegungsfreiheit liege demnach vor, wenn das Gelangen an einen bestimmten Ort verhindert wird, solange sonstige Bewegungsoptionen verblieben.

Die Blockade, ebenso wie die Besetzung von Betriebsstätten, wären nach dieser Auffassung nur dann als Beeinträchtigung des Rechtsguts „Freiheit" im Sinne des § 823 Abs. 1 BGB anzusehen, wenn Arbeitnehmer, Arbeitgeber oder Dritte am Verlassen des Betriebsgeländes gehindert, also eingesperrt würden. Dieser Fall tritt im Arbeitskampf üblicherweise nicht auf. Den Gewerkschaften und den Streikenden kommt es vielmehr sogar darauf an, dass arbeitwillige Arbeitnehmer ihren Arbeitsplatz und das Gelände verlassen. Das bloße Versperren des *Zugangs* durch die Streikenden verhindert ein sonstiges Fortbewegen der Arbeitswilligen und der Dritten nicht. Mithin stellen Betriebsbesetzung und Blockade nach dieser Ansicht keinen Eingriff in den Freiheitsschutz nach § 823 Abs. 1 BGB dar.

*LÖWISCH*[347] beurteilt diese, den Schutz der Bewegungsweise eng auslegende Sichtweise als fehlerhaft. Alleine das „Einsperren" nicht hingegen das „Versperren" unter § 823 Abs. 1 BGB (Freiheit) zu subsumieren, greife im Hinblick auf Art. 2 Abs. 2 GG zu kurz, da nach allgemeiner Ansicht Art. 2 Abs. 2 Satz 2 GG auch das Gelangen zu einem Ort[348] schütze. Demnach wäre die Betriebsblockade als Eingriff in die körperliche Bewegungsfreiheit Zugangswilliger und -berechtigter anzusehen.

Die Ansicht *LÖWISCHS* überzeugt im Ergebnis jedoch nicht. *LÖWISCH* ist zwar zuzugeben, dass bei Zugrundelegung des Freiheitsverständnisses aus Art. 2 Abs. 2 GG für § 823 Abs. 2 BGB eine Beschränkung auf das „Einsperren" unstimmig erscheint. Diese Unstimmigkeit ist entgegen *LÖWISCH* aber auf die fehlerhafte Anknüpfung an den grundgesetzlichen Freiheitsbegriff im Rahmen des § 823 Abs. 1 BGB zurückzuführen. Wie die Motive und Protokolle zum BGB belegen, soll die Aufnahme der „Freiheit" in das Schadensersatzreglement grundsätzlich dazu dienen, strafrechtlich sanktionierte Beschränkungen der körperlichen Bewegungsfreiheiten mit einem zivilrechtlichen Schadensersatzanspruch zu verknüpfen.

Dabei verkannten die Gesetzgeber nicht, dass dieser Fall bereits durch § 823 Abs. 2 erfasst sein würde. Die Aufnahme des Rechtsguts „Freiheit" in § 823

[346] TRÖNDLE/FISCHER, § 239 StGB, Rn. 2; SCHÖNKE/SCHRÖDER, § 239 StGB, Rn. 4; WESCH, Betriebsbesetzung, S. 80.

[347] LÖWISCH, RdA 1987, S. 219, 220f.; LÖWISCH/KRAUß, DB 1995, S. 1330f.; LÖWISCH/MEIER-RUDOLPH, JuS 1982, 237ff.

[348] Vgl. MAUNZ/DÜRIG-*DI FABIO*, Art. 2 Abs. 2 GG, Rn. 50 m.w.N.

BGB diente einerseits dazu, die in § 239 StGB nicht sanktionierte, fahrlässige Freiheitsberaubung mit einer Schadensersatzpflicht zu verbinden. Andererseits sollten einige abgelegene Sonderfällen, beispielsweise „die Freiheitsberaubung eines Alimentationsberechtigten“[349], durch Verknüpfung mit einer Schadensersatzverpflichtung geschützt werden.

Für die Auslegung des Freiheitsbegriffs des § 823 BGB nicht an das Strafrecht anzuknüpfen, sondern an einen weiter gefassten Freiheitsbegriff, würde den Willen des Gesetzgeber und den von ihm mit der Aufnahme des Freiheitsrecht in § 823 Abs. 1 BGB angestrebten Zweck übersehen. Dementsprechend ist für die Auslegung des Begriffs der Freiheit alleine auf die körperliche Bewegungsfreiheit i.S. des § 239 StGB abzustellen.

(2) *Ergebnis*

Weder Betriebsbesetzung noch Betriebsblockade stellen einen Eingriff in die von § 823 Abs. 1 BGB geschützte körperliche Bewegungsfreiheit dar.

b) Eingriff in das Eigentum durch Maßnahmen der aktiven Produktionsbehinderung[350]

(1) *Eingriff in das Eigentumsrecht*

Die arbeitsgerichtliche Rechtsprechung und das überwiegende arbeitsrechtliche Schrifttum setzen sich mit einer Verletzung des Eigentums durch aktiv produktionsbehindernde Maßnahmen größtenteils nicht weiter auseinander. Vereinzelt wird ohne nähere Begründung eine Eigentumsverletzung durch aktive Produktionsbehinderung bejaht[351]. Überhaupt befassen sich nur *Löwisch*[352] und *Wesch* eingehender mit der Problematik eines Eingriffs in die Eigentumsgarantie[353].

---

349 Motive II, S. 796.

350 Berghaus, Rechtsprobleme der Betriebsbesetzung und Betriebsblockade, S. 174ff., 182; Henssler, SAE 1989, S. 130; Kämereit, Pressefreiheit und Arbeitskampfrecht, S. 179f; Löwisch, RdA 1987, S. 219, 221; Löwisch/Krauß, DB 1995, S. 1330; Luckscheiter, Der einstweilige Rechtsschutz gegen Streik, S. 90; G.Müller, Arbeitskampf und Recht, S. 141; *Ders.*, Tarifautonomie, S. 300; Ronellenfitsch, BB 1987, Beilage Nr. 6, S. 1, 8; Rudolphi, RdA 1987, S. 160, 161f; Wesch, Betriebsbesetzung, S. 81ff.

351 Die Tatbestandsmäßigkeit § 823 BGB (Eigentum) nur feststellend: Derleder, BB 1987, S. 823f.; Kissel, Arbeitskampfrecht, § 61 Rn. 60 und 103; Müller-Roden, ZRP 1988, S. 161, 163; Ronellenfitsch, BB 1987, Beilage Nr. 6, S. 1, 8.

352 Löwisch, RdA 1987, S. 219, 221, bejaht im Ergebnis eine Eigentumsverletzung auf Seiten des Arbeitgebers durch Betriebsblockade und Betriebsbesetzung, da für diese nichts anderes gelten könne als in den von der Rechtsprechung unlängst geklärten Fällen wie z.B. der nicht Nutzbarkeit eines Kraftfahrzeuges wegen Blockierung der Einfahrt. *Wesch* (Betriebsbeset-

Im Weiteren soll daher die bislang ungeklärte Frage beantwortet werden, ob der Einsatz von aktiver Produktionsbehinderung in Form der Besetzungen und Blockaden eines Betriebes sowie des Internetstreiks zu einer Eigentumsverletzung gemäß § 823 Abs. 1 BGB führen kann.

(a) *Betriebsbesetzung und Betriebsblockade*

Der Eigentumsschutz umfasst grundsätzlich die Sachsubstanz des Eigentums. Zu solchen Substanzverletzungen am Arbeitgebereigentum kommt es bei Betriebsbesetzung oder Blockademaßnahmen in der Regel jedoch nicht, so dass in dieser Hinsicht Betriebsbesetzung bzw. Betriebsblockade ein deliktischer Charakter nicht beigemessen werden kann.

Das in § 823 Abs. 1 BGB geschützte Eigentumsrecht umfasst nach herrschender Auffassung[354] aber über den Substanzschutz hinaus die Möglichkeit, mit seinem Eigentum nach Belieben verfahren zu können. Geschützt ist damit der sogenannte „bestimmungsgemäße Gebrauch" einer Sache (vgl. § 903 BGB)[355].

Durch die Betriebsbesetzung und die Blockade werden die Arbeitswilligen davon abgehalten, ihre Arbeitsleistung zu erbringen. Dies hat beispielsweise zur Folge, dass der Arbeitgeber seine Produktionsmaschinen nicht wie vorgesehen zur Verarbeitung der Produktionsmittel einsetzen kann. Ebenso verhindert eine Blockade den Abtransport erzeugter Produkte vom Grundstück. Auf diese Weise reduziert sich im Ergebnis auch die Nutzungsmöglichkeit des Betriebsgrundstückes für den Arbeitgeber. Dieser kann folglich weder sein Eigentum am Betriebsgrundstück noch an seinen Betriebsmitteln- und Erzeugnissen nach seinem Willen nutzen.

Betriebsbesetzung und Betriebsblockade werden nach ganz überwiegender Meinung zu Recht als Störung des Gebrauchs von Betriebsgrundstücken, Unterneh-

---

zung, S. 82ff.), prüft zwar den Tatbestand der Eigentumsverletzung nach § 823 Abs. 1 BGB, kommt aber zu dem Ergebnis, dass ein Eingriff in das Eigentum des Arbeitgebers durch Betriebsbesetzung und Blockadeaktionen an der Hürde der Haftungsbeschränkung („Freiheit der Sachsphäre") scheitern; vgl. dazu auch unter 3. Teil § 1C.II.3.b)(2)(e).

[353] Vgl. die Nachweise bei BGH 31.10.1974, BGHZ 63, S. 203, 206.

[354] PALANDT/*BASSENGE*, § 903 BGB, Rn. 1 und 5ff.; PICKER, Der negatorische Beseitigungsanspruch, S. 55.

[355] CANARIS, SchuldR II 2, § 76 II 3c, S. 388ff.; MEDICUS, SchuldR II, Rn. 795ff.; MüKo/*MERTENS*, § 823 BGB, Rn. 112ff.; STAUDINGER/*SCHÄFER*, 12. Auflage, § 823 BGB, Rn. 55; ERMAN/*SCHIENEMANN*, § 823 BGB, Rn. 31; SCHWITANSKI, Unternehmensschutz und Arbeitskampfrecht, S. 349f. m.w.N.; PALANDT/*Thomas*, § 823 BGB, Rn. 8; SOERGEL/*ZEUNER*, § 823 BGB, Rn. 30.

mensmitteln bzw. der produzierten Waren und damit als Eingriff in das Eigentum des Arbeitgebers angesehen[356].

(b) *Internetstreik*

Da im Zuge des Internetstreiks elektronische Daten der Internetpräsenz des Arbeitgebers modifiziert ggf. sogar gelöscht werden, könnte auch diese Form der aktiven Produktionsbehinderung als Eigentumsverletzung gemäß § 823 Abs. 1 BGB zu klassifizieren sein.

*(i)* Elektronische Daten als Eigentum im Sinne des § 823 Abs. 1 BGB

Fraglich ist, ob der unternehmerische Datenbestand als Eigentum im Sinne des § 823 Abs. 1 BGB anzusehen ist.

*(ii)* Meinungsstand

Teilweise wird elektronisch gespeicherten Daten keine Eigentumsfähigkeit zuerkannt. Daten seien nicht eigentumsfähig im Sinne des § 823 Abs. 1 BGB[357]. Bei Daten handele es sich um elektronische Spannungen, denen es an der für die Eigentumsfähigkeit maßgebliche Verkörperung fehle.

Das OLG Karlsruhe bejaht demgegenüber eine Eigentumsverletzung bei Verlust von Daten auf einer Festplatte[358]. Die dauerhafte Speicherung von Daten auf Magnetplatten oder optischen Medien führe zu tatsächlichen Veränderungen des Mediums. Darin sei die Verkörperung der Daten zu sehen. Diese Verkörperung sei eigentumsfähig, weshalb sie vom Schutz des § 823 Abs. 1 BGB erfasst werde. Soweit durch Dritte vorsätzlich die Nutzung dieser Daten eingeschränkt werde, sei der Tatbestand des § 823 Abs. 1 BGB erfüllt.

---

356 BERGHAUS, Rechtsprobleme der Betriebsbesetzung und Betriebsblockade, S. 174ff, 182; HENSSLER, SAE 1989, S. 130; KÄMEREIT, Pressefreiheit und Arbeitskampfrecht, S. 179f; KISSEL, Arbeitskampfrecht, § 61 Rn. 60 und 103; LÖWISCH, RdA 1987, S. 219, 221; LÖWISCH/KRAUß, DB 1995, S. 1330 ; LUCKSCHEITER, Der einstweilige Rechtsschutz gegen Streik, S. 90; G. MÜLLER, Arbeitskampf und Recht, S. 141; *DERS.*, Tarifautonomie, S. 300; RONELLENFITSCH, BB 1987, Beilage Nr. 6, S. 1, 8; RUDOLPHI, RdA 1987, S. 160, 161f.; WESCH, Betriebsbesetzung, S. 81ff.

357 LG Konstanz 10.5.1996, NJW 1996, 2662; wegweisend bereits GERSTENBERG, NJW 1956, S. 540.

358 OLG Karlsruhe 7.11.1995, NJW 1996, S. 200; zuvor bereits für eine Anerkennung von Eigentumsschutz für Datenbestände: MERKEL, NJW 1956, S. 778; ENGEL, CR 1986, S. 702, 705; ROMBACH, CR 1990, S. 101, 104. Zustimmend MEIER/WEHLAU, NJW 1998, S. 1585, 1588.

*(iii)* Stellungnahme

Der Auffassung des OLG Karlsruhe ist in ihrer Beurteilung der Eigentumsqualität von Daten zuzustimmen. Elektronische Daten werden als Veränderung der Magnetschicht einer Festplatte oder Diskette durch einen Schreibkopf festgehalten. Diese ist zwar nicht mit bloßem Auge, aber mit der Unterstützung spezieller Geräte (z.B. Magnetbandlupe) sichtbar. All dies hat mit elektronischer Spannung nichts zu tun[359]. Wird die spezifische Magnetisierung eines Datenträgers aufgehoben oder tiefgreifend verändert, wie etwa durch Löschung eines Datensatzes, verändert sich nicht nur der Wert und die Benutzbarkeit des im Eigentum des Benutzers stehenden Datenträgers, sondern er verändert sich auch in körperlicher Weise[360]. Insoweit kommt Daten durch eine Verkörperung auf magnetischen oder optischen Speichermedien Eigentumsqualität zu.

*(iv)* Eingriff in die geschützte Position durch den Internetstreik

Durch den Internetstreik müsste aber auch ein Eingriff in die geschützte Position vorliegen. Zu beachten ist, dass nicht bereits jede Veränderung der Daten und damit der Substanz des Datenträgers einen Eingriff darstellt. Durch die Modifikation der Daten und ihre Speicherung als neuer Datenbestand wird der Eigentümer insoweit nicht beschränkt, als er diese Daten unproblematisch wieder löschen kann. Dabei ist er auch nicht gehindert, auf seine ursprünglichen Daten zuzugreifen oder neue Daten aufzuspielen. Erst wenn Daten nicht wiederherstellbar zerstört oder gelöscht werden, liegt ein Eingriff in das Eigentum nach § 823 Abs. 1 BGB. Die Eigentumsverletzung ist daher ausschließlich in der Löschung bzw. Zerstörung der Daten und damit in einer endgültigen physikalischen Veränderung des Datenträgers zu sehen.

Durch die internet- oder netzwerkbasierenden Kampfmaßnahmen werden Daten aber nicht gelöscht, zerstört oder auf sonstige Weise erheblich verändert. Wie die Aktion bei der GMD-First[361] gezeigt hat, richtet sich der Internetstreik darauf, von vorhandenen Dokumenten digitale Kopien zu erstellen, welche dann in überarbeiteter Form im Internet auf den Seiten des Unternehmens veröffentlicht werden. Die ursprünglichen Dokumente verbleiben dabei unverändert auf dem

[359] So auch MEIER/WEHLAU, NJW 1996, S. 1585, 1588.

[360] Weniger zutreffend ist die Ansicht des Gerichtes, das Eigentum sei auch verletzt, weil der Benutzer in der Verwendung der Sache beschränkt sei. Denn auf dem Speichermedium können nach wie vor Daten abgelegt und abgerufen werden. Lediglich auf die gelöschten oder korrumpierten Daten kann nicht mehr zugegriffen werden. Die Eigentumsverletzung ist daher ausschließlich in der Löschung bzw. Zerstörung der Daten und damit in der physikalischen Veränderung des Datenträgers zu sehen.

[361] Zu Einzelheiten vergleiche die Ausführungen unter 2. Teil § 1C.II.3.b)(2).

Server des Arbeitgebers. Inwieweit neben den veränderten Kopien die Dokumente in ihrer ursprünglichen Form für den Internetbenutzer abrufbar bleiben, unterliegt der freien Entscheidung der Aktivisten[362]. Die angesprochenen Internetmaßnahmen zeichnen sich folglich nicht durch Datenverletzung oder Datenzerstörung aus, sondern als ungenehmigte Veröffentlichung bzw. inhaltliche Veränderung von elektronischen Dokumenten des Arbeitgebers. Damit erfüllen sie nicht den Tatbestand der Eigentumsverletzung.

(c) *Zwischenergebnis*

Damit kann festgehalten werden, dass Betriebsbesetzung und Blockademaßnahmen grundsätzlich in das Eigentum des Arbeitgebers im Sinne des § 823 Abs. 1 BGB eingreifen; der Internetstreik hingegen erfüllt den Tatbestand dieser Vorschrift nicht.

(2) *Haftungsbegrenzungen*

Einigkeit besteht nun aber dahingehend, dass es in Fällen des Eingriffs in die Nutzungsmöglichkeit einer Sache einer einschränkenden Handhabung der Haftung nach § 823 Abs. 1 BGB bedarf[363]. Andernfalls würde jeder Verkehrsunfall, der einen Arbeitnehmer davon abhält, pünktlich seinen Dienst anzutreten, einen Eingriff in das Eigentum des ihn beschäftigenden Arbeitgebers darstellen und damit Schadensersatzpflichten auslösen[364]. Jeder Arbeitnehmer sähe sich im Alltag insoweit unüberschaubaren Haftungsrisiken ausgesetzt. Bei aller Einigkeit über die Erforderlichkeit einer solchen Haftungsbeschränkung herrscht über ihre exakte inhaltliche Ausgestaltung erheblicher Streit.

(a) *Die Gebrauchsfunktion der Sache als Haftungsgrenze*

Der Bundesgerichtshof[365] und ihm folgend ein Teil der Lehre[366] stellt auf die konkrete Art des durch den Eingriff herbeigeführten Erfolges ab. Für die Fälle

---

[362] Sie können festlegen, ob die Internetbesucher durch Anklicken eines Hyperlinks zu den Originalseiten gelangen können oder ob ihnen der Zugang zu diesen Dokumenten verwehrt bleibt. So wurde es auch bei der GMD-First-Aktion gehandhabt.

[363] Vgl. insoweit die verschiedenen Lösungsansätze unter 3. Teil § 1C.II.3.b)(2).

[364] Dies natürlich nur, wenn dem Arbeitgeber der Nachweis gelingt, dass ihm aufgrund der fehlenden Arbeitskraft ein Schaden entstanden ist.

[365] BGH 21.12.1970, BGHZ 55, S. 153 (Fleetfall), BGH 21.6.1977, NJW 1977, S. 2264ff. (Tanklagerfall).

[366] MÖSCHEL, Jus 1977, S. 1, 4.; MÜNZBERG, Verhalten und Erfolg als Grundlage der Rechtswidrigkeit und Haftung, S. 38; ZEUNER, FS Flume, S. 775, 783; STAUDINGER/*SCHÄFER*, 12. Auflage, § 823 BGB, Rn. 55. Ebenso STAUDINGER/*HAGER*, § 823 BGB, Rn. B98; ähnlich BVerfG 1.3.1979, BVerfGE 50, S. 290, 339.

der Störung des Gebrauchs einer Sache sei entscheidend, ob - objektiv betrachtet - der Sache noch eine Verwendbarkeit zukomme.

In der Literatur wird diese Auffassung kritisch gesehen[367]. *MEDICUS* weist darauf hin, dass weder eine objektive noch eine subjektive Bestimmung des Gebrauchs alleine geeignet sind, die Haftung sinnvoll zu begrenzen. Objektiv betrachtet könne einer Sache immer irgendeine Benutzbarkeit zugeschrieben werden, weshalb in kaum einer Konstellation eine Haftung wegen Einschränkungen der Benutzbarkeit zu begründen wäre[368]. Der Ansatz des Bundesgerichtshofs würde demzufolge die Überlegung, den Schutz des Eigentums nach § 823 Abs. 1 BGB auf seine Nutzbarkeit zu erstrecken, umkehren[369]. Aber auch eine subjektive Bestimmung des Gebrauchs der Eigentumsposition helfe hier nicht weiter. Denn eine solche Betrachtung versetze den Eigentümer *de facto* in die Position, sich selber zum Geschädigten erklären zu können. Daher führe diese Art der Funktionsbestimmung zu einer unkontrollierbaren und unüberschaubaren Haftungserweiterung. Dies zeige deutlich, dass eine Haftungseinschränkung alleine am Maßstab der Funktion einer Sache nicht festgemacht werden könne[370].

Betriebsblockade und Betriebsbesetzung schränken die Nutzbarkeit der Betriebsmittel und des Geländes ein. Objektiv betrachtet lassen sich für die Produktionsmittel weiterhin Gebrauchsmöglichkeiten entwickeln. So kann das Betriebsgelände beispielsweise als Lagerstätte für Produkte und zu verarbeitende Stoffe genutzt werden. Nach der vom Bundesgerichtshof im Fleet[371]- und Tanklagerfall[372] vertretenen Ansicht würden die Kampfmaßnahmen mithin unter Anwendung der Haftungsbegrenzung nicht als Eigentumsverletzung eingestuft werden können.

---

[367] MEDICUS, SchuldR II, Rn. 795ff.; *DERS.* BürgR, Rn. 611ff.; MÜLLER-GRAF, Anm. zum Urteil des BGH v. 15.11.1982, JZ 1983, S. 860, 862; SCHWITANSKI, Unternehmensschutz und Arbeitskampfrecht, S. 332; RAISER, Festschrift Baur, S. 105, 112; WESCH, S. 92ff.

[368] MEDICUS, SchuldR II, Rn. 795ff.; *DERS.* BürgR, Rn. 611ff: Der Bundesgerichtshof im Fleetfall überspringe seine eigens aufgestellte Hürde nur dadurch, dass er die an sich noch bestehende Verwendungsmöglichkeit des Lagerns und Abladens an dem dafür vorgesehenen Platze einfach übergehe.

[369] So schon MÜLLER-GRAF, Anm. zum Urteil des BGH v. 15.11.1982, JZ 1983, S. 860, 862 und SCHWITANSKI, Unternehmensschutz und Arbeitskampfrecht, S. 332; RAISER, Festschrift Baur, S. 105, 112.

[370] MEDICUS, SchuldR II, Rn. 795ff.; *DERS.* BürgR, Rn. 611ff.

[371] BGH 21.12.1970, BGHZ 55, S. 153 (Fleetfall).

[372] BGH 21.6.1977, NJW 1977, S. 2264ff. (Tanklagerfall).

(b) *Sachsubstanz- und Gebrauchsausfallschaden als Haftungsmaßstab*

In den „Stromkabelfällen" zog der Bundesgerichtshof ein weiteres Kriterium für die Beschränkung der Haftung heran. Das Gericht erklärte, dass zwar bei „Einrichtungen von weittragender Bedeutung nicht nur der Schutz der Substanz, sondern auch die Wahrung ihrer Funktion vom Eigentumsschutz umfasst" sei[373]. Eine Haftung gemäß § 823 Abs. 1 BGB werde aber nur ausgelöst, soweit der Gebrauchsentzug zu *weiteren* Substanzverletzungen führe. Der alleinige Gebrauchsausfallschaden würde als reiner Vermögensschaden nicht ersetzt. Der Bundesgerichtshof erklärte in seiner Entscheidung leider nicht, woraus sich diese Maßgaben ergeben.

Auch diese Rechtsprechung wurde in der Literatur heftig kritisiert[374]: Es sei mitunter kaum unterscheidbar, ob der Produktionsausfall auf einem dazwischengetretenen Sachschaden beruhe oder nicht. Zudem sei nicht nachvollziehbar, weshalb ein durch den Produktionsausfall entstandener Schaden nicht ersetzbar sei. § 823 Abs. 1 BGB spreche doch nur davon, dass aufgrund der Rechtsgutsverletzung ein Schaden entstanden sein müsse[375].

Betriebsbesetzung und Betriebsblockade behindern alleine die Fortführung der Produktion. Zu Substanzverletzungen an den Maschinen oder zu verarbeitenden Materialien kommt es dabei nicht[376]. Die beim Arbeitgeber verursachten Schäden sind alleine auf den Entzug des Personals und den Stillstand der Produktion zurückzuführen. Also auch bei Zugrundelegung der vom Bundesgerichtshof in den Stromkabelfällen aufgestellten Haftungskriterien könnten Betriebsbesetzung und Blockade nicht als Eingriff in das Eigentum im Sinne des § 823 Abs. 1 BGB angesehen werden.

(c) *Die Art der Einwirkung als Einschränkungsmaßstab*

Aufgrund des großen Widerspruchs gegen die vom Bundesgerichtshof aufgestellten Kriterien wurden in der Literatur eigene Lösungsansätze entwickelt. Ein

---

373 BGH 9.12.1958, BGHZ 29, S. 65, 69ff.; BGH 4.2.1964, BGHZ 41, S. 123ff. (Stromkabelfälle).

374 FRAENKEL, S. 148ff.; GLÜCKERT, AcP 166, S. 311f.; HAGER, JZ 1979, S. 53, 54; LÖWISCH/MEIER-RUDOLPH, Jus 1982, S. 237, 243.

375 NEUMANN-DUESBERG, NJW 1968, S. 1991f.; GLÜCKERT, AcP 166, S. 311; HAGER, JZ 1979, S. 53, 54.

376 Natürlich müssen im Falle der Besetzung und Blockade die laufenden Produktionsprozesse derart eingestellt werden, dass es zu keiner Substanzverletzung an den Maschinen und Produkten kommt. Ist eine Stillegung insoweit nicht möglich, sind diese Produktionen mit Hilfe von Erhaltungsarbeiten durch Notdienste aufrecht zu erhalten; vgl. zur Notwendigkeit solcher Erhaltungsarbeiten BAG 31.1.1995, EzA Art. 9 GG Arbeitskampf Nr. 119.

Teil der Lehre[377] sieht eine Haftung nur begründet, wenn eine „physische, zumindest mittelbar gegen die Sache gerichteten Einwirkung" erfolge. Diese müsse dann kausal für die *konkrete* Rechtsgutsverletzung sein.

Besetzungen und Blockaden im Arbeitskampf richten sich unmittelbar gegen die Verwendung der Produktionsmittel durch den Arbeitgeber und die Arbeitswilligen. Die erfolgreiche Blockade wird dabei kausal für die durch den Produktions- und Auslieferungsstop eingetretenen Schäden. Demnach wäre nach dieser Ansicht der Tatbestand des § 823 Abs. 1 BGB im Hinblick auf das Eigentum des Arbeitgeber weiterhin erfüllt.

(d) *Zielgerichtetheit des Angriffs als Haftungseinschränkung*

*SCHWITANSKI*[378] sieht die Haftung auf zielgerichtete Eingriffe beschränkt. Seinen Erwägungen ähnelt der Ansatz *ZEUNERS*[379], der besonders gefahrgeneigte Verhaltensweisen aus der Haftung herausnimmt. Nach seiner Ansicht soll in Risikobereichen nur eine Haftung für vorsätzlich herbeigeführte Nutzungsausfälle eingreifen. „Typische Verkehrsrisiken" sollen demgegenüber eine Haftung nicht auslösen können[380].

Ähnlich wie *SCHWITANSKI* setzt auch *MERTENS*[381] an. Nach seiner Ansicht sei entscheidend, ob *unmittelbar* auf die Sach-Umwelt-Relation eingewirkt werde und ob in der weiteren Folge der Gebrauch der Sache für einen derart erheblichen Zeitraum aufgehoben oder gestört werde, dass ihr Marktwert nachteilig beeinflusst werde.

Auch nach diesen Ansichten wäre die Besetzung und auch die Blockade des Betriebes im Arbeitskampf als Eingriff in das Eigentum des Arbeitgebers zu werten. Die Arbeitnehmer besetzen oder blockieren den Betrieb vorsätzlich mit dem Ziel, die Produktion zu stoppen. Auch die von *MERTENS* geforderte Folge wäre erfüllt. Zwar dürfte damit ein Marktwertverlust nicht an den Maschinen, dafür aber am Grundstück des Arbeitgebers verbunden sein. Es könnte nämlich allenfalls noch als Lagerstätte, nicht mehr hingegen als Produktionsstätte genutzt werden. Des Weiteren kommt ein Verlust des Marktwerts der erstellten, aber aufgrund der Blockade nicht mehr abtransportierbaren Produkte in Betracht. Zu

---

[377] STAUDINGER/*SCHÄFER*, 12. Auflage, § 823 BGB, Rn. 50; CANARIS, FS Larenz, S. 27, 32, Fn. 13, anknüpfend an den vom BGH zu entscheidenden „Fleetfall", BGH 21.12.1970, NJW 1971, S. 886ff.

[378] SCHWITANSKI, Unternehmensschutz und Arbeitskampfrecht, S. 365ff.

[379] ZEUNER, FS Flume, S. 775, 786.

[380] SOERGEL/*ZEUNER*, § 823 BGB; Rn. 33.

[381] MÜKO/*MERTENS*, § 823 BGB, Rn. 113.

denken ist z.B. an die produzierte Tageszeitung, der spätestens nach einem Tag Lagerung nur noch der Wert von recycelbarem Altpapier zukommt.

(e) *Verletzungen der Freiheit der Sachsphäre Erstgeschädigter*

Ganz anders setzt *WESCH*[382] zur Konkretisierung eines Haftungskriteriums an. Aufbauend auf Erwägungen *PICKERS*[383], beschränkt er die Haftung bei Gebrauchsentzug auf Verletzungen der „Freiheit der Sachsphäre", die ihrerseits nicht von einer Rechtsverletzung oder Gebrauchsbeeinträchtigung Erstgeschädigter vermittelt werden". Danach entfiele eine Haftung in dem vom Bundesgerichtshof entschiedenen Fleetfall[384] sowie in den Stromkabelfällen[385], da dem Schadensersatz wegen Nutzungshinderungen die unmittelbare Rechtsgutverletzungen Dritter vorausgegangen seien.

Träfe seine Auffassung zu, müsste in den Besetzungen und Blockaden von Betrieben eine Eigentumsverletzung wegen Nutzungsentzug gesehen werden, da gegenüber den betroffenen Arbeitnehmern einerseits kein Schadensersatzanspruch aus § 823 Abs. 1 BGB besteht[386], andererseits durch die Blockade dem Arbeitgeber Produktionsausfallschäden entstehen.

(3) *Stellungnahme*

(a) *Haftungsbegrenzung*

Die Notwendigkeit einer Haftungsbegrenzung für Fälle der Beschränkung der Benutzbarkeit einer Sache ist unbestritten. Die zur Ausgestaltung dieses Kriteriums bislang erarbeiteten Ansätze überzeugen indes nicht.

Die vom Bundesgerichtshof im Fleetfall herangezogene objektive Betrachtung überzeugt ebenso wenig wie sein Haftungskriterium in den Stromkabelfällen. Diesbezüglich kann umfänglich auf die bereits vorgestellte Argumentation im Schrifttum verwiesen werden[387].

Auch ein Abstellen auf mittelbare Schädigungen, wie sie ein Teil der Lehre befürwortet[388], erfüllt die an die Haftungseinschränkung gestellten Anforderungen

---

[382] WESCH, Betriebsbesetzung, S. 119.

[383] PICKER, AcP 183, S. 369ff.; *DERS.*, JZ 1987, S. 1041, 1053; ähnlich auch LARENZ/CANARIS, SchuldR II 2, § 76 II 3c, S. 388f.

[384] BGH 21.12.1970, BGHZ 55, S. 153 (Fleetfall).

[385] BGH 9.12.1958, BGHZ 29, S. 65, 69ff.; BGH 4.2.1964, BGHZ 41, S. 123ff. (Stromkabelfälle).

[386] Vgl. 3. Teil § 1C.II.3.a) bzgl. des Nichtvorliegens einer Verletzung ihres Freiheitsrechts.

[387] Vgl. oben unter 3. Teil § 1C.II.3.b)(2)(a).

[388] vgl soeben unter (b).

nicht. Durch die Aufnahme mittelbarer Rechtsgutverletzungen wird der Haftungsumfang nicht verkürzt, sondern sogar erweitert[389].

Auch der Ansatz von *SCHWITANSKI* weist wesentliche Schwächen auf. Er lässt sich insbesondere weder mit dem Wortlaut des § 823 Abs. 1 BGB noch mit den Wertungen des Besitzrechts in Einklang bringen. Gemäß § 823 Abs. 1 BGB hat der Handelnde für Vorsatz *und* Fahrlässigkeit einzustehen. Es ist nicht nachvollziehbar, weshalb der Eigentümer, dem der Gebrauch seiner Sache nicht mehr möglich ist, nur vom vorsätzlichen Verursacher Schadensersatz verlangen können soll. Denn er erfährt die gleichen Einbußen, wenn der Verursachende fahrlässig handelt. Dies spricht zumindest gegen einen generellen Ausschluss der Haftung fahrlässig Handelnder.

Dieses Argument ist auch dem Ansatz *ZEUNERS* entgegenzuhalten. Gegen dessen Sichtweise spricht zudem, dass sie zu einer unüberschaubaren Kasuistik führt[390], da für jeden Einzelfall geprüft werden muss, ob die Verhaltensweise einem haftungseinschränkenden Risikobereich zugeordnet werden kann.

Auch den Überlegungen von *MERTENS* stehen grundlegende systematische Bedenken entgegen. Folgt man dieser Ansicht, werden - wie auch bei den anderen Begründungsansätzen dieser Kategorie - zur Haftungsbegründung Maßstäbe herangezogen, welche ausschließlich für die Ermittlung des zu ersetzenden Schadensumfangs konzipiert sind[391].

Abschliessend bleibt der Ansatz *WESCHS* zu analysieren. Sein Ansatz überzeugt in erster Linie durch die Aufnahme eines an den Freiheitsbegriff nach § 823 Abs. 1 BGB angelehnten Kriteriums. Daraus folgt, dass eine Rechtsgutverletzung erst bei vollständiger Beschränkung des Rechtsgutes angenommen werden kann. Auf diese Weise gelingt ihm eine Einschränkung trotz subjektiver Bestimmung des Gebrauchs[392]. Eine Haftung aus unerlaubter Handlung setzt danach voraus, dass der Eigentümer die Sache in *keiner* von ihm vorgesehenen Art und Weise verwenden kann. Besteht andererseits noch irgendeine Möglichkeit des (subjektiv zu bestimmenden) Gebrauchs der Sache, entfällt eine Haftung.

---

[389] FRAENKEL, S. 128f.; MÖSCHEL, JuS 1977, S. 1, 4; SCHWITANSKI, Unternehmensschutz und Arbeitskampfrecht, S. 212; TAUPITZ, Haftung für Energieleiterstörungen durch Dritte, S. 123; WESCH, Betriebsbesetzung, S. 90.

[390] Ebenso WESCH, Betriebsbesetzung, S. 100.

[391] So auch MÜLLER-GRAF, JZ 1983, S. 860, 862; SCHWITANSKI, Unternehmensschutz und Arbeitskampfrecht, S. 339, Fn. 112; WESCH, Betriebsbesetzung, S. 97.

[392] Unter 3. Teil § 1C.II.3.b)(2)(a) wurde bereits dargelegt, dass es einer subjektiven Bestimmung bedarf, wobei eine Einschränkung notwendig bleibt.

Die Überlegungen *WESCHS* weisen jedoch eine wesentliche Schwäche auf. Nach seinem Ansatz kann Ersatzfähigkeit beim erstverletzten Rechtsgutinhaber angenommen werden, nicht aber bei weiteren, deren Recht als mittelbare Folge der Erstverletzung geschädigt wird[393]. Das Abstellen auf den Erstgeschädigten führt bei näherem Hinsehen zu dem mehr als widersprüchlichen Ergebnis, dass ein Mehr an Eingriff zu einem Weniger an Haftung führt.

Dies verdeutlicht in besonderer Weise der Fall der Betriebsblockade im Arbeitskampf: Werden Arbeitnehmer von Streikenden am Zugang zum Betrieb durch Versperren des Weges gehindert, haften die Blockierenden in Ermangelung einer Rechtsgutverletzung bei den betroffenen Arbeitnehmern wegen Eigentumsverletzung des Arbeitgebers nach § 823 Abs. 1 BGB. Eine Haftung greift aber demgegenüber nicht ein, wenn die Arbeitnehmer zur Aufrechterhaltung der Blockade Arbeitswillige an eigenen Rechten verletzen, sie beispielsweise niederschlagen. In diesem Falle würde sich die Verletzung des Arbeitgebers aufgrund der vorhergegangenen Rechtsgutverletzung der Arbeitnehmer lediglich als mittelbare „Zweitverletzungen" darstellen, so dass dem Ansatz von *WESCH* folgend eine Haftung gegenüber dem Arbeitgeber ausscheiden müsste. Die Schaffung eines Haftungssystems, das bei intensiveren Eingriffen in die Rechtsgüter Dritter zu einer insgesamt verringerten Haftung führt, ist aber kaum vertretbar. Aus diesem Grund kann dem Lösungsvorschlag von *WESCH* ebenso wenig gefolgt werden.

Es stellt sich daher die Frage, ob sich andere Kriterien finden lassen, welche an die Stelle der bisher entwickelten Kriterien treten und das Haftungssystem durch sinnvolle Haftungsbeschränkung nach Maßgabe einer Verletzung der Freiheit der Sachsphäre komplettieren.

Zunächst ist eine differenzierte Handhabung bei fahrlässigem und vorsätzlichem Handeln erforderlich. Wird die Rechtsgutverletzung durch eine gegenüber einem Dritten vorgenommene Handlung vermittelt, so vermag dieser Umstand eine Haftung nicht auszuschließen, wenn die Herbeiführung dieser Rechtsgutverletzung vom Vorsatz des Handelnden mitumfasst war. Denn es kann für seine Haftung nicht entscheidend sein, welches Mittel der Handelnde einsetzt, um die angestrebte Rechtsgutverletzung herbeizuführen. Wesentlich ist vielmehr, dass er ein Mittel eingesetzt hat, um den Erfolg bei einem Dritten auszulösen.

Soweit es um Fälle fahrlässiger, mittelbarer Verletzung von Rechtsgütern geht, ist eine Einschränkung notwendig, keinesfalls aber ein gänzlicher Haftungsausschluss, wie *SCHWITANSKI* ihn konstruiert. Dazu ist auf das Kriterium der Erkennbarkeit der eingetretenen Rechtsverletzung und auf den Grundsatz vom

393 Vgl. dazu BAG 22.12.1980, AP Art. 9 GG Arbeitskampf Nr. 70.

Schutzzweckzusammenhang zurückzugreifen[394]. Mit Hilfe dieser Instrumente lassen sich die verschiedenen Einzelfälle vertretbar lösen:

Die Verhinderung eines Arbeitnehmers an der Wahrnehmung seiner arbeitsvertraglichen Pflichten durch fahrlässige Verursachung eines Unfalls im Straßenverkehr kann bereits unter dem Gesichtspunkt der Erkennbarkeit dieser konkreten Folge verneint werden. Auch Schutzzwecküberlegungen stehen einer solchen Haftung entgegen, dienen die Pflichten im Straßenverkehr doch dem Schutz von Leib, Leben und Sacheigentum der Verkehrsteilnehmer, nicht aber der Verhinderung vorübergehender Verwendungszweckstörungen bei Dritten[395].

(b) *Betriebsbesetzung und Betriebsblockade als Eingriff in das Eigentum*

Durch Blockieren und Besetzen betrieblicher Räumlichkeiten werden die Arbeitswilligen mit dem Ziel von der Erfüllung ihrer Arbeitspflicht abgehalten, eine Weiterproduktion zu unterbinden. Eine solche aktive Produktionsbehinderung hindert den Arbeitgeber[396] damit zielgerichtet am bestimmungsgemäßen Gebrauch seines Grundstücks bzw. seiner Betriebsmittel. Nach der vorliegend vertretenen Auffassung macht es für die deliktsrechtliche Haftung keinen Unterschied, ob die Betriebsmittel nicht eingesetzt werden können, weil die Arbeitswilligen von der Arbeit vorsätzlich abgehalten werden oder ob durch Beschädigungen der Betriebsmittel der Betrieb für einen bestimmten Zeitraum lahm gelegt wird.

Unter Zugrundelegung dieses Verständnisses des Haftungsbegrenzungskriteriums führen Betriebsblockaden und Betriebsbesetzungen zu relevanten Verletzungen des Arbeitgebereigentums, so dass sie tatbestandsmäßig die Schadensersatzverpflichtung des § 823 Abs. 1 BGB zugunsten des betroffenen Arbeitgebers auslösen.

(4) *Sonderfall: Eigentum an den betroffenen Rechtsgütern liegt nicht beim Arbeitgeber*

Fraglich ist, inwiefern es sich unter Anwendung der gefundenen Haftungsbeschränkung auf das Vorliegen einer Eigentumsverletzung i.S. des § 823 Abs. 1 BGB auswirkt, wenn das Eigentum an den Betriebsmitteln nicht beim Arbeitge-

---

394 Ähnlich LARENZ/CANARIS, SchR II 2, § 76 II 3c, S. 390.

395 Auf diese Weise lassen sich auch der berühmte Fleetfall (BGH 21.12.1970, BGHZ 55, S. 153), der Tanklagerfall (BGH 21.6.1977, NJW 1977, 2264ff.) und der Stromkabelfall (BGH 9.12.1958, BGHZ 29, S. 65ff.) einer dogmatisch überzeugende Lösung zuführen.

396 Es wird an dieser Stelle davon ausgegangen, dass der Arbeitgeber Eigentümer ist. Zu der Frage, wie es sich auswirkt, wenn das Eigentum am Betriebsgrundstück oder den Betriebsmitteln nicht beim Arbeitgeber liegt vgl. 3. Teil § 1C.II.3.b)(4).

ber liegt, er etwa Pächter des Grundstücks ist, Maschinen geleast hat oder hinsichtlich der zu verarbeitenden Stoffe für Dritte tätig wird.

Im Grunde genommen müsste für diese Fallvariante das Deliktsrecht den Unternehmer rechtlos stellen, da es insoweit an einer Verletzung absoluter Rechtsgüter des Arbeitgebers fehlt. Beim Eigentümer selber wird es indes an einer Rechtsgutverletzung mangeln, denn sein Eigentumsgebrauch liegt in der Vermietung bzw. Verpachtung und wird daher nicht beeinträchtigt. Jedenfalls ist bei ihm ein Schaden nicht festzustellen. Im Ergebnis würde es dem Schädiger, vorliegend den Betriebsbesetzern oder Blockierern, zum Vorteil gereichen, wenn der Unternehmer nicht Eigentümer der Betriebsmittel ist.

Dieses Ergebnis ist wenig befriedigend. Die insoweit bestehende Lücke im Schutzsystem des § 823 Abs. 1 BGB möchte *WESCH*[397] durch eine analoge Anwendung der Grundsätze der Drittschadensliquidation schließen. Eine solche Übertragung dieser Grundsätze auf die vorliegende Konstellation sieht sich jedoch erheblichen Bedenken ausgesetzt. Entgegen der von *WESCH* vertretenen Ansicht liegen die Voraussetzungen einer Drittschadensliquidation bereits nicht vor.

Zwar hat der Arbeitgeber sowohl einen Schaden als auch mangels Rechtsgutverletzung keinen Anspruch gegen die Schädiger. Auch erleidet der Eigentümer als Rechtsgutinhaber keinen Schaden. Anders als es den Voraussetzungen der Drittschadensliquidation entspräche, wird aber nicht in seine Rechtssphäre eingegriffen, denn er wird in seinem bestimmungsgemäßen Gebrauch des Eigentums

---

397 Wesch versucht unter Hinweis auf die besonderen vertraglichen Zusammenhänge mit den Regelungsmechanismen der „Drittschadensliquidation" die nach seiner Auffassung bestehende Lücke im Rechtsschutz zu schließen (WESCH, Betriebsbesetzung, S. 120f.). Dieser Ansatz wurde auch bereits von den Verfassern des Bürgerlichen Gesetzbuches diskutiert, Motive, Band II, S. 748, schließlich aber verworfen. Dies dürfte wohl zu recht erfolgt sein, da die vorliegende Grundkonstellation erheblich von der Fallgestaltung der Drittschadensliquidation abweicht. Da beim bloßen Gebrauchentzug gegenüber dem Unternehmer Rechte des Eigentümers überhaupt nicht verletzt werden, erleidet letzterer weder Rechtsgutsverletzung noch Schaden, wohingegen der Unternehmer zwar geschädigt, aber aufgrund der fehlenden Eigentümerstellung nicht an seinem Rechtsgut verletzt ist. Auch der Hinweis darauf, die Gläubigerzahl werde bei Anerkennung der Ersatzfähigkeit eines Gebrauchsausfallschadens des Vertragspartners des Eigentümers nicht erhöht, da der Schaden nur einmal geltend gemacht werden könne, trifft nicht zu. Genau genommen ist eine Gebrauchsentziehung gegenüber dem Eigentümer gar nicht möglich und ein Schaden besteht seinerseits ebenfalls nicht, so dass dem „Schädiger" kein Gläubiger gegenüberstünde. Durch die Übertragung der Liquidationsgrundsätze aus dem Vertragsrecht auf das Deliktsrechts erhöht sich entgegen der Ansicht WESCHS die Gläubigeranzahl folglich sehr wohl, so dass eine vergleichbare Sach- und Interessenslage gerade nicht gegeben ist, womit eine Übertragung der Grundsätze auf die vorliegende Konstellation ausgeschlossen sein dürfte.

(Vermietung, Verpachtung, Verarbeitung) in keiner Weise beeinträchtigt. Er hätte mithin überhaupt keinen Anspruch gegen die Handelnden. Eine Lösung der aufgezeigten Problematik durch eine Anwendung der Grundsätze der Drittschadensliquidation ist daher wenig überzeugend.

Vielmehr ist die bestehende Lücke durch das von der Rechtssprechung anerkannte[398], aber gegenüber dem Eigentumsschutz subsidiäre Recht am eingerichteten und ausgeübten Gewerbebetrieb auszufüllen. Danach wird eine Haftung ausgelöst, wenn eine Handlung ausnahmsweise nicht in das Eigentum wohl aber in die Sphäre des Unternehmens eingreift. Auf diese Weise und nicht mit einer Analogie zum vertragrechtlichen Instrument der Drittschadensliquidation ist das Auseinanderfallen von Eigentum an Betriebmitteln und Unternehmensträgerschaft zu lösen. Entscheidend für eine Haftung der Betriebsblockierer und Betriebsbesetzer gegenüber dem Unternehmer bleibt damit die Frage nach einem Eingriff in das Unternehmen nach § 823 Abs. 1 BGB.

### c) Eingriff in den eingerichteten und ausgeübten Gewerbebetrieb

#### (1) *Betriebsbesetzung und Betriebsblockade*

Wird während eines Arbeitskampfes arbeitswilligen Arbeitnehmern, Lieferanten oder Kunden der Zugang zum Betrieb oder Betriebsgelände verweigert mit dem Ziel, eine Weiterproduktion oder das Absetzen der Erzeugnisse zu verhindern, so stellt dies nahezu unstreitig einen Eingriff in den eingerichteten und ausgeübten Gewerbebetrieb nach § 823 Abs. 1 BGB dar[399].

---

[398] BGH 26.10.1951, BGHZ 3, S. 270, 278; BGH 28.11.1952, BGHZ 8, S. 142, 144; BGH 10.5.1957, BGHZ 24, S. 200, 205; BGH 9.12.1958, BGHZ 29, S. 65, 67; BGH 5.11.1962, BGHZ 38, S. 200, 202; BGH 21.6.1966, BGHZ 45, S. 296, 306; BGH 30.5.1972, BGHZ 59, S. 30, 34; BGH 11.12.1973, BGHZ 62, S. 29 – Leitsatz; BGH 9.12.1975, BGHZ 65, S. 325, 328; BGH 16.6.1977, BGHZ 69, 128, 138. Zuvor schon RG 27.2.2004, RGZ 58, S. 24, 29; RG 13.2.1911, RGZ 76, S. 35, 45. Die vereinzelt auftretende Ablehnung des eingerichteten und ausgeübten Gewerbebetriebs als geschütztes Rechtsgut kann in Anbetracht der ständigen Rechtsprechung und ganz herrschenden Literatur, vgl dazu nur MüKo/*Mertens*, § 823 BGB, Rn. 481ff. mit umfangreichen Nachweisen, mittlerweile als überwunden angesehen werden.

[399] BAG 8.11.1988, AP Art. 9 GG Arbeitskampf Nr. 111; BAG 21.6.1988, AP Art. 9 GG Arbeitskampf Nr. 109; BAG 21.6.1988, AP Art 9. GG Arbeitskampf Nr. 108; LAG Köln 2.7.1984, EzA Art. 9 Arbeitskampf Nr. 53 und LAG Schleswig-Holstein 25.6.1986, LAGE Art. 9 GG Arbeitskampf Nr. 29; LAG Hamm 16.6.1981, AR-Blattei (D), Arbeitskampf Nr. 20; v.Bar, Anm. zum Urteil des BAG v. 8.11.1988 - 1 AZR 417/86, AP Art. 9 GG Arbeitskampf Nr. 111; Berghaus, Rechtsprobleme der Betriebsbesetzung und Betriebsblockade, S. 173; Derleder, BB 1987, S. 818, 823f.; Hanau, FAZ 3.1.1987, S. 13; Kämereit, Pressefreiheit und Arbeitskampfrecht, S. 179; Käppler, JuS 1990, S. 618, 619; Kissel, Arbeitskampfrecht, § 61 Rn. 61 und 104 *ders.*, NZA 1989, S. 81, 86; Konzen, Anm. zum Urteil

Der Bundesgerichtshof[400] geht jedoch von der Subsidiarität der Rechtsverletzung des Gewerbebetriebs gegenüber Eigentumsverletzungen aus. Die Anerkennung des eingerichteten und ausgeübten Gewerbebetriebes als Rechtsgut im Sinne des § 823 Abs. 1 BGB diene alleine der Schließung einer Lücke im gewerblichen Rechtsschutz. Die Verletzung des Rechts am Gewerbebetrieb müsse daher zurücktreten, soweit durch die schädigende Handlung bereits in das Eigentum des Unternehmers eingegriffen werde. Ein Absehen von der Subsidiarität führe zu einer sachlich weder angemessenen noch durch das BGB gebotenen Bevorteilung gewerblichen Eigentums[401].

*LÖWISCH*[402] und *HENSSLER*[403] haben daher darauf hingewiesen, dass diese Subsidiarität des eingerichteten und ausgeübten Gewerbebetriebs von den Gerichten und der Lehre bei der Beurteilung von Betriebsbesetzung und Betriebsblockaden übersehen werde. Soweit sich die Arbeitskampfmaßnahmen als Verletzung des Eigentums darstellten, sei die Annahme eines Eingriffs in den eingerichteten und ausgeübten Gewerbebetriebs gesperrt. Soweit also die arbeitsgerichtliche Rechtsprechung[404] und der überwiegende Teil der Lehre[405] in allen Fällen der Be-

des BAG v. 21.6.1988, EzA Art. 9 GG Arbeitskampf Nr. 75; MÜLLER-RODEN, ZRP 1988, S 161, 163; G.MÜLLER, Tarifautonomie, S. 300; OLBRICHT, Die Betriebsbesetzung als Arbeitskampfmaßnahme, S. 37ff, 41; MünchArbR/*OTTO*, § 286 Rn. 60ff.; RONELLENFITSCH, BB 1987, Beilage Nr. 6, S. 1, 8; ROST, ArbRGew 31 (1994), S. 125, 131. Im Hinblick auf Eigentumsverletzungen einschränkend: HENSSLER, SAE 1989, S. 130; LÖWISCH/MEIER-RUDOLPH, JuS 1982, S. 237, 239; LÖWISCH/KRAUß, DB 1995, 1330.

[400] Allerdings hat der Bundesgerichtshof den Subsidiaritätsgrundsatz selber nicht immer konsequent beachtet, vgl. etwa: BGH 21.6.1966, BGHZ 45, S. 296, 307; BGH 21.12.1970, BGHZ 55, S. 153, 159; BAG 21.6.1988 - 1 AZR 651/86, AP Art. 9 GG Arbeitskampf Nr. 108.

[401] So auch MEDICUS, SchuldR II, Rn. 796 und Rn. 818ff.

[402] LÖWISCH, DB 1995, S. 1330.

[403] HENSSLER, SAE 1989, S. 130.

[404] BAG 8.11.1988, AP Art. 9 GG Arbeitskampf Nr. 111; BAG 21.6.1988, AP Art. 9 GG Arbeitskampf Nr. 109; BAG 21.6.1988, AP Art. 9 GG Arbeitskampf Nr. 108; LAG Köln 2.7.1984, EzA Art. 9 Arbeitskampf Nr. 53, S. 2095 und LAG Schleswig-Holstein 25.6.1986, LAGE Art. 9 GG Arbeitskampf, Nr. 29; LAG Hamm 16.6.1981, AR-Blattei (D), Arbeitskampf Nr. 20.

[405] V.BAR, Anm. zu BAG v. 8.11.1988 - 1 AZR 417/86, AP Art. 9 GG Arbeitskampf Nr. 111; BERGHAUS, Rechtsprobleme der Betriebsbesetzung und Betriebsblockade, S. 173; HANAU, FAZ, 3.1.1987, S.13; KÄMEREIT, Pressefreiheit und Arbeitskampfrecht, S. 179; KÄPPLER, JuS 1990, S. 618, 619; KISSEL, NZA 1989, S. 81, 86; KONZEN, Anm. zum Urteil des BAG v 21.6.1988, EzA Art. 9 GG Arbeitskampf Nr. 75; MÜLLER-RODEN, ZRP 1988, S. 161, 163; G. MÜLLER, Tarifautonomie, S. 300; OLBRICHT, Die Betriebsbesetzung als Arbeitskampfmaßnahme, S. 37ff, 41; MünchArbR/*OTTO*, § 286 Rn. 60; RONELLENFITSCH, BB 1987, Beilage Nr. 6, S. 1, 8; Rost, ArbRGew 31 (1994), S. 125, 131.

triebsbesetzung und Betriebsblockade auf einen Eingriff in den eingerichteten und ausgeübten Gewerbebetrieb abstellten, sei dies fehlerhaft. Soweit ein Eingriff in das Eigentum des Arbeitgebers bejaht werden müsse, trete der Eingriff in den eingerichteten und ausgeübten Gewerbebetrieb dahinter zurück. Dementsprechend sei dem klagenden Arbeitgeber anzuraten, einen Eingriff in sein Unternehmen nur *hilfsweise* neben der Rechtsgutsverletzung am Eigentum geltend zu machen[406].

Diese Argumentation überzeugt. Da das Recht am eingerichteten und ausgeübten Gewerbebetrieb zur Schließung von Rechtsschutzlücken entwickelt wurde, bedarf es seiner nicht, wenn dem Interesse des Betroffenen bereits durch den Eigentumsschutz aus § 823 Abs. 1 BGB ausreichend Rechnung getragen ist. Wie zuvor festgestellt, stellen Betriebsbesetzung und Betriebsblockade Eingriffe in das Eigentum an Betriebsmitteln und Betriebsgrundstück des Arbeitgebers dar. Demgemäß kommt damit ein Eingriff in das Recht am eingerichteten und ausgeübten Gewerbebetriebs nicht mehr in Betracht.

Eigenständige Bedeutung kommt dem Recht am eingerichteten und ausgeübten Gewerbebetrieb hingegen in den auf Seite 109 unter b)(4) genannten Fällen zu, in denen der Unternehmer nicht Eigentümer der Betriebsmittel ist. Denn in dieser Konstellation fehlt es an einer Eigentumsverletzung, so dass die originäre Schutzfunktion – Schließung von Haftungslücken im gewerblichen Bereich – wieder auflebt. Liegt das Eigentum am Betriebsgrundstück und an Betriebsmitteln nicht beim Arbeitgeber, so erfüllen die Betriebsbesetzung und Blockade den Tatbestand des Eingriffs in das Recht am eingerichteten und ausgeübten Gewerbebetrieb.

#### (2) *Internetstreik*

Durch die entgegen den Arbeitgeberweisungen vorgenommene Gestaltung oder Veränderung von Internetinhalten wird dem Unternehmer die Möglichkeit genommen, seine Waren und Produkte in der beabsichtigten Art und Weise im Internet anzubieten.

Wird, wie es von den Internetaktivisten im Rahmen der Demonstration gegen die Lufthansa praktiziert wurde[407], durch Einsatz von Hilfsmitteln eine Überlastung des Internetservers herbeigeführt, hat dies zur Folge, dass Dritte die vom Gewerbetreibenden angebotene Dienstleistung nicht abrufen oder nutzen können. Diese Vorgehensweise ist vergleichbar mit der Blockade eines Betriebes[408].

---

406 LÖWISCH, DB 1995, S. 1330; ebenso bereits HENSSLER, SAE 1989, S. 130.
407 Vergleiche die Erläuterungen und Nachweise unter 2. Teil § 1C.II.3.b).
408 Vgl. dazu 2. Teil § 1C.II.3.

Hier wie dort wird durch die Abschottung des Unternehmens versucht, Kundenkontakte und das Absetzen von Waren zu verhindern. Mithin sind die Vorgehensweisen unmittelbar und bewusst auf die Störung der unternehmerischen Tätigkeit gerichtet.

Im Ergebnis sind also beide Formen der Internetstreiks als betriebsbezogener Eingriff in den eingerichteten und ausgeübten Gewerbebetrieb im Sinne des § 823 Abs. 1 BGB einzustufen. Dieser Eingriff tritt auch nicht im Wege der Subsidiarität zurück[409], da die Internetaktionen nicht zu Eigentumsverletzungen im Sinne des § 823 Abs. 1 BGB führen[410]. Durch die Veränderung von Internetinhalten bzw. der Zugriffsverhinderung auf das Internetangebot[411] können dem Arbeitgeber erhebliche Schäden entstehen. Demgemäß erfüllt der Internetstreik den Tatbestand des § 823 Abs. 1 BGB.

d) Eingriff in das Recht am eigenen Datenbestand durch den Internetstreik

Die Internetaktionen könnten weitere „sonstige Rechte" des Arbeitgebers i.S. des § 823 Abs. 1 BGB verletzen. Zu denken ist an ein Recht am eigenen Datenbestand.

Teilweise wird im Schrifttum die Anerkennung eines solchen Rechts im Rahmen des § 823 BGB befürwortet[412]. Für eine solch privilegierende Behandlung des Datenbestandes spricht der stetig steigende wirtschaftliche Wert von Informationen und Daten in unserer Gesellschaft. Die Entscheidung des Bundesverfassungsgerichtes zur Anerkennung eines Rechts auf informationelle Selbstbestimmung[413] und die Anerkennung des EDV-Datenbestandes als selbständiges vermögenswertes Gut durch den Bundesgerichtshof[414] weisen ebenso in diese Richtung.

Für eine Integration in § 823 Abs. 1 BGB spricht des Weiteren, dass auch bei der Verletzung anderer immaterialrechtlicher Güter, namentlich der Urheber-, Patent-, Geschmacksmusterrechte, die deliktsrechtliche Vorschrift als Auffangtatbestand herangezogen wird. Der Schutz dieser Rechte ist zwar in Sondervorschriften geregelt worden, aber soweit die einschlägigen Vorschriften die Anwendung des § 823 Abs. 1 BGB nicht explizit ausschließen, kann auch für diese

---

[409] Vgl. dazu bereits unter 3. Teil § 1C.II.3.c).

[410] 3. Teil § 1C.II.3.b)(1)(b).

[411] Siehe 2. Teil § 1C.II.3.

[412] Für eine Anerkennung eines solchen sonstigen Rechts unter Hinweis auf die fortschreitende Wichtigkeit elektronischer Daten: MEIER/WEHLAU, NJW 1998, S. 1585, 1588.

[413] BVerfG 15.12. 1983, BVerfGE 65, S. 1, 41.

[414] BGH 2.7.1996, NJW 1996, S. 2924, 2925.

Immaterialgüter auf die Regelung[415] zur unerlaubten Handlung ergänzend zurückgegriffen werden[416]. Eine Anerkennung dieser Rechtsgüter als sonstige Rechte i.S. des § 823 Abs. 1 BGB ist unter den vorgetragenen Aspekten nicht nur wünschenswert, sondern auch denkbar.

Es muss aber auch festgestellt werden, dass die Rechtsprechung bislang den eigenen Datenbestand nicht als sonstiges Recht i.S. des § 823 Abs. 1 BGB anerkannt hat. Ebenso wenig existiert derzeit ein den Vorschriften des Urheber- oder Patentgesetz entsprechendes Regelungswerk für elektronische Datenbestände. Es muss zur Zeit hingenommen werden, dass die Internet-Arbeitskampfmaßnahmen *de lege lata* nicht auch wegen Verletzung des Rechts am eigenen Datenbestandes unter den Tatbestand des § 823 Abs. 1 BGB fallen.

#### 4. Verletzung urheberrechtlicher Normen beim Internetstreik

Wie schon im Rahmen der deliktsrechtlichen Erörterung angeklungen ist, kommt hinsichtlich der Veränderung von Internetinhalten eine Verletzung urheberrechtlicher Positionen des Arbeitgebers in Betracht. Werden für die Veröffentlichung vorgesehene digitale Dokumente durch die Streikenden bearbeitet und mit diesen veränderten Inhalten auf den Internetseiten des Arbeitgebers veröffentlicht, kann dies die Tatbestände der §§ 21, 17, 15 Abs. 2 UrhG (Verletzung der Rechte zur öffentlichen Wiedergabe) und der §§ 23, 14 UrhG (Verletzung von Bearbeitungsrechten des Urhebers) erfüllen.

##### a) Anwendbarkeit des Urheberrechtsgesetzes auf digital verkörperte Werke

Dies setzt die Anwendbarkeit des Urheberrechtsgesetzes (UrhG) auf elektronische Dokumente voraus. § 1 UrhG bestimmt, dass sich der Schutz des Gesetzes auf Werke der Literatur, Wissenschaft und Kunst erstreckt. Unerheblich ist dabei, ob die Werke körperlicher Art sind. Maßgeblich ist alleine ihre Wahrnehmbarkeit. Ebenso wenig wird eine Dauerhaftigkeit der Werke verlangt. Daher fallen elektronisch bzw. digital festgehaltene Schöpfungen nach allgemeiner Meinung unter den Schutz des Urheberrechtsgesetzes[417].

##### b) Urheber

Ein Verstoß gegen urheberrechtliche Vorschriften kommt des Weiteren nur in Betracht, wenn die agierenden Arbeitnehmer nicht Urheber der ursprünglichen

---

[415] MüKo/*MERTENS*, § 823 BGB, Rn. 153.

[416] BGH 15.11.1957, BGHZ 26, S. 52, 59.

[417] BGH 27.2.1962, BGHZ 37, S. 1, 7; SCHRICKER-LOEWENHEIM, UrhG, § 2 Rn. 26; FROMM/NORDEMANN, UrhG, Rn. 26; SCHACK, Rn. 159; MÖHRING/NICOLINI-*AHLBERG*, § 2, Rn. 48

Dokumente sind. Fraglich ist, wie der Urheberbegriff i.S. des UrhG zu definieren ist. Grundsätzlich geht das Urhebergesetz vom sog. Schöpferprinzip aus (§ 7 UrhG), wonach demjenigen die Rechte an einem Werk zukommen, der die persönliche geistige Schöpfung tatsächlich erbracht hat[418]. Demnach können nur natürliche Personen Urheber i.S. des Gesetzes sein. Für die vorliegende Problematik dürfte zu beachten sein, dass der Arbeitgeber persönlich nur in seltenen Ausnahmefällen der Schöpfer der elektronischen Dokumente sein dürfte. Vielmehr ist davon auszugehen, dass sie von seinen Arbeitnehmern oder von Dritten geschaffen wurden, denen demzufolge gemäß § 7 UrhG das Urheberrecht zukäme.

Um die urheberrechtlichen Befugnisse ausüben zu können, ist der Arbeitgeber daher darauf angewiesen, sich entsprechende Nutzungsrechte von den Werkschöpfern einräumen zu lassen.

Handelt es sich bei den elektronischen Werken um Schöpfungen Dritter, kann davon ausgegangen werden, dass der Arbeitgeber die Veröffentlichung auf seiner Homepage nur vornimmt, wenn er auch die notwendigen urheberrechtlichen Genehmigungen erworben hat. Geht es um die Urheberschaft bei Werken, die von Arbeitnehmern im Rahmen ihres Arbeitsverhältnis geschaffen wurden, ist die Regelung des § 43 UrhG maßgeblich. Diese weist grundsätzlich dem natürlichen Schöpfer, also dem Arbeitnehmer, das Urheberecht zu, allerdings unter dem Vorbehalt, dass sich aus dem Inhalt oder Wesen des Arbeits- bzw. Dienstverhältnisses nichts Gegenteiliges ergibt. Regelmäßig lässt sich der Arbeitgeber daher die jeweiligen Urheberrechte solcher Schöpfungen, die der Arbeitnehmer im Rahmen seines Arbeitsverhältnisses erschafft, bereits im voraus vertraglich übertragen. Die weiteren Ausführungen legen daher diesen Regelfall, dass nämlich Inhaber der urheberrechtlichen Befugnisse der Arbeitgeber ist, zugrunde.

#### c) Rechtsverletzung

Das Urheberrecht des Arbeitgebers müsste durch die Internetaktion der Arbeitnehmer verletzt werden. Insoweit kommen Verstöße gegen die §§ 23, 14 und §§ 21, 17, 15 Abs. 2 UrhG in Betracht.

#### (1) *Bearbeitung und Veröffentlichung*

#### (a) *Veränderung / Umgestaltung*

Werden (elektronische) Werke mit dem Willen verändert, diese zu veröffentlichen, bedarf es der Genehmigung durch den Berechtigten. Von dieser Genehmi-

[418] HABERSTUMPF, Handbuch des Urheberrechts, Rn. 174.

gungsbedürftigkeit werden aber nur solche Veränderungen erfasst, die sich nicht auf die bloße Umwandlung eines körperlichen Werkes in einen digitalen Aggregatzustand beschränken, § 23 UrhG.

Ein Eingriff soll aber dann anzunehmen sein, wenn ein digitales Dokument oder seine Kopie inhaltlich verändert wird und eine Veröffentlichung dieser „neuen" Version angestrebt ist. Letzteres Element ergibt sich aus dem Schutz des Verbreitungsrechts gemäß § 17 UrhG. Überarbeiten Arbeitnehmer die ihnen vom Arbeitgeber überlassenen Daten inhaltlich nach ihren eigenen Vorstellungen, schwärzen sie etwa Textstellen oder fügen Angaben wie „Die Arbeitnehmerschaft streikt!" ein, so wird das Dokument daher im Sinne des Urhebergesetzes „verändert".

(b) *Veröffentlichung*

Diese veränderten Daten müssten ohne Genehmigung veröffentlicht werden. Dann müsste es sich bei dem Aufspielen der Daten auf einen Server und damit dem Preisgeben an Dritte im Intra- oder Internet um eine Veröffentlichung im Sinne des Urhebergesetzes handeln.

Veröffentlichen im Sinne des Urhebergesetzes bedeutet grundsätzlich, dass das Werk der Öffentlichkeit zugänglich gemacht wird. Der Öffentlichkeitsbegriff ist in § 15 Abs. 3 UrhG festgelegt. Danach bedarf es einer Wiedergabe des Werkes an eine Vielzahl von Personen. An einer Preisgabe an die Öffentlichkeit fehlt es daher bei reinen Intranetpräsentationen, da sich bei diesem „Inhouse-Verfahren" die Wiedergabe an einen beschränkten Personenkreis richtet[419]. Relevanz kommt damit allenfalls dem Bereitstellen der Dokumente in dem der Allgemeinheit zugänglichen Internet zu.

Bezüglich des Begriffs der öffentlichen Wiedergabe ist darüber hinaus umstritten, ob es einer Gleichzeitigkeit der Wiedergabe gegenüber allen Konsumenten bedarf. An dieser Gleichzeitigkeit würde es bei einem Zurverfügungstellen von Inhalten im Internet fehlen, da anders als etwa bei einer Fernsehsendungen, der Beginn und das Ende der Wiedergabe vom User selber festgelegt wird.

*HOEREN* vertritt die Auffassung, bei Abrufsystemen, wie sie eine Homepage darstelle, fehle es an der erforderlichen Gleichzeitigkeit und folglich an einer Wiedergabe i.S. des UrhG[420].

Dem wird entgegengehalten, dass schon die Beschränkung auf eine gleichzeitige Wiedergabe an Dritte dem Wortlaut des Gesetzes nicht zu entnehmen sei[421]. Die-

---

[419] HOEREN, Grundzüge des Internetrechts, S. 138.
[420] HOEREN, a.a.O.

ser spreche nur von „Wiedergabe". Dieser Begriff sei auslegungsbedürftig. Der Gesetzgeber habe bei Erlass des Urhebergesetzes den Urheber mit Beteiligungs- und Genehmigungsrechten im Hinblick auf die Verwertung und Bearbeitung seines geistigen Eigentums versehen, um ihn zu schützen. Die ihn schützenden Rechtspositionen könnten im Hinblick auf dieses gesetzgeberische Ziel nicht davon abhängen, ob eine Wiedergabe von Inhalten an die Öffentlichkeit gleichzeitig oder erst step-by-step erfolge[422]. Andernfalls hätte es der Täter alleine durch die Wahl des Mediums in der Hand zu bestimmen, ob eine Verletzung des Rechtsguts vorläge oder nicht.

Die letztgenannte Ansicht überzeugt. Sie leuchtet insbesondere vor dem Hintergrund ein, dass elektronische Ausdrucks- und Gestaltungsformen immer häufiger an die Stelle körperlicher Werke treten. Wenn elektronische Werke anders als körperliche wiedergegeben oder vervielfältigt werden, kann dies nicht zum Nachteil ihrer Schöpfer gereichen. Anderes ist mit Sinn und Zeck des Urhebergesetzes nicht in Einklang zu bringen.

Der Ansicht *HOERENS* ist entgegenzuhalten, dass die Bereitstellung digitaler Dokumente auf einem Server, Zugriffe durch Dritte auch gleichzeitig ermöglicht, so dass die Gleichzeitigkeit alleine vom Betrachter, nicht hingegen vom Urheber abhängt. Insofern ließe sich das Ablegen von Daten auf einem Internetserver durchaus auch unter die enge Sichtweise der „Wiedergabe" subsumieren. Der Begriff der öffentlichen Wiedergabe ist demnach dahingehend auszulegen, dass eine sukzessiven Öffentlichkeit als ausreichend anzusehen ist[423].

Nach dem bisher Gesagten lassen sich die Internetaktion im Arbeitskampf als Eingriff in das Bearbeitungs- und Veröffentlichungsrecht des Urhebers bewerten.

(2) *Genehmigung durch den Urheber*

Selbst wenn Veränderungen nicht für den rein privaten Gebrauch vorgenommen werden, sind sie nur tatbestandlich, wenn sie ohne Genehmigung des Rechtsinhabers geschehen (§§ 21 Satz 1, 14 UrhG). Fehlt es an einer Genehmigung, werden die in den §§ 97ff. UrhG vorgesehenen Rechtsfolgen ausgelöst.

---

[421] FROMM/NORDEMANN, UrhG, § 1 Rn. 2; SCHACK, Rn. 420; NIEMANN, S. 30ff.
[422] BT-Drucks IV/276, S. 28; BGH 23.2.1995, NJW 1995, S. 1556, 1557.
[423] FIEDLER/KATZENBERG, Rechtsprobleme elektronischen Publizierens, S. 35, 48; SCHRICKER, Urheberrechte auf dem Weg zur Informationsgesellschaft, S. 135; *DERS.*, UrhG, § 14 Rn. 9ff.; NIEMANN, Urheberrecht und Elektronisches Publizieren in Deutschland und Großbritannien, S. 30ff.

Vorliegend könnte eine Genehmigung in der generellen Arbeitgeberanweisung gesehen werden, gefertigte Dokumente auf den Server zu überspielen und damit der Öffentlichkeit zugänglich zu machen. Eine derartige Bewertung wäre jedoch vordergründig: Der Arbeitgeber erklärt weder, dass an den Inhalten der von ihm genehmigten elektronischen Dokumente etwas geändert, noch, dass inhaltlich überarbeitete, ungenehmigte Dokumente der Öffentlichkeit zugänglich gemacht werden dürfen. Eine Genehmigung des Urhebers kann demnach nicht grundsätzlich aufgrund arbeitsvertragsrechtlicher Gestaltung angenommen werden.

Der Internetstreik in Form der Veränderung von Inhalten der Internetpräsenz des Unternehmens stellt folglich einen Eingriff in die durch das Urhebergesetz geschützten Positionen des Arbeitgebers dar.

#### 5. Unerlaubte Handlung gemäß § 823 Abs. 2 BGB

Betriebsbesetzung und Betriebsblockade erfüllen des Weiteren den Tatbestand des § 823 Abs. 2 BGB in Verbindung mit den §§ 123, 240 StGB[424]. Daneben kommt ein Anspruch auf Schadensersatz gemäß § 823 Abs. 2 BGB gegen die Internetakteure in Betracht. Als verletzte Schutzgesetze kommen je nach Vorgehensweise neben § 240 StGB insbesondere §§ 303b und 305 StGB in Betracht[425]. Zudem wurde aufgezeigt, dass der Internetstreik gegen urheberrechtliche Schutzvorschriften verstößt. Diese Regelungen stellen Schutzgesetze im Sinne des § 823 Abs. 2 BGB dar. Damit erfüllt auch der Internetstreik den Tatbestand des § 823 Abs. 2 BGB.

### III. Zwischenergebnis

Die verschiedenen Varianten der aktiven Produktionsbehinderung erfüllen Tatbestände strafrechtlicher, zivilrechtlicher und auch urheberrechtlicher Vorschriften. Entgegen der Ansicht der Befürworter dieser Kampfweisen hat sich gezeigt, dass insbesondere aus dem Arbeitsvertragsverhältnis keine Berechtigung der Arbeitnehmer zu in den Unternehmensbetrieb eingreifenden Maßnahmen abgeleitet werden kann.

---

[424] Vgl. dazu unter 3. Teil § 1B; dabei dürfte vornehmlich auf die Nötigung abzustellen sein. Eine Haftung nach § 823 Abs. 2 BGB i.V.m. § 123 StGB scheitert daran, dass diese Vorschrift dem Hausfrieden und nicht dem Produktionsinteresse dient (LÖWISCH/MEIER-RUDOLPH, JuS 1982, S. 242; WESCH, Betriebsbesetzung, S. 125). Ebenso scheitert ein Anspruch des Arbeitgebers gemäß § 823 Abs. 2 BGB i.V.m. einer Nötigung gemäß § 240 StGB gegenüber den Arbeitswilligen daran, dass die freie Willens- und Freiheitsbetätigung der Arbeitnehmer nicht so weit reicht, den Arbeitgeber auch in den Schutzbereich einzubeziehen.

[425] Vgl. dazu im 3. Teil § 1C.I.3. Ebenso KRAFT/MEISTER, MMR 2003, S. 366, 370f.

Die Gesamtschau der einschlägiger Tatbestände weist eindeutig darauf hin, dass es sich bei den Formen der aktiven Produktionsbehinderung um Verhaltensweisen handelt, die von der Rechtsordnung grundsätzlich missbilligt werden. Zudem wurde deutlich, dass mit solchen Maßnahmen weiter in die Rechtssphäre von Arbeitgeber und Dritter eingegriffen wird, als dies bei Arbeitskampfformen der Fall ist, die sich allein auf die Arbeitsniederlegung konzentrieren.

## § 2 Rechtfertigung nach allgemeinen Grundsätzen

### A. Die grundsätzliche Notwendigkeit einer Rechtfertigung

Grundsätzlich indiziert die Tatbestandsmäßigkeit eines Verhaltens seine Rechtswidrigkeit[426]. Wie im vorangestellten Abschnitt aufgezeigt, erfüllen die neuen Arbeitskampfmittel mit Arbeitsvertragsverletzung, Nötigung, Hausfriedensbruch, Eigentums- und Besitzeingriffen sowie Urheberrechtsverletzungen Tatbestände ganz unterschiedlicher Art.

Sollen solche Arbeitskampfmittel dennoch zulässig sein, muss im Hinblick auf ihre Tatbestandsmäßigkeit ein Rechtfertigungsgrund eingreifen, welcher alle verwirklichten Vertrags- und Rechtsverletzungen deckt. Andernfalls muss der Einsatz der verschiedenen Kampfformen unterbleiben bzw. löst ihr Einsatz Schadensersatzverpflichtungen[427] aus bzw. berechtigt - vorbehaltlich einer Abmahnung - sogar zur verhaltensbedingten Kündigung des Arbeitnehmers[428]. Es

---

[426] Die Indikation der Rechtswidrigkeit wird im Falle der Verletzung des eingerichteten und ausgeübten Gewerbebetriebes (§ 823 Abs. 1 BGB) von der herrschenden Auffassung zwar abgelehnt; dies kann in diesem Maße nicht für das Arbeitskampfrecht gelten, da sich hier die Verhältnisse anders darstellen. Legt man die Wettbewerbsfreiheit zugrunde, so kann durchaus angenommen werden, dass die Rechtswidrigkeit von Maßnahmen die zu beweisende Ausnahme darstellt. Im Arbeitskampf verhält es sich in soweit anders, als der Eingriff in den Betrieb die Ausnahme darstellt, mithin ein ganz anderes Regel-Ausnahme-Verhältnis vorherrscht. Dies spricht dafür, dass der auf Arbeitskampfmaßnahmen beruhende Eingriff in den Gewerbebetrieb die Rechtswidrigkeit indiziert; wie hier auch LIEB, Arbeitsrecht, Rn. 613ff.; *DERS.* ZfA 1982, S. 113, 121f.

[427] Zu Anspruchsgrundlagen, Voraussetzungen und Umfang von Schadensersatzansprüchen gegen den sich an einem rechtswidrigen Arbeitskampf beteiligenden Arbeitnehmer vgl. die umfassenden Ausführungen bei MünchArbR/*OTTO*, § 289 Rn. 1ff.; *KISSEL*, Arbeitskampfrecht, § 47 Rn. 63ff.; GAMILLSCHEG, KollArbR I, S. 1202ff., jeweils mit umfassenden Nachweisen zur einschlägigen Rechtsprechung.

[428] BAG GS 21.4.1971, AP Art. 9 GG Arbeitskampf Nr. 43 unter III D 2b; BAG 14.2.1978, AP Art. 9 GG Arbeitskampf Nr. 58 und 59; BAG 29.11.1983, AP § 626 BGB Nr. 78; MünchArbR/*OTTO*, § 289 Rn. 46ff.; GAMILLSCHEG, KollArbR I, S. 1204; BROX/RÜTHERS, Arbeitskampfrecht, Rn. 338.

bleibt daher zu klären, ob die Rechtsordnung einen Rechtfertigungsgrund für die gegenständlichen Kampfmittel bereithält.

## B. Rechtfertigung aufgrund internationalen und europäischen Rechts

Eine an sich denkbare Rechtfertigung aufgrund internationalen Rechts scheidet aus. Zwar findet das Arbeitskampfrecht in Art. 6 Nr. 4 der Europäischen Sozialcharta[429], der Gemeinschafts-Charta der Sozialen Grundrechte der Arbeitnehmer[430], in Art. 11 der Europäischen Menschenrechtskonvention[431], Art. 8 Abs. 1d des „Internationalen Paktes über wirtschaftliche und kulturelle Rechte“[432]und Art. 22 des „Internationalen Paktes über die bürgerlichen und politischen Rechte“[433] eine Stütze. Soweit diese Normen überhaupt in national verbindliches Recht umgesetzt wurden[434], fehlt ihnen jedenfalls jegliche Aussagekraft im Hinblick auf den zulässigen Einsatz einzelner Arbeitskampfmaßnahmen[435].

---

[429] Seit dem 26.2.1965 sind ausschließlich Art. 4 Abs. 3, 7 Abs. 1, 8 Abs. 2 und 4, 10 Abs.1 in der Bundesrepublik Deutschland in Kraft, vgl. Gesetz vom 19.9.1964, BGBl. II S. 1261

[430] NIPPERDEY I, Nr. 680.

[431] 4.11.1949, Council of Europe, European Conventions and Agreements, I, S. 21.

[432] Internationaler Pakt über wirtschaftliche und kulturelle Rechte vom 19.12.1969. Zustimmungsgesetz v. 23.11.1973, BGBl. II, S. 1569.

[433] Internationaler Pakt über wirtschaftliche und kulturelle Rechte vom 19.12.1966. Zustimmungsgesetz v. 17.12.1973, BGBl. II S. 1534.

[434] Eine unmittelbare Geltung der Gemeinschaftscharta der sozialen Grundrechte scheidet aus. Sie ist weder sekundäres Gemeinschaftsrecht der Europäischen Union noch kommt ihr der Charakter eines völkerrechtlichen Vertrages zu. Aus ihr können daher innerstaatlich keine Rechte abgeleitet werden, vgl. nur MünchArbR/*BIRK*, § 17 Rn. 180; ZÖLLNER/LORITZ, Arbeitsrecht, § 9 II 2, S. 114 jeweils m.w.N. Auch das Übereinkommen der Vereinten Nationen über wirtschaftliche, soziale und kulturelle Rechte bildet kein unmittelbar innerstaatliches Recht. Siehe DÄUBLER, Arbeitskampfrecht, 104c; MünchArbR/*LÖWISCH*, § 235 Rn. 57.

[435] Umstritten ist die Bindungswirkung gegenüber Staat und den Gerichten bei der Europäischen Sozialcharta (vgl. DÄUBLER, Arbeitskampfrecht, Rn. 102ff.; SÖLLNER, Arbeitsrecht, S. 42; WOHLGEMUTH, Staatseingriff und Arbeitskampf, S. 97f.; offengelassen von BVerfG 20.10.1981, BVerfGE 58, S. 233, 254; BAG 10.6.1980 AP Art. 9 Arbeitskampf Nr. 64 und Nr. 65; BAG 12.09.1984, AP Art. 9 GG Arbeitskampf Nr. 81). Ebenso wie diese trifft auch Art. 11 EMRK aber nach ganz herrschender Meinung keine Aussage über die Zulässigkeit von Arbeitskampfmaßnahmen, vgl. BAG 10.6.1980, AP Art. 9 GG Arbeitskampf Nr. 64; BROX/RÜTHERS, Arbeitskampfrecht, Rn. 126; SEITER, Streikrecht und Aussperrungsrecht, S. 129; TREBER, Aktiv produktionsbehindernde Maßnahmen, S. 242f. Auch Art. 22 des Paktes über bürgerliche und politische Rechte enthält keine Aussagen über die Rechtmäßigkeit bestimmter Arbeitskampfformen.

Bedeutung für die Rechtmäßigkeit von Arbeitskampfmaßnahmen wird dem Abkommen Nr. 87[436] der ILO beigemessen[437]. Dieses stellt geltendes Recht dar. Gemäß Art. 11 der ILO sind ihre Mitglieder verpflichtet, alle erforderlichen Maßnahmen zur Gewährleistung der Ausübung der Vereinigungsfreiheit zu treffen. Zwar enthält das Abkommen keine ausdrückliche Anerkennung des Arbeitskampfrechts, die Überwachungsausschüsse der ILO halten jedoch sowohl den Streik in seinen verschiedenen Ausformungen als auch den Sitzstreik, die Betriebsblockade und die friedliche Besetzung des Betriebes für rechtmäßig[438]. Diese Interpretation durch die Spruchpraxis der eingesetzten Organe bleibt jedoch nach allgemeiner Ansicht innerstaatlich unverbindlich[439].

Insgesamt ergibt sich folglich weder aus europäischen noch aus internationalen Rechtssätzen die zwingende Anerkennung und Zulässigkeit der neuen Arbeitskampfformen aktiver Produktionsbehinderung oder sonstiger, über die bloße Arbeitsniederlegung hinausgehender Maßnahmen im Rahmen von rechtmäßigen Arbeitskämpfen.

## C. Individualrechtliche Rechtfertigung

### I. Grundrechte als Rechtfertigungsgründe für die aktive Produktionsbehinderung (i.e.S.)

Teilweise wird in der einschlägigen Literatur zur Rechtfertigung von Blockade- und Besetzungsmaßnahmen im Arbeitskampf auf die Grundrechte der Art. 5

---

[436] Abkommen Nr. 87 der ILO, Zustimmungsgesetz v. 20.12.1956, BGBl. II, S. 2072; Ratifizierung v. 20.3.1958, BGBl. II, S. 113.

[437] GEGENWARTH, Arbeitskampf im Medienbereich, S. 162ff., insb. 172, 176f.; vgl. KONZEN, Anm. zum Urteil des BAG v. 21.6.1988 und 8.11.1988, EzA Art 9 GG Arbeitskampf Nr. 75/76; TREBER, Aktiv produktionsbehindernde Maßnahmen, S. 244ff.

[438] Begründung des „Professorenentwurfs", BIRK/KONZEN/LÖWISCH/RAISER/SEITER, S. 27 unter Hinweis auf Freedom of Association – Digest of Decisions and Principals of the Freedom of Association Commitee of Governing Body of the ILO (FAC), 3rd ed., ILO, Geneva 1985, Nr. 367, u. Freedom of Association and Collective Bargaining – General Survey by the Committee of Experts on the Application of Conventions and Recommendations (CE), ILO, Geneva 1983, Nr. 218. Vgl zum Ganzen MünchArbR/*OTTO*, § 286 Rn. 64 und § 284 Rn. 56.

[439] BIRK/KONZEN/LÖWISCH/RAISER/SEITER, S. 29f.; DÄUBLER, Arbeitskampfrecht, Rn. 104b; KONZEN, Anm. zum Urteil des BAG v. 21.6.1988 und 8.11.1988, EZA Art. 9 GG Arbeitskampf Nr. 75/76; MünchArbR/*OTTO*, § 286 Rn. 64; REUTER, SAE 1989, S. 101, 103; TREBER, Aktiv produktionsbehindernde Maßnahmen, S. 244ff. Nur dem Internationalen Gerichtshof stünde eine verbindliche Auslegung der Normen zu. Dieser hat bislang hierüber nicht entschieden.

Abs. 1 GG[440] und Art. 8 Abs. 1 GG[441] verwiesen. Mit und im Rahmen von Betriebsbesetzungen und Betriebsblockaden übten die Arbeitnehmer ihr Recht auf Kommunikation aus. Zudem würden Blockaden und Besetzung von Betrieben dazu eingesetzt, die Aufmerksamkeit der Allgemeinheit auf besondere soziale Notlagen zu lenken. Insoweit unterfielen sie den Schutzbereichen dieser Grundrechte mit der Folge, dass die mit ihnen einhergehenden Beeinträchtigungen von Rechten der Arbeitgeber bzw. der Arbeitswilligen nicht beanstandet werden könnten.

Dieser Ansatz wird im ganz überwiegenden Schrifttum abgelehnt[442]. Da sowohl die Versammlungs- als auch Meinungsfreiheit dem Bürger von Seiten des Staats garantiert werde, sei bereits ihre mittelbare Drittwirkung im Verhältnis zum bestreikten Arbeitgeber äußerst fraglich[443]. Jedenfalls aber unterläge sowohl Art. 5 Abs. 1 GG als auch Art. 8 Abs. 1 GG verfassungsimmanenten Schranken. Da ihnen gegenüber den betroffenen Grundrechten der Berufsfreiheit und Eigentumsfreiheit des Arbeitgebers aus den Artikeln 12 und 14 GG aber kein Vorrang zukomme, scheide eine Rechtfertigung von Blockade- und Besetzungsmaßnahmen im Arbeitskampf aus.

Diese Argumentation ist vorzugswürdig. Als weiteres Argument gegen eine Rechtfertigung der Blockade- und Besetzung im Arbeitskampf aus Art. 5 Abs. 1 GG lässt sich anführen, dass die Handelnden sich nicht auf eine bloße Äußerung ihrer Meinung beschränken. Vielmehr setzen sie - dies wurde unter § 1C.I.1.a) ausführlich dargelegt - Gewalt ein, um Arbeitswillige und Dritte am Zugang zum Betrieb bzw. zum Arbeitsplatz zu hindern und auf diese Weise letztlich die Weiterproduktion zu verhindern. Demgegenüber tritt der Kommunikationscharakter und der Wille, auf soziale Notlagen aufmerksam machen, in den Hintergrund.

Der mit der Betriebsbesetzung bzw. der Betriebsblockade verbundene Gewalteinsatz spricht im Ergebnis auch gegen eine Rechtfertigung aus Art. 8 GG. Zwar hat das Bundesverfassungsgericht in Bezug auf die Versammlungsfreiheit aner-

---

440 DÄUBLER/*BIEBACK*, Arbeitskampfrecht, Rn. 415f.

441 DÄUBLER/*BIEBACK*, Arbeitskampfrecht, Rn. 408.; DÄUBLER/*WOLTER*, Arbeitskampfrecht, Rn. 280d; ZECHLIN, ZfA 1986, S. 292.

442 AUFFARTH, RdA 1977, S. 129, 135; BERGHAUS, S. 115f.; BUCHNER, Das Recht am eingerichteten und ausgeübten Gewerbebetrieb, S. 140; DEGENHART, JuS 1982, S. 330, 331; FRIEDERICH, DÖV 1988, S. 194, 198; V.HOYNINGEN-HUENE, JuS 1987, S. 512; MÜLLER-RODEN, ZRP 1988, S. 161, 164; VON MÜNCH/KUNIG, Art. 8 GG, Rn. 28; KRICHEL, NZA 1987, S. 297, 299; RAISER, RdA 1987, S. 204; SEITER, Streikrecht und Aussperrungsrecht, S. 501; WESCH, Betriebsbesetzung, S. 141ff.

443 MÜLLER-RODEN, ZRP 1988, S. 161, 164; SEITER, Streikrecht und Aussperrungsrecht, S. 501; WESCH, Betriebsbesetzung, S. 141ff.

kannt, dass von diesem Freiheitsrecht durchaus auch bewusste Eingriffe in die Bewegungsfreiheit Dritter gedeckt sein können[444]. Das Gericht beschränkt dies jedoch auf Belästigungen, die sich „zwangsläufig aus der Massenhaftigkeit der Grundrechtsausübung ergeben", also jedermann und nicht zielgerichtet einen vorher festgelegten Personenkreis betreffen[445]. Die nach Auffassung des Bundesverfassungsgerichts in den Schutzbereich des Art. 8 Abs. 1 GG aufzunehmenden Rechtsbeeinträchtigungen weisen mithin eine andere Qualität als Betriebsbesetzung und -blockade auf, die ganz gezielt Eingriffe in die Rechte des Arbeitgebers, der Arbeitswilligen, der Lieferanten und Kunden anstreben und sich folglich final gegen einen begrenzten Personenkreis richten.

Im Ergebnis lässt sich daher eine Rechtfertigung der durch die Betriebsbesetzung und die Betriebsblockade erfolgenden Rechtsverstöße nicht auf die Grundrechte der Meinungsfreiheit oder Versammlungsfreiheit stützen.

### II. Rechtfertigung aktiver Produktionsbehinderung aus Notwehr- oder Selbsthilferechten

Vereinzelt findet sich im Schrifttum die Auffassung wieder, eine Rechtfertigung aktiv produktionsbehindernder Maßnahmen lasse sich auf notwehr- oder selbsthilferechtliche Normen stützen, also auf die §§ 32 und 34 StGB sowie § 227 BGB[446].

#### 1. Gegenwärtiger rechtswidriger Angriff auf ein geschütztes Rechtsgut

Eine Rechtfertigung nach diesen Normen würde indessen voraussetzen, dass ein gegenwärtiger, rechtswidriger Angriff auf ein geschütztes Rechtsgut vorliegt. Es müsste daher ein geschütztes Rechtsgut der streikenden Arbeitnehmer durch einen Angriff der Arbeitgeber gefährdet werden.

##### a) Teil der Lehre

Ein Teil der Lehre geht von einem Recht der Arbeitnehmer zum Aufenthalt am Arbeitsplatz aus und zwar auch im Falle einer weisungswidrigen Nutzung des

---

444 BVerfG 14.5.1985, BVerfGE 69, S. 315ff.

445 BVerfG 14.5.1985, BVerfGE 69, S. 315ff. Der VGH Mannheim 14.12.1989, NJW 1990, S. 1618, sah aus diesem Grund eine Straßenblockade als „Versammlungsexzeß" an, weil sie „objektiv" betrachtet auf die Beschränkung von Freiheitsrechten anderer abzielte.

446 BERGHAUS, S. 123ff.; DÄUBLER/*BIEBACK*, Arbeitskampfrecht, Rn. 421ff.; BAUMANN/DÄHN-*DÄUBLER*, S. 91; OSTENDORF, Kriminalisierung des Streikrechts, S. 60; WENDT, Die Betriebsbesetzung, S. 125; DÄUBLER/*WOLTER*, Arbeitskampfrecht, Rn. 300; ZECHLIN, Streik, Strafrecht, Polizei, S. 75.

Arbeitgebereigentums[447]. Diesem vertraglichen Recht sprechen sie dabei die Notwehrfähigkeit im Sinne der §§ 32, 34 StGB zu. Der gegenwärtige rechtswidrige Angriff auf dieses Rechtsgut sei dann in der Zutrittsverweigerung zum Betriebsgelände bzw. in der Aussperrung durch den Arbeitgeber zu sehen.

*OSTENDORF* sieht sogar den Streik an sich als geschütztes Rechtsgut i.S. der vorgenannten Normen an[448]. Die streikenden Arbeitnehmer würden folglich durch die streikkompensierenden Gegenmaßnahmen des Arbeitgebers rechtswidrig angegriffen.

Nach beiden Auffassungen läge mithin ein gegenwärtiger rechtswidriger Angriff in ein geschütztes Rechtsgut vor, so dass den streikenden Arbeitnehmern grundsätzlich ein Notwehrrecht zukäme.

b) Rechtsprechung und herrschenden Lehre

Die Rechtsprechung ebenso wie die herrschende Lehre[449] sehen demgegenüber weder den Arbeitsplatz noch die Durchführung des Streiks als von § 32 StGB geschützte Rechtsgüter an. Daher könnten die Aussperrung von Arbeitnehmern oder der Versuch, Streikwirkungen zu kompensieren, auch nicht als Angriff auf geschützte Rechtspositionen der Arbeitnehmer klassifiziert werden.

Nach dieser Ansicht handeln Arbeitnehmer, die im Arbeitskampf aktiv die Produktion behindern, nicht aus Notwehr oder im Notstand. Insoweit käme eine Rechtfertigung der Arbeitnehmer gemäß §§ 32, 34 StGB bzw. § 227 BGB nicht in Betracht.

c) Stellungnahme

Mit der herrschenden Meinung ist eine Rechtsfertigung von aktiv produktionsbehindernden Maßnahmen gemäß §§ 32 und 34 StGB bzw. § 227 BGB abzulehnen. Wie schon im Rahmen der Tatbestandsprüfung aufgezeigt wurde, kommt den sich am Arbeitskampf beteiligenden Arbeitnehmern kein vertragliches Recht zum Aufenthalt an ihrem Arbeitsplatz oder zur weisungswidrigen Nutzung des

---

447 BERGHAUS, S. 123ff.; DÄUBLER/*BIEBACK*, Arbeitskampfrecht, Rn. 421ff; BAUMANN/DÄHN-*DÄUBLER*, S. 91; WENDT, Die Betriebsbesetzung, S. 125; DÄUBLER/*WOLTER*, Arbeitskampfrecht, Rn. 300; ZECHLIN, Streik, Strafrecht, Polizei, S. 75.

448 OSTENDORF, Kriminalisierung des Streikrechts, S. 60.

449 BAG 14.02.1978, AP Art. 9 Arbeitskampf Nr. 58; BERGHAUS, S. 123f.; BUCHNER, RdA 1987, S. 209, 218; FRIEDERICH, DÖV 1988, S. 194, 196f.; PALANDT/*HEINRICHS*, § 227 BGB, Rn. 2a; HELLENTHAL, NZA 1987, S. 52; LÖWISCH, RdA 1987, S. 219, 220; MÜLLER-RODEN, ZRP 1988, S. 161, 164; SEITER, Streikrecht und Aussperrungsrecht, S. 377f.; LK/*SPENDEL*, § 32, Rn. 193f.; ULE, Streikrecht und Polizei, S. 40; STAUDINGER/*WERNER*, § 227 BGB, Rn. 3.

Arbeitgebereigentums zu[450]. Folglich kommen arbeitsvertragliche Rechte der Arbeitnehmer am Arbeitsplatz als schutzfähige Rechtsposition im Rahmen der Notwehr- und Selbsthilferechte nicht in Betracht.

Auch eine Anknüpfung an den Streik selber, wie sie *OSTENDORF* favorisiert, kann letztlich nicht überzeugen. Denn die Rechtfertigung eines Verhaltens als Reaktion auf die Beeinträchtigung eines Streiks betrifft eine Fragestellung, die abschließend von Art. 9 Abs. 3 GG geregelt wird[451]. Eine Anerkennung des Streiks als subjektive Rechtsposition im Rahmen der Notwehr- oder Notstandsvorschriften scheidet daher aus.

Aber selbst unterstellt, der Streik sei als schutzfähiges Rechtsgut i.S. der §§ 32, 34 StGB oder des § 227 BGB anzusehen, ist jedenfalls in Kompensationsmaßnahmen des Arbeitgebers kein *rechtswidriger* Angriff zu sehen. Denn der Arbeitgeber macht insoweit nur von seinen zivilrechtlich und arbeitskampfrechtlich zugestandenen Rechten Gebrauch. Es fehlt daher in jedem Fall an der Rechtswidrigkeit des Angriffs auf die unterstellte Rechtspositionen der Arbeitnehmer.

#### 2. Zwischenergebnis

Im Ergebnis scheidet daher eine Rechtfertigung des Arbeitnehmerverhaltens aus einem Selbsthilfe-, Notwehr- oder Notstandsrecht aus.

### III. Ergebnis

Als Zwischenergebnis kann festgehalten werden, dass eine Rechtfertigung der neuen Kampfmittel, insbesondere der aktiven Produktionsbehinderung, weder aufgrund völkerrechtlicher noch aufgrund einfachrechtlicher Erwägungen im nationalen Recht in Betracht kommt.

## § 3 Rechtfertigung durch das Koalitionsrecht des Art. 9 Abs. 3 GG

Im weiteren Gang der Arbeit konzentriert sich die Entscheidung über die Zulässigkeit und Rechtmäßigkeit der Arbeitnehmerkampfmaßnahmen nach alledem auf die zentrale Frage nach einer Rechtfertigungsmöglichkeit aus Art. 9 Abs. 3 GG.

Eine Rechtfertigung aus Art. 9 Abs. 3 GG kann dabei nicht alleine deshalb angenommen werden, weil die fraglichen Kampfvarianten unbestrittener Maßen Bestandteil des gesellschaftlichen Phänomens „Arbeitskampf" sind.

---

[450] 3. Teil § 1C.I.2.a)(1).

[451] So auch WESCH, Betriebsbesetzung, S. 154.

In einem ersten Schritt muss vielmehr geklärt werden, ob oder gegebenenfalls inwieweit die einzelnen in Frage stehenden Maßnahmen überhaupt von Art. 9 Abs. 3 GG garantiert werden. Denn wird das fragliche Verhalten bereits nicht vom Schutzbereich des Art. 9 Abs. 3 GG umfasst, scheidet eine Rechtfertigung nach Maßgabe des Arbeitskampfrechtes in jedem Fall aus. Ist im Ergebnis der Schutzbereich eröffnet, muss in einem weiteren Schritt das Bestehen einer Pflicht oder Befugnis des Gesetzgebers zur Zulassung besonderer Kampfmittel durch Konkretisierung des Schutzbereichs unter Berücksichtigung der Besonderheiten des normativ geprägten Grundrecht des Art. 9 Abs. 3 GG geprüft werden. In diesem Rahmen ist dann unter Berücksichtigung betroffener Rechtspositionen Dritter die Notwendigkeit einer Einschränkung der Kampfmittelzulassung und des konkreten Kampfmitteleinsatzes zu erörtern.

## A. Schutzbereich und Verfassungsgarantien[452]

Soll sich aus Art. 9 Abs. 3 GG eine Rechtfertigung der neuen Arbeitskampfmaßnahmen dogmatisch herleiten lassen, müssen sie zunächst dem Koalitionsgrundrecht zugeordnet werden können.

### I. Schutzbereich des Art. 9 Abs. 3 GG

Art. 9 Abs. 3 Satz 1 GG gewährleistet ausdrücklich jedermann das Recht zur Bildung von Vereinigungen zur Wahrung und Förderung der Wirtschaftsbedingungen. Nach allgemeiner Auffassung umfasst diese Gewährleistung sowohl die individuelle Beitrittsfreiheit als positive als auch das Recht, der Koalition fernzubleiben bzw. aus ihr auszutreten, als negative Freiheit[453]. Für die Frage, ob auch der Einsatz von Arbeitskampfmitteln Bestandteil der Koalitionsfreiheit ist, hilft der offen formulierte Art. 9 Abs. 3 Satz 1 GG hingegen nicht weiter. Es bedarf daher der Klärung, welche Verhaltensweisen Art. 9 Abs. 3 GG über die soeben angesprochenen hinaus schützt.

#### 1. Die Koalitionsfreiheit als Ausgestaltungsgrundrecht

Eine präzise und abschließende Konturierung des Schutzbereichs von Art. 9 Abs. 3 GG ist bis heute nicht gelungen, weil es sich bei der Koalitionsfreiheit um ein normativ geprägtes Grundrecht[454] handelt[455].

---

[452] Dazu: FRIAUF, RdA 1986, S. 188ff.; GELLERMANN, Grundrechte in einfachgesetzlichem Gewande, 2001; HÖFLING, FS Friauf, S. 377ff.

[453] BVerfG 1.3.1979, BVerfGE 50, S. 290, 367.

[454] Ausführlich zur Ausgestaltungsbedürftigkeit des Koalitionsrechts: BVerfG 24.4.1996, BVerfGE 94, S. 268, 284.

Derartige Grundrechte bedürfen der einfach rechtlichen Ausgestaltung durch den Gesetzgeber[456]. Dies ist regelmäßig der Fall, soweit über die Abwehrfunktion des Grundrechts hinaus, die Möglichkeit zur Ausübung von Rechten geschaffen wird[457]. Wie die Ausgestaltung von Grundrechten im einzelnen erfolgt und in welchem Verhältnis sie zum Schutzbereich steht, ist wenig erforscht[458].

Das Bundesverfassungsgericht umschreibt die Funktionsweise der Ausgestaltung in seinem viel zitierten Urteil zur Rundfunkfreiheit nach Art. 5 Abs. 1 GG wie folgt:

> *„Es bedarf vielmehr einer positiven Ordnung, welche sicherstellt, dass die Vielfalt der bestehenden Meinungen im Rundfunk in möglichster Breite und Vollständigkeit Ausdruck findet und dass auf diese Weise umfassende Information geboten wird. Um dies zu erreichen, sind materielle, organisatorische und Verfahrensregeln erforderlich, die an der Aufgabe der Rundfunkfreiheit orientiert und deshalb geeignet sind, zu bewirken, was Art. 5 Abs. 1 GG gewährleisten will.“*[459]

Vor diesem Hintergrund hat sich als Grundkonsens herausgebildet, dass Ausgestaltung die Schaffung einfach gesetzlicher, materieller und organisatorischer Verfahrensregeln zur Ermöglichung der realen Entfaltung des Gehaltes der verfassungsrechtlich gewährten Freiheit bedeutet[460]. Die Ausgestaltung dient folglich grundsätzlich nicht dazu, ein verfassungsrechtlich geschütztes Verhalten zu beschränken, sondern ist vielmehr auf die Schaffung einer normativen Infrastruktur für den Gebrauch des verfassungsrechtlich gewährleisteten Grundrechts gerichtet.

---

455 Ähnlich ISENSEE, Tarifautonomie, S. 164; GELLERMANN, Grundrechte in einfachgesetzlichem Gewande, S. 150.

456 BUTZER, RdA 1994, S. 375, 378; SACHS/*HÖFLING*, Art. 9 GG, Rn. 128; Arbeitskampf-GG/*HOFFMANN-RIEM*, Art. 5 Abs.1 und 2 GG, Rn. 45; HbStR/*ISENSEE*, § 115, Rn. 139; JARASS/PIEROTH, vor Art. 1 GG, Rn. 26.

457 Die Idee der Ausgestaltung geht auf LERCHE zurück, der zwischen grundrechtsprägenden, grundrechtsverdeutlichenden und grundrechtseingreifenden Normen unterschied: Lerche, Übermaß und Verfassungsrecht, S. 98f. und 106ff; vgl. zum ganzen STERN, Bd. III/1, S. 545 mit Fn. 489: dort finden sich Hinweise und Nachweise zu weiteren für die Ausgestaltung verwendeten Terminologien.

458 STERN, Bd. III/1, S. 596; HERZOG, FS Zeidler, S. 1415, 1428; LÜBBE-WOLFF, DB 1988, Beilage Nr. 9, S. 1, 19; RUCK, AöR 117 (1992), S. 543, 547; BUTZER, RdA 1994, S. 375, 378.

459 BVerfG 16.6.1981, BVerfGE 57, S. 295, 329; zuletzt BVerfG 5.2.1991, BVerfGE 83, S. 238, 296.

460 Dies kommt insbesondere im sog. 3. Rundfunkurteil zum Ausdruck: BVerfG 16.6.1981, BVerfGE 57, S. 295, 320.

Übertragen auf das Koalitionsrecht bedeutet dies, dass im Wege der Ausgestaltung ein rechtlicher Rahmen zu schaffen ist, der eine verfassungsgemäße Ausübung der Koalitionsfreiheit ermöglicht. So besehen führt die Ausgestaltung zu einer Ausweitung der realen Bedeutung des Freiheitsrechts.

Gleichzeitig aber muss sich die Ausgestaltung im Rahmen der verfassungsrechtlichen Vorgaben halten. Aufgabe der Ausgestaltung ist es nämlich nicht, den Schutzbereich des Grundrechts festzulegen. Sie dient alleine der Realisierung der Betätigungsgarantie im „Lichte der verfassungsrechtlichen Vorgaben". Sie ist folglich Hilfsmittel zur Umsetzung der durch die Verfassung garantierten Rechte. Die Ausgestaltung vermag demnach nicht zu legitimieren, was die Verfassung nicht schützt.

Für die Arbeitskampfmittel folgt daraus, dass eine Ausgestaltung, welche die Zulässigkeit ihres Einsatzes im Arbeitskampf festschreibt, nur möglich ist, wenn der Arbeitskampf und das einzelne Kampfmittel selbst vom Schutz des Grundrechts erfasst werden.

### 2. Umfang des Schutzbereichs

Mithin bedarf es einer Analyse des Schutzbereichs von Art. 9 Abs. 3 GG. Rechtsprechung[461] und Lehre[462] dehnen den verfassungsrechtliche Schutzbereich - wenn im einzelnen auch mit sehr unterschiedlicher dogmatischer Herleitung - über die Begründung und Auflösung einer Koalition sowie den Eintritt und Austritt in diese auf die Koalitionsbetätigung aus. Eine solche Erweiterung des Schutzbereichs sei erforderlich. Denn ein Recht auf Koalitionsbildung könne nur sinnvoll sein, wenn auch die Betätigung der gebildeten Koalition geschützt werde[463]. Anderenfalls sei der grundrechtliche Schutz der Koalition nur eine „leere Hülse"[464].

---

[461] BVerfG 18.11.1954, BVerfGE 4, S. 96, 101f.; BVerfG 1.3.1979, BVerfGE 50, S. 290, 368; BVerfG, 26.6.1991, BVerfGE 84, S. 212, 224; BVerfG 24.4.1996, AP § 57a HRG Nr. 2; BVerfG 24.5.1977, AP § 5 TVG Nr. 15.

[462] Statt vieler: ErfK/*Dieterich*, Art. 9 GG, Rn. 30; Wank, FS Kissel, S. 1225, 1228; MünchArbR-*Löwisch/Rieble*, § 245 Rn. 24; Preis, Kollektivarbeitsrecht, § 83 III 2c.

[463] BVerfG 18.11.1954, BVerfGE 4, S. 96, 101f.; BVerfG 1.3.1979, BVerfGE 50, S. 290, 368; BVerfG, 26.6.1991, BVerfGE 84, S. 212, 224; BVerfG 24.4.1996, AP § 57a HRG Nr. 2; BVerfG 24.5.1977, AP § 5 TVG Nr. 15.; vgl. auch ErfK/*Dieterich*, Art. 9 GG, Rn. 30; Wank, FS Kissel, S. 1225, 1228; MünchArbR-*Löwisch/Rieble*, § 245 Rn. 24; Preis, Kollektivarbeitsrecht, § 83 III 2c.

[464] BVerfG 18.11.1954, BVerfGE 4, S. 96, 101f.; BVerfG 1.3.1979, BVerfGE 50, S. 290, 368; BVerfG, 26.6.1991, BVerfGE 84, S. 212, 224; BVerfG 24.4.1996, AP § 57a HRG Nr. 2.

Schon der Wortlaut des Art. 9 Abs. 3 GG („Wahrung und Förderung") bringe eine gewisse „Verfassungserwartung"[465] zum Ausdruck, die auf einen Verfassungsauftrag zum Tätigwerden der Koalition hinweise. Ebenso wäre der Anreiz der Arbeitnehmer, einer Koalition beizutreten und sich für sie zu engagieren, äußerst gering, wenn diese rechtlich nicht in die Lage sei, für ihre Mitglieder aktiv zu werden. Jede andere Handhabung nähme der Koalition ihre Anziehungskraft und würde so ihren Bestand gefährden[466].

Folgt man dieser Argumentation, erschöpft sich das Koalitionsrecht nicht in der Freiheit, Vereinigung zur Wahrung und Förderung von Arbeits- und Wirtschaftsbedingungen bilden zu dürfen. Andererseits stellt sich aber die Frage, wie weit der Schutzbereich des Koalitionsrechts gezogen werden kann bzw. darf.

#### a) Kernbereichslehre des Bundesverfassungsgerichts

##### (1) *Inhalt der Kernbereichslehre*

Trotz erheblicher Kritik[467] ging das Bundesverfassungsgericht ursprünglich davon aus, dass die Betätigungsrechte von Koalitionen nur in einem Kernbereich verfassungsrechtlich geschützt seien[468]. Ausgehend davon, dass der Schrankenvorbehalt des Art. 9 Abs. 2 GG sich nicht ausschließlich auf den ersten Absatz, sondern auch auf den dritten Absatz des Art. 9 GG beziehe[469], sollten nur die für die Existenz der Koalition unerlässliche Betätigungen vor Einschränkungen geschützt sein[470].

Das Bundesverfassungsgericht nahm also an, dass das Koalitionsrecht den geschützten Personen und Vereinigungen keinen inhaltlich unbegrenzbaren Spiel-

---

465 HbStR/*ISENSEE*, § 57, Rn. 86.

466 BVerfG 30.11.1965, BVerfGE 19, S. 303, 312; BVerfG 26.5.1970, BVerfGE 28, S. 295, 304; BVerfG 7.4.1981, BVerfGE 57, S. 29, 37; BVerfG 23.4.1986, BVerfGE 73, S. 261, 270; BAG 24.4.1985, AP § 3 BAT Nr. 4; BUTZER, RdA 1994, S. 375, 377; FRIEDERICH, DÖV 1988, S. 194, 197; MÜLLER-RODEN, ZRP 1988, S. 161.

467 etwa DÄUBLER/*BIEBACK*, Arbeitskampfrecht, Rn. 319; JARASS, NZA 1990, S. 505; V.HOYNINGEN-HUENE, AR-Blattei, Vereinigungsfreiheit I, Nr. 12; OTTO, Symposion Hugo Seiter, S. 72f.; SÄCKER, AuR 1994, S. 1ff.; ZECHLIN, NJW 1985, S. 585.

468 BVerfG 30.11.1965, BVerfGE 19, S. 303, 321f.; BVerfG 19.2.1975, BVerfGE 38, S. 386, 393; BVerfG 1.3.1979, BVerfGE 50, S. 290, 368; BVerfG 17.2.1981, BVerfGE 57, S. 220, 246; BVerfG 1.10.1987, BVerfGE 77, S. 1, 63.

469 Ein Teil der Lehre lehnt dies aufgrund der systematischen Stellung ab. Vielmehr geht man davon aus, dass Art. 9 Abs. 3 GG nur verfassungsimmanenten Schranken unterliege: NAUDITT, AuR 1987, S. 153, 154; ZECHLIN, AuR 1986, S. 289, 291.

470 BVerfG 30.11.1965, BVerfGE 19, S. 303, 321f.; BVerfG 19.2.1975, BVerfGE 38, S. 386, 393; BVerfG 1.3.1979, BVerfGE 50, S. 290, 368; BVerfG 17.02.1981, BVerfGE 57, S. 220, 246; BVerfG 1.10.1987, BVerfGE 77, S. 1, 63.

raum einräumt, sondern vielmehr der Gesetzgeber die Reichweite der Koalitionsfreiheit nach außen bestimmt, indem er die Befugnissen der Beteiligten einfachgesetzlich ausgestaltet.

Ein vom Kernbereich der Koalitionsfreiheit umfasstes Verhalten müsste danach sowohl entgegenstehende Regelungen als auch Rechte und Interessen Dritter verdrängen. Eine Beschränkung zum Kern des Koalitionsrechts gehöriger Rechte wäre nach dem beschriebenen Verständnis des Bundesverfassungsgerichts nur zur Wahrung kollidierenden Verfassungsrechts möglich, das sich relativ durchsetzt. Eine nicht dem Kernbereich der Koalitionsbetätigung unterfallendes Verhalten könnte demgegenüber nur als zulässig erachtet werden, soweit es von der allgemeinen Rechtsordnung und den Grenzen richterrechtlicher Rechtsfortbildungen gedeckt ist.

Ausgehend von der Kernbereichslehre des Bundesverfassungsgerichts ist für die Frage der Zulässigkeit einzelner Arbeitskampfmaßnahmen entscheidend, ob sie als unerlässliche Koalitionsbetätigung angesehen werden können. Die Beurteilung, ob ein Verhalten „unerlässlich" für die Ausübung der Koalitionsfreiheit ist, bereitet im Hinblick auf die Unbestimmtheit dieses Begriffs allerdings erhebliche Schwierigkeiten.

Eine inhaltliche Bestimmung des „Kernbereichs" oder des „Unerlässlichen" ist das Bundesverfassungsgericht bisher schuldig geblieben. Orientierungshilfen bieten auch die sog. „Werbeentscheidungen"[471] des Bundesarbeitsgerichts nicht an. In diesen berühmt gewordenen Entscheidungen zogen die Richter die Kernbereichsformel für die Beurteilung von Werbeaktionen einer Gewerkschaften in einem Betrieb heran. Das Bundesarbeitsgericht gelangte auf diese Weise zu einem Werberecht betriebsangehöriger Gewerkschaftsmitglieder außerhalb der Arbeitszeit und in den Arbeitspausen[472]. Darüber hinausgehende Tätigkeiten sah es hingegen nicht als unerlässlich für die Koalitionsausübung an, weshalb ihnen der verfassungsrechtliche Schutz versagt wurde[473]. Die in diesen Entscheidungen getroffenen Wertungen helfen bei der Einordnung einzelner Kampfmittel jedoch nicht weiter.

---

[471] BAG 14.2.1967, AP Art. 9 GG Nr. 10; BAG 8.12.1978, AP Art. 9 GG Nr. 28; BAG 23.2.1979, AP Art. 9 GG Arbeitskampf Nr. 29; BAG 23.9.1986, AP Art. 9 GG NR. 45; BAG 13.11.1992, NZA 1992, S. 690, 691.

[472] BAG 14.2.1967, AP Art. 9 GG Nr. 10.

[473] BAG 8.12.1978, AP Art. 9 GG Nr. 28; BAG 23.2.1979, AP Art. 9 GG Arbeitskampf Nr. 29; BAG 23.9.1986, AP Art. 9 GG NR. 45; BAG 13.11.1992, NZA 1992, S. 690, 691.

(2) *Abwägungsformel des Bundesverfassungsgerichts*

Auch dem Bundesverfassungsgericht bereitete die Zuordnung konkreter Verhaltensweisen zum Kernbereich erhebliche Schwierigkeiten. Daher wich es in einigen seiner Entscheidungen von seinem eigenen Kriterium der „Unerlässlichkeit" ab[474]. Es ging in diesen Entscheidungen in einem ersten Schritt vom umfassenden Schutz koalitionsspezifischer Betätigungen durch Art. 9 Abs. 3 GG aus. Anschließend nahm es diejenigen Aktivitäten vom Schutz wieder heraus, deren Beschränkung zum Schutz anderer Rechtsgüter als notwendig erachtet wurden[475].

Dieses als „Abwägungsformel" bezeichnete Ausschlussverfahren scheint ganz offensichtlich mit dem Verständnis der Kernbereichslehre unvereinbar. Das Bundesverfassungsgericht offenbart dennoch nicht, wie sich seine beiden dogmatischen Ansätze - Kernbereichslehre einerseits und Abwägungslehre andererseits - zueinander verhalten.

GELLERMANN[476] erklärt ihr Verhältnis wie folgt: Der mit dem Kernbereich angesprochene Wirkkreis stehe nicht mit der Eingriffsabwehr oder dem Wesensgehalt nach Art. 19 Abs. 2 GG in Zusammenhang. Vielmehr beziehe er sich darauf, den Inhalt des an den Gesetzgeber gerichteten Ausgestaltungsauftrag zu bestimmen. Dieser verfassungsrechtliche Auftrag sei auf die Bereitstellung jener normativer Grundregelungen gerichtet, von deren Vorhandensein es abhänge, ob die Grundrechtsträger von der ihnen verbürgten Freiheit Gebrauch machen könnten oder nicht[477].

Der Kernbereich bezeichne dann die für die Ausübung der Garantien umzusetzenden Mindestbedingungen. Die Unerlässlichkeitsformel betreffe folglich das gestaltungsrechtliche „Muss". Ein Beispiel für die Umsetzung dieses Auftrages stelle das Tarifvertragsgesetz dar. Dieses Gesetz schaffe der Tarifautonomie den subkonstitutionellen Boden, ohne den eine Schaffung normativ wirkender Regelungen durch die Tarifvertragsparteien nicht möglich wäre[478].

Der Gesetzgeber sei in seiner Ausgestaltungstätigkeit aber nicht darauf beschränkt, nur ein Minimum an Regeln bereitzustellen. Der Auftrag gehe sehr wohl über die Regelung des „Unerlässlichen" hinaus[479]. Dabei beschreibe die „Abwägungsformel" nur die äußere Grenze gesetzgeberischer Ausgestaltung,

---

474 BVerfG 26.5. 1970, BVerfGE 28, S. 295, 304; BVerfG 1.10.1987, BVerfGE 77, S. 1, 63.
475 BVerfG 26.5. 1970, BVerfGE 28, S. 295, 304; BVerfG 1.10.1987, BVerfGE 77, S. 1, 63.
476 GELLERMANN, Grundrechte in einfachgesetzlichem Gewande, 2001.
477 GELLERMANN, a.a.O., S. 157.
478 Zur Konzeption der Ausgestaltung und ihrem Inhalt vgl. sogleich unter 3. Teil § 3B.I.
479 GELLERMANN, a.a.O., S. 159; mit vergleichbaren Erwägungen schon SÄCKER, JZ 1970, S. 774 und SCHWARZE, RdA 1994, S. 653, 658.

also das „Kann“. Dem Gesetzgeber stehe es indes nicht frei, jedwede Regelungen zugunsten der Koalitionen zu erlassen, wenn dies dem „Schutze anderer Rechtsgüter in der Sache entgegenlaufe“[480]. Damit sei noch nicht gesagt, dass einem Verhalten nicht mittels Ausgestaltung auch dann zur Rechtmäßigkeit verholfen werden könne, wenn Kollisionen mit Grundrechten Dritter im Raume stünden. Vielmehr sei eine legitimierende Ausgestaltung solange möglich, als der Konflikt im Wege praktischer Konkordanz aufgelöst werden könne. Der Ausgestaltungsauftrag berechtige indes nicht dazu, gänzlich neue Gewährleistungssphären des Koalitionsrechtes zu begründen.

b) Lehre von der Garantie aller koalitionsspezifischen Betätigungen - Rechtsprechungsänderung oder Klarstellung der „Kernbereichsformel“ ?

1995 hatte das Bundesverfassungsgericht erneut darüber zu befinden, ob das aktive Werben für eine Gewerkschaft im Betrieb durch ein Gewerkschaftsmitglied während der Arbeitszeit von Art. 9 Abs. 3 Satz 1 GG geschützt wird[481].

In seinem Beschluss prägt der Senat ein neues Verständnis der ohnehin hoch umstrittenen Kernbereichsdogmatik. Es geht nunmehr davon aus, dass sich der Schutzbereich des Art. 9 Abs. 3 GG auf alle koalitionsspezifischen Verhaltensweisen erstreckt:

> *„Die Mitgliederwerbung ist auch nicht, wie das BAG meint, nur in dem Maße grundrechtlich geschützt, in dem sie für die Erhaltung und die Sicherung des Bestandes der Gewerkschaft unerlässlich ist. [...] Ob eine koalitionsspezifische Betätigung für die Wahrnehmung der Koalitionsfreiheit unerlässlich ist, kann demgegenüber erst bei der Einschränkung dieser Freiheit Bedeutung erlangen.* ***Insoweit gilt für Art. 9 Abs. 3 GG nichts anderes als für die übrigen Grundrechte.*** *“*[482]

Art. 9 Abs. 3 GG sei ein Freiheitsrecht, dessen Schutzbereich im Interesse möglichst weitgehender Entfaltung der juristischen Wirkungskraft der Gewährleistungen extensiv zu interpretieren sei[483]. Damit verbliebe im wesentlichen nur die Möglichkeit, Einschränkung der Koalitionsbetätigung auf der Ausgestaltungs- oder der Schrankenebene vorzunehmen.

---

[480] GELLERMANN, a.a.O., S. 159.

[481] BVerfG 14.11.1995, BVerfGE 93, S. 352ff = JZ 1996, S. 627 mit zustimmender Anm. WANK.

[482] BVerfG 14.11.1995, BVerfGE 93, S. 352, 358.

[483] BVerfG 17.1.1957, BVerfGE 6, S. 55, 72; BVerfG 15.12.1976, BVerfGE 43, S. 154, 167.

Sein neues Verständnis des Schutzbereichs des Koalitionsrechts hat das Bundesverfassungsgericht inzwischen mehrfach bestätigt[484]. Der Senat hat dabei wiederholt betont, dass es sich nicht um eine Änderung seiner bisherigen Rechtsprechung, sondern vielmehr um die Klarstellung zur Funktionsweise des Art. 9 Abs. 3 GG handele. Einer solchen hätte es aufgrund der häufigen Fehlinterpretation seiner Rechtsprechung durch andere Gerichte[485] und Literatur[486] bedurft[487]. Die aufgetretenen Missverständnisse seien darauf zurückzuführen, dass der Grundrechtsschutz in Bezug auf die Koalitionsbetätigung von vornherein auf den Bereich des für Erhalt und Sicherung der Existenz der Koalition Unerlässlichen beschränkt verstanden worden sei.

Letztlich ist die durch die Entscheidung vom 14.11.1995[488] „konkretisierte" Kernbereichslehre des Bundesverfassungsgerichts als Begrenzung der Regelungsbefugnis im Rahmen der Ausgestaltung und als Schranken-Schranke bei der Konfliktlösung mit kollidierendem Verfassungsrecht zu verstehen[489]. Stellt sich ein Verhalten als „unerlässlich" und damit als zum „Kernbereich" des Grundrechtsschutzes gehörend dar, verengt sich der Rahmen möglicher Beschränkungen durch den Gesetzgeber nach Maßgabe des Verhältnismäßigkeitsprinzips[490].

Das Bundesverfassungsgericht stellt mit seiner neuen, klarstellenden Rechtsprechung das Koalitionsrecht aus Art. 9 Abs. 3 GG in Struktur und Funktion den übrigen Freiheitsrechten gleich. Dies bringt es mit sich, dass auch für das Koali-

---

484 BVerfG 24.2.1999, BVerfGE 100, S. 271f.; BVerfG 24.2.1999, BVerfGE 100, S.214f.; BVerfG 24.4.1996, BVerfGE 94, S. 268, 283.

485 Aus der arbeitsgerichtlichen Rechtsprechung: BAG 8.2.1978, AP Art. 9 GG Nr. 28; BAG 23.2.1979, AP Art. 9 GG Nr. 29; BAG 23.2.1979, AP Art. 9 GG Nr. 30; BAG 14.7.1981 § 1 TVG Verhandlungspflicht Nr. 1; BAG 23.9.1986, AP Art. 9 GG Nr. 43; BAG 13.11.1991, AP § 611 BGB Abmahnung Nr. 7.

486 GOLA, MDR 1987, S. 362, 363; ISENSEE, Zukunft der sozialen Partnerschaft, S. 172ff.; KISSEL, NZA 1995, S. 1; SÄCKER, Grundprobleme, S. 89ff.; SCHWARZE, JuS 1994, S. 653, 657ff.; kritisch u.a. GRÖBING, AuR 1986, S. 297ff.; HANAU, ArbRGew 17 (1979), S. 34, S. 49; HERSCHEL AuR 1981, S. 265, 267ff.; ZECHLIN, NJW 1985, S. 585, 590.

487 BVerfG 14.11.1995, BVerfGE 93, S. 352, 360; BVerfG 24.2.1999, BVerfGE 100, S. 271f.: Vor dem Hintergrund der soeben unter 3. Teil § 3A.I.2.a) dargelegten Erläuterungen GELLERMANNS zum Verständnis der Rechtsprechung des Bundesverfassungsgerichts scheint eine Aufgabe der Kernbereichstheorie auch nicht notwendig. Dies ändert nichts daran, dass der Begriff des Kernbereichs als unglücklich gewählt anzusehen ist.

488 BVerfG 14.11.1995, BVerfGE 93, S. 352ff.

489 So auch HEILMANN, AuR, 1996, S. 121, 122; v.HOYNINGEN-HUENE, AR-Blattei [ES] 20, Nr. 33; SCHOLZ, SAE 1996, S. 320, 321; MAUNZ/DÜRIG-*SCHOLZ*, Art. 9 GG, Rn. 265ff.; THÜSING, Anm. zum Urteil des BAG v. 17.10.1995, EzA Art 9 GG Nr. 60.

490 Ebenso SCHOLZ, SAE 1996, S. 320, 323.

tionsrecht zwischen Schutzbereich einerseits und verfassungsrechtlich zulässigen Eingriffen in Rechte Dritte andererseits unterschieden werden muss. Der grundsätzliche Gewährleistungsbereich des Art. 9 Abs. 3 GG ist durch den Gesetzgeber weiter auszugestalten und für Kollisionsfälle verfassungskonform einzuschränken. Die so verstandene Koalitionsfreiheit hat also zur Folge, dass jedenfalls solche Verhalten dem Schutzbereich des Art. 9 Abs. 3 GG unterfallen, die als koalitionsspezifisch angesehen werden können.

Das Bundesverfassungsgericht blieb jedoch auch eine allgemeingültige inhaltliche Konkretisierung dessen, was die Koalitionsspezifik eines Verhaltens kennzeichnen soll, schuldig. Daher ist für die Beurteilung der Schutzbereicheröffnung des Art. 9 Abs. 3 GG zu untersuchen, wann ein Verhalten als koalitionsspezifisch angesehen werden kann.

### 3. Funktionelle Garantien

Einigkeit besteht in Rechtsprechung und Lehre darüber, dass die nachstehend aufgeführten Betätigungen einer Koalition bzw. ihrer Mitglieder als „koalitionsspezifische Betätigung“ im Sinne der vorstehend dargestellten Rechtsprechung des Bundesverfassungsgericht anzusehen sind.

#### a) Tarifautonomie und Arbeitskampfrecht

##### (1) *Betätigungsfreiheit und Tarifautonomie*

Als wesentliches Element der Koalitionsgewährleistung wird die Regelung der Arbeits- und Wirtschaftsbedingungen mittels Abschluss von Tarifverträgen durch Kollektive angesehen[491]. Dem liegt der Gedanke zugrunde, dass dem Arbeitsmarkt eine strukturelle Unterlegenheit der Arbeitnehmer gegenüber ihren potentiellen Arbeitgebern als Vertragspartnern inhärent sei. Letzteren komme eine Monopolstellung hinsichtlich des Wirtschaftsguts „Arbeitsplatz“ zu, weshalb sie beim Abschluss von Arbeitsverträgen gegenüber dem einzelnen Arbeitnehmer einen Verhandlungsvorteil hätten. Somit bestünde die Gefahr eines Aufzwingens vertraglicher Inhalte durch die überlegene Seite. Zur Beseitigung dieser Störung des privatrechtlichen Verhandlungsprinzips bedürfe es daher eines Kompensationsmittels. Ein solches stelle der Tarifvertrag dar. Er ermögliche es, Mindestarbeitsbedingungen durch die von den Arbeitnehmern und ggf. den Ar-

[491] BVerfG 6.5.1964, BVerfGE 18, S. 18, 31; BVerfG 18.12.1995, BVerfGE 38, S. 281; BVerfG 1.3.1979, BVerfGE 50, S. 290, 371; BVerfG 26.6.1991, BVerfGE 84, S. 212ff; BAG 9.7.1968, AP § 2 TVG Nr. 25; BAG GS 21.4.1971; zuletzt BVerfG 24.4.1996, AP § 57a HRG Nr. 2; vgl. statt aller nur: ErfK/DIETERICH, Art. 9 GG Rn. 41 und 54; MünchArbR-LÖWISCH/RIEBLE, § 246 Rn. 32; PREIS, Kollektivarbeitsrecht, § 83 III 2 c) bb).

beitgebern zu bildenden Kollektive einheitlich regeln zu lassen. Mit der Schaffung eines Tarifvertragssystems werde dem Arbeitsplatzmonopol auf Arbeitgeberseite ein Arbeitskraftmonopol auf der Arbeitnehmerseite gegenübergestellt und damit das für die Regelung der Arbeitsbedingungen erforderliche Verhandlungsgleichgewicht geschaffen.

(2) *Arbeitskampf*

Mit der verfassungsrechtlichen Anerkennung eines Tarifvertragssystems geht nach allgemeiner Ansicht[492] die verfassungsrechtliche Gewährleistung des Rechts auf Arbeitskampf einher. Ein Tarifvertragssystem sei zwar in der Lage, die Verhandlungs- und Abschlusssituation zugunsten der Arbeitnehmerseite zu verbessern. Ein völliger Ausgleich der Strukturschwäche gelänge aber mit der Zurverfügungstellung eines Tarifvertragswesens dennoch nicht, da seine Funktionsfähigkeit einen Verständigungs- und Einigungswillen der Beteiligten hinsichtlich der tarifvertraglich zu regelnden Inhalte voraussetze.

Fehle auf Seiten der Arbeitgeber Verhandlungs- oder Abschlussbereitschaft, sei eine kollektive Schaffung von Arbeitsmindestbedingungen nicht möglich. Das Kompensationsmodell des Vertragsabschlusses durch das Kollektiv laufe in einer solchen Situation leer. Das Tarifvertragssystem könne auf diese Weise durch die Arbeitgeber einseitig funktionsunfähig gestellt werden.

Der Beseitigung dieser Schwachstelle des Systems diene daher die verfassungsrechtliche Zulassung des Arbeitskampfes. Mit seiner Hilfe könne ein wirtschaftlicher Druck auf die potentielle Vertragspartei erzeugt werden, der diese zu ernsthaften Verhandlungen zwinge. Nur so könnten die Verhandlungspositionen der beteiligten Parteien auf ein für die Funktionsfähigkeit des privatautonomen Systems erforderliches, ausgeglichenes Niveau angehoben werden[493].

---

[492] BVerfG 6.5.1964, BVerfGE 18, S. 18, 31; BVerfG 1.3.1979, BVerfGE 50, S. 290, 371; BVerfG 26.6.1991, BVerfGE 84, S. 212ff; BAG 9.7.1968, AP § 2 TVG Nr. 25; BAG GS 21.4.1971, AP Art. 9 GG Arbeitskampf Nr. 43; BADURA, ArbRGew 15 (1977), S. 17, 19 und 21; BIRK, Warnstreik, S. 15ff.; BROX/RÜTHERS, Arbeitskampfrecht, Rn. 78; DÄUBLER, Neue Beweglichkeit, S. 19ff.; V.HOYNINGEN-HUENE, JuS 1987, S. 505, 506; V.HOYNINGEN-HUENE, AR-Blattei, Vereinigungsfreiheit I, 1984, B V 4b; KALB, Arbeitskampfrecht, Rn. 85; AltKomm/*KITTNER*, GG, Art. 9, Rn. 66; LÖWISCH/RIEBLE, Arbeitskampf- und Schlichtungsrecht, 170.1, Rn. 11; MünchArbR/*LÖWISCH*, § 236 Rn. 5; REUTER, FS Böhm, S. 521, 523; RÜTHERS, JZ 1970, S. 625; MAUNZ/DÜRIG-*SCHOLZ*, Art. 9 GG, Rn. 165, 281f. und 298; TREBER, Aktiv produktionsbehindernde Maßnahmen, S. 307; ZÖLLNER/LORITZ, Arbeitsrecht, § 40 II 1a, S. 451f.

[493] BAG GS 21.4.1971, AP Art. 9 GG Arbeitskampf Nr. 43. Dem hat sich das Bundesverfassungsgericht in seiner Entscheidung vom 26.6.1991, BVerfGE 84, S. 212 angeschlossen. Gleicher Ansicht: BROX/RÜTHERS, Arbeitskampfrecht, Rn. 78; V.HOYNINGEN-HUENE, AR-

Das Recht zum Arbeitskampf ergänzt die kollektive Vertragsfreiheit an ihrer Schwachstelle und vermittelt dem Gesamtsystem erst die Funktionsfähigkeit. Diese mittelbare Ableitung des Arbeitskampfrechtes stützt sich folglich letzten Endes wiederum auf die Überlegung, das Koalitionsrecht dürfe „keine leere Hülse" sein[494].

b) Streik und Aussperrung

(1) *Anerkennung einer verfassungsrechtlichen Garantie von Streik und Aussperrung*

Obschon die verfassungsrechtliche Garantie des Arbeitskampfes in Rechtsprechung und Wissenschaft[495] bereits seit geraumer Zeit unstreitig ist, erkannte das Bundesverfassungsgericht[496] erst im Jahr 1991 *ausdrücklich* auch einzelne Arbeitskampfmaßnahmen als von der Garantie des Art. 9 Abs. 3 GG an. Die Koalitionsfreiheit schütze diese, soweit sie erforderlich seien, um eine funktionierende Tarifautonomie zu gewährleisten[497]. Daher unterfalle zugunsten der Arbeitgeber die Abwehraussperrung, zugunsten der Arbeitnehmer der Streik dem Schutzbereich des Art. 9 Abs. 3 GG. Diese Ansicht des Bundesverfassungsgerichts entspricht zumindest hinsichtlich der verfassungsrechtlichen Anerkennung des Streikrechts der einhelligen Ansicht in der Lehre[498].

---

Blattei [D], Vereinigungsfreiheit I, 1984, B V 4b; KALB, Arbeitskampfrecht, Rn. 85; KISSEL, Arbeitskampfrecht, § 17 Rn. 8ff.; LÖWISCH/RIEBLE, Arbeitskampf- und Schlichtungsrecht, 170.1, Rn. 11; ZÖLLNER/LORITZ, Arbeitsrecht, § 40 II 1a, S. 451f.

494 Siehe dazu 3. Teil § 3A.I.2.

495 Vgl. Nachweise in Fn. 492.

496 BVerfG 26.6.1991, BVerfGE 84, S. 212; bestätigt durch BVerfG 2.3.1993, BVerfGE 88, S. 103ff. (Poststreik). Das Bundesarbeitsgericht hatte zwar bereits seit der Entscheidung des Großen Senats vom 28.1.1955, AP Nr. 1 zu Art. 9 GG Arbeitskampf, erkannt, dass tariffähigen Parteien zur Erreichung tariflicher Ziele den Streik als *ultima ratio* einsetzen dürfen. Ausdrücklich wurde dem Streikrecht verfassungsrechtlicher Schutz aus dem Koalitionsrecht aber nicht zugesprochen. Erst in seiner Entscheidung vom 26.6.1991 sprach das Bundesverfassungsgericht dem primären Kampfmittel der Arbeitgeber, der Aussperrung, eine verfassungsrechtliche Garantie zu. Damit war aber auch gleichzeitig die Garantie des Streikrechts, weil primäres Kampfmittel der Arbeitnehmer, festgeschrieben. Dies stellte das Bundesarbeitgericht in einer nachfolgenden Entscheidungen noch einmal ausdrücklich fest: BAG 4.7.1995, AP Nr. 4 zu § 116 AFG.

497 So der zweite Leitsatz der Entscheidung des BVerfG 26.6.1991, BVerfGE 84, S. 212.

498 Vgl. nur BROX/RÜTHERS, Arbeitskampfrecht, Rn. 89; GAMILLSCHEG, KollArbR I, S. 985f.; ISENSEE, Beamtenstreik, S. 23ff.; KEMPER, Die Bestimmungen des Schutzbereichs der Koalitionsfreiheit, S. 158f.; KISSEL, Arbeitskampfrecht, § 17 Rn. 8ff; MAUNZ/DÜRIG-*SCHOLZ*, Art. 9 GG, Rn. 322; MünchArbR/*OTTO*, § 281 Rn. 10; REUTER, Die Grenzen des Streik-

(2) *Umfang der Streikrechtsgarantie*

Umstritten ist indessen der exakte Umfang der verfassungsrechtlichen Garantie des Streikrechts.

(a) *Meinungsstand*

*(i)* Keine Erstreckung der Garantie auf sonstige Arbeitskampfmittel

Nach überwiegender Ansicht in Rechtsprechung und Literatur umfasst der Streik lediglich das Recht zur kollektiven, gewerkschaftlich getragenen Arbeitseinstellung[499]. Sonstige, über die bloße Arbeitsniederlegung hinausgehenden Arbeitskampfmittel würden an dieser verfassungsrechtlichen Garantie des Streikrechts hingegen nicht teilhaben, sondern seien vielmehr eigenständig hinsichtlich ihrer verfassungsrechtlichen Gewährleistung am Koalitionsrecht des Art. 9 Abs. 3 GG zu messen[500].

Gemäß der herrschenden Auffassung sind demnach weder der Boykott noch die aktive Produktionsbehinderung (i.e.S.) von der Streikrechtsgarantie mitumfasst, da sie sich nicht in der bloßen Arbeitsniederlegung und der hiermit verbundenen Verletzung arbeitsvertraglicher Hauptpflichten erschöpfen.

---

rechts, ZfA 1990, S. 535, 556.; SEITER, Streikrecht und Aussperrungsrecht, S. 522; SCHOLZ, SAE 1984, S. 351, 352.

[499] BAG 21.6.1988 - 1 AZR 651/86, AP Art. 9 GG Arbeitskampf Nr. 108; BAG 8.11.1988, AP Art. 9 GG Arbeitskampf Nr. 111; BAG 7.11.1995, AP Art. 9 GG Arbeitskampf Nr. 138 und 139; LAG Köln 2.7.1984, EzA Art. 9 Arbeitskampf Nr. 53; LAG Schleswig-Holstein 25.6.1986, LAGE Art. 9 GG Arbeitskampf Nr. 29; LAG Schleswig-Holstein 10.6.1993, LAGE Art. 9 GG Arbeitskampf Nr. 51; LAG Düsseldorf 24.2.1994, LAGE Art. 9 GG Arbeitskampf Nr. 54; GAMILLSCHEG, KollArbR I, S. 985f.; MünchArbR/*OTTO*, § 281 Rn. 10; REUTER, Die Grenzen des Streikrechts, ZfA 1990, S. 535, 556; SEITER, Streikrecht und Aussperrungsrecht, S. 522; SCHOLZ, SAE 1984, S. 351, 352; im Ergebnis wohl auch WESCH, Betriebsbesetzung, S. 21, der diese Frage allerdings auf die Ebene des allgemeinen Arbeitskampfbegriffes hebt.

[500] BAG 21.6.1988 - 1 AZR 651/86, AP Art. 9 GG Arbeitskampf Nr. 108; BAG 8.11.1988, AP Art. 9 GG Arbeitskampf Nr. 111; BAG 7.11.1995, AP Art. 9 GG Arbeitskampf Nr. 138 und 139; LAG Köln 2.7.1984, EzA Art. 9 GG Arbeitskampf Nr. 53; LAG Schleswig-Holstein 25.6.1986, LAGE Art. 9 GG Arbeitskampf Nr. 29; LAG Schleswig-Holstein 10.6.1993, LAGE Art. 9 GG Arbeitskampf Nr. 51. LAG Düsseldorf 24.2.1994, LAGE Art. 9 GG Arbeitskampf Nr. 54; ArbG Bad Hersfeld 20.6.1984 - 1 Ga 4/84 (n.v.); ArbG Bielefeld 23.5.1984 - 1 Ga 11/84 (n.v.); ArbG Darmstadt 19.6.1984 - 2 Ga 11/84 (n.v.); ArbG Detmold 28.5.1984 - 3 Ga 11/84 (n.v.); 28.6.1984 - 3 Ga 13/84 (n.v.); ArbG Elmshorn 23.5.1984 - 1b Ga 6/84 (n.v.); ArbG Essen 7.7.1984 - 4 Ga 22/84 (n.v.); ArbG Frankfurt 28.5.1984 - 2 Ga 11/84 (n.v.); 30.5.1984 - 2 Ga 10/84 (n.v.); 25.6.1984 - 2 Ga 14/84 (n.v.); 28.6.1984 - 2 Ga 13/84 (n.v.); ArbG Hamburg 13.7.1984 - 20 Ga 11/84 (n.v.); ArbG Kassel 7.6.1984 - 5 Ga 7/84 (n.v.).

In diesem Zusammenhang bislang nicht ausdrücklich angesprochen und damit ungeklärt ist, inwiefern die Sonderformen der Arbeitseinstellung von der verfassungsrechtlichen Anerkennung des Streikrechts mitumfasst werden. Dies mag darauf zurückzuführen sein, dass die Arbeitnehmer bei diesen Arten des Arbeitskampfes ebenso wie beim verfassungsrechtlich geschützten Streik ihre Arbeitsleistung zurückhalten und insofern ihr verfassungsrechtlicher Schutz nach der ausdrücklichen Anerkennung des Streikrechts für unproblematisch gehalten wird.

*(ii)* Arbeitskampfmittel als „integrale" Bestandteile des Streikrechts

Für ein sehr weites Verständnis der Streikgarantie plädiert *ZECHLIN*[501]. Er versteht die Sonderformen des Arbeitskampfes, einschließlich der aktiven Produktionsbehinderung als „integralen" Bestandteil des Streiks und damit als von der Streikrechtsgarantie mitumfasst. Zur Begründung verweist er auf die historische Entwicklung sowie den tatsächlichen Ablauf eines Streiks. Entwicklung wie Ablauf zeigten, dass es zum Charakteristikum eines Streiks gehöre, Betriebe zu blockieren oder zu besetzen. Solche Maßnahmen den Schutz des Art. 9 Abs. 3 GG zu verweigern, bedeute daher eine unzulässige Beschränkung des Streikrechts.

Nach der Ansicht *ZECHLINS* müssten jede Arbeitskampfform dem Streikrecht zugeordnet werden mit der Folge, dass sie als verfassungsrechtlich garantiert anzusehen wären.

(b) *Stellungnahme*

Im Ergebnis verdient die herrschende Ansicht Zustimmung. Die Verstöße gegen Straf-, Delikts- und Urheberrechtsnormen, die mit aktiv produktionsbehindernden Maßnahmen (i.e.S) einhergehen[502], zeigen eindeutig auf, dass sich dieses Kampfmittel in seiner Qualität entscheidend vom Streik abhebt. Es sei nur daran erinnert, dass die aktive Produktionsbehinderung (i.e.S.) entwickelt und eingesetzt wurde, um gerade nachhaltiger als mit einem auf die bloße Zurückbehaltung der Arbeitsleistung beschränkten Streik auf den Arbeitgeber Druck auszuüben und auf seine Entscheidungsfindung einwirken zu können[503]. Insgesamt bildet die aktive Produktionsbehinderung (i.e.S.) damit eher ein Aliud zum Streik und kann folglich auch nicht von dessen Einordnung in den Schutzbereich des Art. 9 Abs. 3 GG mitumfasst werden[504].

---

[501] ZECHLIN, Streik-Strafrecht-Polizei, S. 42; *DERS.*, AuR 1986, S. 292.
[502] Siehe dazu 3. Teil § 1C.III.
[503] Vgl. dazu bereits unter 2. Teil § 3B.III.
[504] Ähnlich die Argumentation von WESCH, Betriebsbesetzung, S. 172.

Auch die an die Geschichte des Arbeitskampfes anknüpfende Begründung ZECHLINS[505] steht dem nicht entgegen. Zwar kam es in der Geschichte des Arbeitskampfes in regelmäßigen Abständen zu Blockadeaktionen oder Besetzungen von Betrieben[506]. Jedoch sollte nicht unbeachtet bleiben, dass diese Kampfmaßnahmen in all diesen Fällen von der Rechtsprechung als rechtswidrig und unzulässig beurteilt wurden[507]. In den vergangenen Jahrhunderten hat sich entgegen der Ansicht ZECHLINS[508] vielmehr ein Streikverständnis entwickelt, worunter nur die kollektive Arbeitsniederlegung zu verstehen ist.

Vor diesem Hintergrund können auch die Sonderformen der Arbeitsniederlegung nicht unter Hinweis auf die anerkannte verfassungsrechtliche Garantie des Streikrechts als von Art. 9 Abs. 3 GG geschützt angesehen werden. Zwar beschränken sich die Arbeitnehmer auch bei diesen Kampfmaßnahmen auf die Einstellung ihrer Arbeitsleistung. Im ersten Teil der Bearbeitung[509] wurde jedoch herausgearbeitet, dass sich diese Arbeitskampfmittel ganz erheblich in Zielrichtung und Druckausübung vom klassischen Streik unterscheiden. Wie die aktiv produktionsbehindernden Maßnahmen wurden auch sie entwickelt, um wirkungsvoller als mit dem Streik auf die Entscheidung des Arbeitgebers einwirken zu können. Wenn auch bislang in der Literatur nicht ausdrücklich in diesen Zusammenhang gesetzt, können auch sie nicht als integraler Bestandteil des verfassungsrechtlich unstreitig geschützten Streikrechts angesehen werden.

Im Ergebnis kann daher die Eröffnung des sachlichen Schutzbereichs des Art. 9 Abs. 3 GG für die neuen Kampfmaßnahmen nicht alleine auf die verfassungsrechtliche Garantie des Streikrechts gestützt werden.

### c) Grundsatz der freien Kampfmittelwahl

Als weitere funktionelle Garantie hat der Grundsatz der Kampfmittelfreiheit Anerkennung gefunden. Diesen leitete die Rechtsprechung[510] ursprünglich aus dem „Gesamtzusammenhang unserer Wirtschaft und sozialverfassungsrechtlichen Grundprinzipien" her, aus dem unter anderem die Notwendigkeit des freien

---

505 Dieser Ansatz erscheint schon deshalb fraglich, weil allenfalls der Streik i.e.S. als überkommen anzuerkennen ist. Betriebsbesetzungen sind am Rande von Streikaktionen und nur in jüngerer Zeit aufgetreten, vgl. den Überblick unter 2. Teil § 2B.III.2.

506 Siehe dazu die Ausführungen zur Entwicklung des Arbeitskampfes und der Besetzungs- und Blockademaßnahmen unter 2. Teil § 2.

507 Vgl. Nachweise in Fn. 5.

508 ZECHLIN, Streik-Strafrecht-Polizei, S. 42; *DERS.*, AuR 1986, S. 292.

509 Vgl. oben unter 2. Teil § 3.

510 So noch BAG GS 28.1.1955, AP Art. 9 GG Arbeitskampf Nr. 1, im Leitsatz seiner Entscheidung.

Spiels der Kräfte folge. Heute wird der Grundsatz unmittelbar aus der Koalitionsfreiheit des Art. 9 Abs. 3 GG abgeleitet[511].

Der Grundsatz der Kampfmittelfreiheit besage, dass es den Koalitionen freistehe, die Mittel zu wählen, die sie für zur Erreichung ihre Zwecks für geeignet halten; es liege dann im freien Spiel der Kräfte, ob mit den gewählten Mitteln der erstrebte Erfolg erreicht würde. Ein Zwang, bestimmte Mittel einzusetzen, bestünde aber nicht[512].

Vereinzelt wird im Schrifttum vertreten, die Anerkennung dieses Grundsatzes sei gleichbedeutend mit der Eröffnung des Schutzbereichs für sämtliche Arbeitskampfmittel[513]. Die freie Wahl zwischen verschiedenen Arbeitskampfmitteln schließe auch die Entwicklung weiterer Arbeitskampfmittel neben dem Streik und deren Einsatz ein. Erst durch den Einsatz verschiedener Kampfmittel werde das Kampfgeschehen in einem Maße unvorhersehbar, welches es ermögliche, einen hinreichenden Verhandlungsdruck beim Arbeitgeber zu erzeugen. Infolge sich verändernder Rahmenbedingungen könnten einzelne anerkannte Kampfmittel an Wirkungskraft verlieren. Dies zwinge zur Entwicklung neuer Kampfmittel, deren Einsatz von der verfassungsrechtlichen Garantie, Kampfmittel frei wählen zu können, dann mitumfasst sein müsste.

Dieses Verständnis des Grundsatzes der Kampfmittelfreiheit stößt in der übrigen Lehre auf erhebliche Kritik[514]. Es wird darauf verwiesen, dass der Ansatz der Gegenauffassung auf einem völlig fehlerhaften Verständnis des Grundsatzes der freien Kampfmittelwahl beruhe. Dieser Grundsatz sei nicht geeignet, die Zulässigkeit von Kampfmitteln zu begründen[515].

---

[511] BVerfG 26.6.1991, BVerfGE 84, S. 212, 224; BVerfG 2.3.1993, BVerfGE 88, S. 103, 114; BVerfG 4.7.1995; BVerfGE 92, S. 365, 393; BAG 27.9.1957, AP Art. 9 GG Nr. 6; BAG 25.1.1963, AP Art. 9 GG Nr. 24; BAG 21.4.1971, AP Art. 9 GG Arbeitskampf Nr. 43; BAG 26.10.1971, AP Art. 9 GG Arbeitskampf Nr. 44; BAG 10.6.1980, AP Art. 9 GG Arbeitskampf Nr. 64; BAG 8.11.1988, AP Art. 9 GG Arbeitskampf Nr. 111; BAG 13.7.1998, AP Art. 9 GG Arbeitskampf Nr. 127.

[512] BVerfG 18.11.1954, BVerfGE 4, S. 96ff.; SEITER, Streikrecht und Aussperrungsrecht, S. 142.

[513] DÄUBLER/*BIEBACK*, Arbeitskampfrecht, Rn. 413; GEGENWART, Arbeitskampf im Medienbereich, S. 42; HINDRICHS/MÄULEN/SCHARF, S. 57, 78; HOYER, AiB 1986, S. 243, 247; LÜBBE-WOLFF, DB 1988, Beilage Nr. 9, S. 1, 3; NAUDITT, AuR 1987, S. 153, 154f.; BIEBACK/ZECHLIN-NAUDITT, S. 172, 174; ZECHLIN, AuR 1986, S. 289, 291.

[514] LIEB, ZfA 1982, S. 138, 140f.; SCHOLZ/KONZEN, Die Aussperrung im System von Arbeitsverfassung und kollektivem Arbeitsrecht, S. 130ff.; SEITER, Streikrecht und Aussperrungsrecht, S. 140; ZÖLLNER, FS Bötticher, S. 427ff.

[515] HELLENTHAL, NZA 1987, S. 52, 54; V.HOYNINGEN-HUENE, JuS 1987, S. 505, 513; KONZEN, Anm. zum Urteil des BAG v. 21.6.1988 und 8.11.1988, EzA Art. 9 GG Arbeitskampf

Dem ist zuzustimmen. Der Grundsatz der freien Kampfmittelwahl gewährleistet ausschließlich die freie Wahl zwischen *zulässigen* Mitteln[516]. Erst wenn die Rechtmäßigkeit der einer Kampfmaßnahme feststeht, sichert der Grundsatz von der freien Kampfmittelwahl ihren Einsatz ab. Demnach ist der Grundsatz für die Subsumtion eines Kampfmittels unter den Schutz des Art. 9 Abs. 3 GG ungeeignet. Die vorherrschende Annahme, dass die Arbeitskampfrechtsordnung kein geschlossenes System zulässiger Arbeitskampfmittel sei[517], ergibt sich daher nicht - wie von der Gegenansicht vermutet - aus dem Grundsatz der freien Arbeitskampfmittelwahl, sondern ausschließlich aus der Offenheit der Koalitionsrechtsgewährleistung. Die dogmatische Grundlage für die Zulässigkeit von Arbeitskampfmitteln kann folglich alleine in der verfassungsrechtlichen Garantie, der Ausgestaltung und den Begrenzungen des Arbeitskampfrechts aus Art. 9 Abs. 3 GG gesehen werden.

Im Ergebnis kann daher der verfassungsrechtliche Schutz der neuen Arbeitskampfmittel nicht unter Hinweis auf die anerkannten Garantien des Art. 9 Abs. 3 GG - „Streik" einerseits und „freie Arbeitskampfmittelwahl" andererseits - angenommen werden. Es bleibt damit zu klären, ob die an die Stelle des Streiks tretenden Verhaltensweisen eigenständig von der Arbeitskampfgarantie des Art. 9 Abs. 3 GG umfasst werden.

## II. Eröffnung des Schutzbereichs für alternative Arbeitskampfmittel

### 1. Meinungsstand

---

Nr. 75, LIEB, ZfA 1982, S. 113, 139; LÖWISCH, RdA 1987, S. 219, 220; G. MÜLLER, Arbeitskampf und Recht, S. 143; PICKER, Warnstreik, S. 77; RICHARDI, SAE 1972, S. 33, 34; SCHOLZ/KONZEN, Die Aussperrung im System von Arbeitsverfassung und kollektivem Arbeitsrecht, S. 130ff.; SEITER, Streikrecht und Aussperrungsrecht, S. 140; WESCH, Betriebsbesetzung, S. 193, 194; ZÖLLNER, AöR 98, (1973), S. 71, 98; *DERS.*, FS Bötticher, 1969, S. 427ff.

[516] So die ganz überwiegende Ansicht: HELLENTHAL, NZA 1987, S. 52, 54; V.HOYNINGEN-HUENE, JuS 1987, S. 505, 513; *DERS.*, DB 1989, S. 1466; KONZEN, Anm. zum Urteil des BAG v. 21.6.1988 und 8.11.1988, EzA Art. 9GG Arbeitskampf Nr. 75, LIEB, ZFA 1982, S. 113, 139; LÖWISCH, RdA 1987, S. 219, 220; G.MÜLLER, Arbeitskampf und Recht, S. 143; PICKER, Warnstreik, S. 77; RICHARDI, SAE 1972, S. 33, 34; WESCH, Betriebsbesetzung, S. 193, 194; ZÖLLNER, AöR 98, (1973), S. 71, 98.

[517] BAG 13.7.1993, AP Art. 9 GG Arbeitskampf, Nr. 127; BAG 17.12.1976, AP Art. 9 GG Arbeitskampf, Nr. 51; BAG 19.10.1976, AP § 1 TVG Form, Nr. 6; ebenso HOYER, DuR 1986, S. 387, 391; LÖWISCH/RIEBLE, Arbeitskampf- und Schlichtungsrecht, Rn. 46; NAUDITT, AuR 1987, S. 153, 155; SCHOLZ/KONZEN, Die Aussperrung im System von Arbeitsverfassung und kollektivem Arbeitsrecht, S. 131; TREBER, Aktiv produktionsbehindernde Maßnahmen, S. 397.

a) Arbeitsgerichte und Teil der arbeitsrechtlichen Lehre

Die Arbeitsgerichte wie auch der überwiegende Teil des arbeitsrechtlichen Schrifttums problematisieren die Frage nach der Eröffnung des Schutzbereichs für einzelne Arbeitskampfmaßnahmen nicht. Soweit die generelle Zulässigkeit einer Kampfmaßnahme überhaupt diskutiert wird, findet eine Auseinandersetzung mit dieser Frage alleine auf der Ebene der Ausgestaltung und der Beschränkung des Rechts statt. Das Bundesarbeitsgericht hat - um nur ein Beispiel zu nennen - in einer Entscheidung zur Rechtmäßigkeit einer Betriebsbesetzung zwar im Ergebnis die Rechtswidrigkeit ihres Einsatzes im Arbeitskampf festgestellt, hingegen die Frage, ob dieses Kampfmittel überhaupt eigenständig dem Art. 9 Abs. 3 GG zugeordnet werden kann, ausdrücklich offen gelassen[518].

b) Eröffnung des Schutzbereichs für alle neuen Arbeitskampfmittel

Einige Stimmen im Schrifttum[519] sprechen sich explizit für die Eröffnung des Schutzbereichs für alle zum Zwecke des Arbeitskampfes eingesetzte Mittel aus. Zur Begründung wird auf das neue Schutzbereichsverständnis des Bundesverfassungsgerichts[520] (Aufgabe der Kernbereichslehre zugunsten des Schutzes aller koalitionsspezifischen Verhaltensweisen) verwiesen. Vor dem Hintergrund dieser Rechtsprechung könne eine Aufnahme dieser Arbeitskampfmaßnahmen in den Schutzbereich des Art. 9 Abs. 3 GG nicht mehr abgelehnt werden. Da Arbeitskampfmitteln ein Bezug zum Tarifvertragsabschluss nicht abgesprochen werden könne, seien sie zwingend als koalitionsspezifische Betätigung anzusehen und als solche vom Schutz des Art. 9 Abs. 3 GG erfasst. Die neue Rechtsprechung zum Schutzbereichsverständnis stelle daher einen ersten Schritt hin zur Anerkennung der aktiven Produktionsbehinderung auf Verfassungsebene dar[521].

c) Eingeschränkte Eröffnung des Schutzbereichs für neue Arbeitskampfmittel

(1) *Keine Eröffnung für die Schlechtleistung*

Nach einer weiteren Auffassung wird nicht jedes Arbeitskampfmittel von Art. 9 Abs. 3 GG geschützt. So vertritt *GAMILLSCHEG* etwa die Auffassung, die *Schlechtleistung* im Arbeitskampf könne nicht unter Art. 9 Abs. 3 GG subsu-

---

[518] BAG 1.8.1988, AP Art. 9 GG Arbeitskampf Nr. 111.

[519] HEILMANN, AuR 1996, S. 121f.; HEIMES, MDR 1996, S. 563ff.; SACHS/*HÖFLING*, Art. 9 GG, Rn. 104; DÄUBLER, AuR 1992, S. 1, 3; KEMPEN/ZACHERT, TVG, Einl. Rn. 94; Alt-Komm/*KITTNER*, GG, Art. 9, Rn. 32.

[520] Vgl. oben im 3. Teil § 3A.I.2.b).

[521] Zuletzt TREBER, Aktiv produktionsbehindernde Maßnahmen, S. 382 und 400.

miert werden[522]. Andere sehen diesen Schutzbereichsausschluss hingegen auf die Fälle vorsätzlicher Schlechtleistung beschränkt[523]. Es handele sich insoweit um ein dem Verhältnismäßigkeitsgrundsatz entsprechendes Kampfmittel, weil es im Verhältnis zum Streik ein weniger einschneidendes und damit milderes Mittel sei. Die kollektive Verminderung oder Verlangsamung (Bummelstreik, „Dienst nach Vorschrift“[524], „go sick“) müsse daher dem Koalitionsrecht noch zugeordnet werden können[525].

(2) *Keine Eröffnung für den güterrechtlichen Boykott*

OTTO[526] nimmt zudem den *güterrechtlichen Boykott* vom Schutzbereich des Art. 9 Abs. 3 GG heraus. Eine Zuordnung des güterrechtlichen Boykotts zu Art. 9 Abs. 3 GG bewirke, dass ein nach zivilrechtlichen Grundsätzen an sich zulässiges Verhalten aufgrund arbeitskampfrechtlicher Bewertungen als rechtswidrig eingestuft werden könnte. Damit würde die Berufung der Arbeitnehmer auf das Koalitionsrecht ihre eigene Rechtsposition nachteilig verschlechtern. Dies sei nicht schlüssig.

---

522 GAMILLSCHEG, KollArbR I, S. 1063f.; ähnlich MünchArbR/*OTTO*, § 286 Rn. 53; LIEB, Anm. zum Urteil des BGH v. 31.1.1978, AP Art. 9 GG Arbeitskampf Nr. 61; TOMANDL, ZfA 1974, S. 83, 86.

523 BIRK/KONZEN/LÖWISCH/RAISER/SEITER, Gesetz zur Regelung kollektiver Konflikte, 1988; BROX/RÜTHERS, Arbeitskampfrecht, Rn. 28.; LORITZ, Symposion Hugo Seiter, S. 117, 121f.; LIEB, Anm. zum Urteil des BGH v. 31.1.1978, AP Art. 9 GG Arbeitskampf Nr. 61; LÖWISCH/RIEBLE, Arbeitskampf- und Schlichtungsrecht, 170.2, Rn. 421; REUTER, ZfA 1990, S. 335, 356; ähnlich schon das Reichsgericht: RG 9.6.1925, RGZ 111, S. 105, 112; RG 30.3.1926, RGZ 113, S. 197, 200.

524 Dem Bundesgerichtshof lag in den Jahren 1977 und 1978 die Frage nach der Rechtmäßigkeit der „Fluglotsenstreiks“ in Form des „Dienstes nach Vorschrift“ und des „go sick“ vor, BGH 16.6.1977, BGHZ 69, S. 128ff.; BGH 31.1.1978, NJW 1978, S. 816f. Mit der Frage, ob die kollektive organisierten Krankmeldung oder der „Dienst nach Vorschrift“ überhaupt unter den Schutz des Art. 9 Abs. 3 GG fällt, setzte sich Gericht nicht auseinander, da die Fluglotsen im Beamtenverhältnis standen und ihnen nach Auffassung des Gerichts wegen der hergebrachten Grundsätze des Berufsbeamtentums ein Recht auf Arbeitskampf ohnehin nicht zustünde (vgl. zum Recht der Beamten auf Streik: BVerfG 11.6.1958, BVerfGE 8, S. 1, 15ff.; BVerfG 30.3.1977, BVerfGE 44, S. 249ff.; RAMM, Koalitionsrecht und Streikrecht der Beamten, S. 32, mit weiteren Nachweise in Fn. 36, 37).

525 DÄUBLER, Arbeitskampfrecht, Rn. 1458ff.; HUECK/NIPPERDEY/SÄCKER, Bd. II/2, S. 893; LIEB/V.STEBUT/ZÖLLNER-*LORITZ*, S. 121; LÖWISCH/RIEBLE, Arbeitskampf und Schlichtungsrecht, 170.2, Rn. 256f; SEITER, Streikrecht und Aussperrungsrecht, S. 263ff.; ZÖLLNER, FS Bötticher, S. 427, 433ff. **a.A.** MünchArbR/*OTTO*, § 286 Rn. 53; mit gleichem Ergebnis: GAMILLSCHEG, KollArbR I, S. 1063; LIEB, Anm. zum Urteil des BGH v. 31.1.1978, AP Art. 9 GG Arbeitskampf Nr. 61; TOMANDL, ZfA 1974, S. 83, 86.

526 MünchArbR/*OTTO*, § 286 Rn. 199.

(3) *Eröffnung nur für Maßnahmen der kollektiven Störung des Arbeitsvertrages*

Teilweise wird in der Literatur[527] nicht auf die Eröffnung des Schutzbereichs für ganz konkrete Arbeitskampfmittel abgestellt. Vielmehr wird sich dafür ausgesprochen, nur Formen der *kollektiven Störung des Arbeitsvertrages* - genauer einzelner Vertragspflichten - als durch Art. 9 Abs. 3 GG verfassungsrechtlich geschützte Arbeitskampfmittel anzusehen. Alleine der die Beziehung zwischen Arbeitnehmer und Arbeitgeber kennzeichnende Arbeitsvertrag könne den Anknüpfungspunkt für eine Zuordnung von Verhaltensweisen zur Koalitionsbetätigung bilden. Maßnahmen, die hierüber hinausgingen, seien folglich als arbeitskampfinadäquat anzusehen. Deshalb müssten sie aus der verfassungsrechtlichen Definition des Arbeitskampfes und somit aus dem Schutzbereich des Art. 9 Abs. 3 GG ausgeschieden werden[528]. Auch diese Ansicht läuft darauf hinaus, dass nicht alle neuen Arbeitskampfmitteln in den Schutzbereich des Koalitionsrechts fallen.

(4) *Eröffnung nur für kollektive Geltendmachung von Vertrags- oder Marktrechten*

Aufbauend auf Arbeiten von *PICKER*[529] vertritt *RIEBLE*[530], dass nur für solche Vorgehensweisen im Arbeitskampf der Schutzbereich des Art. 9 Abs. 3 GG eröffnet sein könne, die sich als kollektiv geltend gemachte Vertrags- oder Marktrechte darstellten. Privatautonomie, Marktfreiheit und Tarifvertrag würden auch im Bereich des Arbeitsvertragsschlusses ein geschlossenes System bilden, welches durch den Einsatz des Arbeitskampfes nicht gestört, sondern unterstützt werden solle. So besehen, sei der Arbeitskampf marktkonform. Kampfmittel, welche den Markt und damit die kollektive privatautonome Rechtsgestaltung zu Lasten einer Seite aus der Waage brächten, seien daher einer Legitimation durch Art. 9 Abs. 3 GG nicht zugänglich.

---

[527] Diese im Ergebnis weitgehend übereinstimmenden, wenn auch hinsichtlich ihrer dogmatischen Struktur unterschiedlichen Ansätze werden vertreten von: STAUDINGER/*RICHARDI*, vor § 611 BGB, Rn. 856; SCHWITANSKI, Unternehmensschutz und Arbeitskampfrecht, S. 371, 375 und 381; WESCH, Betriebsbesetzung, S. 21; vergleichbare Ansätze auch schon bei: LORITZ, DB 1987, S. 223, 225; KÄPPLER, JuS 1990, S. 618, 620; VON MÜNCH/KUNIG-*LÖWER*, Art. 9 GG, Rn. 71, S. 621; REUTER, ZfA 1990, S. 547, 557.

[528] WESCH, Betriebsbesetzung, S. 19 und 20, verweist diesbezüglich sowohl auf ein kollektives Auftreten der Arbeitnehmer vor dem Privatgrundstück ihres Arbeitgebers als auch auf ein kollektives Beschimpfen des Arbeitgebers. Beides könne mangels Arbeitsvertragsbezug nicht als Arbeitskampf eingestuft werden.

[529] PICKER, ZfA 1986, S. 199ff.; *DERS.* GS Knobbe-Keuk, S. 879ff.; *DERS.*, Vertrags- und Kampfprinzip, S. 63; *DERS.*, Warnstreik, S. 47.

[530] RIEBLE, Arbeitsmarkt und Wettbewerb, Rn. 1345ff.; ähnlich auch KÄPPLER, JuS 1990, S. 618, 620, die eine freie Wahl der Mittel begrenzt auf Maßnahmen mit Vertragsbezug.

Aus diesem Grund vermöge das Koalitionsrecht jedenfalls gewaltsames Vorgehen, wie sie die Besetzung von Betrieben oder deren Blockade darstellten, nicht mehr zu erfassen. Jedweder Gewalteinsatz sei mit den Prinzipien der Privatautonomie und des freien Wettbewerbs unvereinbar. Als marktfremde Mechanismen könnten Arbeitskampfmaßnahmen mit Gewaltelement daher allenfalls als Störfaktor des Marktes, nicht hingegen als Hilfsinstrument der Tarifautonomie angesehen werden. Da ein solches Verhalten aber unter keinem Aspekt einer Rechtfertigung aus Art. 9 Abs. 3 GG zugänglich sei, sei auch nicht einzusehen, weshalb es überhaupt vom Schutzbereich der Koalitionsrechts mit umfasst sein sollte[531]. Als Arbeitskampfmittel im Sinne des Art. 9 Abs. 3 GG könne mithin nur ein Verhalten angesehen werden, welches Markt- und Wettbewerbsbezug aufweise[532].

*RIEBLES* markt- und vertragsorientierter Ansatz wird insbesondere von *TREBER*[533] vehement kritisiert. Die Auffassung *RIEBLES* baue auf unhaltbare Prämissen auf. Die Geltung allgemeiner Marktprinzipien sei mit der herrschenden Meinung für das Arbeits- und Tarifvertragsrecht zu verneinen[534]. Die Gegenüberstellung von Monopol (Arbeitgeber) und Monopson (Arbeitnehmer) bedinge eine Abkehr von den Marktprinzipien, da diese das Vorliegen eines Polypols voraussetzten[535]. Die Verdrängung des Polypols durch das Monopson beruhe auf der anerkannten strukturellen Unterlegenheit der Arbeitnehmer. Aus diesem Grunde würden auch die entscheidenden Aktionsparameter nicht marktmäßig determiniert, sondern objektiv-rechtlich durch die von den Tarifvertragsparteien geschaffenen Tarifverträge. Verfehlt sei daher die Vorstellung, dass die Privatautonomie für den Bereich des Arbeitsvertragsschlusses ungestört in Kraft bliebe.

Folglich sei eine Ausrichtung der Arbeitskampfmittel an Prinzipien des freien Wettbewerbs und Marktes nicht notwendig, ja sogar systemwidrig. Im Ergebnis komme daher eine Beschränkung des verfassungsrechtlichen Schutzes aus Art. 9 Abs. 3 GG auf Kampfmittel mit Wettbewerbs- oder Vertragsbezug nicht in Betracht.

---

[531] RIEBLE, Arbeitsmarkt und Wettbewerb, Rn. 1347ff.

[532] RIEBLE, Arbeitsrecht und Wettbewerb, Rn.1345.

[533] TREBER, Aktiv produktionsbehindernde Maßnahmen, S. 345ff.

[534] Zum Meinungsstand in der Litertur die Geltung der Marktprinzipien im Arbeitskampf betreffend: RICHARDI, Kollektivgewalt und Individualwille, S. 115ff.; ZÖLLNER, ZfA 1994, S. 423, 432f.; KONZEN, ZfA 1991, S. 379, 390ff.; SÄCKER, ZHR 137 (1973), S. 455, 463ff.; TREBER, Aktiv produktionsbehindernde Maßnahmen, S. 361.

[535] TREBER, Aktiv produktionsbehindernde Maßnahmen, S. 361 unter Hinweis auf die Ausführungen des Bundesarbeitsgerichts, BAG 10.6.1980, AP Art. 9 GG Arbeitskampf Nr. 64.

### 2. Stellungnahme

#### a) Notwendigkeit der Prüfung des Schutzbereichs

Als unbefriedigend ist es anzusehen, dass sich die Rechtsprechung und ein erheblicher Teil der Lehre mit der Eröffnung des Schutzbereichs im Hinblick auf einzelne Arbeitskampfmaßnahmen nicht auseinander setzen. Diese Zurückhaltung erklärt sich jedoch vor dem Hintergrund, dass die Entscheidungen und Veröffentlichungen allesamt vor der klarstellenden Entscheidung des Bundesverfassungsgerichts zur Kernbereichslehre datieren. Dementsprechend bestand die gesteigerte Notwendigkeit, sich mit den Ausgestaltungsmöglichkeiten und den Grenzen der Koalitionsbetätigung auseinander zu setzen, nicht aber mit der Eröffnung des Schutzbereichs an sich.

Unter Berücksichtigung der neuen Rechtsprechung des Bundesverfassungsgerichts ist eine Auseinandersetzung mit der Frage nach der Koalitionsspezifik eines Arbeitskampfmittels im Hinblick auf die Eröffnung des Schutzbereichs des Art. 9 Abs. 3 GG zwingend. Das Bundesverfassungsgericht[536] hat die Gleichstellung des Koalitionsrechts mit anderen Freiheitsrechten ausdrücklich betont. Für die übrigen Freiheitsrechte ist aber anerkannt, dass bei der Schutzbereichsbestimmung eine Ausgrenzung bestimmter Verhaltensweisen stattzufinden hat.

> Beispielsweise gewährleistet Art. 12 Abs. 1 Satz 1 GG die Wahl und Ausübung des Berufes. Es bedurfte folglich der Klarstellung, welche Tätigkeiten einer Person als Beruf im verfassungsrechtlichen Sinne angesehen werden können. Die ganz überwiegende Ansicht in Rechtsprechung und Literatur definiert inzwischen Beruf als die auf Dauer angelegte Tätigkeit zur Schaffung und Erhaltung der Lebensgrundlage[537], wobei solche Betätigungen vom Verfassungsschutz ausgenommen sind, die als nicht „erlaubt" gelten. So mag die Tätigkeit eines Drogendealers als auf Dauer angelegt, der Schaffung und Erhaltung seiner Lebensgrundlage dienend, angesehen werden; als Berufstätiger im verfassungsrechtlichen Sinne wird er dennoch nicht eingestuft, da seine Tätigkeit gemeinschaftsschädlich ist. Seine Tätigkeit fällt bereits nicht in den Schutzbereich der Berufsfreiheit. Es wird also nicht derart verfahren, dass man den Schutzbereich für seine Tätigkeit eröffnet, um anschließend festzustellen, dass im Rahmen einer Güterabwägung mit Interessen betroffener Dritter sein Recht zurücktreten muss. Es wird vielmehr von vorneherein schon gar nicht als von der Verfassung geschützt angesehen.

---

[536] BVerfG 14.11.1995, BVerfGE 93, S. 352, 358. Vgl. dazu auch oben unter 3. Teil § 3A.I.2.b).

[537] VON MÜNCH/KUNIG-*GUBELT*, Art. 12 GG, Rn. 8f. m.w.N.

> Ebenso verhält es sich mit Personenzusammenkünften, die nicht dem Zweck der Meinungsbildung oder Äußerung dienen. Nach vielfacher Ansicht genießen sie keinen Schutz aus Art. 8 GG. Da Art. 8 als Kommunikationsrecht verstanden wird, soll nur solchen Personenzusammenkünften verfassungsrechtlicher Schutz aus Art. 8 GG zukommen, die der Verfolgung eines kommunikativen Zweck dienen[538].

Diese Beispiele verdeutlichen, dass dem Gewährleistungsumfang von Freiheitsrechten die Ausschließung einiger Verhaltensweisen immanent ist. Es stellt also keine Besonderheit dar, wenn für das Koalitionsrecht in gleicher Weise verfahren wird und bestimmte, zwar Koalitionsbezug aufweisende, aber nicht als koalitionsspezifische Betätigungen im verfassungsrechtlichen Sinne anzusehende Verhaltensweisen aus dem verfassungsrechtlichen Schutzbereich ausgeklammert werden.

Nimmt man mit der neueren Rechtssprechung des Bundesverfassungsgerichts[539] eine systematische und dogmatische Identität des Art. 9 Abs. 3 GG mit anderen Freiheitsrechten an, muss hinsichtlich der Schutzbereichsbestimmung, der Ausgestaltung und der Schrankenziehung wie dort verfahren werden. Es ist anzunehmen, dass schon bei der Gewährleistungsbestimmung des Koalitionsrechts bestimmte Verhaltensweisen aus dem Schutzbereich auszunehmen sind. Dies macht eine gesonderte Prüfung des Schutzbereichs für die neuen Arbeitskampfmittel erforderlich.

#### b) Auswirkungen der neuen Rechtsprechung des Bundesverfassungsgerichts auf die Eröffnung des Schutzbereichs für Arbeitskampfmittel

Vor diesem Hintergrund, sprechen die Befürworter aktiver Produktionsbehinderung sicherlich zu Recht die Frage nach der Schutzbereichseröffnung für neue Arbeitskampfmittel an. Für die Bestimmung des Schutzbereichs beziehen sie sich sogar ausdrücklich auf das renovierte Schutzbereichsverständnis des Bundesverfassungsgerichts zu Art. 9 Abs. 3 GG und verweisen - insoweit noch überzeugend - auf das Kriterium der koalitionsspezifischen Betätigung als Maßstab für die Frage nach der Schutzbereichseröffnung für neue Arbeitskampfmaßnahmen.

Weniger überzeugend erscheint indessen ihr Schluss vom generellen Bezug der Arbeitskampfmaßnahmen zur Durchsetzung tarifvertraglicher Regelung auf de-

---

538 BVerwG 21.4.1989, BVerwGE 82, S. 34, 38f.; DREIER/*SCHULZE-FIELITZ*, Art. 8 GG, Rn. 14; AltKomm/*HOFFMANN-RIEM*, GG, Art. 8, Rn. 12; dieser Ansatz scheint auch der Entscheidung des BVerfG 14.5.1985, BVerfGE 69, S. 315, 344ff., zugrunde zu liegen; a.A. JARASS/PIEROTH, Art. 8 GG, Rn. 2 ; SACHS/*HÖFLING*, Art. 8 GG, Rn. 11.

539 BVerfG 14.11.1995, BVerfGE 93, S. 352ff.

ren „Koalitionsspezifik“. Es ist fraglich, ob der Entscheidung des Bundesverfassungsgericht vom 14.11.1995[540] tatsächlich entnommen werden kann, dass jedes Verhalten aufgrund *irgendeines* Koalitionsbezuges in den Schutzbereich des Art. 9 Abs. 3 GG aufgenommen werden soll oder muss. Man wird dem Gericht kaum unterstellen können, es sähe die vorsätzliche Bedrohung eines Arbeitgebers mit der Schusswaffe, um diesen zur Unterzeichnung eines Firmentarifvertrages zu zwingen, als ein von Art. 9 Abs. 3 GG geschütztes Verhalten an, nur weil sich diesbezüglich ein eindeutiger Koalitions- und Tarifvertragsbezug nicht leugnen lässt.

Es überzeugt nicht, ein Verhalten in den Schutzbereich aufzunehmen, um es sodann auf der Ebene der Rechtfertigung im Rahmen der Verhältnismäßigkeit zwingend für unzulässig zu müssen. Bei diesem Vorgehen verkäme die Prüfung des Schutzbereichs von Art. 9 Abs. 3 GG zu einem *nullum*. Dass das Gegenteil der Fall sein soll, hat das Bundesverfassungsgerichts[541] in seiner Entscheidung durch die Gleichstellung des Koalitionsrechts mit den übrigen Freiheitsrechten klarstellt.

Entgegen einem Teil der Lehre[542] ist es demnach für die Eröffnung des Schutzbereichs für einzelne Arbeitskampfmittel nicht ausreichend, alleine auf deren Bezug zur Durchsetzung einer tarifvertraglichen Regelung hinzuweisen. Vielmehr besteht die Notwendigkeit, den verfassungsrechtlichen Gewährleistungsumfang der Koalitionsfreiheit mit Hilfe der traditionellen Auslegungskriterien unter Berücksichtigung der aktuellen Rechtsprechung des Bundesverfassungsgerichts zu erarbeiten, um anschließend die neuen Arbeitskampfmaßnahmen an den gewonnenen Ergebnissen zu messen[543].

#### c) Konkretisierung der „Koalitionsspezifik“

Einen Ansatzpunkt für die Schutzbereichsbestimmung von Art. 9 Abs. 3 GG hat das Bundesverfassungsgericht in seiner Entscheidung mit dem Kriterium des „koalitionsspezifischen Verhaltens“ angesprochen. Es wurde bereits darauf hingewiesen, dass das Bundesverfassungsgericht eine inhaltliche Konkretisierung seines Kriteriums nicht vorgenommen hat[544]. Aufgrund dessen muss der Begriff der „Koalitionsspezifik“ unter Berücksichtigung der verfassungsrechtlichen Vorgaben inhaltlich ausgefüllt werden, um anschließend die einzelnen Kampfmaßnahmen daran zu messen.

---

[540] BVerfG 14.11.1995, BVerfGE 93, S. 352ff.
[541] BVerfG 14.11.1995, a.a.O. , S. 358.
[542] Siehe dazu soeben unter 3. Teil § 3A.II.1.b).
[543] Vergleichbar auch GELLERMANN, Grundrechte in einfachgesetzlichem Gewande, S. 173.
[544] Vgl. schon die Ausführungen unter 3. Teil § 3A.I.2.b).

Für die Interpretation der „Koalitionsspezifik" könnten die Ansätze *RIEBLES* und *PICKERS* zu einem wettbewerbs-, arbeitsvertrags- bzw. marktbezogenen Koalitionsrecht Wesentliches beitragen. Legt man die Ausführungen des Bundesverfassungsgerichts im Lichte ihrer Erwägungen aus, wären solche Arbeitskampfmittel als koalitionsspezifisch im Sinne des Art. 9 Abs. 3 GG anzusehen, die sich als marktkonformes Verhalten darstellen.

Insofern stellt sich aber die Frage, inwiefern einer solchen Anknüpfung nicht die von *TREBER* vorgetragenen Argumente[545] entgegenstehen. Seinem Hauptargument, die Marktprinzipien verlören im Arbeitskampfrecht ihr Verbindlichkeit, steht meines Erachtens bereits die Herleitung der Garantie des Tarifvertragssystems und des Arbeitskampfs entgegen[546].

Anlass für die Schaffung des Tarifvertragsrechts bildet die in Bezug auf den Abschluss von Arbeitsverträgen bestehende Strukturschwäche auf Arbeitnehmerseite[547]. Diese beruht – darin ist *TREBER* noch beizupflichten – auf einer Störung des Wettbewerbs und damit des Arbeitsmarktes. Durch die Möglichkeit der Aushandlung von Vertragsinhalten durch Kollektive soll die strukturelle Unterlegenheit der Arbeitnehmer beseitigt werden. Mit Hilfe der Bündelung der Markt- und Verhandlungspositionen soll auf diese Weise die Funktionsfähigkeit von Markt- und Privatautonomie auf Seiten der Arbeitnehmer wieder hergestellt werden. Da die Möglichkeit zum Abschluss von Tarifverträgen die Arbeitnehmer noch nicht zwingend in die Lage versetzt, aus einer gleich mächtigen Position heraus mit der Gegenseite zu verhandeln, wird ihnen das Recht zum Arbeitskampf an die Hand gegeben. Der Arbeitskampf ist somit ein notwendiges Hilfsmittel der Tarifautonomie und fällt als solches in den Schutzbereich des Art. 9 Abs. 3 GG[548].

Vorrangiges Ziel des Tarifvertrags wie des Arbeitskampfes ist folglich, ein freies Aushandeln von Vertragsinhalten im Bereich des Arbeitsrechts wieder zu ermöglichen. Das Recht zur Entscheidung, mit wem und mit welchem Inhalt man Verträge abschließt, setzt ein funktionierender Markt einerseits voraus; andererseits schafft es erst einen freien Markt. Privatautonomie und Markt stehen somit in enger Wechselwirkung zueinander, weil sie einander bedingen[549].

Die Installation der Regelungsinstrumente Tarifvertrag und Arbeitskampf gliedert den Bereich des Arbeitsvertragsschlusses folglich in die Funktionsweise der

[545] Vgl. dazu die Darstellung im 3. Teil § 3A.II.1.c)(4).
[546] Vgl. dazu schon unter 3. Teil § 3A.I.3.
[547] Vgl. 3. Teil § 3.
[548] Vgl. die Darstellung im 3. Teil § 3A.I.3.a)(2).
[549] Grundlegend zu diesen Zusammenhängen: PICKER, ZFA 1986, 199ff.

zivilrechtlichen Ordnung und der Marktgesetze wieder ein. Sie stehen also nicht für ein abgegrenztes, von der übrigen Rechtsordnung abgenabeltes Arbeitsrecht, sondern für dessen Implementierung bzw. Rückführung in das System des Privatrechts und damit in das Marktsystem.

Der Verfassungsgeber hat mit der Schaffung von Art. 9 Abs. 3 GG die Regelung der Arbeits- und Wirtschaftsbedingungen in die Hände der am Arbeitsmarkt beteiligten Parteien gelegt und von einer staatlichen Festsetzung der Arbeitsmindestbedingungen abgesehen. Dies spricht eindeutig gegen eine Marktunabhängigkeit des Arbeits- und auch des Arbeitskampfrechts. Entgegen der Ansicht *TREBERS* muss daher auch im Bereich des Arbeitsrechts ein geregeltes Zusammenwirken von Privatautonomie und „freiem Markt“ unterstellt werden.

Es bleibt noch die Frage, ob auch die Regelungsinstrumente, welche Markt und Privatautonomie erst ihre Funktionsfähigkeit vermitteln, selbst an die Gesetze von Markt und Privatautonomie gebunden sind.

*TREBER* geht davon aus, dass eine solche Bindung nicht bestehe; also die Mittel, die auf die Herstellung von Privatautonomie und einen funktionierenden Markt abzielen, ihrerseits nicht an deren Gesetzmäßigkeiten orientiert sein müssen[550]. Vielmehr bestünde alleine eine Bindung an verfassungsrechtliche Vorgaben. Dies ergebe sich bereits daraus, dass die Tarifvertragsparteien ähnlich einem Gesetzgeber tätig würden, dieser seinerseits aber nicht an die Marktgesetze, sondern vielmehr an die Verfassung gebunden sei.

Die Überlegung *TREBERS* bedeutet aber gleichzeitig, dass - erwiese sich das Tarifvertragswesen als privatautonom funktionierendes System - daraus wohl auf die Notwendigkeit der Markt- und Wettbewerbskonformität der sie stützenden Mittel, also auch der zum Einsatz gebrachten Arbeitskampfmittel, schließen müsste. Stellt sich das Tarifvertragssystem demgegenüber als Rechtssetzungsakt aufgrund einer Kompetenzzuweisung unmittelbar durch die Verfassung oder durch den Gesetzgeber dar, so dürfte - der Argumentation *TREBERS* folgend - eine Bindung der Mittel an zivilrechtliche, insbesondere an markt- und wettbewerbsrechtliche Grundregeln, nicht mehr in Betracht kommen. Damit kommt der Qualität des Tarifvertragsrechts die für die Beantwortung der eingangs aufgeworfene Frage nach der „Koalitionsspezifik“ einzelner Arbeitskampfmaßnahmen entscheidende Bedeutung zu, weshalb sie im Weiteren näher zu untersuchen ist.

---

[550] Ausführlich dazu: 3. Teil § 3A.II.1.c)(4).

### d) Qualität des Tarifvertrages

#### (1) *Meinungsstand*

Ob es sich beim Tarifvertrag, um Gesetzgebung, gesetzgebungsgleiche Normsetzung oder um die Ausübung kollektiver Privatautonomie handelt, ist in Rechtsprechung und Lehre umstritten.

#### (a) *Delegationsverständnis*

Seit langem geht die Rechtsprechung und Literatur davon aus, dass - weil den Regelungen des normativen Teils eines Tarifvertrages gemäß § 4 Abs. 1 TVG Rechtsnormwirkung zukommt - er an die Stelle einer gesetzlichen Regelung von Arbeitsbedingungen tritt.

Bislang ging die Rechtsprechung[551] und ein überwiegender Teil der Lehre[552] davon aus, diese normative Geltung der Tarifverträge beruhe auf staatlicher Delegation. Zwar falle der Erlass objektiven Rechts grundsätzlich in die Kompetenz des Staates. Dies alleine stünde einer Schaffung normativ wirkender Regelungen durch Tarifvertragsparteien indes nicht entgegen. Vielmehr verkörperten die §§ 1 Abs. 1 und 3 Abs. 2 TVG die Delegation der Gesetzgebungskompetenz des Hoheitsträger auf die Tarifvertragsparteien.

Der Gesetzgeber habe im Tarifvertragsgesetz ganz bewusst Teilen des Tarifvertrages normative Wirkung zugesprochen. Da die Schaffung von Regelungen mit einer solchen Wirkung die Gesetzgebungskompetenz der Tarifvertragsparteien erforderlich mache, gehe der Gesetzgeber entweder von der Existenz einer solchen Kompetenz auf Seiten der Koalitionen aus oder stelle sie ihm durch Erlass des § 1 Abs. 1, § 3 Abs. 2 und § 4 Abs. 1 TVG (konkludent) zur Verfügung[553].

---

[551] BAG 15.1.1955, AP Art. 9 GG Arbeitskampf Nr. 4; BAG 23.5.1957, AP Art. 9 GG Arbeitskampf Nr. 16; BAG 20.6.1958, AP § 1 TVG Rückwirkung Nr. 2; BAG 16.2.1962, AP § 3 TVG Verbandszugehörigkeit Nr. 12; BAG 29.11.1967, AP Art. 9 GG Nr. 13.

[552] GAMILLSCHEG, Grundrechte im Arbeitsrecht, S. 103f.; *DERS.* KollArbR I, S. 668; KRÜGER, RdA 1957, S. 201, 203; LIEB, Arbeitsrecht, Rn. 477f.; MAYER-MALY, RdA 1965, S. 430ff.; NIKISCH, Arbeitsrecht II, § 61 II 1, S. 68; G. MÜLLER, Die Tarifautonomie in der Bundesrepublik Deutschland, S. 146; SÄCKER/OETKER, Grundlagen und Grenzen der Tarifautonomie, S. 102f.; WIEDEMANN, TVG, Einl. Rn. 200ff.

[553] BELLING, ZfA 1999, S. 547ff.; KEMPER, Die Bestimmung des Schutzbereichs der Koalitionsfreiheit, S. 67ff.; SÄCKER, AuR 1994, S. 1, 4; WIEDEMANN, RdA 1997, S. 297ff.; OETKER, SAE 1999, S. 149, 151; SCHLACHTER, FS Schaub, S. 651, 653ff.; SCHWARZE, ZTR 1996, S. 1ff. Ebenso GAMILLSCHEG, AuR 2001, S. 226ff.; *DERS.*, KollArbR I, S. 557f. und

Dieser Ansatz sieht sich vermehrt erheblicher Kritik ausgesetzt[554]. Der als Delegationstheorie bezeichneten Auffassung wird entgegengehalten, eine gesetzgebungsspezifische Beherrschung des Individuums durch das Kollektiv bedürfe einer verfassungsgemäßen Ermächtigungsgrundlage. Das ergebe sich zwingend aus dem Rechtsstaatsprinzip. Eine solche Ermächtigungsgrundlage existiere jedoch für den Erlass von Tarifnormen nicht. Für die Rechtssetzung durch den Staat sei grundsätzlich aber der Wege förmlicher Gesetzgebung vorgeschrieben. Danach können Normen nur durch Organe des Staates (Art. 20 Abs. 2 GG) bzw. durch die Verfassung oder förmliches Gesetz in zulässiger Weise berufene Dritte wirksam erlassen werden[555]. Die nur in Ausnahmefällen mögliche Delegation der Normsetzungskompetenz wiederum werde durch Art. 80 GG festgelegt. Danach sei der Gesetzgeber nur ermächtigt, die ihm gegebene Kompetenzen auf andere öffentlich-rechtliche Organe zu übertragen. Zudem enthalte Art. 80 GG keine Delegationsbefugnis über die Regelungskompetenz hinsichtlich der Verwaltung des Arbeitsmarkts. Demzufolge scheide eine Übertragung der Gesetzgebungskompetenz auf die Koalitionen als private Rechtsträger aus.

Zwar habe das Bundesverfassungsgericht[556] festgestellt, dass Art. 80 GG keine unmittelbare Begrenzung für eine Gesetzgebung durch private Rechtsträger entnommen werden dürfe. Dennoch weise diese Vorschrift grundlegende, sich aus dem Demokratieprinzip ergebende inhaltliche Kriterien für Kompetenzübertragungen auf nicht unmittelbar durch den Bürger legitimierte Organ auf, an denen sich nicht nur die Delegation auf öffentlichen-rechtliche, sondern erst recht auf private Rechtsträger messen lassen müsse. Zu Recht betone das Bundesverfassungsgericht daher, dass der Staat seine Normsetzungsbefugnis weder in beliebigem Umfang auf außerstaatliche Stellen überlassen, noch schrankenlos der Rechtsnormsetzung autonomer, demokratisch nicht legitimierter Gremien aussetzen dürfe[557].

Erkenne man mit der Delegationslehre Tarifverträge aber als objektives Recht bzw. Tarifvertragsparteien als „Ersatz-Gesetzgeber" an, so bedinge das Rechtsstaatsprinzip die Einhaltung gesetzgeberischer Grundsätze[558]. Damit müssten die

666ff., der aber nicht nur an § 1 TVG, sondern gleichzeitig auch an Art. 9 Abs. 3 GG anknüpft.

554 REUTER, ZfA 1990, S. 535ff.; WALTERMANN, ZfA 2000, S. 53, S. 65ff.; WALTERMANN, FS Söllner, S. 1251, 1268.

555 MAUNZ/DÜRIG-*MAUNZ*, Art. 80 GG, Rn. 1.

556 BVerfG 26.7.1974, BVerfGE 44, S. 322, 348; zuvor BVerfG 9.5.1972, BVerfGE 33, S. 125, 157.

557 BVerfG 9.5.1972, BVerfGE 33, S. 125, 158; BVerfG 26.7.1974, BVerfGE 44, S. 322, 348.

558 So das BAG 15.1.1955, AP Art. 9 GG Arbeitskampf Nr. 4 und BAG 23.5.1957, AP Art. 9 GG Arbeitskampf Nr. 16 und die ganz herrschende Literatur unabhängig von ihren Präferen-

Tarifvertragsparteien einer Grundrechtsbindung unterliegen. Da sich in einem auf der Delegation von Gesetzgebungskompetenz fußenden Tarifvertragsrecht tarifvertragliche Regelungen als „fremdbestimmte Eingriffe" in Rechte der Arbeitsvertragsparteien durch einen „Ersatzgesetzgeber" darstellten, müsse der Ersatzgesetzgeber konsequenterweise auch an Gesetzesvorbehalt, Gurndsatz der Verhältnismäßigkeit, praktische Konkordanz und andere Grundprinzipien staatlichen Handelns gebunden bleiben[559].

Dies sei unter Berücksichtigung der enormen Vielfalt an denkbaren Konkurrenzen von den Sozialpartnern aber kaum zu leisten. Wohl aus diesem Grunde finde eine dahingehende Überprüfung der Tarifverträge nicht statt[560]. Soweit von einigen Vertretern der Delegationstheorie überhaupt auf diese Problematik eingegangen werde, würden mit der „Entschärfungen" des Verhältnismäßigkeitsprinzips oder dem Vorschlag, eine „Daumenpeilung" genügen zu lassen, eine verfassungsrechtlich äußerst bedenkliche Lösung angeboten[561].

(b) *Integrationstheorie*

Aus dieser verfassungssystematischen Kritik am delegationsrechtlichen Ansatz wurde von einem Teil der Lehre[562] die sogenannte Integrationstheorie entwi-

---

zen hinsichtlich Delegation, Integration oder Legitimation: BELLING, ZfA 1999, S. 547ff.; BIEDENKOPF, Grenzen der Tarifautonomie, 1964; GAMILLSCHEG, Grundrechte im Arbeitsrecht, S. 103f.; *DERS.* KollArbR I, S. 668; KEMPER, Die Bestimmung des Schutzbereichs der Koalitionsfreiheit, S. 67ff.; G. MÜLLER, Die Tarifautonomie in der Bundesrepublik Deutschland, S. 146; OETKER, SAE 1999, S. 149, 151; SCHLACHTER, FS Schaub, S. 651, 653ff.; SCHWARZE, ZTR 1996, S. 1; WALTERMANN, ZfA 2000, S. 53, 65ff.; *ders*, FS Söllner, S. 1251, 1268; WIEDEMANN, RdA 1997, S. 297ff.; WIEDEMANN, TVG, Einl. Rn. 205ff.

559 AltKomm/*DENNINGER*, GG, Art. 1 Abs. 3, Rn. 25; DREIER/*DREIER*, Art. 1 Abs. 3 GG, Rn. 26; JARASS/PIEROTH, Art. 1 GG, Rn. 25; SACHS/*HÖFLING*, Art. 1 GG, Rn. 88; SCHOLZ, Die Koalitionsfreiheit als Verfassungsproblem, S. 369; V.MANGOLDT/KLEIN-*STARCK*, Art. 1 GG, Rn. 161.

560 Das BAG v. 6.9.1994, AP § 611 BGB Ausbildungshilfe Nr. 22, gesteht den Parteien im Hinblick auf eine etwaige Grundrechtsverletzung einen „undefinierten" Gestaltungsspielraum zu. Im Ergebnis ebenso: BELLING, ZfFA 1999, S. 547, 605ff.; OETKER, SAE 1999, S. 149, 152; SÄCKER/OETKER, Grundlagen und Grenzen der Tarifautonomie, S. 252ff.; MÖSTL, JZ 1999, S. 202, 203.

561 Vgl. etwa die Versuche von BELLING, ZfA 1999, S. 547, 605ff.; MÖSTL, JZ 1999, S. 202, 203; OETKER, SAE 1999, S. 149, 152; kritisch: DIETERICH, RdA 2001, S. 112, 113; SINGER, SAE 1997, S. 213, 216f.; *DERS.*, ZfA 1995, S. 611, 619f.

562 DÄUBLER, Tarifvertragsrecht, Rn. 19; GAMILLSCHEG, KollArbR I, S. 558; Galperin, FS Molitor, S. 143, 153ff.; BELLING, ZfA 1999, S. 247, 256ff., der ebenso wie das Integrations- das Delegationsmodell für einen vertretbaren Ansatz hält, jedenfalls aber ein auf kollektiver Privatautonomie begründetes Tarifvertragsrecht für nicht haltbar erachtet; BIEDENKOPF, Grenzen der Tarifautonomie, S. 102ff.; SÖLLNER, NZA 2000, Sonderbeilage zu Heft 24, S.

ckelt. Danach soll den Tarifvertragsparteien eine originäre Rechtssetzungsbefugnis unmittelbar aus der Verfassung zukommen. Sie geht also davon aus, dass den Verbänden im Verhältnis zum staatlichen Gesetzgeber eine eigene, autonome Normsetzungsbefugnis zukommt.

Auch gegen die Integrationstheorie werden verfassungsrechtliche Bedenken erhoben[563]. Es wird darauf hingewiesen[564], der Integrationsansatz übersehe, dass Art. 9 Abs. 3 GG nicht Element einer korporativen Selbstverwaltung sei, sondern trotz der Zweckgarantie ein Grundrecht sei, welches wie alle Grundrechte der Einzelpersönlichkeit zugewiesen wäre. Hinzu trete, dass es nach ganz ständiger Rechtsprechung des Bundesverfassungsgerichtes im alleinigen Kompetenzbereich des staatlichen Gesetzgebers läge, die Befugnisse der Koalitionen näher auszugestalten[565]. Von diesem Recht habe der Staat mit dem Erlass des Tarifvertragsgesetzes abschließend Gebrauch gemacht.

Gegen die Annahme einer unmittelbar aus der Verfassung entnommenen Normgebungskompetenz der Tarifvertragsparteien spreche jedenfalls, dass eine Kompetenzzuweisung zugunsten der Koalitionen vom Verfassungsgeber nicht in der Verfassung festgeschrieben wurde, da die Kompetenzen zur Rechtssetzung im übrigen umfassend und abschließend in den Artt. 70ff. GG verankert und den Rechtsträgern Bund und Ländern zugeordnet wurden.

Schließlich spreche gegen das Integrationsmodell der herrschenden Meinung der folgende Gedanke: Unterstellt man, der Verfassungsgeber hätte sich tatsächlich für ein solches Modell entschieden, so sei wenig nachvollziehbar, weshalb die Wirkung des durch die Koalition gesetzten Rechts sich ausgerechnet nur auf Verbandsmitglieder erstrecken solle[566]. Bestünde das Recht zur Normsetzung im

33; *DERS.*, AuR 1966, S. 257, 260; in diese Richtung gehen auch die Überlegungen Waltermanns (WALTERMANN, ZfA 2000, S. 53, 55ff.), der aber zwischen Autonomie der Parteien und Geltungsbefehl nach § 1 Abs. 1 TVG unterscheidet; WIEDEMANN, § 1 TVG, Rn. 48, der von einer verfassungsrechtlichen Grundlage zu einer Normsetzungsbefugnis *sui generis* ausgeht. Ähnlich auch OETKER, SAE 1999, S. 149, 151, der den richtigen dogmatischen Ansatz „zwischen Delegationstheorie und Lehre von verfassungsunmittelbaren Autonomie" keinesfalls aber in einem privatautonom verstandenen System sieht.

[563] RIEBLE, ZfA 2000, S. 5, 19ff.; *DERS.*, Arbeitsmarkt und Wettbewerb, Rn. 1128ff.; MünchArbR/*RICHARDI*, § 241 Rn. 12.

[564] MünchArbR/*RICHARDI*, a.a.O.

[565] Vgl. diesbezüglich: BVerfG 30.11.1965, BVerfGE 19, S. 303, 321; BVerfG 26.5.1970, BVerfGE 28, S. 295, 304; BVerfG 18.12.1974, BVerfGE 38, S. 281, 305; BVerfG 1.3.1979, BVerfGE 50, S. 290, 368, BVerfG 17.2.1981, BVerfGE 57, S. 220, 245f.; BVerfG 20.10.1981, BVerfGE 58, S. 233, 247; BVerfG 4.7.1995, BVerfGE 92, S. 365, 394.

[566] Vgl. auch RIEBLE, ZfA 2000, S. 5, 19ff.; *DERS.*, Arbeitsmarkt und Wettbewerb, Rn. 1128ff.; MünchArbR/*RICHARDI*, § 241 Rn. 12.

Bereich der Arbeits- und Wirtschaftsbedingungen abstrakt und generell, dann müsse die Wirkung der geschaffenen tarifvertraglichen Regelungen auch unbeschränkt alle Arbeitnehmer eines Unternehmens erfassen. Dies sei aber eindeutig nicht der Fall.

(c) *Ausübung kollektiver Privatautonomie*

Jüngst hat sich auch das Bundesarbeitsgericht in einigen Entscheidungen[567] von der von ihm bislang vertretenen Delegationstheorie abgewandt. Das Gericht wendet sich in diesen Entscheidungen der arbeitsrechtlichen Lehre von der „mitgliedschaftlichen Legitimation“[568] zu und bereitet somit einem neuen, auf kollektiver Privatautonomie aufbauenden Verständnis des Tarifvertragswesens den Weg.

> *„Tarifnormen, die von den Tarifvertragsparteien in Ausübung ihres Grundrechts aus Art. 9 Abs. 3 GG geschaffen worden sind, beruhen auf kollektiv ausgeübter Privatautonomie, auf dem privatautonomen Verbandsbeitritt ihrer Mitglieder, die sich mit der Wahrnehmung ihres individuellen Grundrechts aus Art. 9 Abs. 3 GG bestehendem und künftigem Tarifrecht unterwerfen.“*[569]

Die Aussagen des Bundesarbeitsgericht unterstreichen die eindeutige Abwendung von der bisherigen Rechtsprechung hin zu dem von *V. GIERCKE* initiierten Verständnis eines auf kollektiver Privatautonomie beruhenden Tarifvertragsrechts[570].

Der Ansatz des Bundesarbeitsgerichts, wie zuvor schon die Auffassung in der Literatur, wird von den Vertretern der Delegations- und Integrationstheorien ins-

---

[567] BAG 11.3.1998, AP § 1 TVG Tarifverträge: Luftfahrt Nr. 12; BAG 4.4.2000, RdA 2001, S. 110ff. (Werkstudentenentscheidung); BAG 30.8.2000, ZTR 2001, S. 168ff.; BAG 25.2.1998, BAGE 88, S. 118, 123f.

[568] Grundlegend: ZÖLLNER, RdA 1962, S. 453ff.; RICHARDI, Kollektivgewalt und Individualwille, S. 149ff.; MünchArbR/*RICHARDI*, § 241 Rn. 12ff.; ErfK/*DIETERICH*, GG Einleitung, Rn. 47; LORITZ, Tarifautonomie und Gestaltungsfreiheit des Arbeitgebers, S. 30ff., 59; PICKER, ZfA 1998, S. 577, 633ff.; *DERS.*, GS Knobbe-Keuk, S. 879ff.; RIEBLE, Arbeitsmarkt und Wettbewerb, Rn. 1102ff.; SCHLIEMANN, FS Hanau, S. 577, 582ff. *DERS.*, ZTR 2000, S. 198, 202; SINGER, ZfA 1995, S. 611, 620; *DERS.*, SAE 1997, S. 213, 215; DIETERICH, FS Schaub, S. 117ff., *DERS.* RdA 2001, S. 112ff.; keine eindeutige Stellung bezieht LÖWISCH, RdA 2000, S. 312, 313. Er lässt zwar die Frage nach der Qualifizierung der Tarifautonomie offen, nimmt aber eine unmittelbare Grundrechtsbindung der Tarifparteien für beide Fälle – delgationsrechtlichem oder privatautonomem Ansatz – an.

[569] BAG 4.4.2000, RdA 2001, S. 110f.

[570] wie es RIEBLE, ZfA 2000, S. 5, 27, höchst pointiert formuliert: Lotmar statt Sinzheimer, Jacobi statt Nipperdey, Picker statt Gamillscheg.

gesamt in Frage gestellt[571]. Ein privatautonom verstandenes Tarifvertragssystem stünde nicht nur im Widerspruch zur Verwendung des Begriffs „Rechtsnorm" im Tarifvertragsgesetz, sondern es könne vor allem weder die unmittelbare noch die zwingende Wirkung tarifvertraglicher Regelungen erklären.

*(i)* Kollektive Privatautonomie und Rechtsnormwirkung

Die Kritiker des auf kollektiver Privatautonomie aufbauenden Ansatzes verweisen auf den Wortlaut des Tarifvertragsgesetzes, der einem schuldrechtlich verstandenen Tarifvertragssystem unvereinbar gegenüberstünde[572]. § 1 Abs. 1 TVG erkläre, dass der Tarifvertrag Rechtsnormen enthalte. Zudem unterscheide diese Vorschrift ausdrücklich zwischen schuldrechtlichem und einem normativem Teil, worin deutlich zum Ausdruck komme, dass es sich daher um Regelungen von unterschiedlicher Qualität handele.

Diesen Bedenken wird von den Befürwortern des privatautonomen Ansatzes entgegengehalten, die Rechtsordnung kenne keinen feststehenden Normenbegriff, auf welchen der Gesetzgeber sich bei der Schaffung des Tarifvertragsgesetzes hätte beziehen können. Ebenso wenig fände sich in den Gesetzgebungsmaterialien Aussagen über die genaue Qualität der Tarifnormen[573].

*RIEBLE*[574] weist diesbezüglich ergänzend auf die Existenz anderer, dem Tarifvertragsrecht vergleichbarer Rechtsbereiche mit Kollektivbezug hin, welche eine privatrechtlich konzipierte Normsetzung kennen. In diesem Sinne verstehe sich die kollektive Urheberrechtswahrnehmung durch die GEMA oder die VG-Wort[575]. Dem Tarifvertragssystem ebenfalls ähnlich sei das Konzept der Buchpreisbindung. Früher sei dieses System vereinsrechtlich – Gesamtverein von

---

[571] BELLING, ZfA 1999, S. 547ff.; GAMILLSCHEG, AuR 2001, S. 226, 228; *DERS.*, KollArbR I, S. 666ff.; SCHWARZE, ZTR 1996, S. 1; KEMPER, Die Bestimmung des Schutzbereichs der Koalitionsfreiheit, S. 67ff.; WIEDEMANN, RdA 1997, S. 297ff.; *DERS.*, TVG, § 1 Rn. 47f.; OETKER, SAE 1999, S. 149, 151, der sich ohne weitere Differenzierung für das Delegations- und das Integrationsmodell ausspricht; MÖSTL, JZ 1999, S. 202, der allerdings ebensowenig Delegation oder Integration als funktionsfähig ansieht; SCHLACHTER, FS Schaub, S. 651, 653ff.; WALTERMANN, ZfA 2000, S. 53, S. 65ff.; *DERS.*, FS Söllner, S. 1251, 1268ff.

[572] BELLING, ZfA 1999, S. 547ff.; GAMILLSCHEG, AuR 2001, S. 226, 228; *DERS.*, KollArbR I, S. 666ff.; SCHWARZE, ZTR 1996, S. 1ff.; KEMPER, Die Bestimmung des Schutzbereichs der Koalitionsfreiheit, S. 67ff.; WALTERMANN, ZfA 2000, S. 53, 65ff.

[573] HERSCHEL, ZfA 1973, S. 183, 192f.; RIEBLE, ZfA 2000, S. 5, 9; WIEDEMANN, TVG, Geschichte 22ff; Lemgoer Entwurf, abgedruckt bei NAUTZ, Die Durchsetzung der Tarifautonomie in Westdeutschland, S. 165f.

[574] RIEBLE, ZfA 2001, S. 5, 11f.

[575] § 12 des Gesetzes über die Wahrnehmung von Urheberrechten und verwandten Schutzrechten, v. 9.9.1965, BGBl I, S. 1294 sieht sogar ein Normenvertragssystem zur „Tariffestsetzung" vor.

Verlegern und Handel – ausgestaltet gewesen. Heute basiere es hingegen auf der Idee des Sammelrevers, also auf einem Stellvertretungsgedanken. Verleger- und Autorenverbände schlössen Verträge, deren Regelungen von den Individualvertragsparteien übernommen werden müssten. Sie wären daher aufgrund privatautonomer Unterwerfung unmittelbar und zwingend an die einzelnen Vorschriften gebunden. Insgesamt zeige dies, dass die Rechtsordnung auf kollektive Privatautonomie gestützte Normensetzung kenne und billige.

Im Ergebnis sei es daher verfehlt, alleine aufgrund des Wortlauts den Blick weg von einem privatautonomen hin zu einem delegationsrechtlichen Lösungsansatz zu wenden. Wortlaut wie Entstehungsgeschichte des Tarifvertragsgesetzes stünden einer kollektiv-privatrechtlichen Regelung von Arbeitbedingungen durch die Tarifvertragspartner - verstanden als privater Normbefehl kraft rechtsgeschäftlicher Unterwerfung - wie gezeigt nicht entgegen[576].

*(ii)* Unmittelbare Wirkung

Des Weiteren wird gegen ein privatrechtlich verstandenes Tarifvertragsrecht eingewandt, es erkläre die vom Tarifvertragsgesetz vorgeschriebenen unmittelbare Wirkung (§ 4 Abs. 1 und 2 TVG) gegenüber den tarifgebundenen Arbeitnehmer und Arbeitgebern nicht[577]. Eine Tarifvertragsregelung, die kraft Vertretungsmacht für einen Dritten Geltung entfalte, könne im Hinblick auf § 328 BGB weder unmittelbar noch zwingend wirken. Ein Vertrag zu Lasten Dritter sei unter Berücksichtigung des § 328 BGB nach ganz herrschender Meinung unzulässig, da er den Grundsätzen der Privatautonomie und der Relativität der Schuldverhältnisse und der Handlungsfreiheit (§§ 241, 311 BGB, Art. 2 Abs. 1 GG) konträr entgegenstehe[578]. Aber auch im Falle rein begünstigender Regelungen könnte der Vertrag vom verpflichteten Dritten zurückgewiesen werden, wie § 333 BGB zeige.

---

[576] F. KIRCHHOFF, Private Rechtsetzung, S. 57ff. m.w.N und S. 93ff.; RICHARDI, Kollektivgewalt und Individualwille bei der Gestaltung des Arbeitsverhältnisses, S. 23ff. KIRCHHOFF ist insoweit nicht zuzustimmen, als er entgegen dem Konzept des Bürgerlichen Rechts jedwede auf künftige Rechtsetzung gerichtete rechtsgeschäftliche Befugnis als heteronome Normsetzung begreift.

[577] OETKER, SAE 1999, S. 149, 151; SCHLACHTER, FS Schaub, S. 651, 653ff.; WALTERMANN, ZfA 2000, S. 53, S. 65ff.; *DERS.*, FS Söllner, S. 1251, 1275; BELLING, ZfA 1999, S. 547ff.; GAMILLSCHEG, AuR 2001, S. 226, 228; *DERS.*, KollArbR I, S. 666ff.; SCHWARZE, ZTR 1996, S. 1; KEMPER, Die Bestimmung des Schutzbereichs der Koalitionsfreiheit, 1990, S. 67ff. WIEDEMANN, RdA 1997, S. 297ff.

[578] RG 30.6.1925, RGZ 111, S. 166; BGH 9.4.1970, BGHZ 54, S. 145, 147; BGH 9.3.1972, BGHZ 58, S. 216, 219; LARENZ, SchuldR I, § 17 IV; MüKo/*GOTTWALD,* § 328 BGB, Rn. 139; STAUDINGER/*JAGMANN*, vor § 328 BGB, Rn. 77 m.w.N.

Zudem wird darauf hingewiesen, dass bei Zugrundelegung eines stellvertretungsrechtlichen Ansatzes, wie er dem privatautonomen System zugrunde liege, den Tarifvertragsparteien gemäß §§ 164ff. BGB keine Vertragspartnerstellung zukäme, obwohl ihnen diese Rolle durch das Tarifvertragsgesetz unbestreitbar zugeschrieben ist[579]. Einzig Verpflichtete wären die vertretenen Arbeitnehmer. Auch insofern sei ein auf kollektiver Privatautonomie gründendes Tarifvertragsverständnis abzulehnen.

Die Befürworter des privatautonomen Ansatzes halten demgegenüber eine unmittelbare und zwingende Wirkung in einem privatautonom funktionierenden Tarifvertragssystems durchaus für möglich. Zutreffend sei, dass es an die §§ 164ff. BGB und § 315 BGB anknüpfe. Der Arbeitnehmer ermächtige die Koalition im Wege des Verbandsbeitritts, in seinem Namen, folglich mit Wirkung für und gegen ihn, Verträge abzuschließen[580]. Die geschaffenen Regelungen erhielten dann für den Arbeitnehmer und Arbeitgeber kraft ihrer Bereitschaft, sich den durch die Kollektive getroffenen Regelung unterordnen zu wollen, ihre Geltung.

*RIEBLE*[581] weist in diesem Zusammenhang darauf hin, die an den §§ 328, 333 BGB orientierte Kritik mache lediglich darauf aufmerksam, dass eine alleinige Orientierung an den Vorschriften der §§ 164ff. BGB unzureichend sei[582]. Eine ausschließlich an den stellvertretungsrechtlichen Vorschriften angelehnte Konzeption führe zu einer individualistischen, weil alleine auf das Einzelarbeitsverhältnis fokussierten Betrachtung. Ein privatautonom verstandenes, nur auf vertretungsrechtlichem Verständnis fußendes Tarifvertragsrecht sei daher zugegebenermaßen nicht haltbar. Zu bedenken sei aber, dass die Stellvertretungsregelungen des BGB keinen Schlusspunkt des juristischen Fundus darstellten.

---

579 Vertiefend zu schuldrechtlichen Normenverträgen: RIEBLE, Arbeitsmarkt und Wettbewerb, Rn. 769.

580 Die gleiche Konzeption kann für den Arbeitgeber verwandt werden, soweit es um den Abschluss eines Flächentarifvertrages und nicht den eines Firmentarifvertrages handelt.

581 RIEBLE, ZfA 2000, S. 5, 11.

582 BÖTTICHER, Gestaltungsrecht und Unterwerfung im Privatrecht, S. 24, versuchte die Schwachstelle des § 328 BGB noch durch Anwendung des § 317 BGB, also durch Leistungsbestimmung seitens Dritter, zu überwinden. Da aber der Dritte i.S. des § 317 BGB nicht anders als ein Stellvertreter beurteilt werden kann er nimmt nur eine dienende Position ein half dieser Ansatz nicht weiter. Dies hat Bötticher selbst erkannt. Auch die Vorstellung Böttichers, die Tarifparteien würden gemeinschaftlich als Dritte die Leistung bestimmen, ignoriert, dass der leistungsbestimmende Tarifvertrag auf kollektiver Ebene ausgehandelt, mithin gerade nicht einseitig inhaltlich gestaltet wurde. Mit dem Ansatz Böttichers ließe man also Sinn und Funktion des Tarifvertrages außen vor.

Entscheidend sei nicht, wie aber die Gegenauffassung meine, ob §§ 164ff. BGB die unmittelbare und zwingende Wirkung der Tarifregelungen auf privatrechtlicher Ebene zu erklären vermöge, sondern vielmehr ob sich die den Tarifregelungen zugeschriebene Wirkungsweise aus den Grundprinzipien der Privatautonomie ergebe. Dabei müssten die Besonderheiten der Kollektivität von Vertragsschlüssen im Bereich des Tarifvertragsrechts in die Überlegungen mit einfließen. Ausdruck der Privatautonomie sei es, dass ein Vertrag den Dritten aufgrund seiner negativen Vertragsfreiheit nur erfassen könne, wenn er sich der Regelung selbstbestimmt unterwerfe. Daraus folge aber im Umkehrschluss, dass ihm im Rahmen seiner Privatautonomie auch die Option offen stehe, sich bindend einer fremdbestimmten Regelung zu unterwerfen[583].

Stehe aber die grundsätzliche Möglichkeit einer privatautonomen Unterwerfungsmöglichkeit bezüglich fremdbestimmter Verträge fest, löse sich die angesprochene Problematik nach der Vertragsbindung der Tarifvertragsparteien wie folgt: Die Tarifvertragsparteien schließen den Tarifvertrag unmittelbar miteinander. Die im Tarifvertrag getroffenen Regelungen entfalten aufgrund einer privatautonomen Anerkennung der Mitglieder der Tarifvertragsparteien, welche sie konkludent durch ihren Beitritt abgegeben haben, Wirkung für die Verbandsangehörigen.

Auf diese Weise erkläre sich sogar die in § 4 Abs. 1 TVG vorgesehene zwingende Bindung der normativen Wirkung des Tarifvertrages an den Gewerkschafts- bzw. Arbeitgeberverbandsbeitritt. Erst durch § 4 Abs. 1 TVG werde die notwendige Basis für ein dem Grundsatz der Privatautonomie genügendes Regelungskonzept geschaffen, welches Verpflichtungswirkung für Dritte (tarifgebundene Arbeitnehmer und Arbeitgeber) zu erzeugen vermöge.

Von den Kritikern des privatautnomen Ansatzes wird die vorstehende Begründung aufgegriffen und als Anknüpfungspunkt für weitere Kritik verwandt. Ein so hergeleitetes privatautonomes Verständnis des Tarifvertragssystems vermöge es nämlich, die Fortgeltung der Tarifnormen nach Verbandsaustritt gemäß § 3 Abs. 3 TVG zu erklären. Gleiches gelte im Hinblick auf die Wirkung von Betriebsnormen für Außenseiter gemäß § 3 Abs. 2 TVG[584]. Unterstelle, die Mitgliedschaft im Verband sei die Voraussetzung für die normative Wirkung, so

---

583 RIEBLE, ZfA 2000, S. 5, 11ff.

584 BELLING, ZfA 1999, S. 547ff.; GAMILLSCHEG, AuR 2001, S. 226ff.; *DERS.*, KollArbR I, S. 666ff.; SCHWARZE, ZTR 1996, S. 1; KEMPER, Die Bestimmung des Schutzbereichs der Koalitionsfreiheit, S. 67ff. WIEDEMANN, RdA 1997, S. 297ff.; WALTERMANN, FS Söllner, S. 1251, 1268; OETKER, SAE 1999, S. 149, 151; SCHLACHTER, FS Schaub, S. 651, 653ff.; WALTERMANN, ZfA 2000, S. 53, S. 65ff.; *DERS.*, FS Söllner, S. 1251, 1275.

dürften die Regelungen über betriebsverfassungsrechtliche und betriebliche Inhalte keine Geltung für Außenseiter entfalten[585].

Der erste Einwand wird als Scheinproblem zurückgewiesen. § 3 Abs. 3 TVG sei lediglich Ausdruck der Vertragstreuepflicht[586] und als solcher gerade Ausdruck von Privatautonomie. Auch bei einem Vereinsaustritt oder nach Widerruf der Vollmacht durch den Vertretenen blieben einmal begründete Verbindlichkeiten im Außenverhältnis bestehen[587], so dass schon insoweit § 3 Abs. 3 TVG einem privatautonom verstanden Tarifvertragsrecht nicht entgegenstehen könne.

*DIETERICH* weist die an § 3 Abs. 2 TVG anknüpfende Kritik unter Hinweis darauf zurück, dass sie einen Zirkelschluss darstelle[588]. Eine unmittelbare und zwingende Wirkung von tarifvertraglichen Betriebsnormen für Außenseiter bestehe nicht. Hätte der Gesetzgeber eine solche in § 3 Abs. 2 TVG geregelt, so hätte er seine verfassungsrechtlichen Kompetenzen überschritten. Der Eingriff in Rechte des Bürgers bedürfe der demokratischen Legitimation. Dieser Grundsatz des Gesetzesvorbehaltes sei Ausfluss des Rechtsstaatsprinzips (Art. 20 GG). Tariflichen Normen könne der Rang objektiven Rechts nur zu kommen, wenn sie durch staatlich legitimierten Gesetzgebungsaktes begründet würden. Nach Ansicht der Delegationstheoretiker werde diese Gesetzgebungskompetenz für diesen Bereich in § 1 TVG auf die Tarifvertragsparteien übertragen. Der Gesetzgeber habe die unmittelbare und zwingende Wirkung aber in den §§ 3 Abs. 1, 4 Abs. 1 TVG eindeutig auf die freiwilligen Verbandsmitglieder begrenzt. Die Übertragung der Regelungsbefugnisse könne aber wohl kaum weiter reichen.

Es stelle sich daher die Frage, woraus sich eine Kompetenz der Tarifvertragsparteien ergeben solle, auch für Außenseiter rechtsverbindliche Regelungen treffen zu können. Eine Möglichkeit wäre, direkt an das Tarifvertragsgesetz anzuknüpfen und anzunehmen, dass der Gesetzgeber mit der Implementierung der Regelung über Betriebsnormen gleichzeitig seine diesbezügliche Kompetenz übertragen habe[589]. Dem Gesetzgeber allerdings derart fahrlässiges Verhalten in Bezug auf die Beachtung des Rechtsstaatsprinzips zu unterstellen, zeige die Schwäche des Ansatzes auf. Das Bundesverfassungsgericht[590] habe im Jahre 1983 erkannt,

---

[585] RIEBLE, ZfA 2000, S. 5, 16.
[586] RIEBLE, a.a.O.
[587] So auch bereits BÖTTICHER, Gestaltungsrecht und Unterwerfung im Privatrecht, S. 21, Fn. 26 und S. 25, Fn. 32; RICHARDI, Kollektivgewalt und Individualwille, S. 222.
[588] DIETERICH, RdA, 2001, S. 112, 116.
[589] Freilich mit unterschiedlichen Ansätzen und Begründungen: BAG AP § 3 TVG Nr. 1; DÄUBLER, Tarifvertragsrecht, Rn. 803; KEMPEN/ZACHERT, TVG, § 3, Rn. 12; SÄCKER/OETKER, Grundlagen und Grenzen der Tarifautonomie; S. 135; MünchArbR/*LÖWISCH*, § 254 Rn. 5.
[590] BVerfG 14.6.1983, BVerfGE 64, S. 208, 214.

auch die Verweisung von staatlichen Gesetzen auf tarifvertragliche Regelungen dürfe nicht dazu führen, dass der Bürger „schrankenlos der Gewalt der Tarifvertragsparteien ausgeliefert werde, die ihm gegenüber weder staatlich-demokratisch, noch mitgliedschaftlich legitimiert seien".

Des Weiteren verdeutliche die Regelung über die Möglichkeit der Allgemeinverbindlicherklärung von Tarifverträgen die Notwendigkeit eines eigenständigen Gesetzgebungsaktes für die Erstreckung der Tarifwirkung auf Außenseiter. § 5 TVG trage den vom Bundesverfassungsgericht erläuterten Grundsätzen Rechnung, wonach es für die Ausdehnung der Tarifvertragswirkung auf Außenseiter eines eigenständigen, durch den zuständigen Minister bzw. die zuständige Bundesregierung vorgenommenen Rechtssetzungsaktes bedürfe, der parlamentarischen Erfordernissen entspreche[591]. Damit sei einer aus dem Tarifvertragsgesetz, sowie einer unmittelbar aus Art. 9 Abs. 3 GG abgeleiteten Legitimationsgrundlage eindeutig eine Absage zu erteilen. Das Rechtsstaatsprinzip stehe nicht zur Disposition der Koalitionsfreiheit.

Verstünde man demgegenüber § 3 Abs. 2 TVG in der von den Kritikern vorgetragenen Art und Weise, so würde dies die Allgemeinverbindlichkeitserklärung für den Bereich der Betriebsnormen obsolet werden lassen. Konsequenter- und richtigerweise müsse die Vorschrift des § 3 Abs. 2 TVG daher verfassungskonform als einseitige Tarifbindung des Arbeitgebers verstanden werden, so dass eine Verpflichtung der Arbeitnehmer, insbesondere der Außenseiter daraus nicht abgleitet werden könne. Der Arbeitgeber wiederum habe sich durch den Verbandsbeitritt oder den Abschluss eines Firmentarifvertrages seinen unmittelbaren und zwingenden Regelungen unterworfen[592]; die Arbeitnehmer partizipierten an den durch den Beitritt auf Arbeitgeberseite begründeten Verpflichtung allenfalls reflexartig[593].

Damit spreche § 3 Abs. 2 TVG nicht gegen, sondern sogar für ein privatautonomes Verständnis, da dieses einerseits die privatautonome Unterwerfung durch den jeweiligen Arbeitgeber fordere und andererseits eine unmittelbare und zwingende Wirkung für Außenseiter nur im Rahmen eingriffsarmer Regelungen zulasse[594]. Im Ergebnis erweise sich das Argument der Kritiker des Legitimationsansatzes als Argument gegen das eigene delegationsrechtliches Konzept.

---

[591] BVerfG 24.5.1977, BVerfGE 44, S. 322, 348ff.

[592] DIETERICH, Betriebliche Normen des Tarifvertragsgesetzes vom 9.4.1949, S. 95f.

[593] So auch RICHARDI, Kollektivgewalt und Individualwille, S. 236f.; RIEBLE, ZfA 2000, S. 5, 16.

[594] DIETERICH, RdA 2001, S. 112, 116; *DERS.*, FS Däubler, S. 473ff.; RIEBLE, Arbeitsmarkt und Wettbewerb, Rn. 1502; *DERS.* ZfA 2001, S. 4, 16; RICHARDI, Kollektivgewalt und Individualwille, 1968, S. 236f.

Denn es habe sich gezeigt, dass § 3 Abs. 2 TVG für die Notwendigkeit der Unterwerfung und demgemäß gegen eine gesetzliche Regelung mit Wirkung für Unbeteiligte spreche[595].

*(iii)* Zwingende Wirkung

Darüber hinaus wird einer privatautonomen Konzeption des Tarifvertragswesen vorgeworfen, es sei nicht in der Lage, eine zwingende Wirkung von Tarifnormen zu erklären[596]. *BÖTTICHER*[597] habe die zwingende Wirkung damit erklärt, dass das Rechtssubjekt auf anderweitige Regelungen mit dem Beitritt zum Verband verzichte, also mit der Unterwerfung unter die Tarifmacht. Es sei aber bereits fraglich, ob ein derart einschneidender Verzicht überhaupt von der Rechtsordnung gedeckt sein könne[598]. Zudem bleibe unklar, welche Rechtsfolge ein Verstoß gegen die vertragliche Unterwerfung auslösen solle. Im Hinblick auf zivilrechtliche Grundsätze könnte die Verletzung der Verzichtserklärung nur Schadensersatzpflichten auslösen. Die Wirksamkeit einer konkurrierend getroffenen Vereinbarung bliebe indessen unangetastet und daher neben der Tarifvertragsregelung bestehen und könnte diese gegebenenfalls sogar verdrängen. Dies lasse sich mit dem Verständnis einer zwingender Wirkung von Tarifverträgen, wie sie der Gesetzgeber bei Erlass des § 4 Abs. 1 Satz 1 TVG ganz offensichtlich beabsichtigte, nicht vereinbaren.

---

[595] Mit dieser Erkenntnis geht die Erledigung der tarifrechtlich seit langer Zeit umkämpften Frage, welche Gegenstände vom Begriff der Betriebsnorm erfasst werden, einher. Die Tendenz ging in neuerer Zeit eindeutig dahin, diesen Terminus möglichst weit auszulegen (vgl. etwa: GAMILLSCHEG, KollArbR I, S. 590; MünchArbR/LÖWISCH, § 254 Rn. 13, 14; WIEDEMANN/STUMPF, TVG, 5. Auflage, § 1, Rn. 244; anders jetzt aber *DERS.*, RdA 1997, S. 297, 300.). Legt man die Einschätzungen Dieterichs zugrunde, muss dem nun eine eindeutige Absage erteilt werden: Soll der verfassungsrechtlich legitimierende Boden nicht verlassen werden, so können durch Betriebsnormen nur solche Regelungsbereiche erfasst werden, die der alleinigen Organisationsgewalt des Arbeitgebers unterliegen. In diesem Falle reicht die Verbandszugehörigkeit des Arbeitgebers aus. Es handelt sich also um solche Fragen, die ohnehin vom Arbeitgeber alleine entschieden und angeordnet werden könnten. Im Ergebnis müssen also solche Regelungstatbestände ausgenommen werden, die einen für die (Außenseiter-)Arbeitnehmer einschneidend nachteiligen Inhalt haben. Daraus folgt dann, dass als klassische Beispiele für Betriebsnormen die Sozialnormen, sowie Fragen der Zusammensetzung der Belegschaft, Ausgestaltung der Betriebsmittel und –einrichtungen anzusehen sind. Nicht mehr erfasst werden dagegen Fragen der betrieblichen Lohngestaltung (§ 87 Abs. 1 Nr. 10 BetrVG) oder die Entscheidung über leistungsbezogene Entgelte (§ 87 Abs. 1 Nr. 11 BetrVG); vgl. zu dieser Frage auch: DIETERICH, FS Däubler, S. 451, 458.

[596] BELLING, ZfA 1999, S. 547, 592ff.; WALTERMANN, ZfA 2000, S. 53, 72.

[597] BÖTTICHER, Gestaltungsrecht und Unterwerfung im Privatrecht, S. 24.

[598] Diese Frage ist vergleichbar mit den Erwägungen über die Zulässigkeit verdrängender Vollmachtserteilung. Siehe dazu: GERNHUBER, JZ 1995, S. 381.

Diese Kritik berücksichtigend leiten die Vertreter eines auf kollektiver Privatautonomie fußenden Tarifvertragsrechts die zwingende Wirkung von Tarifregelungen anders als *BÖTTICHER* ab[599]. Träten in ein und demselben Rechtsverhältnis Verträge unterschiedlicher Parteien nebeneinander, so bedürfe es wegen der Durchbrechung der Relativität der Schuldverhältnisse einer Kollisionsregelung[600]. Eine solche stelle die Vorschrift des § 4 Abs. 1 Satz 1 TVG für das Aufeinandertreffen von individualarbeitsrechtlichen und tarifrechtlichen Verträgen zugunsten der kollektiven Vereinbarung dar. Der Kollektivvertrag diene dem Schutze der strukturell unterlegenen Arbeitnehmern[601]. Da dem unter Parität zustande gekommenen Tarifvertrag eine größere Richtigkeitsgewähr als dem unter einem Machtgefälle geschlossenen Individualarbeitsvertrag zwischen Einzelarbeitnehmer und Arbeitgeber zukomme[602], sei ersterem im Kollisionsfalle als funktional überlegenerem Vertrag der Vorrang einzuräumen. In diesem Sinne sei auch der auf kollektiver Privatautonomie begründete Tarifvertrag in der Lage zwingende Wirkung gegenüber den Tarifgebundenen zu entfalten.

*(iv)* Umsetzung durch den Gesetzgeber

Schließlich wird dem privatautonomen Ansatz entgegengehalten, dass selbst wenn sich das Tarifvertragssystem privatautonom erklären lasse, dies noch nicht bedeute, dass der Gesetzgeber es auch in dieser Weise ausgestaltet habe[603]. Einer rein privatautonomen Ausgestaltung des Tarifvertragssystems stünde die besondere Gemeinwohlbindung der Tarifautonomie entgegen. Nur eine *quasistaatliche Rechtssetzung* durch die Tarifvertragsparteien vermöge es, den im Hinblick auf die Gemeinwohlbindung nötigen Eindruck von Gerechtigkeit zu vermitteln[604]. Demzufolge könne der Gesetzgeber das Tarifvertragssystem nicht als Ausübung kollektiver Privatautonomie konzipiert haben.

Nach Auffassung der Vertreter des privatautonomen Ansatzes stehe auch die von der Gegenauffassung behauptete Gemeinwohlbindung einer privatautonomen Ausgestaltung des Tarifvertragsrechts nicht entgegen, da es dem Staat offen ste-

---

599 Vgl. etwa RIEBLE, ZfA 2000, S. 5, 16f.; PICKER, ZfA 1986, S. 246ff.

600 Vergleichbares findet sich in den Regelungen über die Allgemeinen Geschäftsbedingungen, §§ 305ff. n.F. BGB, vgl. RIEBLE, ZfA 2000, S. 5, 17 m.w.N.

601 Diesbezüglich wird auf die Entscheidung des Bundesverfassungsgerichts vom 26.6.1991, AP Art. 9 GG Arbeitskampf Nr. 117, verwiesen.

602 Grundlegend dazu: PICKER, ZfA 1986, S. 199, 246; *DERS.*, GS Knobbe-Keuk, S. 883ff.

603 KEMPER, Die Bestimmung des Schutzbereichs der Koalitionsfreiheit, S. 100ff.; LÖWISCH, RdA 1969, S. 129ff.

604 LÖWISCH, RdA 1969, S. 129ff.; sogar ZÖLLNER, Die Rechtsnatur von Tarifnormen nach deutschem Recht, S. 34ff., der mit seinem Beitrag in RdA 1962, S. 453, den Grundstein für das privatautonome Verständnis des Tarifvertragsrechts gelegt hat.

he, gemeinschädlichen Gebrauch der Privatautonomie durch Privatrechtssubjekt mit den ihm zur Verfügung stehenden Mitteln zu unterbinden. Eine darüber hinausgehende Bindung von Arbeitnehmern bzw. Arbeitgebern und ihren Koalitionen an das Gemeinwohl, käme vielmehr einer unnötigen Herrschaft der Verbände über ihre Mitglieder gleich. Binde man die Parteien in der angetragenen Weise an das Gemeinwohl, führe dies alleine dazu, dass eine Fremdbestimmung durch eine andere ersetzt werde[605]. *PICKER* spricht insoweit von einer Zwangsherrschaft der Verbände, die das Schutzprinzip als Rechtfertigung für die Freiheitsbeschränkung nutze[606].

(2) *Stellungnahme*

Zwar hat sich das Bundesarbeitsgericht in seinen jüngsten Entscheidungen[607] dem auf kollektiver Privatautonomie fußenden Verständnis der Normwirkung von Tarifverträgen zugewandt. Eine dogmatische Begründung beinhalten die Entscheidungen ebenso wenig wie ein für das privatautonomes Verständnis ausschlaggebendes Argument. Dabei hätte es einer dogmatisch überzeugenden Herleitung sehr wohl bedurft, wie der in der Literatur verbissen geführte Streit um den dogmatischen Hintergrund des Tarifvertragssystem beeindruckend belegt[608]. Dies gilt erst Recht im Hinblick auf die erheblichen Auswirkungen auf Tarifvertrags- und Arbeitskampfrecht, die ein Umschwenken von der Delegations- bzw. Integrationstheorie zum Legitimationsmodell auslösen würde.

Aber ebenso wenig wie sich das Bundesarbeitsgericht vor seiner Richtungsänderung mit den Argumenten der Befürworter eines privatautonomen Verständnisses beschäftigt hat, setzt es sich in seinen jüngsten Entscheidungen mit den Argumentationen der Vertreter des Delegations- und Integrationsverständnisses auseinander[609]. Wie die sich anschließenden Ausführungen allerdings belegen, bestätigt das Nachholen einer Abwägung der in der Literatur *pro* und *contra* vorgebrachten Argumentationen, dass die vom Bundesarbeitsgericht vollzogenen Kehrtwende zugunsten eines privatautonomen Verständnisses mehr als angezeigt war. Denn die gegen diesen Ansatz vorgebrachten Kritikpunkte vermögen letztlich nicht zu überzeugen.

---

[605] In diesem Sinne auch KEMPEN/ZACHERT, TVG, Grundl., Rn. 58.

[606] PICKER, GS Knobbe-Keuk, S. 914ff. und 946ff.

[607] Vgl. Nachweise in Fn. 567.

[608] Vgl. dazu vorstehende Ausführungen unter 3. Teil § 3A.II.2.d)(2).

[609] Dies wird von DIETERICH, RdA 2001, S. 112, 113, Fn. 11, zu Recht kritisiert, der die Zurückhaltung aufgrund der Komplexität und Schwierigkeit aber für nachvollziehbar hält; mit weniger Verständnis für die Vorsicht bei der Begründung durch den Senat: RIEBLE, ZfA 2000, S. 5, 7.

(a) *Die Rechtsnormen des Tarifvertrages*

Der Gesetzgeber hat in § 1 TVG festgelegt, dass der Tarifvertrag „Rechtsnormen“ enthält. Neben der Schaffung von Tarifnormen durch die Tarifvertragsparteien mit Wirkung für die Arbeitsvertragsparteien sieht der Gesetzgeber in § 1 TVG als zweite Option der Vertragspartner die Berechtigung vor, schuldrechtliche Abmachungen über die eigenen Rechte und Pflichten zu treffen. Dies führt zu dem Schluss, dass er den verschiedenen Regelungen eine unterschiedliche Qualität zuspricht. Der Wortlaut des Tarifvertragsgesetzes, wie auch die Option, neben „Rechtsnormen“ schuldrechtliche Regelung treffen zu können, sprechen damit grundsätzlich für eine objektiv-rechtliche Konstruktion und damit für ein delegationsspezifisches Verständnis.

Bereits *HUECK* hat aber darauf hingewiesen[610], dass die Bezeichnung Normenvertrag - unter den sich auch der Tarifvertrag subsumieren lässt - auch nur als Synonym für „vertraglich vereinbarte Geschäftsbedingungen“ gebraucht worden sein könnte[611]. Da der Wortlaut des Tarifvertragsgesetzes diesbezüglich keinen Aufschluss bringt, zwingt er zumindest nicht zu der Erkenntnis, der Gesetzgeber hätte eine konkrete Vorstellung von tariflichen Rechtsnormen im Sinne einer Schaffung objektiven Rechts gehabt.

Entgegen dem von den Vertretern der Delegationstheorie[612] vorgetragenen Hinweis zwingt der Wortlaut des § 1 TVG im Ergebnis aus einem weiteren Grund nicht zu der Annahme, dass es sich bei tarifrechtlichen Regelungen um die Setzung objektiven Rechts handelt. Diesbezüglich überzeugen die Ausführungen von *RIEBLE* zu anderweitigen privatautonom funktionierenden Normsystemen[613]. Wie zutreffend seine Erwägungen zur Normwirkung im Tarifvertragsrecht sind, verdeutlicht die Wirkungsweise der vereinsrechtlichen Satzung. Auch hier knüpft die Geltung der jeweiligen Regelungen ausschließlich an die Mitgliedschaft der Betroffenen an.

Die Vereinssatzung kann nicht als aus einer vom staatlichen Gesetzgeber abgeleiteten Befugnis heraus erlassenen Normierung verstanden werden. Vielmehr ist es ein Vertrag zwischen den Gründern, der sich anschließend in eine vom Mit-

---

610 HUECK, Normenverträge, JherJB, Band 73 (1923), S. 36f.

611 HERSCHEL, ZfA 1973, S. 183, 192f.; zur Normwirkung ebenfalls HERSCHEL, ZfA 1973, S. 183ff.

612 Vgl. dazu soeben 3. Teil § 3A.II.2.d)(1)(a) sowie zu den einzelnen Kritikpunkten im 3. Teil § 3A.II.2.d)(1)(c).

613 Siehe oben im 3. Teil § 3A.II.2.d)(1)(c)(iii).

gliederwillen unabhängige korporativen Verfassung wandelt[614]. Die Satzungswirkung beruht damit letztlich auf der privatautonomen Legitimation durch rechtsgeschäftliche Unterwerfung in Form des Vereinsbeitritts. Im Vereinsrecht existieren also Regelungen mit Normwirkung, ohne dass der Staat die ihm originär zugewiesene Regelungskompetenz delegiert hätte. Vielmehr hat er sich darauf beschränkt, unter Berücksichtigung des Art. 9 Abs. 3 GG im Wege der Ausgestaltung des Zivilrechts die umschriebene Vorgehensweise zu ermöglichen und anzuerkennen[615].

Nichts anderes gilt für das Tarifvertragswesen. Die korporationsrechtliche Anknüpfung, die auf *OTTO VON GIERCKE*[616] zurückgeht, wurde dementsprechend schon von *SINZHEIMER*[617] in die Normierungen der TVVO eingeführt[618].

Vergleicht man die vorangestellten Überlegungen zur Tarifvertragsnorm mit der Satzung eines Vereines, wird zugegebenermaßen sofort deutlich, dass die Tarifmacht die Satzungsgewalt übersteigt. Der Tarifvertrag regelt nicht nur verbandsintern wie eine Satzung die Verhältnisse der Mitglieder, sondern ermächtigt dazu, externe Schuldverhältnisse in Form des Arbeitsvertrages zwischen Arbeitnehmern und Arbeitgebern zu regeln, die systemkonsequent nicht Mitglieder des gleichen Verbandes sind. Eine solche Außenwirkung steht jedoch im Konflikt mit dem Grundsatz der Relativität der Schuldverhältnisse. Diese Situation stellt sich aber nicht wirklich als Besonderheit dar, da der Gesetzgeber auch in anderen Regelungsbereichen derart verfahren ist, wie §§ 571 oder 613a BGB aufzeigen[619].

---

[614] So die herrschende modifizierte Normentheorie: RG 29.10.1940, RGZ 165, S. 140, 143f.; BGH 4.10.1956, BGHZ 21, S. 370, 373ff.; BGH 6.3.1967, BGHZ 47, S. 172, 179f.; RGRK/*STEFFEN*, § 25, Rn. 5.

[615] Vgl. insbesondere MünchArbR/*REUTER*, § 25 Rn. 9, 11; dieser hebt hervor, dass „die Normentheorie genauso ein rechtsgeschäftlicher Ansatz wie die Vertragstheorie" sei. Letztlich sei die „Legitimation durch die rechtsgeschäftliche Privatautonomie der Betroffenen" entscheidend; ebenso: FLUME, BGB-AT I/2, S. 315ff.; HADDING, FS Fischer, S. 165ff.; REICHERT, Handbuch des Vereins- und Verbandsrechts, Rn. 282.

[616] *OTTO VON GIERCKE*, Deutsches Privatrecht, Band I, 1895, S. 142f., 150f.; *DERS.*, Das Wesen der menschlichen Verbände, 1902, S. 29ff.; vgl. dazu auch, K.SCHMIDT, Einhundert Jahre Verbandstheorie im Privatrecht, 1987; SOERGEL/*HADDING*, vor § 21 BGB, Rn. 48ff. m.w.N.

[617] SINZHEIMER, FS Reichsgericht IV, S. 1ff.

[618] Das System sah einen Verbandsschluss zwischen Gewerkschaft und Arbeitgeber vor, unter dessen Dach mit Hilfe der Satzung die Arbeitsbedingungen festgelegt werden sollten.

[619] Zu weiteren Fällen der Drittwirkung vgl. MEDICUS, JuS 1974, S. 613ff.; DÖRNER, Dynamische Relativität, 1985, S. 4ff.

Die vorgestellten, auf privatautonom funktionierenden Normkomplexe (Vereinsrecht/Buchpreisbindung/VG-Wort[620]) sprechen dafür, dass funktionsfähige, privatautonome Normsetzungen in unserer Rechtsordnung erreichbar ist, genau genommen bereits stattfindet. Weshalb das Tarifvertragsrecht nicht in gleicher Weise funktionieren kann, ist vor diesem Hintergrund nicht einleuchtend.

(b) *Privatautonomer Normenvertrag*

Auch der Vorwurf, ein privatrechtlich verstandenes Tarifvertragsrecht könne die vom Tarifvertragsgesetz vorgeschriebenen *unmittelbare* Wirkung des Tarifvertrages gemäß §§ 4 Abs. 1 und 2 TVG, nicht leisten, ist unzutreffend. Dies belegen bereits die vorstehenden Ausführungen zu anderen privatrechtlich funktionierenden Normsystemen.

Wesentlich problematischer, als dies von den Vertretern des privatautonomen Ansatzes beurteilt wird, stellt sich in diesem Zusammenhang indes die Vorschrift des § 3 Abs. 3 TVG dar. Der Hinweis auf die Vertragstreuepflicht alleine erklärt nämlich entgegen ihrer Meinung nicht, weshalb der Arbeitgeber auch nach Beendigung seiner eigenen Mitgliedschaft jedem Arbeitnehmer, der noch vor Beendigung des Tarifvertrages[621] in die zuständige Gewerkschaft eintritt, die Einhaltung der tariflichen Regelungen schuldet. Eine solche Wirkung lässt sich nur mit einem vertraglich eingeräumten Optionsrecht zugunsten der Arbeitnehmer erklären, welches für die Laufzeit des Tarifvertrages Bestand hat.

Ein Blick auf den Abschluss eines Firmentarifvertrages und seine Wirkungsweise soll das Vorstehende verdeutlichen: Schließt der Außenseiter-Arbeitgeber mit einer Gewerkschaft einen Firmentarifvertrag ab, so bleibt er als Vertragspartner so lange an seine Regelungen gebunden, wie es die Laufzeit des Vertrages vorsieht. § 3 Abs. 3 TVG bewirkt nur, dass diese Vertragsbindung nicht einfach durch Verbandsaustritt umgangen werden kann. Folglich trägt § 3 Abs. 3 TVG also lediglich der Kollektivität des Gesamtkonzeptes Rechnung[622]. Auch ein privatautonomes Tarifvertragsverständnis kann also eine unmittelbare Wirkung von Tarifnormen dogmatisch erklären.

---

[620] Vgl. zu den Beispielen oben unter 3. Teil § 3A.II.2.d)(1)(c)(i).

[621] Zur Frage des Merkmals der Beendigung von Tarifverträgen vgl. STRICK/RICHTER, Anm. zum Urteil des BAG v. 7.11.2001, EzA § 3 TVG Nr. 24.

[622] Wegen der Kritik an der Funktionstauglichkeit des privatautonomen Ansatzes hinsichtlich der Vorschrift des § 3 Abs. 2 TVG wird vollumfänglich auf die insoweit überzeugenden Argumente von DIETERICH, RdA. 2001, 112, 116, verwiesen; vgl. dazu auch die Ausführungen im 3. Teil § 3A.II.2.d)(1)(c)(ii).

(c) *Zwingende Wirkung – Vorrang des Tarifvertrages*

Fraglich ist hingegen, inwieweit ein privatautonom verstandenes Tarifvertragssystem die durch § 4 Abs. 1 TVG vorgesehene *zwingende* Wirkung von tarifvertraglichen Vereinbarungen herzustellen vermag. Bekanntlich kennt unsere Zivilrechtsordnung keinen Vorrang bestimmter Schuldverhältnisse. Dies hat bei privatautonomem Verständnis zur Folge, dass eine tarifvertragliche Regelung jederzeit durch eine Individualabrede ausgehebelt werden könnte und zwar anders als dies § 4 Abs. 3 TVG festlegt, auch zuungunsten des Arbeitnehmers. Die zwingende Wirkung von Vertragsregelungen ist mithin nicht der Grundsatz privatautonomer Vertragskonstrukte.

In diesem Zusammenhang hilft jedoch der Hinweis *RIEBLES* auf den Charakter des § 4 Abs. 1 TVG als Kollisionsregelung. Für die Richtigkeit dieser Einschätzung spricht das im § 4 Abs. 3 TVG festgeschriebene Günstigkeitsprinzip. Kann die Absprache individualvertraglicher Regelungen nämlich nicht auf die strukturelle Unterlegenheit des Arbeitnehmers zurückgeführt werden, wie etwa im Falle für den Arbeitnehmer günstigerer Vereinbarungen, spricht § 4 Abs. 3 TVG dem Individualvertrag den Vorrang im Verhältnis zum Kollektivvertrag zu.

Bedarf es keiner Anpassung der Verhandlungspositionen potentieller Vertragspartner, entfällt die funktionelle Überlegenheit des Kollektivvertrages, so dass im Sinne der Privatautonomie dem neueren, individuelleren Vertrag der Vorrang eingeräumt werden kann. Das kollektiv privatautonome System ist folglich nicht nur in der Lage, die unmittelbare Wirkung von Tarifnormen abzusichern, sondern überdies, ihnen einen zwingenden Charakter beizumessen[623]. Demnach ließe sich die von einem Tarifvertrag vorgesehene Möglichkeit der Sozialpartner, Regelungen mit Normwirkung zu erlassen, mit einem privatautonomem System erklären. Einer Delegation von Gesetzgebungskompetenzen auf Privatrechtssubjekte bedarf es folglich nicht.

(d) *Umsetzung durch den Gesetzgeber*

Den Gegnern des privatautonomen Ansatzes ist zuzugeben, dass die bloße Möglichkeit, dem Tarifvertragsrecht ein privatautonomes Verständnis zugrunde zu legen, nicht zu dem Schluss zwingt, der Gesetzgeber habe es auch tatsächlich privatautonom ausgestalten wollen[624].

Wenig überzeugend ist in diesem Zusammenhang allerdings die Erwägung, eine gegen die auf kollektiver Privatautonomie basierende Umsetzung des Tarifver-

---

[623] Damit sind auch die wesentlichen Bedenken von WALTERMANN, ZfA 2000, S. 53, 76f., gegenüber der Unterwerfungstheorie ausgeräumt.

[624] Vgl. dazu schon 3. Teil § 3A.II.2.d)(1)(c)(iv).

tragssystems sprechende Bedingung liege in der Notwendigkeit einer Orientierung der Tarifnormen an einem übergeordneten Gemeinwohl[625]. Nicht nur die Existenz einer besonderen „inneren" Gemeinwohlbindung des Tarifvertragsrechts erscheint fraglich, sondern auch der Bedarf nach einer solchen Orientierungsgröße; zumal bereits die Privatautonomie einer eigenen Sozial- und Gemeinwohlbindung unterliegt, wie § 138 Abs. 1 BGB deutlich zum Ausdruck bringt.

Vielmehr ist die Fragestellung wie folgt umzukehren: Gibt die Verfassung dem Gesetzgeber überhaupt die Möglichkeit, seine Gesetzgebungskompetenz in der Weise und in dem Umfang auf einen privaten Rechtsträger zu übertragen, wie es nach dem Delegationsverständnis der Fall sein soll?

Insoweit geben die von den Vertretern des privatautonomen Ansatzes gegen Delegations- und Integrationstheorien vorgetragenen Argumente zu Bedenken, ob sich die Tarifvertragsparteien hinsichtlich ihrer Legitimation zur tariflichen Gesetzgebung wirklich auf Staat und Verfassung stützen können.

Gegen einen Gesetzgebungscharakter des Tarifvertrages spricht zum einen die Existenz der Allgemeinverbindlichkeitserklärung von Tarifnormen gemäß § 5 TVG. Der Gesetzgeber bringt mit dieser Vorschrift zum Ausdruck, dass eine normative Bindung an Tarifinhalte ohne privatautonome Unterwerfung des Betroffenen einzig und allein möglich sein soll, soweit dies von dem zur Gesetzgebung alleine berufenen staatlichen Gesetzgeber verantwortet wird[626]. In der Vorschrift des § 5 TVG kommt folglich zum Ausdruck, dass den Tarifvertragsparteien nicht die Funktion des Gesetzgebers zukommt.

Auch eine unmittelbare Anknüpfung an die Verfassung, wie sie die Integrationstheorie vorsieht, vermag im Ergebnis nicht zu helfen. Wie ein Blick auf die Betriebsverfassung bestätigt, ist eine gesetzgebergleiche Tätigkeit grundsätzlich an eine demokratische Legitimation durch die Betroffenen (hier: Wahl des Betriebsrats durch die im Betrieb Beschäftigten Arbeitnehmer) gebunden. Die unmittelbare und zwingende Wirkung der Betriebsvereinbarungen knüpft im Verhältnis zu den betriebsangehörigen Arbeitnehmern an ein *demokratisches* Normsetzungsverfahren und damit ganz anders als die des Tarifvertrages an.

Mit dem Betriebsrat wird ein Rechtssetzungsorgan gewählt und damit nach dem demokratischen Prinzip als Repräsentant legitimiert. Die betriebliche Mitbestimmung wird demnach durch eine gesetzlich institutionalisierte Kooperation

---

[625] Vgl. 3. Teil § 3A.II.2.d)(1)(c)(iv).
[626] Vertiefend zu der Problematik der Außenseiter: LIEB, RdA 1967, S. 441ff.; THÜSING, Der Außenseiter im Arbeitskampf, 1996; ZÖLLNER, RdA 1962, S. 453, 459.

verwirklicht[627]. In der Betriebsverfassung spiegelt sich die Konzeption des staatlichen Rechtssetzungsverfahren wieder. Dem entspricht es, dass der Betriebsrat einer generellen Friedenspflicht unterliegt, ihm folgerichtig gerade kein Recht zum Arbeitskampf zusteht (§ 74 Abs. 2 BetrVG). Die Koalition hingegen ist nicht demokratisch, sondern *qua* Mitgliedschaft der einzelnen Arbeitnehmer bzw. Arbeitgeber legitimiert. Für eine Rechtssetzungskompetenz aus der Verfassung wäre dem Demokratieprinzip entsprechend eine gewählte Repräsentation zu fordern; die alleinige Anknüpfung an Art. 9 Abs. 3 GG kann insofern nicht als ausreichend angesehen werden.

Dass sich das Tarifvertragsystem letztlich weder auf die Benutzung von delegierten Gesetzgebungsbefugnissen noch auf unmittelbar aus Art. 9 Abs. 1 GG abgeleiteten Gesetzgebungskompetenzen stützen kann, wird zudem durch wesentliche Vorschriften des Tarifvertragsgesetzes gestützt. So ist die Funktionsweise des § 2 Abs. 2 bis 4 TVG, der es Spitzenverbänden ermöglicht, unter Beachtung der genannten Voraussetzungen, Tarifverträge mit Bindungswirkung für den eigenen, wie für angeschlossene Verbände abzuschließen, in einem an die Rechtssetzung durch die Parteien anknüpfenden Tarifvertragssystem nicht erklärbar.

Schon eine Übertragung der Gesetzgebungskompetenz über die einzelnen Verbände hinaus auf die Spitzenorganisationen erscheint als zu weitreichend und daher als wagemutige Annahme. Insbesondere die in § 2 Abs. 2 TVG vorgesehene Möglichkeit, die Gesetzgebungskompetenz sogar durch Satzung übertragen bzw. festschreiben zu können, ist verfassungsrechtlich mehr als bedenklich. Den Koalitionen wird Gesetzgebungsmacht verliehen, obwohl eine dahingehende Delegationsmöglichkeit des Gesetzgebers weder in Art. 80 GG, noch an anderer Stelle der Verfassung Ausdruck gefunden hat. Im gleichen Atemzug wird eine Delegation der übertragenen Gesetzgebungsmacht angenommen, die sich - selbst bei Annahme einer grundsätzlichen Delegationsmöglichkeit des Gesetzgebers in diesem Bereich - verfassungsrechtlich nicht mehr erklären und damit auch nicht vertreten lässt.

Verfassungsrechtlich wird eine Subdelegation vom Verfassungsgeber nur unter engen Voraussetzungen zugelassen[628]. Soweit die Verfassung eine Subdelegation

---

[627] So wie hier auch MünchArbR/RICHARDI, § 241 Rn. 16.

[628] Der Verfassungsgeber scheint einer Weitergabe der Ermächtigung zur Gesetzgebung mit Bedenken gegenübergestanden zu haben. Nur so erklärt es sich, weshalb eine solche Übertragung voraussetzt, dass das ermächtigende Gesetz bereits diese Möglichkeit vorsieht und eine solche Übertragung an den Erlass einer Verordnung geknüpft wurde; vgl. MAUNZ/DÜRIG-*MAUNZ*, Art. 80 GG, Rn. 43.

anerkennt, kann dies nur durch die Delegierenden, nicht hingegen durch den Unterermächtigten selber bewirkt werden.

Abgesehen von diesem schon problematischen Ausgangspunkt stehen auch die Vorschriften der §§ 2 Abs. 3 und Abs. 4 TVG der Delegations- und Integrationstheorie entgegen. Lässt sich mit ihnen vielleicht noch die nach § 2 Abs. 4, Abs. 2 TVG vorgeschriebene Haftung der angeschlossenen Verbände über § 179 BGB bei Vollmachtsmissbrauch erklären, scheitern jedenfalls alle Erklärungsversuche hinsichtlich der Haftung, wie sie in § 2 Abs. 3 und 4 TVG für die angeschlossenen Verbände vorgesehen ist. Die im Tarifvertragsgesetz vorgesehene Haftung kann letztlich nur mit Hilfe eines schuldrechtlichen Gesamtkonzepts erklärt werden[629].

(e) *Ergebnis*

Im Ergebnis folgt daraus, dass das Tarifvertragssystem Ausdruck kollektiver Privatautonomie ist. Damit richtet sich das grundlegende Regelungsinstrument, der Tarifvertrag, für die Wiederherstellung von freiem Wettbewerb und funktionierendem Markt auch nach den dort geltenden Grundprinzipien[630].

Für das Hilfsmittel des Tarifvertragssystems kann in der Folge nichts anderes gelten. Auch der Einsatz von Arbeitskampfmitteln muss Ausdruck von Privatautonomie und freiem Markt sein. Er muss sich in das vorgezeichnete System einfügen.

Zusammenfassend kann daher festgehalten werden, dass als koalitionsspezifisch i.S. der Rechtsprechung des Bundesverfassungsgerichts zu Art. 9 Abs. 3 GG nur solche Arbeitskampfmittel angesehen werden können, die sich als marktkonform darstellen; nur diese werden vom Schutzbereich des Art. 9 Abs. 3 GG umfasst.

### 3. Marktkonformität einzelner Arbeitskampfmittel

#### a) Bestimmung der Marktkonformität

Bevor die einzelnen Arbeitskampfmittel hinsichtlich ihrer Koalitionsspezifik eingeordnet werden können, ist zu klären, unter welchen Voraussetzungen ein Arbeitskampfmittel als Marktmittel und damit als koalitionsspezifisch angesehen werden kann.

Wie zuvor herausgearbeitet wurde[631], dient der Arbeitskampf als wettbewerbsrechtliche Auseinandersetzung der Regulierung verschobener Marktstruktu-

---

629 Siehe dazu auch RIEBLE, ZfA 2000, S. 5, 15.

630 Vgl. zum Ausgangspunkt der hier nachgezeichneten Konzeption: 3. Teil § 3A.II.2.c).

631 3. Teil § 3A.II.2.

ren[632]. Der *einzelne* Arbeitnehmer kann durch Verknappung seiner Ware „Arbeitsleistung“ keinen Einfluss mehr auf deren Marktwert nehmen. Als kennzeichnend für ein marktkonformes Vorgehen ist daher die Verdeutlichung der Wertigkeit der angebotenen Leistung anzusehen.

Hiervon ausgehend kann einem Arbeitskampfmittel nur Marktbezug zukommen, wenn sein Einsatz als Ausübung kollektiv gebündelter Marktmacht oder kollektiv geltend gemachter Vertragsrechte begriffen werden kann. Als typische Marktmittel können daher die Verknappung der eigenen Ware „Arbeitsleistung“, also die Arbeitniederlegung, sowie der Aufruf angesehen werden, von Vertragsabschlüssen mit dem sozialen Gegenspieler Abstand zu nehmen.

Als nicht mehr marktkonformes Verhalten ist demgegenüber der Einsatz von Gewaltmitteln einzustufen; hierauf hat bereits *RIEBLE*[633] hingewiesen. Gewalt ist ein den freien Markt und die Privatautonomie störendes Element.

Ein Vergleich mit der Systematik und Kasuistik der Rechtsordnung stützt diese Einschätzung. Das gesamte deutsche Markt- und Rechtssystem sieht keinen Fall des berechtigten Gewalteinsatzes für strukturell schwächer ausgestatte Vertragspartner vor. Kein noch so finanziell gebeutelter Kunde darf unter dem Deckmantel der Verfassung, Bankangestellte mit Schusswaffen zum Abschluss eines Darlehens zwingen. Auch dem Obdachlosen ist kein Recht auf Hausbesetzung gewährt, auch wenn er strukturell noch so schwach ist.

Vom Gesetzgeber geschaffene Normkomplexe zur Besserstellung strukturell unterlegener Rechtsträger, wie sie die Regelungen über die Widerrufs- und Rückgaberechte bei Verbraucherverträgen (§§ 355ff. BGB) oder über die Gestaltung rechtsgeschäftlicher Schuldverhältnisse durch allgemeine Geschäftsbedingungen (§§ 305ff. BGB)[634] verkörpern, sehen keine Rechtmäßigkeit von Gewalteinsätzen zur Strukturangleichung vor. Ebenso verdeutlichen die §§ 228, 904 BGB wie auch die §§ 32, 34 StGB, dass Gewalteinsatz, selbst wenn er auf die Erhal-

---

[632] Ähnlich schon RAMM, Der Arbeitskampf und die Gesellschaftsordnung des Grundgesetzes, S. 1.

[633] RIEBLE, Arbeitsmarkt und Wettbewerb, Rn. 1345ff.; ähnlich auch WESCH, Betriebsbesetzung, S. 19ff., der aber schon die allgemeine Definition des Arbeitskampfes auf arbeitsvertragsbezogene Maßnahmen beschränken möchte. Widersprüchlich sind insoweit die Ausführungen von Höfling in SACHS/*HÖFLING*, Art. 9 GG, Rn. 105 und 109, der den Verfassungsschutz einerseits auf die Verweigerung der Erfüllung vertraglicher Pflichten begrenzt, andererseits aber Betriebsblockaden vom Schutz erfasst sieht, wenn sie sich unter den verfassungsrechtlichen Begriff subsumieren lassen. Dies ist insoweit unschlüssig, weil Betriebsblockaden sich nicht auf die Verletzung vertraglicher Rechte beschränken, sie mithin niemals den Schutz des Koalitionsrechtes genießen könnten.

[634] Vor dem 1.1.2002 geregelt im Gesetz zur Regelung des Rechts der allgemeinen Geschäftsbedingungen, dem Haustürwiderrufsgesetz und im Verbraucherkreditgesetz.

tung verfassungsrechtlich höchster Rechte gerichtet ist, ausschließlich zur Rechts*bewahrung* zulässig ist.

Damit bleibt im Ergebnis festzuhalten, dass einer Arbeitskampfmaßnahme der verfassungsrechtliche Schutz aus Art. 9 Abs. 3 GG keinesfalls zukommen kann, soweit sie sich als Gewalt und damit als marktfremd darstellt.

b) Auswirkungen für die neuen Arbeitskampfformen

Sollen die einleitend vorgestellten neuen Arbeitskampfmittel dem Schutz der Koalitionsgewährleistung unterfallen, müssen sie sich nach diesen Maßgaben als marktkonform und somit als „koalitionsspezifische Betätigung" einstufen lassen[635].

(1) *Sonderformen der Arbeitsniederlegung*

Für einen grundsätzlichen Schutz aller Sonderformen der Arbeitsniederlegung spricht vor diesem Hintergrund, dass sie sich auf die Verweigerung vertraglicher Leistungen konzentrieren und folglich - wenn auch in verschiedenen Ausformungen - als Geltendmachung gebündelter Marktmacht angesehen werden können. Sie beschränken sich auf die Störung vertraglicher Hauptleistungspflichten und führen dadurch mittelbar zu einem Eingriff in den eingerichteten und ausgeübten Gewerbebetrieb[636].

(a) *Formen des Warn- und Wellenstreiks*

Bei allen Spielarten des Warn- und Wellenstreiks[637] variiert im Rahmen der Arbeitsniederlegung lediglich der Zeitpunkt, Dauer und Ort der Arbeitsniederlegung. Sie zeichnen sich daher durch eine Vorgehensweise aus, die sich allein auf die Zurückbehaltung vertraglich geschuldeter Leistungen beschränkt und daher den Marktwert der eigenen Leistung verdeutlicht; ihr Wirkungsweise entspricht insoweit dem - unstreitig verfassungsrechtlich geschützten und koalitionsspezifischen - Flächenstreik.

---

[635] PICKER, ZfA 1986, S. 199ff., *DERS.*, GS Knobbe-Keuk, S. 879ff.; *DERS.*, Vertrags- und Kampfprinzip, S. 63; *DERS.*, Warnstreik, S. 47; RIEBLE, Arbeitsmarkt und Wettbewerb, Rn. 1346; *DERS.*, ZfA 2000, S. 4, 24; STAUDINGER/*RICHARDI*, vor § 611 BGB, Rn. 856; SCHWITANSKI, Deliktsrecht, Unternehmensschutz und Arbeitskampfrecht, S. 371, 375 und 381; ähnlich WESCH, Betriebsbesetzung, S. 21; LORITZ, DB 1987, S. 223, 225; KÄPPLER, JuS 1990, S. 618, 620.

[636] vgl. dazu die Darstellung im 2. Teil unter B.

[637] vgl. zu den verschiedenen Formen des Warn- bhzw. des Wellenstreiks im 2. Teil § 1A.II.1 und 2.

Daneben dienen sie dem Ziel, der Arbeitgeberseite die Kompensation von Arbeitsausfällen unter Zuhilfenahme noch arbeitswilliger Arbeitskräfte, durch Auslagerung der Produktion oder durch Outsourcing zu verhindern[638]. Dieses Ziel alleine steht einer Zuordnung dieser Kampfmittel zum Schutzbereich des Art. 9 Abs. 3 GG nicht entgegen[639]. Auch ein den Bezug zum Markt und zur Privatautonomie störendes Gewaltelement kann diesen Maßnahmen nicht beigemessen werden.

Durch den Einsatz dieser Maßnahmen wird die für den Bereich der Arbeitsplatzvergabe gestörte Marktstruktur wieder hergestellt, mit der Folge, dass tarifvertragliche Regelungen wieder frei ausgehandelt werden können. Insofern stellen sich diese Kampfformen als marktkonform und koalitionsspezifisch dar. Sie werden daher vom Schutzbereich des Art. 9 Abs. 3 GG erfasst.

(b) *„Spezialistenstreik"*

Ähnlich eindeutig wie Warn- und Wellenstreik lässt sich der Spezialistenstreik dem Schutzbereich des Art. 9 Abs. 3 GG zuordnen. Beim Spezialistenstreik findet eine Beschränkung der Arbeitsleistung in der Weise statt, dass nur bestimmte, mit Sonderwissen oder besonderen Fähigkeiten ausgestattete Arbeitnehmer ihre Arbeit niederlegen.

Damit dient die Arbeitsverweigerung auch hier der Verdeutlichung des Wertes der eigenen Leistung. Die Problematik des Spezialistenstreiks fokussiert sich aufgrund etwaiger Konkurrenz zu Dritt- und Allgemeininteressen[640] vielmehr auf die Frage der Notwendigkeit einer Beschränkung des Kampfberechtigung, da der Spezialistenstreik regelmäßig in Branchen mit Sozialbezug (Transportverkehr, medizinische Versorgung, Medienbereich) anzutreffen ist.

(c) *Schlechtleistung*

Die vorsätzliche Schlechterfüllung der Arbeitsleistung, etwa in Form der Produktion von Ausschuss, weicht nicht nur vom klassischen Streik, sondern auch von Warn-, Wellen- und Spezialistenstreik in ihrer Qualität wesentlich ab[641]. In gewisser Weise ist dieser Kampfmaßnahme ein gewisser Gewaltcharakter immanent, da sie primär auf die Schädigung des Arbeitgebers gerichtet ist.

---

[638] Siehe dazu ausführlich unter 2. Teil § 3B.I.1.
[639] Zu den Auswirkungen der Arbeitskampfrisikolehre im Hinblick auf die besondere Drucksituation beim Wellenstreik vgl. 2. Teil § 3B.I.2.
[640] Dazu sogleich im 3. Teil § 3B.II.
[641] Siehe oben 2. Teil § 3B.I.5.

Insbesondere aber - und dies ist für die Frage der Marktkonformität von entscheidender Bedeutung - vermag der Einsatz der Schlechtleistung im Arbeitskampf es nicht, dem Arbeitgeber den Wert der Arbeitsleistung vor Augen zu führen. Dies gilt ganz besonders, wenn die Schlechtleistung verdeckt eingesetzt wird.

Bei der Zurückhaltung der Leistung besteht für den Arbeitgeber die Möglichkeit, die übliche Leistung der Arbeitnehmer und ihr Verhältnis zur Vergütung am Marktangebot anderer Arbeitskräfte zu bewerten. Eine solche Orientierung am Arbeitsmarkt wird bei der vorsätzlichen Schlechtleistung mangels Vergleichsmöglichkeit jedoch verhindert. Dementsprechend besteht zu Recht weitgehend Einigkeit darüber, dass die vorsätzliche, verdeckte Schlechterfüllung des Arbeitsvertrages nicht vom Schutz des Art. 9 Abs. 3 GG erfasst und damit nicht als zulässiges Arbeitskampfmittel angesehen werden kann[642].

Anders wird dies, wie gezeigt, vielfach für die kollektive Verminderung oder Verlangsamung der Arbeitsleistung in Form des Bummelstreiks, des „Dienstes nach Vorschrift“ und des „go sick“ in der Literatur beurteilt[643]. Das dieser Ansicht zugrunde liegende Argument, dem Grundsatz der Verhältnismäßigkeit entsprechend sei die kollektiven Verminderung oder Verlangsamung der Arbeitsleistung als weniger einschneidendes Mittel im Verhältnis zur gänzlichen Arbeitsniederlegung vorzuziehen, hilft indessen nicht weiter.

Zunächst ist schon nicht belegt, dass die verdeckte Arbeitsverlangsamung oder -verminderung aus Sicht der Arbeitgeber eine im Verhältnis zum Streik weniger einschneidende Maßnahme darstellt. Das Gegenteil dürfte eher der Fall sein[644]. Dem Arbeitgeber wird bei der Schlechtleistung die Möglichkeit zur Kompensation von Ausfällen genommen, da die Arbeitsplätze während der Durchführung der Kampfmaßnahme besetzt bleiben. Die kollektive Leistungsverminderung kann zudem langfristig aufrecht erhalten werden, weil sie die Streikkassen weniger belastet[645]. Auch insoweit kommt ihr eine eingriffsintensivere Qualität als sonstigen Streikformen zu.

Schließlich spricht ein systematisches Argument gegen die Ansicht, die Schlechtleistung werde vom Schutzbereich des Art. 9 Abs. 3 GG erfasst. Eine nähere Auseinandersetzung mit Verhältnismäßigkeits- und Paritätskriterien kommt nämlich erst in Betracht, wenn der Schutzbereich der Koalitionsfreiheit für die fragliche Vorgehensweise überhaupt eröffnet ist. Auch kann die Nähe der

---

642 Zum Meinungsstand vgl. unter 3. Teil § 3A.II.1.c).
643 3. Teil § 3A.II.1.c)(1).
644 siehe auch die Darstellung im 2. Teil § 3B.I.5.
645 Siehe oben 2. Teil § 3B.I.5.

Schlechtleistung zur Betriebsbesetzung[646] nicht ohne Folge bleiben. Es macht in tatsächlicher Hinsicht kaum einen Unterschied aus, ob die Arbeitnehmer den Betrieb besetzen oder dies unter dem Vorwand geschieht, dort zu arbeiten[647]. Insgesamt betrachtet spricht daher vieles dafür, alle Formen der vorsätzlichen Schlechtleistung[648] wegen fehlender Marktkonformität aus dem Schutzbereich des Art. 9 Abs. 3 GG herauszunehmen.

(d) *partielle Arbeitsverweigerung*

Auf den ersten Blick müsste die Eröffnung des Schutzbereichs für die Arbeitskampfform der partiellen Arbeitsverweigerung ähnlich eindeutig bejaht werden wie in den Fällen des Warn-, Wellen- und Spezialistenstreiks. Da die partielle Zurückbehaltung der Arbeitsleistung auf die Nichterbringung der arbeitsvertraglich geschuldeten Leistungen beschränkt ist, stellt sie sich zunächst als Minus zu den übrigen Formen der Arbeitsniederlegung dar. Vor diesem Hintergrund spricht einiges dafür, dass für die partielle Arbeitsniederlegung der Schutzbereich des Art. 9 Abs. 3 GG eröffnet ist.

Eine Subsumtion der partiellen Arbeitsniederlegung unter das Koalitionsrecht des Art. 9 Abs. 3 GG erweist sich letztlich aber als voreiliger Schluss, weil eine solche Bewertung unberücksichtigt lässt, dass bei der teilweisen Arbeitsverweigerung der Arbeitsplatz durch den Arbeitnehmer besetzt bleibt. Damit verliert der Arbeitgeber seine Dispositionsmöglichkeit über den Arbeitsplatz. Er kann einerseits die jeweiligen Arbeitnehmer nicht in vollem Maße aussperren[649] und andererseits aufgrund der zumindest anteilig fortzuzahlenden Vergütung interne oder externe Arbeitswillige nicht vollzeitig beschäftigen. Ähnlich wie der „Bummelstreik" und andere Formen der Schlechtleistung, enthält diese Arbeitskampfform insoweit Elemente der Betriebsbesetzung[650].

Ohnehin steht die partielle Arbeitsverweigerung bei näherer Betrachtung nicht im Einklang mit den marktsystematischen Überlegungen, die für die Koalitionsspezifik herausgearbeitet wurden. Anders als etwa der Flächenstreik hebt nämlich diese Variante der Arbeitsniederlegung den Wert der Arbeitsleistung der

---

[646] Vgl. dazu 2. Teil § 3B.I.5.

[647] So auch ausdrücklich: GAMILLSCHEG, KollArbR I, S. 1063f.; ähnlich MünchArbR/*OTTO*, § 286 Rn. 53, REUTER, ZfA 1990, S. 556; LORITZ, Symposion Hugo Seiter, S. 122; TOMANDL, ZfA 1974, S. 83, 86.

[648] So die Gruppierung der Arten von Schlechtleistung im Arbeitskampf nach OTTO in MünchArbR/*OTTO*, § 286 Rn. 53.

[649] Vgl. zur Möglichkeit der Aussperrung in den Fällen der partiellen Arbeitsniederlegung unter 2. Teil § 3B.I.3.

[650] Vgl. 2. Teil § 3.

„streikenden" Arbeitnehmer nicht hervor, weil dem Arbeitgeber durch die teilweise Weiterarbeit und damit der „Besetzung" der Arbeitsplätze jedwede Grundlage für Verhandlungen mit externen Arbeitskräften genommen wird. Eine Vergleichsbildung der verschiedenen Arbeitsangebote (Streikende auf der einen, externe Arbeitswillige auf der anderen Seite) und damit die Bildung eines Wettbewerbs für das Zustandekommen der Tarifverträge wird auf diese Weise erheblich erschwert, wenn nicht sogar vollends verhindert.

Folglich steht die partielle Arbeitsverweigerung einer Monopolisierung des Arbeitnehmerangebots auf Seiten der Arbeitskämpfer gleich. Dem Arbeitgeber bleibt zur Aufrechterhaltung des Betriebes alleine ein Zurückgreifen auf Betriebsangehörige übrig, wenn er nicht zusätzliche Arbeitsplätze im Betrieb schaffen will.

All dies ist nicht mit den herausgearbeiteten Grundsätzen der Marktkonformität von Arbeitskampfmitteln zu vereinbaren. Insbesondere die Schwierigkeit einer Grenzziehung zur Schlechtleistung fällt ins Gewicht, deren Unvereinbarkeit mit Art. 9 Abs. 3 GG ausführlich dargelegt wurde[651]. Demnach ist die partielle Arbeitsverweigerung grundsätzlich aus dem Schutzbereich des Koalitionsrechts auszuklammern.

Von dieser Beurteilung könnte hingegen abzuweichen sein, wenn die Aufteilung in niedergelegte und erbrachte Arbeitsleistung aus rechtlichen Gründen geschieht und nicht auf dem freien Entschluss des „Streikenden" beruht. Damit sind die Fälle derjenigen Arbeitnehmer angesprochen, die im Bereich des staatlichen Versorgungswesens tätig sind und deren Recht auf Arbeitsniederlegung im Arbeitskampf insoweit eingeschränkt ist, als es um die Erbringung lebenswichtiger oder für die Allgemeinheit bedeutsamer Dienste geht[652]. Als Beispiel für diese Fallkonstellation soll im Folgenden der in einem öffentlichen Krankenhaus angestellte Arzt dienen[653]:

---

[651] 3. Teil § 3A.II.3.b)(1)(c).

[652] BROX/RÜTHERS, Arbeitskampfrecht, Rn. 537ff.; BIRK/KONZEN/LÖWISCH/RAISER/SEITER, „Professorenentwurf", S. 35; MünchArbR/*OTTO*, § 285 Rn. 204f.; LIEB, Arbeitsrecht, Rn. 606.

[653] Die Wahl dieser Fallkonstellation knüpft an die Brisanz dieser Fragestellung an. Der EuGH hat in dem sogenannten SIMAP-Urteil, EuGH 3.10.2000, Rs. C-303/98, EuZW 2001, S. 53ff., festgestellt, dass der von Ärzten in öffentlichen Krankenhäusern erbrachte Bereitschaftsdienst Arbeitszeit im Sinne der Arbeitzeitrichtlinie darstellt. Zur Umsetzung dieser Rechtsprechung des Gerichtshofes in Deutschland durch die Regierung hat die Ärzteschaft sogenannte Computer- bzw. Bleistiftsstreiks angekündigt (Deutsches Ärzteblatt, 2001, S. 1; Rheinisches Ärzteblatt, 2001, S. 14; Kölnische Rundschau, 15.11.2001; http://marburger-BUND.de/bundesverband/pressestelle/mitteilungen). Abgesehen von dem Umstand, dass mit

Anders als Beamten[654] wird den im öffentlichen Dienst angestellten Ärzten grundsätzlich ein Recht zur Durchsetzung von Tarifvertragsregelungen im Wege des Arbeitskampfes zuerkannt[655]. Dieses Recht auf kampfweise Durchsetzung tarifvertraglicher Vorstellungen wird insoweit begrenzt, als dies für die Sicherstellung lebenswichtiger, ärztlicher Versorgung für die Bevölkerung erforderlich erscheint. Das bedeutet für den im öffentlichen Krankenhaus beschäftigten Arzt, dass ihm von Verfassungs wegen grundsätzlich ein Recht zum Arbeitskampf zukommt, ihm aber aus Erwägungen des Allgemeinwohls auferlegt wird, Einschränkungen hinzunehmen, um die medizinische Versorgung der Gemeinschaft auch während eines Arbeitskampfes sicherzustellen.

Diesen Ärzten bleibt damit letztlich nur die Möglichkeit, ihre Arbeitsniederlegungen auf solche Tätigkeitsbereiche zu beschränken, die nicht für die medizinische Versorgung der Bürger unabdingbar sind. Dabei dürfte es sich vorrangig um administrative Tätigkeitsfelder handeln. Will man den Ärzten das ihnen aus Art. 9 Abs. 3 GG Recht zustehende Recht auf Arbeitskampf nicht gänzlich versagen, so wird man bei dieser Sachlage ein Recht auf einen solchen „Bleistift-" oder „Computerstreik", obschon Ausformung der partiellen Arbeitsniederlegung, dem Schutzbereich des Koalitionsrechts zuordnen müssen[656].

Es fragt sich, ob sich die vorstehende Erwägung nicht sogar mit den markt- und wettbewerbsspezifischen Überlegungen, die zuvor für die Eröffnung des Schutzbereichs als notwendig herausgearbeitet wurden, vereinbart werden kann. Das würde voraussetzen, dass sich die auf Teilabschnitte der geschuldeten Arbeitsleistung beschränkte Arbeitsverweigerung - entgegen der sonstigen rechtlichen Einschätzung - für die angesprochene Fallgruppe noch als marktkonform und damit als koalitionsspezifisch einordnen ließe.

---

diesem Ziel der angekündigte Arbeitskampf politisch und rechtswidrig ist, stellt sich die Frage, ob den Ärzten überhaupt ein Arbeitskampfmittel dieser Art zur Verfügung steht.

[654] BVerfG 11.6.1958, BVerfGE 8, S. 1, 17; BVerfG 30.3.1977, BVerfGE 44, S. 249, 264; BROX/RÜTHERS, Arbeitskampfrecht, Rn. 88; GAMILLSCHEG, KollArbR, S. 1108; HUECK/NIPPERDEY/SÄCKER, Bd. II/2, S. 979ff.; ISENSEE, Beamtenstreik, S. 33ff.; ErfK/*SCHLACHTER*, 2. Auflage, Art. 9 GG, Rn. 178ff.; HANAU/ADOMEIT, Arbeitsrecht, Rn. 334; LIEB, Arbeitsrecht, Rn. 606; LÖWISCH/RIEBLE, Arbeitskampf und Schlichtungsrecht, 170.1; Rn. 28ff.; MünchArbR/*OTTO*, § 285 Rn. 189ff.; a.A.: DÄUBLER, Der Streik im öffentlichen Dienst, S. 105ff.; WOHLGEMUTH, Personalrat 1992, S. 94.

[655] BROX/RÜTHERS, Arbeitskampfrecht, Rn. 537ff.; GAMILLSCHEG, KollArbR, S. 999f.; Berger-Delhey, ZTR 1993, S. 3, 5; ErfK/*SCHLACHTER*, 2. Auflage, Art. 9 GG, Rn. 181; HANAU/ADOMEIT, Arbeitsrecht, Rn. 334; LIEB, Arbeitsrecht, Rn. 606; MünchArbR/*OTTO*, § 285 Rn. 201ff.; SEITER, Streikrecht und Aussperrungsrecht, S. 546ff.

[656] In diese Richtung weist auch die herrschende Lehre: GAMILLSCHEG, KollArbR I, S. 987f.; MünchArbR/*OTTO*, § 286 Rn. 56f.; REUß, RdA 1972, S. 321, 322; SEITER, Streikrecht und Aussperrungsrecht, S. 263f.; ZÖLLNER, FS Bötticher, S. 427, 433ff.

Für eine Subsumtion des genannten Sonderfalls der partiellen Arbeitsleistung unter das Koalitionsrecht spricht im Wesentlichen, dass die begrenzte Ausübung des Kampfrechts letztlich nur eine rechtliche Konsequenz einer besonderen Verpflichtungen gegenüber dem Staat und der Allgemeinheit ist. Beschränkungen nach Maßgabe des Verhältnismäßigkeitsprinzips und der Allgemeinwohlbindung sind Bestandteile der Ausgestaltung und der verfassungsmäßigen Begrenzung eines an sich geschützten Verhaltens. Der Streik selber ist ein vom Schutzbereich des Art. 9 Abs. 3 GG erfasstes Verhalten. Darf der Arbeitnehmer nun einen Teil seiner vertraglich geschuldeten Leistung alleine aus arbeitskampfspezifischen Erwägungen heraus nicht im Rahmen des Streiks zurückhalten, so muss es ihm von Verfassungs wegen zumindest gestattet sein, die weiteren, vertraglich geschuldeten Arbeiten einzustellen.

So betrachtet versteht sich die partielle Arbeitsverweigerung in den angesprochenen Fallvarianten als „Vollstreik", der aus Aspekten der Verhältnismäßigkeit und Drittbetroffenheit eingeschränkt wurde. Denn andernfalls würde der betroffene Arbeitnehmer dazu gezwungen, seine Arbeit in Kenntnis der teilweisen Rechtswidrigkeit seines Verhaltens vollständig niederzulegen. Dies allein weist darauf hin, dass für die Niederlegung nicht lebensnotwendiger Arbeiten der Schutz des Art. 9 Abs. 3 GG aufrechterhalten bleiben muss. Es handelt sich bei dieser Form der partiellen Arbeitseinstellung dann nicht um eine eigenständige Arbeitskampfmaßnahme, sondern um eine kampfrechtlich veranlasste Modifikation des Streiks, für die der Schutzbereich des Art. 9 Abs. 3 GG aufgrund seiner Entstehung eröffnet sein muss.

Diese Ausgangsüberlegung lässt sich im Ergebnis auch aus Sicht des Wettbewerbs stützen: Dem in einer solchen Situation befindlichen Arbeitnehmer wird aus Gründen staatlicher Daseinsfürsorge sein marktkonformer Aktionsradius beschnitten. Ihm wird die Möglichkeit genommen, sich kollektiv nach Marktgrundsätzen mit dem (potentiellen) Vertragspartner auseinanderzusetzen. Damit ist das Marktsystem gleich zweifach gestört: Auf einer ersten Ebene beeinflusst die Monopolstellung des Arbeitgebers und die daraus resultierende schwächere Verhandlungsposition der Arbeitnehmerschaft, die Funktionstüchtigkeit des Marktsystems. Generell zu beachtende gemeinschaftliche Interessen kommen als zweiter Störfaktor hinzu.

Hierdurch wird die Wiederherstellung der Funktionsfähigkeit des Arbeitsmarktes und seine Integration in das zivilrechtliche Modell durch ein uneingeschränktes Arbeitskampfrecht blockiert. Sicherlich bedingt dies alleine nicht die Zulassung an sich marktfremder Mittel. Vielmehr folgt daraus lediglich, dass die zur Verfügung stehenden Marktmittel an die veränderte Wettbewerbssituation anzupassen sind. Hinzunehmen ist bei dieser Lösung im Hinblick auf die tangierten und überwiegenden Allgemeininteressen, dass die markt- und wettbewerbsorientierte Sichtweise nur eingeschränkt anwendbar bleibt, um den Wert der eigenen Ware (Arbeitsleistung) zu verdeutlichen.

Auch Paritätserwägungen stehen dem gewonnenen Ergebnis nicht entgegen. Sie stützen es vielmehr. Soweit sich gerade aufgrund der nur teilweisen Zurückhaltung der Arbeit eine erheblichere Verschiebung der Parität zu Lasten der Arbeitgeberseite als bei einer umfänglichen Arbeitsniederlegung ergibt, ist dies - spiegelbildlich zu der Streikrechtseinschränkung auf Arbeitnehmerseite - vom öffentlichen Arbeitgeber hinzunehmen. Vorliegend wird das Recht des Arbeitnehmers aus Art. 9 Abs. 3 GG nicht wegen seiner eigenen, sondern explizit wegen der vom Arbeitgeber zu erfüllenden Gemeinschaftsaufgabe beschränkt.

Wenig überzeugend wäre es, die Auswirkungen dieser Gemeinwohlbindung alleine dem Arbeitnehmer aufzubürden, indem er seines Rechts auf Arbeitskampf wegen der bei partieller Arbeitsniederlegung bewirkten Paritätsverschiebung zu Lasten der Arbeitgeberseite verlustig ginge. Denn bei genauerer Betrachtung ist es der öffentliche Arbeitgeber, der im Bereich der Daseinsfürsorge tätig wird; ihm und nicht dem von ihm beschäftigten Arbeitnehmer obliegt die Bindung an das Gemeinwohl. Demnach müssen die durch diese Besonderheiten ausgelösten Paritätsstörungen auch von ihm getragen, jedenfalls aber hingenommen werden. Der öffentliche Arbeitgeber muss folglich solche Schäden tragen, die durch die teilweise Verknappung der Arbeitsleistung zur Verdeutlichung der eigenen Marktposition entstehen.

Damit lässt sich die Eröffnung des Schutzbereichs für die partielle Arbeitsverweigerung in Bereichen lebenswichtiger Versorgungstätigkeiten als Reflex auf eine weitere Störung der marktrechtlichen Position begründen.

(e) *Zwischenergebnis: Kein verfassungsrechtlicher Schutz der partiellen Arbeitsniederlegung und der Schlechtleistung aus Art. 9 Abs. 3 GG*

Als Zwischenergebnis kann damit festgehalten werden, dass Formen der Schlechtleistung sowie die partielle Arbeitsniederlegung[657] mangels Marktkonformität grundsätzlich nicht als koalitionsspezifische Betätigung angesehen werden können und damit bereits nicht in den Schutzbereich des Art. 9 Abs. 3 GG fallen.

(2) *Boykott*

Der Boykott müsste eigentlich als klassisches Instrument wettbewerblicher Auseinandersetzung unproblematisch als von Art. 9 Abs. 3 GG umfasstes Arbeitskampfmittel anzusehen sein. Das es sich bei diesem Mittel typischerweise um

[657] Abgesehen von der soeben ausführlichst dargestellten Ausnahme.

ein Verhalten handelt, welches den Wert der eigenen Leistung marktkonform zu verdeutlichen vermag, wurde bereits herausgearbeitet[658].

Bei näherer Betrachtung versteht sich sogar die bloße Arbeitsniederlegung, also der Streik, als Form des Boykotts, denn die Arbeitnehmer schneiden den Arbeitgeber von der für die Produktion notwendigen Arbeitskraft durch Nichtleistung ab. Demgemäß ist jedenfalls der Boykott durch außenstehende, potentielle Arbeitnehmer mit der überwiegend in Rechtsprechung[659] und Schrifttum[660] vertretenen Ansicht als vom Schutzbereich des Koalitionsrechtes umfasst anzusehen.

Dieses Ergebnis lässt sich auch auf die Fallkonstellation übertragen, in der nicht potentielle Arbeitnehmer boykottieren, sondern Arbeitnehmer eines bestehenden Arbeitsverhältnisses Dritte Arbeitnehmer zu solchem Verhalten aufrufen. Folgen diese dem Aufruf, so wird auf diese Weise - ähnlich wie bei der Zurückhaltung der eigenen vertraglichen Leistung - verdeutlicht, dass sich die von Seiten der Arbeitgeber angebotenen Vertragsbedingungen nicht auf dem für eine Einigung notwendigen Niveau befinden. Beide Varianten - Nichtleistung und Ausübung der privatrechtlichen Abschlussfreiheit - führen dem Arbeitgeber den „eigentlichen" Marktwert der angebotenen vertraglichen Leistung durch Nutzung privatrechtlicher Mittel vor Augen. Sie weisen damit einen unmittelbaren Tarifvertragsbezug auf. Werden sie im Arbeitskampf eingesetzt, müssen sie daher grundsätzlich als koalitionsspezifisch angesehen und damit als vom Schutz der Koalitionsgewährleistung erfasst werden[661].

Diese Bewertung lässt sich allerdings nicht auf die Form des güterrechtlichen Boykotts[662] übertragen. Bei diesem wird versucht, den Unternehmer in eine wirtschaftliche Drucksituation zu bringen, indem marktfremde Dritte aufgerufen werden, mit dem Verrufenen keine güterrechtlichen Verträge einzugehen bzw. bereits geschlossene Verträge nicht zu erfüllen. Auf diesem Wege soll der Unternehmer von Warenlieferung und Absatzmöglichkeit abgekoppelt werden.

---

658 Vgl. 2. Teil § 1B, S. 35 und 2. Teil § 3B.II.

659 RG 12.7.1906, RGZ 64, S. 52ff.; RG 14.10.1907, RGZ 66, S. 379ff.; BAG 19.10.1976, AP § 1 TVG Form Nr. 6; BAG 20.12.1963, AP Art. 9 GG Arbeitskampf Nr. 34; LAG Hamm 24.4.1980, EzA Art. 9 GG Arbeitskampf, Nr. 39.

660 Birk, Unterstützungskampfmaßnahmen, S. 109; Rieble, Arbeitsmarkt und Wettbewerb, Rn. 1345. Weitere Nachweise und Einzelheiten zum Meinungsstand vgl. 3. Teil § 3A.II.1.c)(2).

661 So im Ergebnis auch die herrschende Ansicht in der Lehre: Birk, Unterstützungskampfmaßnahmen, S. 109; Gamillscheg, KollArbR I, S. 1053f.; Konzen, FS Molitor, S. 181, 203f.; MünchArbR/*Otto*, § 286 Rn. 118; Birk/Konzen/Löwisch/Raiser/Seiter, „Professorenentwurf", S. 35; Rieble, Arbeitsmarkt und Wettbewerb, Rn. 1345; vgl. auch 3. Teil § 3A.II.1.c)(2).

662 Zur Abgrenzung der verschiedenen Boykottformen siehe 2. Teil § 1B.

Ein solcher Boykottaufruf stellt sich gemeinhin nicht als kollektives Verhalten dar[663]. Zwar erheben sich Aufrufende und Boykottierende gemeinsam gegen den Unternehmer; sie gehören allerdings nicht dem gleichen Lager an. Bereits die Zweckrichtung der Beteiligten ist üblicherweise unterschiedlich. Die Verrufenden wollen ihren eigenen wirtschaftlichen oder vertraglichen Erfolg durch fremde Hilfe erreichen, weil sie eigenständig dazu nicht in der Lage sind. Den Dritten wird hingegen mehr daran gelegen sein, ihren Unmut über die allgemeine Situation kundzutun, um so Sorge für ein geändertes Verhalten der Arbeitgeber zu tragen.

Dem entspricht die Situation bei einem Boykottaufruf von Arbeitnehmern an Verbraucher und Lieferanten, bestimmte Unternehmer zu meiden. Sie wollen die Arbeitgeberseite, unter Berufung auf das Arbeitskampfrecht, unter Druck setzen, um sie im Hinblick auf einen abzuschließenden Tarifvertrag in Zugzwang zu bringen. Dabei peilt man die Überwindung der eigenen schwachen Verhandlungsposition durch Unterstützungshandlungen Arbeitsmarktfremder an. Dies bildet den Schnittpunkt, an dem Boykottvarianten ihren wettbewerbsrechtlichen Bezug zum Tarifvertrag verlieren.

Es fragt sich, in welchem Zusammenhang das Konsumentenverhalten zu den vertraglichen Inhalten von Arbeitverträgen stehen soll. Anders als bei dem Boykott durch potentielle, aber derzeit unternehmensfremde Arbeitnehmer wird beim güterrechtlichen Boykott nicht der Marktwert der Arbeitsleistungen betont. Einziges Ziel scheint die Erzeugung wirtschaftlichen Drucks auf Arbeitgeberseite um jeden Preis zu sein. Aufgrund dessen ist jeglichem güterrechtlichen Boykott die Eröffnung des Schutzbereich des Art. 9 Abs. 3 GG versperrt[664].

An dieser Stelle sei im Hinblick auf die Ausführungen *OTTOS*[665] aber betont, dass mit dem Ausschluss dieser Boykottform aus dem Schutzbereich des Art. 9 Abs. 3 GG nicht dessen Rechtmäßigkeit an sich abgesprochen wird, sondern sie vielmehr mangels Arbeitskampfspezifik alleine denjenigen Rechtfertigungsmaßstäben unterstellt wird, die durch die Rechtsprechung im Rahmen des Art. 5 GG

---

663 BAUMBACH/HEFERMEHL, Wettbewerbsrecht, § 1 UWG, Rn. 276.

664 Ähnlich auch RIEBLE, Arbeitsmarkt und Wettbewerb, Rn. 598 und 1354. Zweideutig aber MünchArbR/*OTTO*, § 286 Rn. 119, der einerseits den Verbraucherboykott nicht unter Art. 9 Abs. 3 GG zu stellen scheint, andererseits ihn sowohl an Sittenwidrigkeit als auch an den üblichen arbeitskampfrechtlichen Bewertungskriterien messen will.

665 OTTO hat darauf aufmerksam gemacht, dass eine Zuordnung des güterrechtlichen Boykotts zu Art. 9 Abs. 3 GG die Rechtswidrigkeit eines nach zivilrechtlichen Grundsätzen gegebenenfalls zulässigen Verhalten aus arbeitskampfrechtlichen Erwägungen heraus bewirken könnte. Damit würde die Berufung der Arbeitnehmer auf das Koalitionsrecht ihre eigene Rechtsposition nachteilig verschlechtern; siehe dazu 3. Teil § 3A.II.1.c).

und der §§ 823, 826 BGB gesondert für die Fälle des güterrechtlichen Boykotts entwickelt wurden[666]

(3) *Aktive Produktionsbehinderung (i.e.S.)*

(a) *Betriebsbesetzung und Betriebsblockade*

Wie im Rahmen der Prüfung der Tatbestandsmäßigkeit deutlich wurde, erfüllen Betriebsblockade und Betriebsbesetzung diverse strafrechtliche und deliktsrechtliche Tatbestände[667]. Sie stellen Gewalt im materiell-rechtlichen Sinne dar.

Demzufolge können sie nicht durch das Koalitionsgrundrecht geschützt, geschweige denn gerechtfertigt werden. Die Anerkennung von Gewalteinsatz zur Rückführung des paritätsgestörten Arbeitsmarktes in das ansonsten gewaltfreie Markt- und Vertragssystem ist als systemwidrig abzulehnen[668]. Darüber hinaus würde sich die Schwäche des Arbeitsmarktes, welche in der Monopolstellung der Arbeitgeber und dem daraus folgenden Kontrahierungszwang auf Arbeitnehmerseite zu sehen ist, durch den Gewalteinsatz lediglich umverlagern. Durch den extremen Druck, der in Folge der aktiven Behinderung des Betriebes auf Arbeitgeberseite entsteht, würde faktisch ein Kontrahierungszwang erzeugt.

Wer die vertragliche Festsetzung besonderer Konditionen für seine Leistung anstrebt, muss unter Verdeutlichung der erhöhten Wertigkeit seines Angebots verhandeln. Gewalteinsatz stört dieses Konzept, welches der gesamten Rechtsordnung ihre Funktionsfähigkeit verleiht. Ließe der Staat derartig systemwidrige Mittel im Arbeitskampf zu, würde dies einen eindeutigen Verstoß gegen seine Neutralitätspflicht bedeuten[669]. Im Ergebnis ist daher festzuhalten, dass Betriebsblockaden und Betriebsbesetzungen nicht vom Schutzbereich des Koalitionsrechtes erfasst werden[670].

Teilweise wird in der Literatur darauf abgestellt, Betriebsbesetzungen und Blockadeaktionen seien längst anerkannte Methoden im Arbeitskampfgeschehen der

---

[666] So auch BINKERT, Gewerkschaftliche Boykottmaßnahmen im System des Arbeitskampfrechts, S. 110ff. und 127ff.; DÄUBLER, Arbeitskampfrecht, Rn. 1440, der allerdings an § 826 BGB für die weitere Bewertung anknüpft; GAMILLSCHEG, KollArbR I, S. 1056; MünchArbR/*OTTO*, § 286 Rn. 119.

[667] Vgl. die Ausführungen im3. Teil § 1.

[668] Siehe 3. Teil § 3A.II.3.

[669] So auch RIEBLE, Arbeitsmarkt und Wettbewerb, Rn. 1349.

[670] Mit gleichem Ergebnis für Betriebsbesetzung und Betriebsblockade im Hinblick auf den Schutzbereich: VON MÜNCH/KUNIG-*LÖWER*, Art. 9 GG, Rn. 71, S. 621f., RIEBLE, Arbeitsmarkt und Wettbewerb, Rn. 1349.

Neuzeit[671], weshalb ihnen die Eröffnung des Schutzbereichs des Art. 9 GG nicht versagt werden könne. Dem ist entgegenzuhalten, dass der tatsächliche Einsatz einer Maßnahme nicht zu dem Schluss zwingt, sie sei auch rechtlich zulässig. Hingewiesen sei nur darauf, dass geraubt, gemordet und betrogen wird, unsere Rechtsordnung derartiges Verhalten dennoch nach wie vor nicht anerkennt. Für den arbeitsrechtlichen Bereich kann auf den politischen Streik verwiesen werden, der nach ganz überwiegender Ansicht und Rechtssprechung durch die Verfassung weder legitimiert noch privilegiert wird, da er nicht auf tariflich regelbare Ziele gerichtet ist[672]. Seine Rechtmäßigkeit ist nicht deshalb anzuerkennen, weil es regelmäßig zu Arbeitniederlegungen durch Arbeitnehmer zur Durchsetzung politischer Ziele oder zur Verhinderung von Betriebsschließungen kommt[673]. Für die Frage der Rechtmäßigkeit von aktiv produktionsbehindernden Maßnahmen kann keine andere Wertung Platz greifen.

(b) *Internetstreik*

*(i)* Internetdemonstration / „Spamming“

Schwieriger als die Bewertung von Betriebsbesetzung und -blockade stellt sich die Beurteilung der im 2. Teil § 1C.II.3 vorgestellten Internetaktionen dar, jedenfalls soweit sie keine strafrechtlichen Tatbestände erfüllen[674]. Sie stellen sich nicht als gewaltsames Verhalten dar. Dies allein spräche sicherlich dafür, sie als marktkonform und als koalitionsspezifische Betätigung anzusehen.

Andererseits lassen sich die neuen Formen als Weiterentwicklung der Betriebsblockade einstufen. Durch das „Spamming“ sowie durch die Zugriffsverhinderung auf Internetangebote bestimmter Arbeitgeber werden diese von Kunden und Vertragspartnern abgeschnitten; der Betrieb wird schlichtweg blockiert. Zur Verdeutlichung sei auf die Bezeichnung des Internets als „Datenautobahn“ verwiesen. Man könnte sagen, dass nicht die Betriebstore und Zufahrtsstrassen im klassischen, sondern die Zugänge zum Betrieb im modernen Sinne versperrt werden.

---

[671] Vgl. Nachweise in 3. Teil § 3A.II.1.b).

[672] GAMILLSCHEG, KollArbR, S. 1100ff.; HANAU/ADOMEIT, Arbeitsrecht, Rn. 288; LIEB, Arbeitsrecht, Rn. 584; LÖWISCH/RIEBLE, AR-Blattei [D] 170.1 Rn.42; MünchArbR/*OTTO*; § 285 Rn. 40f.

[673] Nicht selten legen Arbeitnehmer ihre Arbeit nieder, um auf politische Problembereiche oder Ungerechtigkeiten hinzuweisen. Dabei kommt es nicht selten auch zu Blockaden und Besetzungen.

[674] Siehe 3. Teil § 1C.

Soweit für derartiges Verhalten bislang keine strafrechtlichen Sanktionen geschaffen wurden[675], kann dies nicht über seinen deliktsrechtlichen Charakter unter zivilrechtlichen Gesichtspunkten hinwegtäuschen. Betriebsblockade und Internetdemonstration ist gemeinsam, dass sie in keiner Weise zur Verdeutlichung des Marktwertes der Arbeitsleistung beitragen, sondern alleine auf die Schädigung des Arbeitsgebers gerichtet sind und sich insofern vom eigentlichen Arbeitskampfgeschehen in Form der Arbeitsniederlegung absetzen[676]. Marktkonformität kann ihnen nicht beigemessen werden.

Der Vergleich mit der Betriebsblockade könnte sich allenfalls verbieten, wenn seitens der Arbeitnehmer ausschließlich zur Internetdemonstration aufgerufen würde, während sich die Arbeitnehmer selbst an den konkreten Maßnahmen nicht beteiligen. In diesem Fall drängt sich eine Parallele zum Boykottaufruf auf. Im Ergebnis vermag aber auch diese Betrachtung eine Marktkonformität, wie sie dem Boykott innewohnt, nicht zu begründen. Denn anders als beim zulässigen Boykott, beschränken sich Dritte nach Maßgabe des Aufrufs nicht darauf, von Vertragsschlüssen mit dem Arbeitgeber Abstand zu nehmen, sondern sie greifen ihrerseits aktiv behindernd in das unternehmerische Geschehen ein. Insoweit lässt sich sagen, dass die Blockade durch Betriebsfremde, nur weil sie mittelbar von den Arbeitnehmern verursacht ist, nicht rechtmäßig werden kann. Diese für den Boykott anerkannten Ergebnisse sind auf die Internetaktionen zu übertragen. Demzufolge stellen sich die Internetdemonstrationen als marktfremdes Verhalten dar. Sie werden vom Schutzbereich des Art. 9 Abs. 3 GG nicht erfasst.

#### *(ii)* Unmittelbarer Interneteinsatz

Auch die Arbeitskampfform des aktiven Interneteinsatzes erfüllt zunächst wie die Internetdemonstration nicht die Merkmale eines klassischen Gewaltmittels. Im Verhältnis zur Internetdemonstration ist bei ihr das aktive Element aber noch ausgeprägter. So wie sich die Internetdemonstration und das „Spamming" der Betriebsblockade zuordnen lassen, können Zugriffe auf die Internetpräsenz des Arbeitgebers sowie deren Modifikation als Blockade „von innen" und damit als moderne Ausprägung der Betriebsbesetzung zu klassifizieren sein.

Denn hier wie dort wird auf Unternehmereigentum weisungswidrig zugegriffen und so dem Arbeitgeber die Nutzung seines Eigentums unmöglich gemacht. Auch dieser Ausformung der aktiven Produktionsbehinderung kann kein Marktbezug bescheinigt werden, weil es ihr ebenfalls an einer wettbewerbsähnlichen

[675] Wie im 3. Teil § 1C.I.3 gezeigt, kann bei Veränderungen der Inhalte von Internetangeboten durchaus § 303b StGB begangen werden.
[676] Dazu 2. Teil § 3B.III.

Verknappung der eigenen Ware fehlt. Der Gewaltcharakter, der auch diesen Maßnahmen innewohnt, wird durch die Erfüllung diverser Tatbestände hervorgehoben[677]. Folglich sind der aktive Einsatz von unternehmereigenen Internetressourcen durch Arbeitnehmer als neue Form der Betriebsbesetzung und damit als nicht marktkonform einzustufen.

Fraglich ist indes, wie es sich auswirkt, dass der durch die Informationsveränderung auf den Internetseiten entstehende Schaden des Arbeitgebers *zumeist* geringfügiger als bei einer Betriebsbesetzung oder einem Streik sein dürfte. Gemessen am Grundsatz der Erforderlichkeit spricht einiges dafür, mildere Mittel eingriffsstärkeren vorzuziehen. Dass im Einzelfall geringere Schäden durch eine Maßnahme verursacht werden, bedeutet noch nicht, dass dies die Regel ist. Ohnehin findet sich für das Kriterium des „milderen Eingriffs" im Rahmen der Prüfung des Schutzbereichs kein dogmatischer Anknüpfungspunkt.

Wie gezeigt ist alleine entscheidend, ob eine Maßnahme als marktkonform und demzufolge als koalitionsspezifisch eingeordnet werden kann. Der Erheblichkeit des Eingriffs kommt nur insoweit Relevanz zu, als sie für die Einordnung der Maßnahme als marktkonform von Bedeutung ist. Darüber hinaus stellt sich die Frage der Erforderlichkeit und damit des „milderen Mittels" nur zwischen an sich vom Schutzbereich des einschlägigen Grundrechts erfassten Mitteln. Demzufolge kann keine Marktkonformität und damit keine Koalitionsspezifik von Internetmaßnahmen der vorliegenden Art angenommen werden. Der Schutzbereich des Art. 9 Abs. 3 GG ist für diese Formen des Arbeitskampfes nicht eröffnet.

(c) *Zwischenergebnis: kein verfassungsrechtlicher Schutz der aktiven Produktionsbehinderung aus Art. 9 Abs. 3 GG*

Weder die Betriebsblockade noch die Betriebsbesetzung noch die genannten Internetmaßnahmen lassen sich als von der Gewährleistung des Art. 9 Abs. 3 GG erfasst ansehen. Alle diese Mittel lassen die Geltung des Marktes und seine Einflüsse auf unsere Rechtsordnung unberücksichtigt. Ihre Anerkennung und Zulassung als Arbeitskampfmittel würde den rechtlichen Grund für die Zulassung des Arbeitskampfrechts missachten.

Ob oder inwiefern der Einsatz aktiv produktionsbehindernder Maßnahmen, wie es in der Literatur vermehrt behauptet wird[678], zur Herstellung paritätischer Verhandlungspositionen erforderlich ist und daher durch Ausgestaltung seitens des Gesetzgebers bzw. der Judikative zur Verfügung zu stellen ist, bedarf mithin

[677] Vgl. dazu 3. Teil § 1C.
[678] Zuletzt TREBER, Aktiv produktionsbehindernde Maßnahmen, 1996.

keiner weiteren Klärung. Kampfmaßnahmen, die schon aufgrund ihrer Systemwidrigkeit nicht in ein privatautonom verstandenes Arbeitskampfrecht integrierbar sind, können nicht künstlich dem Schutz der Verfassung unterstellt werden, seien sie auch noch so erforderlich. Daran vermag auch die Verletzung eines so wesentlichen Grundsatzes, wie ihn das Paritätsprinzip sicherlich repräsentiert, nichts zu ändern. Werden Handlungen generell von einem Grundrecht sachlich nicht erfasst, können sie ihm nicht im Wege der Ausgestaltung unterstellt werden[679]. Ein anderes Vorgehen würde nicht nur die verfassungsmäßige Ordnung, sondern gleichermaßen die Systematik des Arbeitskampfrechts *ad absurdum* führen.

Zusammenfassend lässt sich damit feststellen, dass aktiv in die Produktion eingreifende Maßnahmen nicht rechtmäßig als Arbeitskampfmittel eingesetzt werden können, da eine dahingehende Ausgestaltung des Arbeitskampfrechtes nicht möglich ist. Um sich nicht dem Vorwurf auszusetzen, durch die Versagung der Eröffnung des Schutzbereichs von Art. 9 Abs. 3 GG für aktiv produktionsbehindernde Maßnahmen, die wesentlichen Argumente der Gegenauffassung umgehen zu wollen, wird im weiteren Gang der Bearbeitung an den entsprechenden Stellen auf die aktive Produktionsbehinderung (i.e.S.) dennoch eingegangen werden.

#### 4. Ergebnis zur Schutzbereichseröffnung

Es zeigt sich, dass weder die *partielle Arbeitsniederlegung*[680] noch sämtliche Formen der *Schlechtleistung* noch der *güterrechtliche Boykott* als koalitionsspezifische Betätigung angesehen werden können. Gleiches gilt für die aktive Produktionsbehinderung in ihren verschiedenen Ausprägungen. Alle vorgenannten Arbeitskampfmaßnahmen fallen daher nicht in den Schutzbereich des Art. 9 Abs. 3 GG. Die durch sie verursachten Verletzungen von vertraglichen Pflichten und Rechtsgütern des Arbeitgebers oder Dritter sind einer Rechtsfertigung durch Art. 9 Abs. 3 GG nicht zugänglich. Bei ihnen handelt es sich um unzulässige Mittel des Arbeitskampfes.

---

[679] Vgl. dazu sogleich unter 3. Teil § 3B.I.

[680] Abgesehen von der soeben im 3. Teil § 3A.II.3.b)(1)(d) ausführlich behandelten Ausnahme.

## B. Ausgestaltung der Arbeitskampfmittel

### I. Inhalt der „Ausgestaltung"

Bei Art. 9 Abs. 3 GG handelt es sich um ein ausgestaltungsbedürftiges Grundrecht[681]. Die Ausgestaltung eines Grundrechts knüpft unmittelbar an die vom Schutzbereich erfassten Verhaltensweisen an und dient der Realisierung an sich geschützten Verhaltens in unserer Rechtsordnung[682]. Dies geschieht für den Bereich des Arbeitskampfes durch die Gestaltung von Voraussetzungen, des Inhalts und der Rechtsfolgen des Arbeitskampfrechts[683].

#### 1. Funktionsweise der Ausgestaltung

Die wohl bedeutendste Ausgestaltung im Bereich des Arbeitskampfrechts ist in der Anerkennung der Suspendierung der arbeitsvertraglichen Hauptpflichten durch die Teilnahme an einem rechtmäßigen Arbeitskampf zu sehen[684]. Erst die Anerkennung dieser Rechtsfolge ermöglicht den Arbeitnehmern eine Beteiligung am Arbeitskampf, ohne die ansonsten mögliche, fristlose Kündigung wegen Verletzung der arbeitsvertraglichen Leistungspflicht befürchten zu müssen.

Dennoch steht die verfassungsrechtliche Garantie des Verbandsstreiks mitnichten für eine Suspendierung der vertraglichen Bindung zu jedem Arbeitskampfziel, durch beliebige Beteiligte oder ohne Anforderung an die Kampfentscheidung[685]. Das Bundesverfassungsgerichts hat wiederholt betont, dass das Grundrecht des Art. 9 Abs. 3 GG den geschützten Personen und Vereinigungen keinen inhaltlich unbegrenzten Handlungsspielraum mit Verfassungsrang einräumt[686]. Vielmehr seien Verfahren zu schaffen, welche unter Berücksichtigung des Inte-

---

[681] Vgl. dazu 3. Teil § 3A.I.1.

[682] BVerfG 18.11.1954, BVerfGE 4, S. 96, 106 zum Erfordernis eines Tarifvertragssystems; SACHS/*HÖFLING*, Art. 9 GG, Rn. 6, bezeichnet dies als leistungsrechtliche Dimension des Koalitionsgrundrechts.

[683] BAG 12.09.1984, AP Art. 9 GG Arbeitskampf Nr. 81.

[684] So die ständige Rechtsprechung seit der Grundsatzentscheidung des Großen Senats des BAG, BAG GS 28.1.1955, AP Art. 9 GG Arbeitskampf Nr. 1 unter I. 4 der Gründe. Dieser Sichtweise hat sich die herrschende Lehre angeschlossen: vgl. nur GAMILLSCHEG, KollArbR, S. 1184f und MünchArbR/*OTTO*, § 288 Rn.1ff. jeweils m.w.N. Zuvor wurde noch die Ansicht vertreten, dass vor Streikbeginn eine Kündigung durch die Streikenden Arbeitnehmer notwendig sei, um sich nicht Ansprüchen des Arbeitgebers aus Verletzung des Arbeitsvertrages auszusetzen: RAG 22.6.1929, ARS 6, S. 342, 344; RAG 7.5.1930, ARS 9, S. 393, 401. Vgl. zum Ganzen die ausführliche Darstellung bei KISSEL, Arbeitskampfrecht, § 23, Rn. 5ff m.w.N.

[685] Vgl. auch MünchArbR/*OTTO*, § 284 Rn. 31.

[686] BVerfG 1.3.1979, BVerfGE 50, S. 290, 368f.

resses der Beteiligten die rechtlichen Rahmenbedingungen für den Arbeitskampf und den Kampfmitteleinsatz zwischen den Koalitionen bzw. den Arbeitsvertragsparteien festlegen. Auf diese Weise begrenzt sich, wie *RIEBLE* es zu Recht formuliert, die Koalitionsfreiheit „vor allem selbst“[687].

Für die Ausgestaltung ist damit die Frage aufgeworfen, welche der vom Schutzbereich des Art. 9 Abs. 3 GG umfassten Arbeitskampfmittel und -taktiken als koalitionsspezifische Betätigungen zwingend im Wege der Ausgestaltung zur Verfügung gestellt werden müssen, welche (ggf. geknüpft an besondere Voraussetzungen) zur Verfügung gestellt werden können und welche nicht mehr umzusetzen sind. Dem entspricht einerseits die Festlegung des Wesensgehalts von Art. 9 Abs. 3 GG gemäß Art. 19 Abs. 2 GG. Andererseits wird bei der Ausgestaltung des Koalitionsrechts die Verletzung von Rechtspositionen Dritter unvermeidlich sein, so dass eine obere Begrenzung durch die einschränkende Abwägung mit konkurrierenden Interessen der Allgemeinheit oder anderer Grundrechtsträger notwendig wird.

Es bleibt noch einmal zu betonen, dass die Ausgestaltung nicht zwingend zu einer Implementierung der jeweiligen Koalitionsbetätigungen in die Rechtsordnung führt, sondern durchaus auch die Einschränkungen von Koalitionsbetätigungen bedeuten kann. Bevor also vertiefend auf die Ausgestaltung der einzelnen Arbeitskampfmittel eingegangen werden kann, ist das Verhältnis der Ausgestaltung der Koalitionsfreiheit zum Eingriff in den Schutzbereich des Art. 9 Abs. 3 GG klarzustellen.

### 2. Verhältnis von Grundrechtsschranken und Ausgestaltung

Die dogmatische Konzeption der Ausgestaltung eines normgeprägten Grundrechts spricht eindeutig dafür, dass es sich bei ihr um ein *aliud* zu einem Eingriff oder einer Schranke handelt[688]. Eine Einschränkung „von innen“ heraus stellt letztlich keine Begrenzung des Grundrechts dar. Bei generalisierender Betrachtung führt die Ausgestaltung vielmehr zu einer Ausweitung der realen Bedeutung des Rechts[689]. Insofern stehen Ausgestaltung und Eingriff in einem Verhältnis der Exklusivität. Das Bundesverfassungsgericht hat in seiner „Rundfunkentscheidung“[690] erkannt, dass eine Ausgestaltung dann vorliege, wenn Rahmenbedingungen geschaffen würden, die alleine der effektiven Entfaltung des objek-

---

[687] So RIEBLE (allerdings im Zusammenhang mit der Schrankenproblematik), Anm. zum Urteil des BVerfG v. 26.6.1991, EzA Art. 9 Arbeitskampf Nr. 97, S. 17, 22.

[688] Vgl. auch BVerfG 4.11.1986, BVerfGE 73, S. 118, 166.

[689] Siehe u.a. BVerfG 11.6.1958, BVerfGE 7, S. 377, 404; BVerfG 26.6.1970, BVerfGE 28, S. 243, 259, BVerfG 4.11.1986, BVerfGE 73, S. 118, 166.

[690] BVerfG 16.6.1981, BVerfGE 57, S. 295, 329.

tiv-rechtlichen Gehalts der Koalitionsbetätigungsfreiheit bei generalisierender Betrachtungsweise dienen solle[691].

Als Ausgestaltung und nicht als Schrankenziehung kann demnach das Tarifvertragsgesetz, das Betriebsverfassungsgesetz und das Personalvertretungsgesetz klassifiziert werden. Gleiches wäre für den Fall der Schaffung eines Arbeitskampfgesetzes anzunehmen[692]. Insgesamt lässt sich daher festhalten, dass es sich bei der Frage der generellen Zulässigkeit ganz konkreter einzelner Kampfmittel um verfassungsrechtliche Ausgestaltung und nicht etwa bereits um eine Grundrechtsbeschränkung handelt.

### 3. Verfassungsrechtliche Vorgaben und Grenzen der Ausgestaltung

Damit bleibt zu klären, nach welchen Maßgaben die Ausgestaltung der koalitionsspezifischen Betätigungen, vorliegend der Arbeitskampfmittel, zu erfolgen hat. Nach dem bisher Gesagten dürfte die Ausgestaltung an sich keiner verfassungsrechtlichen Rechtfertigung bedürfen, weil sie nicht als Eingriff im rechtstechnischen Sinn angesehen werden kann. Dies wird im Hinblick darauf abgelehnt, dass es bei der Ausgestaltung tatsächlich sehr wohl zu Einbußen der Freiheitssphäre der Betroffenen kommen kann[693]. Die verfassungsrechtlichen Vorgaben für die Ausgestaltung eines normgeprägten Grundrechts müssen vielmehr aus dem Sinngehalt und der Systematik der jeweiligen Grundrechtsnorm heraus, „nach Maßgabe der grundgesetzlichen Wertordnung und unter Berücksichtigung der Einheit des Wertesystems der Verfassung“[694] entwickelt werden.

Die Ausgestaltung muss in einer Weise vorgenommen werden, die dem, was das normgeprägte Grundrecht gewährleisten will, zu praktischer Wirksamkeit verhilft. Dabei sind gleichzeitig – gezwungen durch die Verfassungsbindung – entstehende oder bestehende Kollisionen mit Rechtspositionen Dritter aufzulösen bzw. unmittelbar zu verhindern[695]. Es bedarf daher einer abstrakten positiven Prognose, ob die Ausgestaltung das Ziel der Grundrechtsförderung mit hinrei-

---

691 Butzer, RdA 1994, S. 375, 378.

692 Vgl. BVerfG 6.5.1964, BVerfGE 18, S. 18, 32; Maunz/Dürig-*Scholz*, Art. 9 GG, Rn. 287ff.; Jarass/Pieroth, Art. 9 GG, Rn. 30; Butzer, RdA 1994, S. 375, 380.

693 BVerfG 4.11.1986, BVerfGE 73, S. 118, 166; Herzog, FS Zeidler, S. 1415ff; Nierhaus, AöR 116 (1991), S. 72ff.; HbStR/*Isensee*, § 115, Rn. 142; Kemper, Die Bestimmung des Schutzbereichs der Koalitionsfreiheit, S. 87.

694 BVerfG 26.5.1970, BVerfGE 28, S. 295, 306; Säcker, GMH 1972, S. 287, 296; Butzer, RdA 1994, S. 375, 381.

695 BVerfG 1.3.1979, BVerfGE 50, S. 290, 332; BVerfG 16.6.1981, BVerfGE 57, S. 295, 321; BVerfG 14.7.1997, BVerfGE 92, S. 365, 394; Butzer, RdA 1994, S. 375ff.; Ruck, AöR 117 (1992), S. 543, 549; Schwarze, JuS 1994, S. 653, 658.

chender Wahrscheinlichkeit[696] erreicht. Soweit dies nicht der Fall ist, stellt sich die getroffene Regelung zwar nicht als rechtswidriger Eingriff, sondern in konsequenter Anwendung der in der Rechtsprechung[697] entwickelten Grundsätze als eine vom Auftrag zur Ausgestaltung nicht umfasste und damit verfassungswidrige Konkretisierung [698] dar.

a) Der Grundsatz der Verhältnismäßigkeit

(1) *Meinungsstand*

(a) *Verhältnismäßigkeit als maßgebliches Kriterium der Ausgestaltung*

Die Frage der generellen Zulässigkeit von Arbeitskampfmaßnahmen und damit der Ausgestaltung beurteilt sich nach Ansicht der Rechtsprechung[699] und herrschenden Lehre[700] ganz wesentlich nach dem Grundsatz der Verhältnismäßigkeit. Wie bei einem staatlichen Eingriff in fremde Rechtssphären soll er im Rahmen des Art. 9 Abs. 3 GG für den Bereich des Arbeitskampfes als übergeordnetes Rechtsprinzip eingreifen. Der Große Senat des Bundesarbeitsgerichts hat wie folgt formuliert:

> *„Auch bei der Durchführung des Arbeitskampfes selbst, und zwar sowohl beim Streik als auch bei der Aussperrung, ist der Grundsatz der Verhältnismäßigkeit zu beachten. Die Mittel des Arbeitskampfes dürfen ihrer Art nach nicht über das hinausgehen, was zur Durchsetzung des erstrebten Zieles jeweils erforderlich ist. Das Prinzip der Verhältnismäßigkeit betrifft also nicht nur Zeitpunkt und Ziel, sondern auch die Art der Durchführung und die Intensität des Arbeitskampfes. Der Arbeitskampf ist deshalb nur dann rechtmäßig, wenn und solange er nach Regeln eines fairen Kampfes geführt wird. Ein Arbeitskampf darf nicht auf Vernichtung des Gegners*

[696] BVerfG 16.6.1981, BVerfGE 57, S. 295, 323f; BUTZER, RdA 1994, S. 375, 378; RUCK, AöR 117 (1992), S. 543, 550.
[697] BVerfG 2.5.1991, BVerfGE 83, S. 201, 311. Die Entscheidung betrifft die Inhaltsbestimmung von Art. 14 Abs. 1 Satz 1 GG.
[698] BUTZER, RdA. 1994, S. 375, 378; JARASS/PIEROTH, Art. 9 GG, Rn. 28; RUCK, AöR 117 (1992), S. 543, 550.
[699] St. Rspr. seit BAG GS 24.4.1971, AP Art 9 GG Arbeitskampf Nr. 43; vgl. auch BAG 10.6.1980, AP Art 9 GG Arbeitskampf Nr. 108.
[700] v.HOYNINGEN-HUENE, DB 1989, S. 1466, 1468; KONZEN, SAE 1977, S. 236f.; LÖWISCH, ZfA 1971, S. 319ff.; *DERS.*, RdA 1977, S. 356, 359; PREIS, FS Dieterich, S. 429ff.; REUTER, JuS 1973, S. 284; *DERS.*, ZfA 1990, S. 553. 557; RICHARDI, RdA 1971, S. 334ff.; MAYER-MALY, DB 1979, S. 95, 99.

*abstellen, sondern er hat den gestörten Arbeitsfrieden wieder herzustellen".*[701]

Für die Implementierung des Verhältnismäßigkeitsgrundsatzes in das Arbeitskampfrecht sowohl auf der Ebene der Ausgestaltung als auch auf der Rechtfertigungsebene spreche, dass die Schaffung eines Regelungskonzepts zur positiven Verfahrensgewährleistung Beschränkungen der Koalitionsgewährleistung unumgänglich mache. Würden aber verfassungsrechtliche Positionen beschränkt, so sei es erforderlich, die dafür ursächliche Ausgestaltung an verfassungsrechtliche Regelungsmechanismen zu binden. Daher bedinge die Funktionsfähigkeit einer Arbeitskampfrechtsordnung und das Zusammenspiel mit der übrigen Rechtsordnung eine Begrenzung auf die notwendigen Kampfmaßnahmen[702]. Folgerichtig müssten *Geeignetheit*[703] und *Erforderlichkeit*[704] der Regelung im Hinblick auf das Ziel der Grundrechtsnorm, welches durch Verfassungsinterpretation zu gewinnen sei, die wesentlichen Orientierungspunkte für die Ausgestaltung[705] bilden.

(b) *Keine Anwendbarkeit des Verhältnismäßigkeitsgrundsatzes im Arbeitskampfrecht*

Bei einem Teil des arbeitsrechtlichen Schrifttums ist der Verhältnismäßigkeitsgrundsatz als Kriterium für die Rechtmäßigkeit von Arbeitskämpfen auf vehemente Ablehnung gestoßen[706]. Dieser Grundsatz sei als öffentlich-rechtliches Instrument auf das Arbeitskampfrecht nicht übertragbar[707]. Die Anwendung des in sich unbestimmten Verhältnismäßigkeitsprinzips würde im Bereich des Ar-

---

701 BAG 24.4.1971, AP Art. 9 GG Arbeitskampf Nr. 43, S. 6f.

702 BVerfG 26.5.1970, BVerfGE 28, S. 295, 304; BVerfG 1.10.1987, BVerfGE 77, S. 1, 63; JARASS/PIEROTH, Art. 9 GG, Rn. 30; MAUNZ/DÜRIG-*SCHOLZ*, Art. 9 GG, Rn. 271.

703 BVerfG 30.11.1965, BVerfGE 19, S. 303, 312; BVerfG 26.5.1970, BVerfGE 28, S. 295, 304.

704 BVerfG 14.4.1964, BVerfGE 17, S. 319, 333f.; BVerfG 26.5.1970, BVerfGE 28, S. 295, 304; BVerfG 26.6.1991, BVerfGE 84, S. 212, 225; BVerfG 2.3.1993, BVerfGE 88, S. 103, 114. Als Bestandteil des Verhältnismäßigkeitsprinzips, präziser gesagt der Erforderlichkeit, ist dabei seit dem Urteil des 1. Senats, BAG 21.6.1988, AP Art 9. GG Arbeitskampf Nr. 108, wieder das Ultima-Ratio-Prinzip anzusehen. Zuvor war dies noch im Urteil vom 12.9.1984, AP Art 9. GG Arbeitskampf Nr. 81, zur „neuen Beweglichkeit" als eigenständiges, neben dem Verhältnismäßigkeitsgrundsatz stehendes Element angesehen worden.

705 So auch die überwiegende Ansicht in der Literatur: JARASS/PIEROTH, Art. 9 GG, Rn. 36 und Art. 20 GG, Rn. 83-88 und Art. 1 GG, Rn. 32f.; MAUNZ/DÜRIG-*SCHOLZ*, Art. 9 GG, Rn. 271.

706 DÄUBLER, JuS 1972, S. 642, 643f; JOACHIM, AuR 1973, S. 289, 292; PFARR/BRANDT, AuR 1982, S. 325, 328; SÄCKER, GMH 1972, S. 287, 296ff.

707 SÄCKER, GMH 1972, S. 287, 297f.

beitskampfrechts das Risiko mangelnder Voraussehbarkeit der Arbeitskampfschranken den Arbeitnehmern als naturgemäßem Angreifer auferlegen[708]. Nach dieser Ansicht komme eine Prüfung der Zulässigkeit von Arbeitskampfmaßnahmen anhand der Kriterien Geeignetheit, Erforderlichkeit und Angemessenheit im engeren Sinne (Proportionalität) im Rahmen der Ausgestaltung nicht in Betracht.

(c) *Eingeschränkte Anwendung des Verhältnismäßigkeitsgrundsatzes*

*KEMPER* vertritt einen Mittelweg. Er sieht die Erforderlichkeit als taugliches Kriterium für die im Rahmen der Ausgestaltung vorzunehmende Prüfung der abstrakt-generellen Zulässigkeit einer Arbeitskampfmaßnahme[709]. Geeignetheit und Proportionalität könnten indessen für die Frage der Ausgestaltung nicht maßgeblich sein. Ihnen käme allenfalls im Rahmen der Prüfung der Rechtmäßigkeit eines Kampfmitteleinsatzes im Einzelfall Relevanz zu.

(2) *Stellungnahme*

Die Ansicht der Rechtsprechung und herrschenden Lehre verdient grundsätzlich Zustimmung. Würde nämlich die ausgestaltende Tätigkeit des Gesetzgebers bzw. der Rechtsprechung nicht an Geeignetheit, Erforderlichkeit und Proportionalität gebunden, käme dem Koalitionsrecht ein geringerer Schutz zu, als einem mit Gesetzesvorbehalt ausgestattetem Grundrecht, obschon es vorbehaltlos durch den Verfassungsgeber gewährleistet wird[710].

Eine andere Bewertung würde folglich mit der vom Verfassungsgeber vorgenommenen Einstufung des Koalitionsrechtes als vorbehaltlos gewährtes Grundrecht im Missklang stehen. Es wäre falsch, die Ausgestaltung der Koalitionsbetätigung dem freien Ermessen des Gesetzgebers zu überlassen. Allerdings wird sich die Proportionalität als drittes Element des Verhältnismäßigkeitsgrundsatzes für die Frage einer generellen Unzulässigkeit nur selten nutzbar machen lassen. Sie ist im wesentlichen ein für die Prüfung konkreter Sachverhalte konzipiertes Instrument und daher für eine generelle Bewertung, wie sie im Rahmen der Ausgestaltung vorgenommen werden muss, weitgehend untauglich.

Insoweit verdient die Auffassung *KEMPERS* eine gewisse Zustimmung. Ihm ist insofern beizupflichten, als die Erforderlichkeit aufgrund der soeben vorgetragenen Gründe in jedem Fall berücksichtigt werden muss, die Proportionalität allerdings nur eingeschränkt im Rahmen der Ausgestaltung beachtet werden kann. Unverständlich bleibt jedoch, weshalb der Maßstab der Geeignetheit künstlich

[708] DÄUBLER, Arbeitskampfrecht, Rn. 203.
[709] KEMPER, Die Bestimmung des Schutzbereichs der Koalitionsfreiheit, S. 166ff. und 174ff.
[710] so auch HENSSLER, ZfA 1998, S. 1, 11.

von der Erforderlichkeit getrennt werden sollte. Bedenkt man, dass die Prüfung der Erforderlichkeit einer ungeeigneten Maßnahme zwingend negativ ausfällt, fragt sich, wie die von *KEMPER* vorgeschlagene Trennung überhaupt vollzogen werden soll.

Abzulehnen ist in jedem Fall die Ansicht, das Verhältnismäßigkeitsprinzip könne überhaupt keine Geltung für den Bereich des Arbeitskampfrechts beanspruchen. Dagegen sprechen bereits die von der Rechtsprechung und herrschenden Lehre vorgetragenen Argumente. Im Besonderen überzeugt die Argumentation nicht, eine Anwendung des unbestimmten Verhältnismäßigkeitsgrundsatz lege den Arbeitnehmern als ursprünglichem Angreifer im Arbeitskampf das Risiko der Beurteilung der Rechtmäßigkeit ihres Vorgehens auf. Denn die Rechtsordnung legt grundsätzlich das Prozessrisiko ebenso wie das Risiko materiell-rechtlicher Begründetheit des geltend gemachten Anspruchs dem Kläger und damit dem Angreifer auf. Anlass dazu, diese allgemeingültige Risikoverteilung zu Lasten des Angegriffenen abzuändern, gibt das Arbeitskampfrecht nicht.

### b) Bezugspunkt für die Verhältnismäßigkeit

Um den Verhältnismäßigkeitsgrundsatz anwenden zu können, bedarf es der Festlegung eines Bezugspunktes, an welchem die Verhaltensweisen hinsichtlich ihrer Geeignetheit, Erforderlichkeit und Angemessenheit überprüft werden können. Gefragt ist nach dem rechtmäßigen Zweck, der durch die vorgenommene Handlung erreicht werden soll. Es liegt in der Natur der Sache, dass die Festlegung des Bezugspunktes eine gewisse Präjudizierung beinhaltet, da die Einschätzung der Geeignetheit, Erforderlichkeit und Proportionalität einer Maßnahme mit der Wahl des mit ihr angestrebten Ziels steht und fällt. Die Wahl des *richtigen* Bezugspunktes ist von erheblicher Bedeutung. Aufgrund dessen herrscht in Rechtsprechung und Literatur höchste Uneinigkeit darüber, welcher Bezugspunkt für die Prüfung der Verhältnismäßigkeit von Arbeitskampfmitteln, der maßgebliche ist.

#### (1) *Meinungsstand*

##### (a) *Arbeitskampftaktik*

*LÖWISCH*[711] knüpft den Einsatz von Arbeitskampfmitteln an die Verwirklichung einer bestimmten Arbeitskampftaktik. Sein Ansatz wird jedoch von der überwiegenden Ansicht in der Lehre abgelehnt[712]. Da die Kampfparteien in der Wahl

---

711 LÖWISCH, ZfA 1971, S. 319, 326.

712 AUKTOR, Der Wellenstreik im System des Arbeitskampfrechts, S. 34; CZERWENY VON ARLAND, Die Arbeitskampfmittel der Gewerkschaften und der Verhältnismäßigkeitsgrundsatz,

ihrer Kampftaktik frei seien, bestünde die Gefahr eines Rechtsmissbrauchs. Mit einer geschickten Taktik könnten die Parteien ihrem Arbeitskampfmittel zur Rechtmäßigkeit verhelfen. Setze man die Kampftaktik an die Spitze einer Verhältnismäßigkeitsprüfung, gebe man den Kampfparteien die Möglichkeit, ihre Ziele jederzeit selbst zu definieren und damit den eigenen Arbeitskampfmitteleinsatz zu legitimieren.

(b) *Exzesskontrolle*

Für *TREBER*[713] stellt die Exzesskontrolle den richtigen Ansatzpunkt für die Verhältnismäßigkeitsprüfung dar. Diese Anknüpfung mag im ersten Moment überraschen; sie erklärt sich jedoch vor dem Hintergrund, dass *TREBER* eine von der ganz herrschenden Lehre und Rechtsprechung abweichende systematische Einordnung der gesamten Problematik vornimmt.

Nach seinem Ansatz sind Geeignetheit und Erforderlichkeit nicht mehr konkreter Bestandteil des Verhältnismäßigkeitsprinzips, sondern verselbständigte Prüfungsmaßstäbe im Rahmen der Ausgestaltung. Die Verhältnismäßigkeitprüfung beschränke sich damit auf eine Proportionalitätsprüfung. Mithin müsse dann konsequenterweise als „Zweck" die Verhinderung von Exzessen angesehen werden. Dies zeige sich insbesondere an anderen anerkannten Kriterien, wie beispielsweise dem Gebot des fairen Arbeitskampfes.

(c) *Durchsetzen von Tarifforderung und Willensbeeinflussung*

Nach einer von *VON HOYNINGEN-HUENE*[714] begründeten Ansicht ist die Beeinflussung der Willensbildung des Gegenübers derjenige Zweck, an dem sich die Verhältnismäßigkeitsprüfung zu orientieren hat. Dies sei deswegen der Fall, weil es Ziel eines jeden Arbeitskampfes sei, den Gegner durch Einwirkung auf seinen Willen zum Abschluss eines Tarifvertrages zu veranlassen.

Dem Ansatz und seinem Hauptargument wird kritisch entgegengehalten, die Willensbeeinflussung sei kein Selbstzweck[715]. Der Arbeitskampf diene nicht da-

---

S. 54; KORNBICHLER, Stillegung, S. 316f.; KREUZ, Der Grundsatz der Verhältnismäßigkeit im Arbeitskampfrecht, S. 108; WANK, FS Kissel, S. 1225 und 1233.

[713] Vgl. TREBER, Aktiv produktionsbehindernde Maßnahmen, S. 481.

[714] V.HOYNINGEN-HUENE, JuS 1987, S. 505, 507; KORNBICHLER, Stillegung, S. 316f.; RÜTHERS, ZfA 1987, S. 1, 42. Von einer Mischung aus Willensbeeinflussung begrenzt durch Paritätserwägungen gehen SEITER, RdA 1981, S. 65, 76 und ENDERLEIN, RdA 1995, S. 274 aus.

[715] Ähnlich in der Kritik: AUKTOR, Der Wellenstreik im System des Arbeitskampfrechts, S. 34.

zu, den Willen des Gegenübers in eine bestimmte Richtung zu lenken, sondern er sei auf die Herstellung eines funktionsfähigen Tarifvertragswesen gerichtet.

Diese Kritik haben *WANK*[716] und *KREUZ*[717] aufgegriffen und den Ansatz von *VON HOYNINGEN-HUENES* dahingehend modifiziert, es müsse das Ziel sein, ganz bestimmte, rechtmäßige Tarifforderungen durchzusetzen. Unsere Rechtsordnung ließe Arbeitskampfmaßnahmen nur zu, wenn sie auf ein tariflich regelbares Ziel gerichtet seien. Dann müsse dies auch das Ziel sein, an dem sich die Verhältnismäßigkeitsprüfung zu orientieren habe. Eine Tarifzensur finde insoweit nicht statt, da nicht das konkrete Tarifziel normativ gewürdigt werde.

(d) *Parität*

Die Rechtsprechung betrachtet das auf einer langen Tradition beruhende Paritätsprinzip als die tragende Säule des Arbeitskampfrechts[718]. Daher müsse es - auch nach herrschender Ansicht in der Literatur[719] - bei der Konkretisierung der Arbeitskampfmaßnahmen im Zentrum aller Überlegungen stehen[720]. Insgesamt bleibt aber offen, ob die Parität wirklich (nur) als Bezugspunkt für die Geeignetheit oder Erforderlichkeit des Arbeitskampfmittels in die Prüfung einfließt oder sogar als eigenständiges Bewertungskriterium angesehen wird[721]. Das Bundesarbeitsgericht stellt nur fest:

716 WANK, Grundlagen des Arbeitskampfrechts, FS Kissel, S. 1225, 1234; ähnlich BROX/RÜTHERS, Arbeitskampfrecht, Rn. 22; CZERWENY VON ARLAND, Die Arbeitskampfmittel der Gewerkschaften und der Verhältnismäßigkeitsgrundsatz, S. 94ff.

717 KREUZ, Der Grundsatz der Verhältnismäßigkeit im Arbeitskampfrecht, 1988.

718 RG 30.4.1903, RGSt36, S. 238; RG 26.3.1903, RGZ 54, S. 255, 258; BAG GS 28.1.1955, AP Art. 9 GG Arbeitskampf Nr. 1; BAG 21.4.1971, AP Art. 9 Arbeitskampf Nr. 43; BAG 10.6.1980, AP Art. 9 GG Arbeitskampf Nr. 64 und 65; BAG 22.12.1980, AP Art. 9 GG Arbeitskampf Nr. 70; BAG 12.09.1984, AP Art. 9 GG Arbeitskampf Nr. 81; BAG 12.03.1985, AP Art. 9 GG Arbeitskampf Nr. 84; BAG 10.9.1985, AP Art. 9 GG Arbeitskampf Nr. 86.

719 BIRK/KONZEN/LÖWISCH/RAISER/SEITER, Gesetz zur Regelung kollektiver Arbeitskonflikte, § 2 und Begründung, A I 1 e), S. 17; BROX/RÜTHERS, Arbeitskampfrecht, Rn. 166; DÄUBLER, AuR 1992, S. 1, 6; GAMILLSCHEG, KollArbR I, S. 968; LÖWISCH/RIEBLE, Arbeitskampf- und Schlichtungsrecht, 170.1, Rn. 64; RAISER, Die Aussperrung nach dem Grundgesetz, S. 59ff.; RÜTHERS, Rechtsprobleme der Aussperrung, S. 72; SCHOLZ/KONZEN, Die Aussperrung im System von Arbeitsverfassung und kollektivem Arbeitsrecht, S. 168; SEITER, Streikrecht und Aussperrungsrecht, S. 170f m.w.N.; *DERS.*, RdA 1981, S. 65ff.; WOHLGEMUTH, Staatseingriff und Arbeitskampf, S. 126; ZÖLLNER/LORITZ, Arbeitsrecht, § 40 X, S. 471f.

720 BAG 21.4.1971, AP Art. 9 GG Arbeitskampf Nr. 43; BAG 10.6.1980, AP Art. 9 GG Arbeitskampf Nr. 64; BVerfG 4.7.1995, BVerfGE 92, S. 365, 395.

721 *SEITER*, Streikrecht und Aussperrungsrecht, S. 172 unter V., vertritt etwa die Auffassung, der Grundsatz der Parität stelle bei der Ausgestaltung der Kampfmittel ein eigenständiges Rechtmäßigkeitskriterium dar. Dem Wortlaut des Art. 9 Abs. 3 GG zufolge bilde im Grund-

*Die Verhandlungsparität ist der oberste Grundsatz des Arbeitskampfrechts, an dem alle weiteren Grundsätze zu messen sind. Die Verhandlungsparität soll sicherstellen, dass nicht eine Partei der anderen von vorneherein ihren Willen aufzwingen kann, sondern dass möglichst gleiche Verhandlungschancen bestehen. Auf andere Weise kann nämlich die Tarifautonomie unter Ausschluss der staatlichen Zwangsschlichtung nicht funktionieren.*[722]

Im Schrifttum sprechen sich einige[723] nicht nur gegen jedwede Anwendbarkeit des Verhältnismäßigkeitsprinzips im Bereich des Arbeitskampfrechts[724] aus, sondern lehnen auch die von der Rechtsprechung und herrschenden Lehre befürwortete Anwendung des Paritätsprinzips ab. Sie erachten diesen Grundsatz als untauglich, die Zulässigkeit von Arbeitskämpfen oder seiner Mittel zu beurteilen[725]. Der Paritätsgrundsatz lasse sich aus der Verfassung weder unmittelbar noch mittelbar ableiten und könne demzufolge auch nicht das maßgebliche Kriterium für eine verfassungsrechtliche Würdigung der vom Schutzbereich des Art. 9 Abs. 3 GG erfassten Betätigungen bilden.

Auch *KREUZ*[726] spricht sich gegen eine Orientierung der Verhältnismäßigkeit am Paritätsgrundsatz aus. Im Gegensatz zu den übrigen Kritikern sieht er den Paritätsgrundsatz durchaus als wesentlichen und zu berücksichtigenden Faktor des Tarif- und Arbeitskampfrechts an. Dennoch sei es verfehlt, diesen Grundsatz als eigenständigen Prüfungsmaßstab oder gar als Bezugspunkt für die Geeignetheit und Erforderlichkeit einer Kampfmaßnahme anzusehen, da in diesem Falle jede,

---

satz zwar die Wahrung und Förderung von Arbeits- und Wirtschaftsbedingungen den allgemeinen Anknüpfungspunkt rechtlicher Würdigung. Dies wiederum bringe im Rahmen der Verfahrensgarantie die Notwendigkeit gleicher Verhandlungs- und Kampfchancen zwischen den sozialen Gegenspielern mit sich. Dies bedeute dann aber, dass diejenigen Kampfmittel zur Verfügung gestellt werden müssten, welche geeignet und erforderlich seien, um eine gleichgewichtige Auseinandersetzung und Einigung der sozialen Gegenspieler zu ermöglichen.

722 BAG 21.4.1971, AP Art. 9 GG Arbeitskampf Nr. 43; so auch bereits der BGH 13.12.1967, AP Art. 9 GG Arbeitskampf Nr. 38; BAG 12.9.1984, AP Art 9 GG Arbeitskampf Nr. 81.

723 DÄUBLER, Arbeitskampfrecht, Rn. 48ff.; ZACHERT/METZKE/HAMER, Die Aussperrung, S. 115; KITTNER/*HOFFMANN*, Protokoll, S. 47, 68ff.; HAMANN/LENZ, Art. 9 GG, Anm. 8b aa; KEMPER, Die Bestimmung des Schutzbereichs der Koalitionsfreiheit, S. 166ff. und 174ff.; MUSA, RdA 1971, S. 346ff.

724 Vgl. dazu oben im 3. Teil § 3B.I.3.a)(1)(b).

725 KEMPER, Die Bestimmung des Schutzbereichs der Koalitionsfreiheit, S. 166ff. und 174ff.; DÄUBLER, Arbeitskampfrecht, Rn. 48ff.; ähnlich ZACHERT/METZKE/HAMER, Die Aussperrung, S. 115; KITTNER/*HOFFMANN*, Protokoll, S. 47 und 68ff.; HAMANN/LENZ, Art. 9 Anm. 8b aa; MUSA, RdA 1971, S. 346ff.

726 KREUZ, Der Grundsatz der Verhältnismäßigkeit im Arbeitskampfrecht, S. 111ff.

die Parität nicht fördernde Maßnahme als ungeeignet und damit als unzulässig angesehen werden müsse. Dies sei nicht tunlich, weshalb der Parität alleine die Funktion eines „Ausfüllungsmaßstabs" bei der innerhalb der Proportionalitätsprüfung vorzunehmenden Interessenabwägung zukommen könne[727].

(2) *Stellungnahme*

Keine der vorgestellten Auffassungen, auch nicht die der Rechtsprechung und herrschenden Lehre, trifft im Ergebnis den Kern der Sache. Ihnen kann daher nicht gefolgt werden.

Zunächst überzeugt die von *LÖWISCH* vorgeschlagene Anknüpfung an die Kampftaktik nicht. Den von der übrigen Literatur gegen diesen Ansatz vorgebrachten Argumenten[728] ist nichts hinzuzufügen. Ganz entscheidend spricht jedenfalls der Mißbrauchsaspekt gegen die Erwägung, die Verhältnismäßigkeit an der Kampftaktik auszurichten.

Ebenso wenig überzeugt die Überlegung, den Zweck der Verhältnismäßigkeitsprüfung in einer Exzesskontrolle zu sehen. Zwar entspricht diese Überlegung *TREBERS* in gewisser Weise den bisher herausgearbeiteten Grundsätzen. Denn auch nach seiner Ansicht kommt es bei der Beurteilung der Rechtmäßigkeit des *konkreten* Arbeitskampfmitteleinsatzes im wesentlichen auf das Kriterium der Proportionalität an, da Geeignetheit und Erforderlichkeit bereits im Rahmen der Ausgestaltung umfänglich zum Tragen gekommen sind. Daher wirken sie sich bei der Einzelfallbewertung nur noch marginal aus. Für die eingangs aufgeworfene Frage nach dem maßgeblichen Bezugspunkt für die *abstrakte* Prüfung der Zulässigkeit eines Arbeitskampfmittels am Grundsatz der Verhältnismäßigkeit hält der Ansatz *TREBERS* hingegen keine Lösung bereit. In seinen Ausführungen erwähnt er einen Bezugspunkt für die nach seiner Vorstellung sogar gesondert zu prüfenden Maßstäbe der Geeignetheit und Erforderlichkeit mit keinem Wort, weshalb dem Ansatz von *TREBER* für die vorliegende Frage keine weitere Bedeutung beigemessen werden kann.

Ebenso wenig kann den Ansätzen Folge geleistet werden, die als Orientierungspunkt für die Verhältnismäßigkeitsprüfung die Willensbeeinflussung bzw. die Durchsetzung von bestimmten Tarifforderung sehen. Schon die Schlussfolgerung vom rechtmäßigen Ziel eines Tarifvertrages auf das rechtmäßige Ziel eines Arbeitskampfes erscheint wenig überzeugend. Dabei wird die vertragliche Ausgestaltung mittels Tarifvertrages auf der einen Seite mit einem zu dessen Unterstützung geschaffenen Hilfsmittel auf der anderen Seite trotz unterschiedlichster

[727] KREUZ, a.a.O.
[728] Vgl. soeben unter 3. Teil § 3B.I.3.b)(1)(a).

Zweckrichtung in Zusammenhang gesetzt, ohne den näheren Zusammenhang überhaupt darzulegen.

Zwar dienen Arbeitskampf und Tarifvertrag im Ergebnis der Koalitionsfreiheit aus Art. 9 Abs. 3 GG und damit der Regelung der Arbeits- und Wirtschaftbedingungen. Allerdings geschieht dies auf ganz unterschiedliche Art und Weise. Beim Tarifvertrag als Element des Koalitions- und Tarifsystems durch Regelung rechtmäßiger tariflicher Ziele; beim Arbeitskampf, indem er die Funktionsfähigkeit dieses Tarifsystems sichert. Aus welchem Grunde für die Frage nach der Zulässigkeit von Arbeitskampfmitteln nunmehr auf die Rechtmäßigkeit des tariflich angestrebten Zieles abgestellt werden soll, erscheint daher fraglich. Zutreffender wäre es, zuerst Grund und Zweck für die Zulassung des Arbeitskampfes herauszuarbeiten, um anschließend daran die Verhältnismäßigkeit seines Einsatzes zu überprüfen.

Wesentlich mehr zu überzeugen vermag die in der Rechtsprechung und herrschenden Lehre vertretene Ausrichtung der Verhältnismäßigkeitsprüfung am Paritätsgrundsatz. Vor allem stehen die bislang in der Literatur gegen diese Auffassung vorgebrachten Argumente[729] einer Ausrichtung der Verhältnismäßigkeitsprüfung an der Parität nicht entgegen:

Grundlage jeder vertragsautonomen Gestaltung sind annähernd gleiche Verhandlungspositionen. Liegen diese vor, so spricht unsere Rechtsordnung die Vermutung dafür aus, es handele sich um das *richtige*, weil frei ausgehandelte Ergebnis. Es geht also letztlich weniger um die „Richtigkeit" des Ergebnisses an sich als um die Umsetzung des Grundsatzes der Privatautonomie, der unserer gesamten Privatrechtsordnung zugrunde liegt. Ob der vereinbarte Inhalt nach dem Empfinden eines Außenstehenden „fair" ist, muss als irrelevant dahinstehen[730].

Auf das vertragliche Instrument des sich aus dem Koalitionsrecht entwickelten Tarifvertrags schlagen die vorgenannten Grundstrukturen durch. Da es an einer gleichgewichtigen Verhandlungssituation im Bereich der Regelung der Arbeitsbedingungen mangelt, bedarf es - anders als im übrigen Privatrecht - eines Angleichungsmechanismus. Um zu vermeiden, dass eine Partei der anderen von vornherein ihren Willen aufzwingt oder das Tarifvertragssystem durch Nichtverhandeln blockiert, wird das Hilfsmittel des Arbeitskampfes zur Verfügung gestellt[731]. Der Arbeitskampf dient also nicht einem Selbstzweck, sondern alleine

729 Siehe dazu oben im 3. Teil § 3B.I.3.b)(1)(d).

730 Bislang im Schrifttum umgekehrt formuliert, wonach die Verhandlungspositionen derart gestaffelt sein müssen, dass billigenswerte, gerechte Resultate wenigstens der Möglichkeit nach erreichbar sind. So jedenfalls: RÜTHERS, DB 1973, S. 1649ff.; SEITER, Streikrecht und Aussperrungsrecht, S. 167; ZÖLLNER, Aussperrung, S. 30, *DERS.*, RdA 1969, S. 256.

731 BAG GS 28.1.1955, AP Art.9 GG Arbeitskampf Nr. 1.

der Funktionsfähigkeit des Tarifvertragssystems[732]. In diesem Sinne formulierte *KREUZ*:

> *„[...] so muss man daran erinnern, dass der Arbeitskampf in unserer Rechtsordnung nicht als Selbstzweck garantiert wird, sondern vielmehr lediglich als ein notwendiges Hilfsinstrumentarium der Tarifautonomie. Nur um die Funktionsfähigkeit der Tarifautonomie zu gewährleisten, wird der Arbeitskampf von der Rechtsordnung zugelassen. [...] Dient der Arbeitskampf nicht der Funktionsfähigkeit der Tarifautonomie, sondern stört er diese, so muss die Arbeitskampffreiheit als Folge dieses Umstandes ihrerseits ihren hohen Stellenwert verlieren, besteht doch der Grund der Arbeitskampffreiheit, die Funktionsfähigkeit der Tarifautonomie zu gewährleisten, hier nicht mehr"*[733].

Ist die Tarifautonomie verfassungsrechtlich geschützt, aber diese eben nur mittels Verhandlungs- und Arbeitskampfparität zu gewährleisten, so ist die Geltung dieser Prinzipien verfassungsrechtlich vorgegeben. Daraus folgt aber auch, dass die Parität für die Zulassung von Kampfmittel Bedeutung entfalten muss.

Damit ergibt sich als Voraussetzung für die Zulassung weiterer, neben den sich in der Vergangenheit entwickelten und etablierten Arbeitskampfmaßnahmen des Streiks und der Aussperrung, dass sich das Kräfteverhältnis erheblich zugunsten einer Seite verschoben hat oder die unlängst gestörte Paritätssituation nicht mittels der zur Verfügung stehenden Mittel ausgeglichen werden kann[734]. Entgegen *DÄUBLER* und *KEMPER* ergibt sich die Einschlägigkeit des Paritätsprinzips und damit seine Relevanz für die Beurteilung neuer Arbeitskampfmaßnahmen also bereits aus Art. 9 Abs. 3 GG [735]. Ihre Kritik überzeugt mithin nicht.

Auch die von *KREUZ* dem Verständnis der Rechtsprechung entgegengesetzte Kritik, die Parität könne nicht Orientierungsmaßstab für die Kriterien der Geeignetheit und Erforderlichkeit sein, weil sie bereits Bezugspunkt für die Interessenabwägung im Rahmen der Proportionalitätsprüfung sei, geht fehl. Dies beweist ein Blick auf das öffentliche Recht. Dort entspricht es der üblichen Vorgehensweise, einen rechtmäßigen Zweck festzulegen, zu dessen Erreichung eine Maßnahme geeignet, erforderlich *und* proportional sein muss. Es wird mithin *ein* Bezugspunkt für die verschiedenen Elemente des Verhältnismäßigkeitsprinzips festgelegt. Dies leuchtet auch ein, denn die einzelnen Kriterien sind letztlich nur

---

[732] RIEBLE, Anm. zum Urteil des BVerfG v. 26.6.1991, EzA Art. 9 GG Arbeitskampf Nr. 97.
[733] KREUZ, Der Grundsatz der Verhältnismäßigkeit im Arbeitskampfrecht, S. 114.
[734] BAG 10.6.1980, AP Art. 9 GG Arbeitskampf Nr. 108.
[735] Im Ergebnis auch RAISER, Die Aussperrung, S. 68; SEITER, Streikrecht und Aussperrungsrecht, S. 158ff.

Bestandteile eines Verhältnismäßigkeitsgrundsatzes. Es ist mithin nicht nachvollziehbar, weshalb bei der Prüfung, ob eine Maßnahme verhältnismäßig ist, jedes Prüfungselement an einem eigenen Zweck gemessen werden soll. Insoweit greift die Kritik, der Paritätsmaßstab sei bereits für die Proportionalitätsprüfung reserviert, nicht durch.

Andererseits ist damit noch nicht begründet, dass oder wie der Paritätsgrundsatz auf die Rechtmäßigkeitsprüfung eines Arbeitskampfmittels einwirkt. Soll die Geeignetheit und Erforderlichkeit einer Arbeitskampfmaßnahme geprüft werden, so darf bei der Festlegung des Zieles nicht unberücksichtigt bleiben, dass der Arbeitskampf kein Selbstzweck ist, sondern einzig und alleine der Herstellung eines funktionsfähigen Tarifwesens dient[736]. Ist es aber der zentrale Grund für die Anerkennung des Arbeitskampfrechts, dem Tarifvertragssystem die Funktionsfähigkeit zu vermitteln, erscheint es m.E. nur konsequent, wenn sich an diesem Grundsatz das Hilfsmittel Arbeitskampf messen lassen muss. Damit ergibt sich als Bezugspunkt für die Verhältnismäßigkeitsprüfung von Arbeitskampfmitteln die „Herstellung der Funktionsfähigkeit des Tarifvertragssystems“[737]. Als wesentlicher Bestandteil dieses Kriteriums ist das Vorliegen der für einen privatrechtlichen Vertragsschluss notwendigen Voraussetzungen und damit die Verhandlungsparität anzusehen.

Im Ergebnis ist damit festzustellen, dass die Parität zwar nicht als eigenständiger Prüfungsmaßstab für Arbeitskampfmaßnahmen angesehen werden kann, ihm aber erhebliche Relevanz als Bezugsgröße für die vorzunehmende Verhältnismäßigkeitsprüfung zukommt.

#### c) Praktische Konkordanz

Schließlich muss die Ausgestaltung der garantierten und typisierten Betätigungen, gleichrangige Grundrechtspositionen Dritter und Interessen der Allgemeinheit berücksichtigen[738]. Im Einklang mit der allgemeinen grundrechtsdogmatischen Herangehensweise, ist im Falle der Kollision nach dem Prinzip der prakti-

---

[736] Wenn Kreuz (vgl. die Darstellung und Nachweise im 3. Teil § 3B.I.3.b)(1)(c)), ähnlich wie Wank (dazu oben unter 3. Teil § 3B.I.3.b)(1)(b)), letztendlich schlussfolgert, dass als einzig rechtmäßiges Ziel von Arbeitskämpfen die Erreichung einer zulässigen tariflichen Regelung im Raume stehe, stellt er sich in Widerspruch zu seinen eigenen, zuvor gewonnenen Erkenntnissen.

[737] Zu einem vergleichbaren Ergebnis kommen Seiter, RdA 1981, S. 65, 76 und Enderlein, RdA 1995, S. 274. Nach ihnen stellt das rechtmäßige Ziel die sogenannte paritätische Willensbeeinflussung dar, d.h. sie stellen zwar für den Zweck auf die Willensbeeinflussung ab, modifizieren dies jedoch nach Aspekten der Parität und Funktionsfähigkeit der Tarifautonomie. Dem dürfte der hier vertretene Ansatz zumindest im Ergebnis gleichkommen.

[738] Ebenso verfährt auch das BAG 12.03.1985, AP Art.9 GG Arbeitskampf Nr. 84.

schen Konkordanz zu verfahren; also in der Weise, dass es zu einem angemessenen und möglichst schonenden Ausgleich für alle Betroffenen kommt. Dies kann im Rahmen der Ausgestaltung wie auch bei den Kriterien der Geeignetheit, Erforderlichkeit bzw. Parität nur in generalisierender Weise geschehen.

Es kommt mithin nur eine Anpassung an generell entgegenstehenden Rechtspositionen Dritter in Betracht. Die Bedeutung dieses, der Proportionalitätsprüfung zuzuordnenden Kriteriums, dürfte daher nach den vorstehenden Ausführungen zur Orientierung der Ausgestaltung am Verhältnismäßigkeitsgrundsatz als gering eingeschätzt werden. Wesentliche Bedeutung kommt der Überprüfung von Konkurrenzen grundrechtlicher Positionen der Kampfmitteleinsetzenden zu denen der Drittbetroffenen vielmehr erst bei der Prüfung des konkreten Einzeleinsatzes zu. Als Schranken-Schranke für nachteilige Auswirkungen der Ausgestaltung gegenüber dem Freiheitsträger, ist die Kernbereichssystematik des Bundesverfassungsgerichts nutzbar zu machen. Sie stellt letztlich den für die Ausgestaltung unantastbaren Wesensgehalt (Art. 19 Abs. 2 GG) eines Grundrechts dar, der durch die Ausgestaltung unberührt bleiben muss. Alle vorgenannten Kriterien formen den gesetzgeberischen Gestaltungsfreiraum bei der Realisierung der funktionellen Koalitionsgewährleistung „Arbeitskampf".

#### 4. Richterrecht als Ausgestaltungsmittel

Zur Ausgestaltung eines normgeprägten Grundrechts ist grundsätzlich die Legislative berufen. Sie bestimmt mithin die Reichweite der Koalitionsfreiheit, indem sie die Befugnisse der Koalitionen im einzelnen näher regelt.

Das Arbeitskampfrecht ist bislang jedoch unkodifiziert geblieben[739]. Das Bundesverfassungsgericht[740] nimmt aufgrund dieses Gesetzgebungsdefizits eine Legitimation der Gerichte zur Ausgestaltung des Grundrechts an. Bei der Wahrnehmung dieser Aufgabe komme ihnen eine weite Einschätzungsprärogative zu. Das Verfassungsgericht überprüft demzufolge nur, „ob auch der Gesetzgeber solche Rechtssätze nicht ohne Verletzung von Grundrechten hätte erlassen können"[741].

Damit kann und muss im Arbeitskampfrecht zwischen Verfassungsauslegung einerseits und Ausgestaltung durch richterrechtlicher Rechtsfortbildung andererseits unterschieden werden. Auf der Ebene der Verfassungsinterpretation bewegt sich die Judikatur, soweit es sich um die generelle Anerkennung der typisierten

---

[739] Der Gesetzesentwurf von BIRK/KONZEN/LÖWISCH/RAISER/SEITER hat leider keine Umsetzung durch den Gesetzgeber erfahren.
[740] Grundlegend BVerfG 26.6.1991, BVerfGE 84, S. 212, 225.
[741] BVerfG 26.6.1991, BVerfGE 84, S. 212, 225.

Arbeitskampfmaßnahmen handelt (beispielsweise Streik, Aussperrung, Ablehnung von aktiven Produktionsbehinderungen). Deren Konkretisierung sowie die Festlegung von Grenzen im einzelnen[742] durch den Richter ist der Ebene zulässiger Rechtsfortbildung[743] zuzuordnen. Anders formuliert: Der Gestaltungsauftrag an den Gesetzgeber ist kongruent mit der Rechtsfortbildungskompetenz der Rechtsprechung[744].

## II. Ausgestaltung der einzelnen Arbeitskampfmittel

Anhand des vorstehend für die Ausgestaltung eines Arbeitskampfsystems und seiner Mittel vorgezeichnete Schema sind nunmehr die einzelnen, in den Schutzbereich des Art. 9 Abs. 3 GG fallenden alternativen Arbeitskampfmaßnahmen zum klassischen Streik hinsichtlich ihrer generellen Zulässigkeit zu bewerten.

### 1. Rechtmäßiges Ziel

#### a) Funktionsfähigkeit des Tarifsystems und Parität

Rechtmäßige Kampfmaßnahmen müssen sich zu dem rechtmäßigen Zweck der Herstellung der Funktionsfähigkeit des Tarifsystems verhältnismäßig verhalten[745]. Dies wird regelmäßig dann der Fall sein, wenn sie die Verhandlungsparität zwischen den Parteien herstellen oder wahren.

Im Folgenden wird zu analysieren sein, wie sich die Parität ohne weitere Einflussnahme der Parteien darstellt, um anschließend - soweit ein Paritätsverschiebung vorliegt - die neuen Arbeitskampfmittel auf ihre Geeignetheit, Erforderlichkeit und Vereinbarkeit mit grundrechtlich geschützten Positionen Dritter überprüfen zu können. Schwierigkeiten bereitet dabei bereits der erste Schritt der Beurteilung des ursprünglichen Verhandlungsgleich- bzw. Ungleichgewichts, da die Rechtsordnung keine konkreten Maßstäbe zur Verfügung stellt, mit deren Hilfe sich das Verhandlungsgleichgewicht bemessen oder bewerten ließe[746]. Es fragt sich somit, an welchen Maßstäben sich eine Prüfung des Vorliegens oder Nichtvorliegens von Verhandlungsgleichgewicht orientieren muss.

---

[742] Soweit sich solche Grenzen nicht bereits unmittelbar aus der Verfassung ableiten lassen. So auch MünchArbR/OTTO, § 284 Rn. 30.

[743] BUTZER, RdA 1994, S. 375, 379; KONZEN, JZ 1989, S. 755, 757; MünchArbR/OTTO, § 284 Rn. 30; SCHWARZE, JuS 1994, S. 653, 658; SÄCKER, ArbRGew 12 (1974), S. 17, 24, m.w.N. in Fn. 28.

[744] So bereits KONZEN, ArbRGew 18 (1981), S. 19, 30; LIEB, ZfA 1982, S. 113, 141.

[745] Siehe zu diesem Erfordernis im 3. Teil § 3B.I.3.b)(2).

[746] Zuletzt BVerfG 4.7.1995, AP § 116 AFG Nr. 4.

### b) Inhalt des Paritätsprinzips[747]

An sich wäre auch hier der Gesetzgeber gefragt gewesen, den Begriff der Parität sowie dessen Maßstäbe näher zu konkretisieren. Angesichts seiner Zurückhaltung wurde diese Aufgabe von der Rechtsprechung wahrgenommen. Dort findet sich ebenso wenig wie in der Lehre eine einheitliche Linie bezüglich der anzulegenden Maßstäbe[748].

#### (1) *Formelle, normative und historische Parität*

Gestützt auf den Grundsatz der Neutralität des Staates und historische Entwicklungen wurde zunächst die Lehre von der „formellen" Parität begründet[749]. Dieses Paritätsverständnis stützt sich bei seiner Herleitung - anders als erwartet - nicht auf Art. 9 Abs. 3 GG, sondern auf den in Art. 3 Abs. 1 GG festgeschriebenen allgemeinen Gleichheitssatz. Da der Staat keine der Kampfparteien bevorzugt behandeln dürfe, sei von einer paritätischen Lage auszugehen, wenn den Parteien gleichwertige und rechtlich identisch behandelte Kampfmittel zur Verfügung gestellt würden[750].

Tatsächliche Unterschiede in der Verhandlungsstärke der einzelnen Parteien sind nach diesem Verständnis zu vernachlässigen. Zusammenfassend lässt sich sagen, dass sich das formelle Paritätsverständnis darauf beschränkt, den Beteiligten adäquate Mittel zur Behauptung ihrer Verhandlungsposition zur Verfügung zu stellen.

Diese auf die Kampfmittel beschränkte Sichtweise bildet zugleich den Ansatzpunkt für die gegen dieses Verständnis vorgebrachte Kritik der herrschenden Lehre[751]. Der formellen Betrachtungsweise sei nämlich die Gefahr inhärent, dass trotz formell gleicher Kampfpositionen ein tatsächliches Machtungleichgewicht zwischen den sozialen Gegenspielern bestehe, so dass ein Aufoktroyieren von tariflichen Inhalten durch eine Partei nunmehr sogar unter dem Deckmantel der

---

747 Siehe dazu umfassend: GOLL, Arbeitskampfparität und Tariferfolg, 1980; HOLLE, Inhalt und Begründung des „Grundsatzes der Parität" im Arbeitskampfrecht, 1992; ENDERLEIN, RdA 1995, S. 274; WANK, FS Kissel, S. 1225, 1239.

748 Zum Ganzen: GOLL, Arbeitskampfparität und Tariferfolg, 1980; HEENEN, Kampfparität und Bilaterales Monopol, 1988; HOLLE, Inhalt und Begründung des „Grundsatzes der Parität" im Arbeitskampfrecht, S. 22ff.

749 HUECK/NIPPERDEY/SÄCKER, Bd. II/2, S. 929; nähere Darstellung zum formellen Paritätsverständnis bei: ERBGUTH, Die Rechtsprechung zum Paritätsgrundsatz im Arbeitskampfrecht, S. 17f.; GAMILLSCHEG, KollArbR I, S. 969ff.; GOLL, Arbeitskampfparität und Tariferfolg, S. 32f.; SEITER, Streikrecht und Aussperrungsrecht, S. 160f.

750 BAG GS 28.1.1955, AP Art. 9 Arbeitskampf Nr. 1; REUß, AuR 1963, S. 225, 228.

751 Statt vieler: GAMILLSCHEG, KollArbR I, S. 969f. m.w.N.; RUHLAND, Arbeitskampfparität, S. 24f.; WANK, Grundlagen des Arbeitskampfrechts, FS Kissel, S. 1225, 1240.

Parität stattfinde. Dies stünde dem Sinn und Zweck des Arbeitskampfrechtes und den Grundüberlegungen für seine Zulassung diametral entgegen.

Im Hinblick auf diese berechtigte Kritik wurde sodann versucht, ein normatives Paritätsverständnis zu etablieren[752]. Anders als der formelle Ansatz stützen sich die Überlegungen zur normativen Parität unmittelbar auf Art. 9 Abs. 3 GG: Da die Gleichgewichtslage Funktionsvoraussetzung der Tarifautonomie sei, müsse nach normativem Paritätsverständnis der Verfassungsgeber bei Schaffung des Koalitionsrechts von einer solchen ausgeglichenen Verhandlungssituation ausgegangen sein[753]. Die Parität sei somit ein „Axiom des Tarifvertragsrechts"[754].

Diese Sichtweise bringt es mit sich, dass jede Intervention zur Herstellung von Parität besonderer Rechtfertigung bedarf, genauer gesagt, der Darlegung einer Verschiebung in der Paritätssituation, die es auszugleichen gilt[755]. Damit unterscheidet sich die normative von der formellen Sichtweise insoweit, als nach letzterer der Arbeitskampfmitteleinsatz erst die Herstellung einer Paritätslage ermöglicht[756]. Sicherlich lässt sich dem normativen Verständnis nicht entnehmen, dass es von einer Festschreibung des Verhandlungsgleichgewichts auf ewig ausgeht. Dennoch ist sein Schwachpunkt darin zu sehen, dass es sich auf ein nicht bewiesenes Vorhandensein eines prästabilen Gleichgewichts[757] stützt. Eine solche Hypothese der normativen Wertentscheidung findet nach heute ganz überwiegender Ansicht[758] jedoch keinen Halt in der Verfassungsgeschichte.

Einen weiteren, dem formellen und normativ ähnelnden Ansatz stellt die Überlegung einer historisch verankerten Parität dar, wonach weder die eine noch die

---

752 MAYER-MALY, DB 1979, S. 95; *DERS.*, GS Peters, S. 938, 942f.; ebenso RICHARDI, NJW 1978, S. 2057ff.

753 MAYER-MALY, a.a.O.; ebenso RICHARDI, a.a.O., S. 2057, 2061; SCHOLZ/KONZEN, Die Aussperrung im System von Arbeitsverfassung und kollektivem Arbeitsrecht, S. 175ff, 278f.

754 RICHARDI, RdA 1970, S. 65, 72, *DERS.*, Kollektivgewalt und Individualwille, S. 183.

755 STAUDINGER/*RICHARDI*, vor § 611 BGB, Rn. 1256; RICHARDI, NJW 1978, S. 2057, 2061.

756 Mithin wird die normative Anknüpfung in der Literatur (GAMILLSCHEG, KollArbR I, S. 969f.; MünchArbR/*OTTO*, § 282 Rn 59; BUCHNER, RdA 1986, S. 7, 14; RÜTHERS, AuR, 1987, S. 37, 48; TREBER, Aktiv produktionsbehindernde Maßnahmen, S. 406) fälschlich als Spielart der formell verstandenen Parität abgetan. Zwar beinhaltet der normative Ansatz formelle Elemente, dennoch ist es ein eigenständiger, von rein formellen Überlegungen abzugrenzender Ansatz. Dies beweist schon der dogmatische Ausgangspunkt, der sich von demjenigen der formellen Parität abhebt. Wie hier auch ERBGUTH, Die Rechtsprechung zum Paritätsgrundsatz im Arbeitskampfrecht, S. 22.

757 BVerfG 26.6.1991, BVerfGE 84, S. 212, 229f.; BAG 10.6.1980, AP Art. 9 Arbeitskampf Nr. 64, Bl. 9R.

758 MünchArbR/*OTTO*, § 282 Rn 59; BUCHNER, RdA 1986, S. 7, 14; RÜTHERS, AuR, 1987, S. 37, 48; HEENEN, Kampfparität, S. 37; BINKERT, Gewerkschaftliche Boykottmaßnahmen im System des Arbeitskampfrechts, S. 132.

andere Seite ihrer historisch angestammten Kampfmittel beraubt werden dürfte[759]. Dabei wird aber bereits durch das Vorliegen angestammter Koalitionsmittel das Vorhandensein von Parität unterstellt[760]. Die Kritikpunkte zur normativen Parität haben sich daher auch gegen diese Überlegungen durchgesetzt. So wurde die Annahme als problematisch angesehen, dass sich um die historisch gewachsenen Kampfmittel paritätische Verhältnisse bilden würden[761]. Dies gelte auch insoweit, als sie sich nicht mit empirischen Daten belegen ließe. Die Historie[762] wird insoweit als eher „ominöse Basis"[763] angesehen. Ein Verzicht auf die Berücksichtigung materieller Gesichtspunkte könne im Ergebnis nicht als geeignet eingestuft werden[764].

(2) *Materielle Parität*

(a) *Materiell*

Die Rechtsprechung[765] und ganz herrschende Meinung in der Literatur[766] greifen die genannten Ansichten zur Paritätskonkretisierung aufgrund ihrer offensichtlichen Schwachpunkte heute nicht mehr auf. Sie stellen vielmehr auf das Vorliegen einer materielle Parität ab. Der Rechtsordnung sei durch den Grundsatz der Tarifautonomie die Aufgabe gestellt, ein funktionsfähiges Tarifvertragssystem bereitzustellen. Dies erfordere eine tatsächliche Chancengleichheit zwischen den

---

759 NIPPERDEY, DB 1963, S. 1613, 1614; HUECK/NIPPERDEY/SÄCKER, Bd. II/2, S. 929, SCHEUNER, Der Inhalt der Koalitionsfreiheit, S. 52; HENNIGS, Einstweiliger Rechtsschutz gegen gewerkschaftliche Streiks, S. 46.

760 GOLL, Arbeitskampf und Tariferfolg, S. 54.

761 HANAU, FAZ 3.1.1987, S. 13, auf den sich BERGHAUS, Rechtsprobleme der Betriebsbesetzung und Betriebsblockade, S. 54 zustimmend bezieht.

762 Gemeint ist der 1955 durch die Entscheidung des Großen Senats erfolgte Bruch mit der rechtlichen Bewertung von Arbeitskämpfen in der Weimarer Zeit und die seither erfolgten Veränderungen des Arbeitskampfrechtsystems. Ablehnend daher: BERTELSMANN, Aussperrung, S. 227, 229; KONZEN, AcP 177, S. 473, 480; WOHLGEMUTH, Staatseingriff und Arbeitskampf, S. 122; WOLF, ZfA 1971, S. 151, 152. Ebenso das ArbG Berlin, 10.10.1974, AP Art. 9 GG Arbeitskampf Nr. 49.

763 KONZEN, AcP 177, S. 473, 480.

764 TREBER, Aktiv produktionsbehindernde Maßnahmen, Fn. 55 zu § 12, S. 408.

765 BAG 21.4.1971, AP Art 9 GG Arbeitskampf Nr. 43; BAG 10.6.1980, AP Art. 9 GG Arbeitskampf Nr. 64 und 65; ArbG Berlin 10.10.1974, AP Art. 9 GG Arbeitskampf Nr. 49, Bl. 4.

766 BERTELSMANN, Aussperrung, S. 227, 229; BROX/RÜTHERS, Arbeitskampfrecht, Rn. 168; BUCHNER, RdA 1986, S. 7, 14; DÜTZ, Arbeitsrecht, Rn. 608; HEENEN, Kampfparität, S. 45ff.; KONZEN, AcP 177, S. 473, 480; RAISER, Aussperrung, S. 70; SEITER, Streikrecht und Aussperrungsrecht, S. 170; TREBER, Aktiv produktionsbehindernde Maßnahmen, Fn. 55 zu § 12, S. 408; WOLF, ZfA 1971, S. 151, 152; ZÖLLNER/LORITZ, Arbeitsrecht, § 40 X, S. 471f.

sozialen Gegenspielern[767]. Das Tarifvertragssystem beruhe auf der Prämisse, dass beiden potentiellen Vertragsparteien die gleichen Einflussmöglichkeiten hinsichtlich des Vertragsabschlusses und des -inhalts zukomme. Ein solcher Gleichlauf sei jedoch weder normativ anzuordnen, noch formal zu fingieren. Vielmehr komme es auf die tatsächlichen Gegebenheiten an. Es sei nicht einzusehen, weshalb einer Partei die Möglichkeit einer aggressiven Einflussnahme zugesprochen werden solle, obwohl sie einer solchen Bevorteilung tatsächlich gar nicht bedürfe, man dem Gegner vielleicht sogar schon längst überlegen sei[768]. Diese Aspekte haben den Großen Senat des Bundesarbeitsgerichts dazu bewogen, seine formelle Sichtweise zugunsten eines materiell ausgerichteten Blickwinkels aufzugeben[769].

Damit fragt sich nur noch, welche Kriterien zur Bewertung der *materiellen* Parität *in concreto* heranzuziehen sind. Einigkeit besteht in der jüngeren Literatur und Rechtsprechung jedenfalls dahingehend, dass es einer Begrenzung der paritätserheblichen Faktoren bedarf, da eine Berücksichtigung aller einfließenden Faktoren den Rechtsanwender[770] überfordern würde[771]. Bis jetzt kann aber kein Gleichlauf darüber verzeichnet werden, welche Kriterien überhaupt maßgeblich für die weitere Einschätzung des Kräfteverhältnisses sein könnten. Ebenso wenig wird geklärt, ob die Parität bei langfristiger, typisierender Betrachtungsweise vorliegen muss, oder in jedem Einzelfall konkret zu belegen ist.

(b) *Abstrakt typisierend*[772]

Nach überwiegender Ansicht[773] können nicht alle einzelnen Besonderheiten eines bestimmten Arbeitskampfes Berücksichtigung finden. Vielmehr wird es als

[767] BERTELSMANN, Aussperrung, S. 229; BROX/RÜTHERS, Arbeitskampfrecht, Rn. 168; DÜTZ, Arbeitsrecht, Rn. 608, RAISER, Aussperrung, S. 70; SEITER, Streikrecht und Aussperrungsrecht, S. 170.

[768] Wegweisend: SEITER, Streikrecht und Aussperrungsrecht, S. 170; zu weiteren Einzelheiten siehe auch: BROX/RÜTHERS, Arbeitskampfrecht, Rn. 166ff.

[769] BAG 21.4.1971, AP Art. 9 GG Arbeitskampf Nr. 43.

[770] So aber die überholte Lehre von der Gesamtparität: DÄUBLER, JuS 1972, S. 642, 645; WOHLGEMUTH, BB 1979, S. 111, 114; WOLTER, AuR 1979, S. 193, 196; ZACHERT/METZKE/HAMER, Die Aussperrung, S. 125ff.

[771] BAG 10.6.1980, AP Art. 9 GG Arbeitskampf Nr. 64 und 65; BROX/RÜTHERS, Arbeitskampfrecht, Rn. 168; TREBER, Aktiv produktionsbehindernde Maßnahmen, S. 415ff.; SCHOLZ/KONZEN, Die Aussperrung im System von Arbeitsverfassung und kollektivem Arbeitsrecht, S. 173f.; HEENEN, Kampfparität, S. 45ff.

[772] Vgl. hierzu auch die gute Darstellung bei ENDERLEIN, RdA 1995, S. 274f.

[773] BAG 10.6.1980, AP Art. 9 GG Arbeitskampf Nr. 64 und 65, BROX/RÜTHERS, Arbeitskampfrecht, Rn. 167; BUCHNER, RdA 1986, S. 7, 14; RAISER, Die Aussperrung nach dem

ausreichend angesehen, wenn sich bei längerfristiger und typisierender Betrachtungsweise ein ungefähres Gleichgewicht zwischen den Parteien feststellen lässt:

> *Wenn auch die realen Kräfteverhältnisse maßgebend sind, so bedeutet das doch andererseits nicht, dass alle Besonderheiten eines Arbeitskampfes (Kampfziele, wirtschaftliche Lage, Organisationsgrad usw.) berücksichtigt werden müssten. Der Grundsatz der Parität bezieht sich (unbeschadet der im Grundsatz geltenden Kampfmittelfreiheit) auf das Arsenal zulässiger Kampfmittel. Er muss in generellen und abstrakt formulierten Regeln ausgedrückt werden und kann nur Kriterien erfassen, die einer typisierenden Betrachtung zugänglich sind. Situationsbedingte Vorteile, die sich im konkreten Arbeitskampf sehr stark auswirken mögen, bleiben notwendigerweise unberücksichtigt.*[774]

Teilweise wird dabei der Historie eine gewisse Indizfunktion zugeschrieben, wobei nach einer Auffassung aus ihr die Vermutung für ein Gleichgewicht[775] abgeleitet, nach anderer Ansicht auf eine grundsätzliche Unterlegenheit der Arbeitnehmerseite geschlossen wird[776]. Die Anknüpfung an die geschichtliche Entwicklung des Arbeitskampfes befreie unbestrittenermaßen letztlich aber nicht von der Notwendigkeit, die aktuellen und realen Kräfteverhältnisse einer Beurteilung zu unterwerfen. Im Grundsatz wird unter Verwendung der abstrakt-typisierenden materiellen Sichtweise[777] und vor dem Hintergrund des Arbeitgebermonopols hinsichtlich der zu vergebenden Arbeitsplätze jedoch von einer gestörten Verhandlungssituation zu Lasten der Arbeitnehmerschaft ausgegangen; diese gilt es durch geeignete Mittel auszugleichen[778].

---

Grundgesetz, S. 70ff.; SEITER, Streikrecht und Aussperrungsrecht, S. 163f; ZÖLLNER/LORITZ, Arbeitsrecht, § 40 X, S. 471f.

[774] BAG 10. 6. 1980, AP Art. 9 GG Arbeitskampf Nr. 64.

[775] HANAU, Wirtschaftspolitische Chronik, 1978, S. 173; DÜTZ, Anm. zum Urteil des BAG 10.10.1978, EzA Art. 9 GG Arbeitskampf Nr. 27; RAISER, Die Aussperrung nach dem Grundgesetz, S. 83; RÜTHERS, Rechtsprobleme der Aussperrung, S. 79.

[776] WOHLGEMUTH, BB 1979, S. 111, 115; WOLTER, AuR 1979, S. 193, 199; DÄUBLER/*WOLTER*, Arbeitsrecht, Rn. 888b.

[777] Diesbezüglich sei auf die Ausführungen im 3. Teil § 3A.I.3 hingewiesen.

[778] Dies wurde bereits im 3. Teil § 3A.I.3 herausgearbeitet.

## 2. Geeignetheit der Arbeitskampfmittel

### a) Geeignetheit der neuen Arbeitskampfmittel

Der Einsatz von Arbeitskampfmitteln muss geeignet sein, den angestrebten Zweck der Herstellung der Funktionsfähigkeit des Tarifsystems zu fördern.

Das Ungleichgewicht in der Verhandlungsstärke soll durch Ausweitung der Handlungsmöglichkeiten der schwächeren Partei beseitigt werden. Die Rechtsprechung hat aus diesem Grunde das Koalitionsrecht dahingehend ausgestaltet, dass den geschwächten Arbeitnehmern das Recht zur gemeinschaftlichen Arbeitsniederlegung zusteht. Die Arbeitnehmer werden unter Zuhilfenahme dieses Instruments als Kollektiv in die Lage versetzt, dem Arbeitgeber die Wichtig- und Wertigkeit der Betriebsressource „Arbeitnehmer“ unter Zufügung wirtschaftlichen Drucks vor Augen zu führen.

Will der Arbeitgeber die Produktion wieder aufnehmen, um die Position des Unternehmens am Markt zu behaupten, so muss er aufgrund der arbeitskampfbedingten, wirtschaftlichen Drucksituation an den Verhandlungstisch zurückkehren und ernsthaft über die Arbeitsbedingungen mit den Vertretern der Arbeitnehmerschaft verhandeln. Auf diese Weise schafft der **Streik** eine den zivilrechtlichen Grundsätzen entsprechende Verhandlungsgrundlage für den Abschluss tarifvertraglicher Regelungen; er ist daher geeignet, das angestrebte Ziel zu fördern[779].

Gleiches wird auch durch die an ihn angelehnten Formen der kollektiven Arbeitsniederlegung erreicht. Diese Arbeitskampfformen stehen dem Vollstreik insoweit hinsichtlich der Geeignetheit in nichts nach. Vielmehr kommt der Arbeitgeber durch die Arbeitsniederlegung intensiver als durch die klassische Taktik des flächendeckenden Streiks unter Druck[780]. Sie dürften demnach zu einer frühzeitigen Verhandlungsbereitschaft der Arbeitgeberseite führen[781].

Der **Warnstreik** hebt sich vom Erzwingungsstreik in seiner zeitlichen Komponente und Zielsetzung ab[782]. Er versteht sich als vorzeitige, vor dem Scheitern der Verhandlungen beginnende Einstellung der Arbeit im Zusammenhang mit tarifvertraglichen Verhandlungen für eine befristete, kurze Dauer[783]. Der Warnstreik soll *per definitionem* den Arbeitgeber weder schädigen, noch in eine wirt-

---

[779] Für den Streik ist dies unstreitig; vgl. statt aller: GAMILLSCHEG, KollArbR I, S. 1134 m.w.N.

[780] Siehe dazu 2. Teil § 3B.I.

[781] Siehe dazu 2. Teil § 3.

[782] Siehe die Ausführungen dazu 2. Teil § 3.

[783] Vgl. zur Definition des Warnstreiks ausführlich in 2. Teil § 1A.II.1; so auch BIRK/KONZEN/LÖWISCH/RAISER/SEITER, „Professorenentwurf“, § 23, S. 69.

schaftliche Drucksituation versetzen. Sein Primärzweck liegt vielmehr in der *Drohung* mit Schädigung[784] sowie der Demonstration eigener Kampfkraft und der Entschlossenheit, im Ernstfall durch Arbeitsniederlegungen die wirtschaftliche Situation des Unternehmens anzugreifen. Es hat sich in den vergangenen Jahren gezeigt, dass sich eine frühzeitigen Warnung an den Arbeitgeber durchaus effektiv einsetzen lässt, um ihn unter dem Eindruck konkret bevorstehender, wirtschaftlicher Einbußen an den Verhandlungstisch zurückzubringen oder von bislang praktizierten Hinhaltetaktiken abzurücken[785]. Der Warnstreik trägt damit zur Funktionsfähigkeit der Tarifautonomie bei, so dass er resümierend in seinen verschiedenen Ausformungen als geeignet erscheint, das angestrebte Ziel der Sicherung und Herstellung des Tarifvertragssystems zu erreichen.

Die **partielle Arbeitsniederlegung** ist der „Streikersatz" für die in lebenswichtigen Tätigkeitsbereichen praktizierenden Arbeitnehmer. Sie tritt nur in solchen Fällen an dessen Stelle, in denen die Zulässigkeit des Streiks alleine aus besonderen rechtlichen Gründen, etwa der Bindung an das Gemeinwohl, erheblich eingeschränkt ist[786]. Bei einer solchen Sachlage ist diese Handlungsweise dem klassischen Streik gleichgestellt und muss daher konsequenterweise als ebenso geeignet angesehen werden wie dieser.

Der **Arbeitnehmerboykott** tritt vornehmlich neben den eigentlichen Streik als unterstützende Begleitmaßnahme in Erscheinung. Mittels Solidarisierung externer Arbeitnehmer mit den Streikenden soll verhindert werden, dass der Arbeitgeber durch den Einsatz dritter Arbeitskräfte den Betrieb aufrechterhalten kann. Gelingt der Boykott, so kommt darin die Einigkeit der gesamten Arbeitnehmerschaft einer Industriebranche über die Notwendigkeit einer Anpassung der Arbeitsbedingungen an das allgemeine Marktniveau zum Ausdruck[787].

Der erfolgreiche Boykott demonstriert somit die Geschlossenheit und Schlagkraft der gesamten Arbeitnehmerschaft und ist daher geeignet, die eigene Verhandlungsposition zu stärken. Gleichzeitig wird es dem Arbeitgeber erschwert, die bestreikten Arbeitsplätze mit Fachkräften zu besetzen, so dass ein Gegenmonopol auf Arbeitnehmerseite hinsichtlich der zur Verfügung stehenden Facharbeitskräfte geschaffen wird. Dem Arbeitgeber werden damit Kompensations-

[784] HANAU, DB 1982, S. 377, 382.

[785] BAG 17.12.1976, AP Art. 9 GG Arbeitskampf Nr. 51; BAG 12.9.1984, Art. 9 GG Arbeitskampf Nr. 81; DORNDORF/WEISS, Warnstreiks und vorläufiger Rechtsschutz gegen Streiks, S. 93; MünchArbR/*OTTO*, § 286 Rn. 31; PICKER, Warnstreik, S. 190ff.; skeptisch gegenüber der Eignung des Warnstreiks zur Verkürzung der Verhandlungen, HANAU, DB 1982, S. 377, 381.

[786] Vgl. dazu 3. Teil § 3A.II.3.b)(1)(d).

[787] Vgl. 2. Teil § 1B.

möglichkeiten der Streikwirkung abgeschnitten, der auf ihm lastende wirtschaftliche Druck aufrecht erhalten und die Funktionsfähigkeit der Tarifautonomie gesichert.

b) Fehlende Geeignetheit des Wellenstreiks?

Nach dem Vorstehenden dürfte eine Arbeitskampftaktik, wie sie der Wellenstreik verkörpert, an sich kaum rechtliche Bedenken hinsichtlich seiner Geeignetheit begegnen. Schließlich steht es den Gewerkschaften im Rahmen der Festlegung ihrer Kampftaktik grundsätzlich frei, zu welchem Zeitpunkt, an welchem Ort und für welche Dauer sie die Arbeitnehmer zur Arbeitseinstellung aufrufen.

Diese Einschätzung scheint auch den Wellenstreikentscheidungen des Bundesarbeitsgerichts zugrunde zu liegen[788]. Das Bundesarbeitsgericht ist nämlich auf die Frage der Rechtmäßigkeit von Wellenstreiks mit keinem Wort eingegangen. Das Bundesarbeitsgericht - wie auch ein überwiegender Teil des Schrifttums[789] - stellt lediglich Überlegungen zur Anwendbarkeit der Arbeitskampfrisikolehre auf diese Fallgruppe an[790].

(1) *Erhebliche Paritätsverschiebung zu Lasten der Arbeitgeberschaft durch den Wellenstreik*

Dennoch hätte es einer Prüfung der Rechtmäßigkeit des Wellenstreikseinsatzes, insbesondere seiner Verhältnismäßigkeit bedurft, wie die folgenden Ausführungen belegen:

Das besondere Kennzeichen des Wellenstreiks ist die Unvorhersehbarkeit von Zeit, Ort und Dauer der Arbeitsniederlegungen[791]. Durch den Einsatz des Wellenstreiks soll dem Arbeitgeber die unternehmerische Planung während und vor

[788] BAG 12.11.1996, AP Art. 9 GG Arbeitskampf Nr. 147; BAG 17.2.1998, AP Art. 9 GG Arbeitskampf Nr. 152; BAG 15.12.1998, AP Art. 9 GG Arbeitskampf Nr. 154; BAG 15.12.1998, AP Art. 9 GG Arbeitskampf Nr. 155.

[789] BOEMKE, JuS 1999, S. 1138f.; BITTNER, Anm. zum Urteil des BAG v. 12.11.1996, AR-Blattei, [ES] 170.1 Nr. 43; FISCHER, RdA 1999, S. 406ff.; K. GAMILLSCHEG, Anm. zum Urteil des BAG v. 15.12.1998, EzA Art. 9 GG Arbeitskampf Nr. 131 und 132; HERGENRÖDER, SAE 1999, S. 55ff.; LÖWISCH, AR-Blattei, 170.1 Nr. 47; NICOLAI, Anm. zum Urteil des BAG v. 17.2.1998, EzA Art. 9 GG Arbeitskampf Nr. 129; OTTO, Anm. zum Urteil des BAG v. 15.12.1998, AP Art. 9 GG Arbeitskampf Nr. 155; PLATOW, ArbRGew 37, S. 73ff.; REUTER, JuS 1997, S. 761ff.; RIEBLE, SAE 1997, S. 285ff.; TREBER, Anm. zum Urteil des BAG v. 12.11.1996, EzA Art. 9 GG Arbeitskampf Nr. 127.

[790] BAG 12.11.1996, AP Art. 9 GG Arbeitskampf Nr. 147; BAG 17.2.1998, AP Art. 9 GG Arbeitskampf Nr. 152; BAG 15.12.1998, AP Art. 9 GG Arbeitskampf Nr. 154; BAG 15.12.1998, AP Art. 9 GG Arbeitskampf Nr. 155.

[791] Vgl. dazu die Darstellung im 2. Teil § 1A.II.1

allem zwischen einzelnen Streikaktionen unmöglich gemacht werden. Darin und nicht in dem durch die Arbeitsniederlegung verursachten Arbeitsausfall von wenigen Stunden ist die mit dem Kampfmitteleinsatz von den Gewerkschaften angestrebte Betriebsstörung zu sehen. Die Zurückbehaltung jeglicher Information über die Durchführung der Arbeitsniederlegung verursacht Unsicherheiten bei der Disponierung der vorhandenen Arbeitskräfte, so dass es regelmäßig zu Doppelbelegungen von Arbeitsplätzen kommt. Dies hat nicht nur bei „just-in-time"-Produktionen, sondern auch bei anderen Betriebsabläufen erhebliche Störungen auch auf finanzieller Ebene zur Folge[792]. Mit der eingesetzten Taktik soll dem Arbeitgeber die Gegenwehr erschwert und nach Möglichkeit sogar gänzlich unmöglich gemacht werden.

Die Kampftaktik des Wellenstreiks wurde bislang immer erfolgreich eingesetzt; so hat die Gewerkschaftsseite mit ihrer Hilfe durch eine 5½ stündige Arbeitsniederlegung die Verursachung eines weiteren Arbeitsausfalls von 26¼ Stunden erzielt[793]. Solche immensen Betriebsstörungen, die nicht unmittelbar auf dem Kampfmitteleinsatz der Gewerkschaft beruhen, könnten mithin als relevante Störungen der Parität zu Lasten der Arbeitgeberseite angesehen werden. Fände letzteres Bestätigung, müsste der Kampftaktik des Wellenstreiks in der Art und Weise, wie sie bislang eingesetzt wurde, die generelle Eignung zur Herstellung eines Verhandlungsgleichgewichts, zumindest aber ihre grundsätzliche Erforderlichkeit abgesprochen werden. Das führte zu dem Ergebnis, dass der Wellenstreik einer Rechtfertigung nach Art. 9 Abs. 3 GG nicht zugänglich und damit im Rahmen der Ausgestaltung nicht zuzulassen wäre.

Der Relevanz der im Falle des Wellenstreiks möglicherweise verursachten Paritätsstörung bzw. Paritätsverschiebung könnte entgegengehalten werden, dass durch die unangekündigte Arbeitsniederlegung in Wellen keine andersartige Paritätsverschiebung auftritt, als dies bei Warn- oder Wechselstreiks in Form der „neuen Beweglichkeit" der Fall ist. Für diese Kampfformen wiederum hatte das Bundesarbeitsgericht aber eine Paritätsverschiebung zu Lasten der Arbeitgeberschaft angenommen und dennoch daraus nicht die Unzulässigkeit der Maßnahmen gefolgert, sondern vielmehr dieses Defizit durch ein Recht zur Abwehr in Form der Aussperrung nach Quoten beseitigt[794]. Ist also nicht ersichtlich, weshalb eine durch den Wellenstreik verursachte Paritätsstörung eine andere Folge nach sich ziehen sollte, käme eine Unzulässigkeit unter dem genannten Gesichtspunkt nicht weiter in Betracht.

---

[792] RIEBLE, SAE 1997, S. 285, 286.
[793] BAG 12.11.1996, AP Art. 9 GG Arbeitskampf Nr. 147.
[794] BAG 10.6.1980, AP Art. 9 GG Arbeitskampf Nr. 64.

Diese Argumentation wäre indessen nur überzeugend, wenn dem Arbeitgeber überhaupt ein wirksames Gegenmittel zum Ausgleich der durch den Wellenstreik zu ihren Lasten verschobenen Parität - also zur Gegenwehr zur Verfügung stünde. Nur in diesem Fall wäre der Schluss von der Rechtsprechung des Bundesarbeitsgerichts zum Warnstreik und „neuer Beweglichkeit" korrekt gezogen. Schließlich hatte vornehmlich die Tatsache eines möglichen Zurwehrsetzens der Arbeitgeber unter Zuhilfenahme der Aussperrung, das Gericht dazu bewogen, von der Annahme einer Rechtswidrigkeit dieser Kampfmittel der Arbeitnehmerschaft Abstand zu nehmen. Zu klären ist demnach, ob dem Arbeitgeber Optionen verbleiben, sich der Paritätsverschiebung zu seinen Lasten entgegenzustellen.

(2) *Gegenmittel der Arbeitgeberseite*

(a) *Kompensationsmaßnahmen der Arbeitgeberseite*

TREBER[795] sieht bereits die vom Arbeitgeber gegen den Streik ergriffenen Kompensationsmaßnahmen als eigenständige Kampfmaßnahme an. Der Wellenstreik sei die notwendige Reaktion der Arbeitnehmer. Aus diesem Grund müsse er als geeignetes Arbeitskampfmittel angesehen werden.

NICOLAI[796] hält die Ansicht für unzutreffend, Kompensationsmaßnahmen durch den Arbeitgeber seien Arbeitskampfmittel. Dem Vorgehen der Arbeitgeber fehle es an dem für einen Arbeitskampf wesentlichen Merkmal der gezielten Druckausübung auf die Gegenseite. Die Entscheidung zur Weiterproduktion mit Hilfe von Ersatzarbeitskräften und Umstrukturierungen, sei primär darauf gerichtet, eine eigene wirtschaftliche Drucksituation zu vermeiden. Auch die daraus folgende Unbrauchbarkeit der nach Ende des Wellenstreiks angebotenen Arbeitsleistung der streikbeteiligten Arbeitnehmer und die daraus folgende Nichtbeschäftigung ändere an dieser Bewertung nichts. Sie sei nur mittelbare Folge der Kampfführung der Arbeitnehmerschaft. Dementsprechend ließen sich Maßnahmen zur Begrenzung streikbedingter Produktionsstörungen nicht als Arbeitskampfmaßnahme einstufen. Im Ergebnis könnten folglich die Kompensationsmaßnahmen der Arbeitgeber nicht als Arbeitskampfmittel zur Verteidigung gegen (Wellen-)Streiks angesehen werden.

Dem ist im Ergebnis beizupflichten. Denn nicht nur die Qualifikation der Kompensationsmittel als Arbeitskampfmittel stellt einen Schwachpunkt der Ansicht TREBERS dar. Die Schwerfälligkeit seiner Argumentation zeigt sich besonders darin, dass der Wellenstreik vorrangig *der Verhinderung von Kompensationen durch den Unternehmer dient*. Wenn in der Kompensation von streikbedingten

[795] TREBER, Anm. zum Urteil des BAG v. 12.11.1996, EzA Art. 9 GG Arbeitskampf Nr. 127.
[796] NICOLAI, Anm. zum Urteil des BAG v. 3.8.1999, EzA Art. 9 GG Arbeitskampf Nr. 129.

Arbeitsausfällen eine Kampfmaßnahme des Arbeitsgebers stecken soll, dann allenfalls eine solche, die sich gegen die dem Wellenstreik vorgelagerten Streikmaßnahmen richtet. In Betracht kommen dann aber nur Maßnahmen, die noch eine unternehmerische Planung zulassen. Der Wellenstreik richtet sich also gegen die Kompensation und nicht, wie *TREBER* es darstellt, die Kompensation gegen den Wellenstreik. Im Ergebnis kann *TREBER* daher nicht gefolgt werden.

(b) *Betriebsstillegung*

Als weiteres Gegenmittel der Arbeitgeberseite kommt die erst kürzlich vom Bundesarbeitsgericht entdeckte, im arbeitsrechtlichen Schrifttum[797] auf Ablehnung gestoßene Arbeitskampfmaßnahme der Betriebsstillegung[798] in Betracht.

In einer Entscheidung zur Betriebsstillegung vom 12.11.1996 weist das Bundesarbeitgericht[799] allerdings ausdrücklich darauf hin, dass dem Arbeitgeber die Befugnis zur Betriebsstillegung ausschließlich in Zeiten zukommt, in denen zum Streik von Arbeitnehmerseite aufgerufen ist. Als Kampfmittel gegen die Wellenstreiktaktik kann das neue Kampfmittel „Betriebsstillegung" mithin nicht hilfreich eingesetzt werden, da es an die mit dem Streikaufruf der Gewerkschaft fixierten Streikzeiten gebunden wäre.

Das Ergebnis findet Bestätigung darin, dass eine zwingende Verweisung auf die Stillegung des Betriebs ausgeschlossen ist, wenn die Arbeitgeberseite sich gerade dazu entschlossen hat, den Betrieb mit Hilfe von Kompensationsmaßnahmen aufrecht zu erhalten. Andernfalls könnte die Arbeitnehmerseite die Taktik der Arbeitgeberseite vorgeben, indem sie zum Mittel des Wellenstreiks greift. Auch die Betriebsstillegung scheidet demzufolge als wirksam einsetzbares Mittel gegen den Wellenstreik aus.

(c) *Wellenaussperrung*

Anders als bei Warn- und Wechselstreik greift die Option einer *Aussperrung* beim Wellenstreik ins Leere. Das Bundesarbeitgericht[800] hat bereits eine zweitägige Aussperrung als Reaktion auf einen halbstündigen Warnstreik als unver-

---

[797] Vgl. u.a. KONZEN, Anm. zum Urteil des BAG v. 27.6.1995 und 11.7.1995, AP Art. 9 GG Arbeitskampf Nr. 139; LIEB, Arbeitsrecht, Rn. 650ff.; *DERS.* SAE 1995, S. 257; LÖWISCH, FS Gitter, S. 533ff.; FISCHER/RÜTHERS, Anm. zum Urteil des BAG v. 14.12.1993, EzA Art 9 GG Arbeitskampf Nr. 115; OETKER, Anm. zum Urteil des BAG v. 22.3.1994, AP Art. 9 GG Arbeitskampf Nr. 130; THÜSING, DB 1995, S. 2607; RIEBLE, SAE 1996, S. 227.

[798] BAG 22.3.1994, AP Art. 9 GG Arbeitskampf Nr. 130 mit Anm. OETKER = SAE 1995, S. 254ff. mit Anm. LIEB; BAG 11.7.1995, AP Art. 9 GG Arbeitskampf Nr. 138.

[799] BAG 12.11.1996, AP Art. 9 GG Arbeitskampf Nr. 147.

[800] BAG 11.8.1992, AP Art. 9 GG Arbeitskampf Nr. 124.

hältnismäßig angesehen. Das Gericht gibt in seiner Entscheidung jedoch leider keine Antwort auf die Frage, welcher Aussperrungsumfang ihrem Verhältnismäßigkeitsverständnis nach angemessen gewesen wäre.

Insoweit kommt die Arbeitgeberseite vom „Regen in die Traufe". Einerseits gestehen ihr die Gerichte ein Recht auf Aussperrung zu, andererseits wird ihr kein Leitfaden an die Hand gegeben, unter welchen Voraussetzungen sie dieses Mittel überhaupt anzuwenden hat. Damit birgt das Recht zur Aussperrung für den Arbeitgeber, insbesondere als Waffe gegen Kurzstreiks, einen nicht kalkulierbaren, rechtlichen Unsicherheitsfaktor.

*RIEBLE* schlägt daher als Alternative zur bisherigen Aussperrungstaktik spiegelbildlich zum Wellenstreik die Vornahme von Wellenaussperrungen vor[801]. Der Arbeitgeber soll einzelne Arbeitnehmer oder Arbeitnehmergruppen, kurzfristig und für eine unbestimmte, aber dem Verhältnismäßigkeitsprinzip entsprechende Dauer aussperren.

Es fragt sich jedoch, welches arbeitskampftaktische Ziel durch eine solche Vorgehensweise sinnvoll verfolgt werden könnte. Der Arbeitgeber belastet mit einem solchen Vorgehen die Kassen der Gewerkschaften nur in geringem Maße. Ein ernstzunehmender finanzieller Druck lässt sich auf diese Art und Weise nicht erzeugen. *RIEBLE* scheint den Vorteil der Wellenaussperrung darin zu sehen, dass der Arbeitgeber nach Beendigung der Aussperrung nunmehr angebotene, aber nicht mehr benötigte Arbeitleistungen ablehnen kann. Bliebe die Arbeitskampfrisikolehre auch bei der „Wellenaussperrung" anwendbar, läge damit das Entgeltrisiko bei den Arbeitnehmern.

Problematisch erscheint zunächst die Überlegung, die Arbeitskampfrisikolehre auch auf solche Schäden zu erstrecken, die erst durch Aussperrungen und Kompensationsmaßnahmen durch die Arbeitgeber verursacht wurden[802]. Aber selbst wenn man das einmal unterstellt, führt dies nicht zu einer wesentlichen Erhöhung des wirtschaftlichen Drucks auf die Gegenseite. Es fallen für die einzelnen Arbeitnehmer nur einzelne Schichten aus; diese würden im übrigen nach der bisherigen Rechtsprechung selbst dann ausfallen, wenn die Arbeitnehmer zum Wellenstreik gegriffen hätten. Die Gewerkschaften wiederum sind nach ihren Satzungen von Unterstützungszahlungen für durch den Arbeitskampf nur mittelbar verursachte Ausfälle von ihrer im übrigen bestehenden Ersatzpflicht befreit. Auch tritt weder eine Planungsunsicherheit, noch ein dem Betriebsausfall auf

---

801 RIEBLE, SAE 1997, S. 285, 290.

802 Siehe auch LÖWISCH/*BITTNER*, AR-Blattei SD, 170.3.2 Rn. 10; SEITER, DB 1981, S. 578, 579f.; ähnlich zur Erstreckung der Arbeitskampfrisikolehre BAG 22.12.1980, AP Art. 9 GG Arbeitskampf Nr. 71.

Arbeitgeberseite äquivalentes Defizit bei den betroffenen Arbeitnehmern als Druckfaktor ein. Auf Unternehmerseite stellt aber gerade dieses die wohl größte, durch den Wellenstreik verursachte Belastung dar. Letztlich würde der Arbeitgeber sich mit einer Wellenaussperrung also selber in die von der Arbeitnehmerschaft angestrebte wirtschaftliche Bedrängnis bringen.

Zwar ist dies im Falle der „normalen" Aussperrung auch der Fall. Dort wird aber, anders als in der wellentaktischen Variante, durch die Aussperrung auf Seiten der Gewerkschaften ein erhöhter finanzieller Druck aufgebaut, da diese die umfangreichen Streikausfälle durch Zahlung an die ausgesperrten Organisierten auffangen muss. Es kann somit festgehalten werden, dass auch die (Wellen-)Aussperrung kein adäquates Mittel gegen die Wellenstreiktaktik der Arbeitnehmerschaft darstellt.

(3) *Modifikation der Arbeitskampfrisikolehre als paritätswahrende Maßnahme*

Es hat sich gezeigt, dass der Arbeitgeberseite kein Kampfmittel zur Verfügung steht, welches das zu ihren Lasten aufgrund des Wellenstreiks verschobene Gleichgewicht wieder herzustellen vermag. Demnach würde der Wellenstreik die Arbeitskampfparität erheblich und rechtswidrig zu Lasten der Arbeitgeberschaft verschieben. Er müsste folglich als generell ungeeignet und damit unzulässig angesehen werden.

Bevor dieser extreme, die Koalitions- und Arbeitskampffreiheit der Arbeitnehmerseite begrenzende Schluss gezogen werden kann, ist zu prüfen, ob nicht zumindest eine eingeschränkte Zulassung dieser Kampftaktik im Wege der Ausgestaltung denkbar ist. In diesem Zusammenhang ist die zum Wellenstreik bislang ergangene Rechtsprechung des Bundesarbeitsgerichts heranzuziehen[803].

Die mit der Wellenstreiktaktik einhergehende und soeben aufgezeigte Paritätsstörung infolge fehlender kompensierender oder zumindest den Kampfrahmen erweiternder Möglichkeiten der Arbeitgeber, löst das Gericht - letztlich unausgesprochen – durch die Anwendung der Arbeitskampfrisikolehre auch auf nur mittelbar durch den Wellenstreik verursachte Schäden[804]; dies geschieht, obschon sie für die Verteilung solcher unmittelbar durch die Disposition des Arbeitgebers

[803] BAG 12.11.1996, AP Art. 9 GG Arbeitskampf Nr. 147; BAG 17.2.1998, AP Art. 9 GG Arbeitskampf Nr. 152; BAG 15.12.1998, AP Art. 9 GG Arbeitskampf Nr. 154; BAG 15.12.1998, AP Art. 9 GG Arbeitskampf Nr. 155.

[804] BAG 12.11.1996, AP Art. 9 GG Arbeitskampf Nr. 147; BAG 17.2.1998, AP Art. 9 GG Arbeitskampf Nr. 152; BAG 15.12.1998, AP Art. 9 GG Arbeitskampf Nr. 154; BAG 15.12.1998, AP Art. 9 GG Arbeitskampf Nr. 155.

ausgelösten Kosten eigentlich nicht konzipiert wurde[805]. Indem das Gericht das Kostenrisiko für kompensationsunfähige[806] Folgeausfälle der Arbeitnehmerseite auferlegt, verschafft es dem Wellenstreik also die Geeignetheit zur Paritätsherstellung und schafft so den Schritt weg von einer beschränkenden Ausgestaltung des Arbeitskampfmittels hin zur Erhaltung des Wellenstreiks.

Dieses bislang weder in Rechtsprechung noch Literatur so herausgearbeitete Verständnis der Bundesarbeitgerichtsrechtsprechung findet Bestätigung in einer Entscheidung vom 15.12.1998[807]. Dort hatten die Richter von der Anwendung der Arbeitskampfrisikolehre auf einen Wellenstreik abgesehen, weil dem Arbeitgeber zeitliche Optionen zu einer anders gearteten Kompensation und damit eine eigenständige Handlungsmöglichkeit gegen die Wellenstreiktaktik verblieben waren. Dies deckt sich mit den vorstehenden Überlegungen. In diesen Fällen fehlt es nämlich an einer abstrakt-materiellen Paritätsverschiebung zu Lasten der Arbeitgeber, womit eine Einschränkung der Ausübung des Arbeitskampfrechtes aus Art. 9 Abs. 3 GG in Form der Wellenstreiktaktik durch Verlagerung des Betriebrisikos nicht angezeigt ist.

Bei der soeben beschriebenen Verortung der Rechtsprechung des Bundesarbeitsgericht wird zudem den Argumenten der Kritiker der Boden entzogen. Soweit gegen diese Rechtsprechung eingewandt wird, sie führe zu einer eingeschränkten Wirksamkeit dieser Taktik und damit letztlich in einem gewissen Grad zu ihrer Aushöhlung[808], verläuft diese Kritik im Sande, da ohne die Modifikation auf der Rechtsfolgenseite, die Wellenstreiktaktik als gänzlich unzulässig angesehen werden müsste. Gleichzeitig wird das gegen die Rechtsprechung des Bundesarbeitsgerichts weiter vorgebrachte Argument entkräftet, die Arbeitskampfrisikolehre werde vom Bundesarbeitsgericht dogmatisch verfehlt auf eine Fallgruppe (gemeint sind mittelbare Schädigungen) angewandt[809]. Vielmehr ergibt

---

805 Aufgrund dieser Erweiterung der Arbeitskampfrisikolehre wird die Rechtsprechung des Bundesarbeitsgerichts von einem Teil der Lehre kritisiert: TREBER, Anm. zum Urteil des BAG v. 12.11.1996, EzA Art. 9 GG Arbeitskampf Nr. 127, Bl. 13f. und 18ff.; PLATOW, ArbRGew 37, S. 73, 84f.

806 Dies sind solche Ausfälle, die verursacht werden, wenn der Arbeitgeberseite keine andere Option (Verlagerung der Produktion oder Outsourcing) als der Einsatz anderer Arbeitswilliger offensteht, um die Produktion aufrechtzuerhalten.

807 BAG 15.12.1998, AP Art. 9 GG Arbeitskampf Nr. 154 mit Anm. OTTO.

808 TREBER, Anm. zum Urteil des BAG v. 12.11.1996, EzA Art. 9 GG Arbeitskampf Nr. 127; PLATOW, ArbRGew 37, S. 73, 84f.; so auch RIEBLE, SAE 1997, S. 285ff., der dies aber als von der Arbeitnehmerseite aus Paritätsgesichtspunkten hinzunehmende Folge ansieht.

809 TREBER, Anm. zum Urteil des BAG v. 12.11.1996, EzA Art. 9 GG Arbeitskampf Nr. 127, Bl. 13f. und 18ff.; PLATOW, ArbRGew 37, S. 73, 84f.; kritisch auch REUTER, JuS 1997, S. 761, 762. Wie hier im Ergebnis auch NICOLAI, Anm. zum Urteil des BAG v. 17.2.1998, EzA Art. 9 GG Arbeitskampf Nr. 129; BITTNER, Anm. zum Urteil des BAG v. 12.11.1996, AR-

sich diese Erweiterung der Arbeitskampfrisikolehre aus den Grundsätzen der verfassungskonformen Ausgestaltung zur Erhaltung des Wellenstreiks als abstrakt zulässiges Arbeitskampfmittel.

#### c) Ergebnis

Der Wellenstreik führt unter Erweiterung des Anwendungsbereichs der Arbeitskampfrisikolehre nicht zu einer erheblichen Verschiebung des Kräftegleichgewichts zu Lasten der Arbeitgeberseite und kann unter diesen Voraussetzungen als geeignetes Arbeitskampfmittel behandelt werden[810].

### 3. Erforderlichkeit von Maßnahmen zur Schaffung eines Verhandlungsgleichgewichts

Der Einsatz eines Arbeitskampfmittels muss nicht nur geeignet sein. Seine Rechtmäßigkeit wird zudem begrenzt durch das Kriterium der Erforderlichkeit bezüglich der Erreichung der Herstellung einer funktionsfähigen Tarifautonomie. Dabei sind als erforderlich grundsätzlich solche Maßnahmen anzusehen, die unter den gleichgeeigneten Mitteln das mildeste zur Zielerreichung darstellen[811].

#### a) Ultima-Ratio-Prinzip, Warnstreik und „Neue Beweglichkeit"

Der Große Senat des Bundesarbeitsgerichts hat in seiner zweiten grundlegenden Arbeitskampfentscheidung klargestellt, der Arbeitskampf dürfe nur als „ultima ratio" eingesetzt werden[812]:

> *„Jede Arbeitskampfmaßnahme – sei es Streik, sei es Aussperrung – darf ferner nur nach Ausschöpfung aller Verständigungsmöglichkeiten ergriffen werden; der Arbeitskampf muss also das letztmögliche Mittel (ultima ratio) sein."*[813]

---

Blattei, [ES] 170.1 Nr. 43; HERGENRÖDER, SAE 1999, S. 55, 58. Auch sie weisen auf den Umstand hin, dass die Arbeitskampfrisikolehre nach ihrer ursprünglichen Konzeption nur die unmittelbar durch die Arbeitnehmerseite hervorgerufene Unmöglichkeit bzw. Unzumutbarkeit der Arbeitsleistung erfasst. Sie halten aber die Erweiterung der Arbeitskampfrisikolehre durch ihre Anwendung auf diese Fälle für eine aus Paritätsgesichtspunkten zutreffende Fortentwicklung. Das Problem ansprechend, aber keine eindeutige Position dazu bezogen haben FISCHER, RdA 1999, S. 406, 407f. und BOEMKE, JuS 1999, S. 1138f.

810 Mit übereinstimmenden Ergebnis, wenn auch ohne dogmatische Begründung: AUKTOR, Der Wellenstreik im System des Arbeitskampfrechts, S. 34f.

811 BVerfG 1.3.1979, BVErfGE 50, S. 290, 332f.; *JARASS/PIEROTH*, Art. 20, Rn. 85.

812 BAG 21.4.1971, AP Art. 9 GG Arbeitskampf Nr. 43.

813 BAG 21.4.1971, a.a.O., Teil III A 2a.

Diese Prämisse ist gleichbedeutend mit der Unzulässigkeit von Arbeitskämpfen vor Ausschöpfung aller Verhandlungsmöglichkeiten. Sie wird aus dem Erforderlichkeitsgedanken entwickelt. Wie aufgezeigt wurde, dient der Arbeitskampf dem Ziel der Herstellung eines funktionierenden Tarifsystems, indem mit seiner Hilfe mangelnde Verhandlungs- oder Abschlussbereitschaft auf der Gegenseite beseitigt wird. Dieser Gedanke lässt sich dahingehend umkehren, dass, soweit noch eine ausreichende Verhandlungsbereitschaft auf beiden Seiten vorhanden ist bzw. die Tarifverhandlungen andauern, von einer gestörten Funktionsfähigkeit des tarifvertraglichen Systems nicht gesprochen werden kann. Dem entspricht die grundsätzliche Unzulässigkeit von Arbeitskämpfen vor Ausschöpfung aller Verhandlungsmöglichkeiten. So lange noch die Möglichkeit einer „friedlichen", aber tarifgerechten Einigung besteht, können Arbeitskampfmitteleinsätze nicht notwendig sein, um dem Tarifvertragssystem „auf die Sprünge" zu helfen.

Ein Warnstreik[814], also die Arbeitsniederlegung im Zuge laufender Tarifverhandlungen, wäre auf dieser Basis als grundsätzlich unzulässig, weil gegen das Ultima-Ratio-Prinzip verstoßend, einzustufen. Diese Sichtweise ließe allerdings unberücksichtigt, dass Verhandlungen durch den Arbeitgeber häufig aufgenommen, aber nicht ernsthaft oder allenfalls mit Verzögerungstaktik betrieben werden. Ein solches Verhalten des Verhandlungspartners steht einer generellen Verhandlungsweigerung qualitativ in nichts nach. Eine solche Situation verkörpert eine ausgleichsbedürftige Funktionsstörung der Tarifautonomie. Dementsprechend scheint für diese Konstellationen die Erforderlichkeit eines Warnstreiks und damit eine Einschränkung des Ultima-Ratio-Prinzips anerkennenswert.

Für eine solche Handhabung spricht, dass sich der Warnstreik vom Erzwingungsstreik unterscheidet, wenn auch nur marginal. Insbesondere hinsichtlich der angestrebten Folgen[815] lässt sich zwischen den beiden Kampfformen differenzieren. Das Ziel des Warnstreiks ist es, das Scheitern der Verhandlungen und einen sich daran anschließenden Erzwingungsstreik zu verhindern. Der Einsatz des Warnstreiks dient mithin der Verhinderung des Erzwingungsstreiks und folglich der Fortführung der Verhandlungen ohne wesentliche Unterbrechung. Aus diesem Grunde beschränkt sich der typische Warnstreik auf die Demonstration der eigenen Schlagkraft; Einbußen oder Schwächungen wirtschaftlicher Art sollen auf der Gegenseite dabei nicht hervorgerufen werden.

Demgemäß erscheint es wenig sinnvoll, zum Zweck der Warnung des Gegners, erst einmal alle Verhandlungsbrücken abbrechen zu müssen[816], um sich dann

[814] Zur Definition von Warnstreik und neuer Beweglichkeit vgl. 2. Teil § 1A.II.1.
[815] Vgl. dazu bereits in 2. Teil § 3B.I.1.
[816] So auch GAMILLSCHEG, KollArbR I, S. 1157.

ernsthaft um eine Einigung im Rahmen der noch laufenden Verhandlungen bemühen zu können. In diesem Sinne hatte es das Bundesarbeitsgericht[817] in seiner ersten Warnstreik-Entscheidung zunächst auch bewertet:

> *„Das Ultima-Ratio-Prinzip verbietet nicht kurze und zeitlich befristete Streiks, zu denen die Gewerkschaft während laufender Tarifverhandlungen (nach Abschluss der vertraglich vereinbarten Friedenspflicht) aufruft".*

Jedoch ging das Gericht über diese eigene Erkenntnis hinaus, indem es auch die Kampftaktik der „neuen Beweglichkeit"[818] dem Warnstreik zuordnete:

> *„Auch Warnstreiks der IG Metall in Form der 'Neuen Beweglichkeit' sind zulässig, wenn nur zu kurzen, zeitlich befristeten Arbeitsniederlegungen aufgerufen wird. Dass nach Plan und Konzept gestreikt wird, ist unerheblich. Wiederholungen sind nicht in jedem Fall ausgeschlossen".*

Die Sichtweise des Gerichts stieß in vielerlei Hinsicht auf immense Kritik[819]. So wurde darauf hingewiesen, dass eine Abgrenzung zwischen Warnung und Erzwingung erhebliche Schwierigkeiten bereite; gleichzeitig werde das Vertrauen auf ein ungestörtes Verhandeln durch die Unanwendbarkeit des Ultima-Ratio-Grundsatzes zerstört. Das Bundesarbeitsgericht rückte aufgrund dieser Kritik in einem weiteren Warnstreikurteil im Jahre 1988 von seiner bisherigen Sichtweise (zumindest scheinbar) in vollem Umfang ab[820]:

---

[817] BAG 17.12.1976, AP Art. 9 GG Arbeitskampf Nr. 51, BAG 12.9.1984, AP Art. 9 GG Arbeitskampf Nr. 81; LAG Düsseldorf 12.11.1982, AuR 1984, S. 50; LAG Baden-Württemberg 25.5.1983, AuR 1984, S. 88; LAG Hamburg 12.10.1983, AuR 1984, S. 88; LAG Bremen 23.11.1983, DB 1984, S. 513; LAG Köln, 18.12.1986, LAGE Art. 9 GG Arbeitskampf Nr. 30; LAG Hamm 17.3.1987, LAGE Art. 9 GG Arbeitskampf Nr. 31; LAG Schleswig-Holstein 25.3.1987, DB 1987, S. 1308.

[818] Siehe dazu schon unter 2. Teil § 1A.II.1; zustimmend in der Literatur: BIEBACK, AuR 1983, S. 361ff.; DÄUBLER, Arbeitsrecht I, Rn. 541ff.; DÄUBLER/*BIEBACK*, Arbeitskampfrecht, Rn. 362ff. und 432ff.; DORNDORF/WEISS, Warnstreiks und vorbeugender Rechtsschutz gegen Streiks, S. 79ff.; HAMMER, PersR 1988, S. 317, 320; KITTNER, AuR 1981, S. 297ff.; WOHLGEMUTH, AuR 1982, S. 201ff.; BOBKE/GRIMBERG, DB 1984, S. 1143; VEIT/BOBKE, WSI-Mitteilungen 1990, S. 187f.; differenzierend BUCHNER, RdA 1986, S. 7, 19.

[819] BADURA, DB 1985, Beilage Nr. 14, S. 3; BROX/RÜTHERS, Arbeitskampfrecht, Rn. 154; HANAU DB 1982, S. 377, 382; HEINZE, NJW 1983, S. 2409ff.; LIEB, NZA 1985, S. 265ff.; LÖWISCH, BB 1982, S. 1373ff.; *DERS.*, ZfA 1985, S. 53, 60; MAYER-MALY, BB 1981, S. 1774ff.; PICKER, DB 1989, Beilage Nr. 16, S. 7; REUTER, JuS 1986, S. 19ff.; RICHARDI, DB 1985, S. 1021, 1025; RÜTHERS, ZfA 1987, S. 1, 27, *ders.*, DB 1990, S. 117ff.; SEITER, JZ 1983, S. 773ff.

[820] BAG 21.6.1988, AP Art. 9 GG Arbeitskampf Nr. 108. Kritisch zu dieser Entscheidung wiederum MAYER-MALY, Anm. zum Urteil des BAG v. 21.6.1988, AP Art. 9 GG Arbeitskampf Nr. 108; SAE 1989, S. 93ff.; KÄPPLER, AR-Blattei [D], Arbeitskampf II, Entschei-

> *"Warnstreiks auch in der Form der neuen Beweglichkeit unterscheiden sich in ihrem äußerem Erscheinungsbild nicht von Erzwingungsstreiks. [...] Ein Schaden und damit der Druck auf den Tarifpartner ist nicht stets und notwendig geringer, wenn ein Betrieb mehrfach für wenige Stunden bestreikt wird, als im Fall eines durchgehenden Streiks während einer größeren Zahl von Stunden. Die 'Kürze' eines Streiks, sein 'milder Druck' oder der durch ihn bewirkte 'geringere Schaden' wären als Kriterien zur Unterscheidung von Warnstreiks vom Erzwingungsstreik allenfalls dann brauchbar, wenn sie näher definiert würden. Die Demonstration der Kampfbereitschaft in Form von Warnstreiks, d.h. von Arbeitsniederlegungen, demonstriert nicht nur Kampfbereitschaft und übt nicht nur psychologischen Druck aus, sondern ist unmittelbar materielle Druckausübung durch die Folgen und Schäden der Arbeitsniederlegung selbst. [...] Damit unterscheidet sich der Warnstreik auch in der Form der neuen Beweglichkeit nicht in irgendwelchen relevanten Kriterien vom Erzwingungsstreik."*

Mit dieser Abkehr von seiner ursprünglichen Sichtweise sprach das Gericht dem Ultima-Ratio-Prinzip wieder generelle Bedeutung zu; auch der Warnstreik sollte sich nunmehr wieder am Grundsatz des „letzten Mittels" orientieren müssen. Aufgrund der Konzeption des Warnstreiks setze er eine Verletzung des Ultima-Ratio-Gedankens voraus; dies gelte ebenso für die Kampftaktik der „Neuen Beweglichkeit". Beide Kampfvarianten seien mithin *per definitionem* rechtswidrig, weil sie vor dem Scheitern der Verhandlungen ansetzen. Demnach blieben Gewerkschaften auf andere Maßnahmen mit Erzwingungscharakter verwiesen.

Diesen Schluss der Rechtswidrigkeit zog das Bundesarbeitsgericht hingegen in letzter Konsequenz nicht. In seiner Kehrtwende neutralisierte es vielmehr durch die Annahme, für die aufgrund des Ultima-Ratio-Gedankens jeder Arbeitskampfhandlung voranzustellenden Erklärung des Scheiterns der Verhandlungen reiche es aus, wenn mit dem Arbeitskampf begonnen werde. Im Beginn des Arbeitskampfes stecke die konkludente Erklärung des Scheiterns der Verhandlungen; einer förmlichen Erklärung bedürfe es nicht[821]. Dies bedeutet, dass Warnstreik und „neue Beweglichkeit" zulässige und rechtmäßige Kampfmittel bleiben, jedoch nicht während, sondern nur nach Scheitern der Verhandlungen eingesetzt werden können.

Die Sichtweise des Bundesarbeitsgerichts mag für die Kampftaktik der „neuen Beweglichkeit" eine durchaus passende sein; für den Warnstreik überzeugt sie

---

dung 34; LÖWISCH/RIEBLE, JZ 1989, S. 85ff.; weitgehend zustimmend KONZEN, Anm. zum Urteil des BAG v. 21.6.1988 und 8.11.1988, EzA Art. 9 GG Arbeitskampf Nr. 75/76.

[821] BAG 21.6.1988, AP Art. 9 GG Arbeitskampf Nr. 108.

indessen nicht. Der gesamten Problematik liegt eine Aneinanderreihung unglücklich gewählter Formulierungen und daraus entstandene Missverständnisse zugrunde. Zur richtigen Behandlung der Kampfform des Warnstreiks und der Kampftaktik der „Neuen Beweglichkeit" ist es von ausschlaggebender Bedeutung, ihre Besonderheiten und Eigenarten zu berücksichtigen und sich nicht von Begrifflichkeiten fehlleiten zu lassen.

Der Warnstreik in seiner ursprünglichen Form dient alleine der Demonstration der Kampfbereitschaft der Arbeitnehmerschaft mit dem Ziel, die Ernsthaftigkeit der Verhandlungen zu sichern, zu steigern oder erstmals herzustellen[822]. Dazu bedarf es weder der Zufügung erheblicher Schäden, noch der Erzeugung eines Überraschungseffektes durch Geheimhaltung der Einsatzpläne, wie es bei der Taktik der „neuen Beweglichkeit" regelmäßig der Fall ist. Diese Kampftaktik bringt sich in den Genuss der für den Warnstreik eingerichteten Privilegien, indem sie ihre für einen Erzwingungsstreik typischen Strukturen verdeckt. Sie zeichnet sich nicht durch einen Demonstrations-, sondern durch einen Erzwingungscharakter aus. Dieser kommt darin zum Ausdruck, dass die „neue Beweglichkeit" primär darauf gerichtet ist, unter Ausnutzung von Schwachpunkten im Bereich der Arbeitsorganisation auf Arbeitgeberseite spürbare wirtschaftliche Schäden zu verursachen. Diese sollen die Gegenseite dazu veranlassen, sich den angedienten Forderungen zu beugen. Der dem Warnstreik immanente Demonstrationscharakter spielt dabei nicht einmal mehr eine nebensächliche Rolle. Eine Zuordnung der „Neuen Beweglichkeit" zum Warnstreik käme daher, wie es *LIEB* formulierte, einem „Etikettenschwindel" gleich[823]. Sie ist eindeutig abzulehnen. Die Kampftaktik der „neuen Beweglichkeit" kann daher weder als Warnstreik angesehen noch rechtlich mit ihm gleich behandelt werden.

Wenn das Bundesarbeitsgericht in seiner Entscheidung[824] erkennt, in ihrem Einsatz sei eine den Arbeitskampf durch konkludente Erklärung des Scheiterns der Verhandlung eröffnende Kampfmaßnahme[825] zu sehen, unterstreicht es damit die hier vertretene Auffassung zur rechtlichen Einordnung der „Neuen Beweglichkeit" – von der Frage nach der Möglichkeit einer *formlosen* Erklärung einmal abgesehen. Es handelt sich nämlich auch nach dem Verständnis der Rechtsprechung bei der „neuen Beweglichkeit" nicht mehr um verhandlungsbegleitende Maßnahmen, die einem Erzwingungsstreik vorangestellt sind. Vielmehr ist diese Kampfweise selber Erzwingungsstreik, weshalb sie an das Ultima-ratio-Gebot gebunden bleiben muss.

---

[822] Vgl. ausführlich dazu schon 2. Teil § 3B.I.1.
[823] LIEB, NZA 1985, S. 265ff.
[824] BAG 21.6.1988, AP Art. 9 GG Arbeitskampf Nr. 108.
[825] BAG 21.6.1988, a.a.O.; KONZEN, SAE 1989, S. 93ff.

*HANAU* geht daher zu Recht davon aus, dass der so verstandene Warnstreik - gemeint ist die „Neue Beweglichkeit" - schlicht ein „Denkfehler" ist. Werde mit dem Einsatz der Kampfmaßnahme das Scheitern der Verhandlungen erklärt, so handele es sich nicht mehr um einen verhandlungsbegleitenden Warn-, sondern um einen Erzwingungsstreik[826].

So betrachtet steht die „neue Beweglichkeit" trotz der kurzfristig und –zeitig gestalteten Arbeitsniederlegung nicht dem Warn-, sondern vielmehr dem Wellenstreik und der Nadelstichtaktik nahe. Sie muss, und insoweit verdient die Rechtsprechung des Bundesarbeitgerichts vollste Zustimmung, an den allgemeinen Rechtmäßigkeitsvoraussetzungen für den Arbeitskampf und damit auch an der Wahrung des Ultima-Ratio-Gedankens gemessen werden.

Für den „demonstrativen" Warnstreik sind daher die Modifikationen des Ultima-Ratio-Prinzips, wie sie die erste Warnstreikentscheidung noch vorsah, wieder aufzunehmen. Mit der Abtrennung der Kampftaktik der „neuen Beweglichkeit" vom Warnstreik lässt sich nahezu problemlos an den Ausgangspunkt der Debatte und damit zur Entscheidung des Bundesarbeitsgerichts[827] aus dem Jahre 1976 zurückkehren. Danach sollte der Warnstreik aufgrund seines Demonstrationscharakters von der Geltung des Ultima-Ratio-Prinzips befreit werden, aber darüber hinaus an die weiteren Rechtmäßigkeitsvoraussetzungen, namentlich Geeignetheit und Erforderlichkeit, gebunden bleiben. Dem kann durchaus zugestimmt werden, solange unter den Begriff „Warnstreik" auch nur solche Handlungsweisen subsumiert werden, denen ein arbeitskampfrechtlicher Demonstrationscharakter eigen ist.

Eine davon systematisch abweichende, aber im Ergebnis gleiche Variante wäre es, den Warnstreik zwar nicht vom Ultima-Ratio-Prinzip freizustellen, dieses aber nach Sinn und Zweck des Arbeitskampfrechtes inhaltlich dahingehend zu modifizieren, dass in Situationen festgefahrener Verhandlungen die Durchführung von Warnstreiks das alleinige und „letzte Mittel" zur Vermeidung der Erklärung des Scheiterns der Verhandlung - also zur Verhinderung eines Erzwingungsstreiks - sein kann.

Warnstreiks mit Demonstrationscharakter würden, so besehen, dem Ultima-Ratio-Gedanken ausreichend Rechnung tragen[828]. Für eine solche Vorgehensweise spricht, dass es nicht mehr der Überprüfung der Geltung des Ultima-Ratio-Grundsatzes für jede einzelne Kampftaktik, die zu irgendeinem Zeitpunkt einmal entwickelt werden mag, bedarf. Darüber hinaus würde nicht mehr eine

---

[826] HANAU, Aktuelle Probleme des Arbeitskampfrechts, S. 10.
[827] BAG 17.12.1976, AP Art. 9 GG Arbeitskampf Nr. 51.
[828] Ähnlich BUCHNER, RdA 1986, S. 7, 19; V.HOYNINGEN-HUENE, JuS 1987, S. 509f.

vom Sinn und Zweck abgelöste Prüfung einzelner Kampfmaßnahmen am „Prinzip der letzten Möglichkeit“ vorgenommen werden. Vielmehr wird der Blick wieder auf die Aufgabe und den Grund für die Errichtung des Arbeitskampfrechts gerichtet. Das Prüfungselement „Ultima-ratio“ dient der Wahrung der durch die Verfassung eingeräumten Rechte. An ihnen sind die Rechtmäßigkeitsanforderungen für die Kampfmittel zu orientieren.

Damit müssten Kampfmaßnahmen, die während noch andauernder Verhandlungen zur bloßen Demonstration der eigenen Schlagkraft und Kampfbereitschaft eingesetzt werden, um bereits dadurch die Gegenseite zu einem ernsthaften (Weiter-)Verhandeln zu motivieren, als dem Ultima-Ratio-Prinzip genügend und damit zulässig angesehen werden. Denn das dem Arbeitskampf vorgegebene Ziel der Schaffung eines funktionsfähigen Tarifsystems bzw. der Förderung einer tarifvertraglichen Einigung wird auf diesem Weg durchaus erreicht. Dabei werden mögliche wirtschaftliche Einbußen vermieden. Dies muss im Interesse eines Tarifvertragssystems sein, das den Parteien den Arbeitskampf nur als letzte Möglichkeit zur Verfügung stellt, um Arbeitsbedingungen kollektiv auszuhandeln und festzuschreiben. Eine zu strenge Anwendung des Ultima-ratio-Gedankens wäre im Hinblick auf Sinn und Zweck des Arbeitskampfrechts vielleicht sogar als mit Art. 9 Abs. 3 GG unvereinbar anzusehen. Daher ist den angesprochenen, geringen Einschränkungen des Ultima-ratio-Gedankens der Eröffnung eines umfassenden Arbeitskampfs der Vorrang einzuräumen.

Als konsequent stellt es sich damit dar, Kampftaktiken vor dem Scheitern der Verhandlungen weiterhin am Ultima-ratio-Grundsatz zumessen, soweit sie - wie die Taktik der „neuen Beweglichkeit“ - rechtsdogmatisch nicht dem Warnstreik zugeordnet werden können. Das ist wiederum nur der Fall, wenn sie vor dem Scheitern der Verhandlungen, ohne wesentliche wirtschaftliche Einbußen auf der Gegenseite zu verursachen, alleine zur Demonstration der eigenen Machtposition eingesetzt werden. Für darüber hinausgehende Maßnahmen kommt eine Lockerung des Ultima-Ratio-Gedankens aufgrund der Nähe zum Erzwingungsstreik nicht in Betracht.

Dabei dürfte entgegen der Rechtsprechung des Bundesarbeitsgerichts[829] kaum der bloße Beginn der Kampfhandlung als Erfüllung der Voraussetzungen des Ultima-Ratio-Gedankens anzusehen ein. Gegen eine Wahrung des Ultima-Ratio-Prinzips durch formlose Erklärung einer Seite spricht, neben den allgemein bekannten Argumenten[830], dass auf diese Weise die Anwendbarkeit eine der

---

[829] BAG 21.6.1988, AP Art. 9 GG Arbeitskampf Nr. 108.

[830] MünchArbR/*OTTO*, § 285 Rn. 103f. und § 286 Rn. 22; SEITER, Streikrecht und Aussperrungsrecht, S. 102; KONZEN, Anm. zum Urteil des BAG v. 21.6.1988 und 8.11.1988, EzA Art. 9 GG Arbeitskampf Nr. 75/76.

Rechtmäßigkeitsvoraussetzungen in die Hände einer Seite gelegt würde und eine Information darüber, ob man die Verhandlungen nunmehr als gescheitert ansieht, auch nicht mehr erforderlich wäre[831].

Im Ergebnis verstößt daher der klassische, vor Scheitern der Verhandlungen durchgeführte Warnstreik nicht generell gegen das Ultima-Ratio-Prinzip. Anders verhält es sich bei der Streiktaktik der „neuen Beweglichkeit". Sie verstößt grundsätzlich gegen dieses Prinzip und ist somit rechtswidrig, wenn nicht vor dem Einsatz das Scheitern der Verhandlungen förmlich erklärt wird.

b) Kriterium des „mildesten Mittels"

Dem Kriterium der Erforderlichkeit entspringt über den Ultima-Ratio-Grundsatz hinaus die Notwendigkeit, dass von den generell geeigneten Mitteln das jeweils mildere eingesetzt werden muss. Findet sich für ein an sich geeignetes Kampfmittel stets ein milderes, aber gleich geeignetes Pendant, so kann seine Unzulässigkeit schon abstrakt festgestellt sowie eine Zulassung im Wege der Ausgestaltung ausgeschlossen werden. Demgemäß müssen sich die Kampfmittel in Bezug auf ihre generelle Zulässigkeit an diesem Kriterium messen lassen.

Bislang hat die Rechtsprechung Einschränkungen von Kampfmaßnahmen unter dem Gesichtspunkt der Erforderlichkeit praktisch nicht vorgenommen[832]. Dies beruht neben der ohnehin schwierigen Handhabung dieses Kriteriums darauf, dass dieser Grundsatz durch das Recht der Koalition auf freie Kampfmittelwahl Einschränkungen erfährt[833]. Würde man nämlich das Kriterium des mildesten Mittels streng anwenden, verlöre der aus Art. 9 Abs. 3 GG gewonnene Grundsatz der freien Kampfmittelwahl erheblich an Bedeutung. Die Gewerkschaften könnten nur noch zwischen gleich geeigneten und gleich milden Mitteln auswählen. Damit wäre ihre Kampfstrategie in unvertretbarem Maße eingeschränkt und ihr kampftaktisches Vorgehen berechenbar. Damit wäre nicht nur die Paritätsstabilität, sondern ebenso die Funktionsfähigkeit der Tarifautonomie gefährdet[834]. Entgegen der Auffassung eines Teils der Lehre[835] führt dies jedoch nicht dazu, dass die Frage nach der Erforderlichkeit der Maßnahme im Rahmen der

---

[831] So auch LIEB, Arbeitsrecht, Rn. 593f.; PREIS, Kollektivarbeitsrecht, § 117 III 1b).

[832] LIEB/V.STEBUT/ZÖLLNER-*BUCHNER*, S. 21, 30; V.HOYNINGEN-HUENE, JuS 1987, S. 505, 507, zuletzt: AUKTOR, Der Wellenstreik im System des Arbeitskampfrechts, S. 36.

[833] Siehe dazu unter 3. Teil § 3A.I.3.c) m.w.N.

[834] Ebenso AUKTOR, Der Wellenstreik im System des Arbeitskampfrechts, S. 37; DÄUBLER-*BIEBACK*, Arbeitskampfrecht, Rn. 327; GAMILLSCHEG, KollArbR I, S. 1009; GEGENWART, Der Arbeitskampf im Medienbereich, S. 41; RÜTHERS, ZfA 1987, S. 1, 37; SCHOLZ/KONZEN, Aussperrung, S. 232f.; SEITER, Streikrecht und Aussperrungsrecht, S. 517; TREBER, Aktiv produktionsbehindernde Maßnahmen, S. 350.

[835] Vgl. 3. Teil § 3B.I.3.a)(1)(c).

generellen Zulässigkeit der Arbeitskampfmittel unberücksichtigt bleiben kann. Vielmehr bleibt eine Ausrichtung von Arbeitskampfmitteln am Grundsatz des mildesten Mittels zumeist der Prüfung des konkreten Einsatzes vorbehalten[836].

Damit stellt sich die Frage, wie weit Gewerkschaft und Arbeitgeberverband ein Recht zukommt, auch weniger milde Mittel einzusetzen. Eine exakte Analyse dieser Fragestellung würde an dieser Stelle den Rahmen sprengen; angerissen werden soll die Frage dennoch. Im Ergebnis wird sich m.E. mit Blick auf die Entstehung des Grundsatzes der Kampfmittelfreiheit sagen lassen, dass die Wahl zwischen ähnlich milden erfolgen muss. Flächen-, Wellen-, Wechsel-, Warn- und Spezialistenstreik weisen keine so erheblichen Eigenarten auf, als dass sie nicht mehr einer Kampfmittelgruppe zugeordnet werden könnten.

Insbesondere im Hinblick auf ihre Intensität und ihre Abwehrmöglichkeit durch Gegenmaßnahmen unterscheiden sie sich nur marginal. Ihre „Milde" wird zumeist von den gegebenen Umständen im konkreten Arbeitskampf abhängen. Anlass, an ihrer grundsätzlichen Erforderlichkeit zu zweifeln, besteht mithin nicht. Für die Frage der Erforderlichkeit der vom Schutze des Art. 9 Abs. 3 GG erfassten Sonderfälle der Taktik partieller Arbeitsniederlegung kann auf die Ausführungen zum Schutzbereich und zur Geeignetheit verwiesen werden, da die dort angeführten Argumentationslinien sich auch auf die sich hier stellende Frage übertragen lassen[837].

#### 4. Praktische Konkordanz

Schließlich ist nicht nur die Verhältnismäßigkeit eines Kampfmittels bei der Ausgestaltung des Koalitionsrechts zu beachten, sondern ebenso sind die durch das jeweilige Arbeitskampfmittel generell tangierten Grundrechte Dritter zu berücksichtigen. Art. 9 Abs. 3 GG ist zwar schrankenlos gewährleistet. Doch ist damit nicht ein grundsätzlicher Vorrang koalitionsspezifischen Verhaltens gegenüber Rechtspositionen Dritter festgelegt. Vielmehr sind im Falle von Rechtsgüterkollisionen die sich gegenüberstehenden Verfassungsrechte anhand einer praktischen Konkordanz aufzulösen.

Arbeitskämpfe kollidieren regelmäßig mit dem Recht auf freie Berufsausübung des Arbeitgebers aus Art. 12 Abs. 1 GG. Durch den Ausfall der Arbeitnehmerleistung wird der Arbeitgeber in der Ausübung seiner beruflichen Tätigkeit eingeschränkt. Schließlich kann ein in hohem Grade befolgter Streik enorme Fol-

---

[836] AUKTOR, Der Wellenstreik im System des Arbeitskampfrechts, S. 38; KÄMEREIT, Pressefreiheit und Arbeitskampfrecht, S. 125; KONZEN, SAE 1991, S. 335, 340; *DERS.* AcP 177, S. 473, 514; SCHOLZ, ZfA 1990, S. 377, 400; SEITER, Streikrecht und Aussperrungsrecht, S. 516f.; TREBER, Aktiv produktionsbehindernd Maßnahmen, S. 477.

[837] Vgl. daher im 3. Teil § 3A.II.3.b)(1)(d) und im 3. Teil § 3B.II.2.a).

gen nach sich ziehen, bis hin zur Stillegung einzelner Betriebsteile oder ganzer Betriebe und Unternehmen. Darin liegen erhebliche Eingriffe in die freie Berufsausübung des Unternehmers.

Nach ganz überwiegender Ansicht tritt im Streikfalle das Interesse des Arbeitgebers an seiner ungestörten Berufsausübung hinter dem durch Art. 9 Abs. 3 GG geschützten Recht zur arbeitskampfweisen Durchsetzung eines Tarifvertrages zurück[838]. Da der Arbeitgeber als einzelner Unternehmer oder als Mitglied in einem Arbeitgeberverband selber „Koalition" i.S. der Verfassung ist, nimmt er an dieser Vorschrift in der Weise teil, dass sein Interesse an der Berufsausübung durch die Schutzmechanismen des Koalitionsrechtes (Verhältnismäßigkeit und Paritätsgrundsatz) ausreichend wahrgenommen sind. Insofern hat das Bundesverfassungsgericht klargestellt, dass die koordinierenden Regelungen für den Bereich der Berufsausübung im Rahmen des Art. 9 Abs. 3 GG einander anzupassen sind, was gleichzeitig mit Einschränkungen der Grundrechtsausübung beider Sozialpartner einhergehen muss[839].

Für die Sonderformen der Arbeitsniederlegung als besondere Ausprägungen und Taktikvarianten des Streiks gilt nichts anderes, denn wie die klassische Form des Flächenstreiks beschränken sie sich in ihrem Kern auf die kollektive Zurückbehaltung der Arbeitleistung. Insoweit steht das Grundrecht aus Art. 12 Abs. 1 GG auch hier hinter dem Koalitionsrecht zurück. Weitere Grundrechtspositionen werden im Grundsatz nicht betroffen.

5. Ergebnis

Als Ergebnis bleibt damit die grundsätzliche Zulässigkeit der geprüften Streikformen und -taktiken, des Boykotts und für wenige Sonderfälle der partiellen Arbeitsniederlegung festzuhalten. Ihr Einsatz ist den Gewerkschaften im Wege der Ausgestaltung des Art. 9 Abs. 3 GG durch den Gesetzgeber oder durch die Judikative sanktionslos abzusichern.

Qualitativ von diesen Kampfmitteln abweichende Kampfmaßnahmen, wie sie die aktive Produktionsbehinderung (i.e.S.), die vorsätzliche Schlechtleistung oder grundsätzlich die partielle Arbeitsniederlegung verkörpern, sind auch im Hinblick auf die Gefährdung von Grundrechtspositionen Dritter als unzulässig zu erachten.

---

[838] BVerfG 2.3.1999, BVerfGE 88, S. 103, 115; BERGHAUS, Rechtsprobleme der Betriebsbesetzung und Betriebsblockade, S. 96; BEUTHIEN, ZfA 1984, S. 1, 12; FRIAUF, RdA 1986, S. 188, 189f.; SACHS/*HÖFLING*, Art. 9 Rn. 129ff.

[839] BVerfG 2.3.1999, BVerfGE 88, S. 103, 115.

### III. Notwendigkeit der Bereitstellung neuartiger Arbeitskampfmittel als Folge genereller Ungeeignetheit vorhandener Kampfoptionen zur Herstellung verschobener Paritätsverhältnisse

Den Arbeitgebern ist daran gelegen, den Arbeitskampf möglichst unbeschadet zu überstehen. Ihre Aufmerksamkeit gilt der Verhinderung einer Rückkehr an den Verhandlungstisch und dem gezwungenen Abschluss bislang abgelehnter Vereinbarungen. Ihr Ziel ist es daher, die „Angriffe" der Arbeitnehmerseite unbeschadet zu überstehen. Die Strategien der Arbeitgeberseite gegen die kollektive Arbeitseinstellung der Arbeitnehmer sind vielgestaltig. Bevorzugt werden aber Maßnahmen eingesetzt, welche die Erweiterung des Kampfrahmens nach sich ziehen und auf diese Weise den finanziellen Druck auf der Gegenseite erhöhen[840].

Die bekannteste Gestaltung dieser Taktik ist die Aussperrung von Arbeitnehmern. Sie hat für die streikführende Gewerkschaft die Erweiterung des Kostenrahmens zur Folge, denn sie ist in der Regel zur Zahlung von Streikgeldern an alle gewerkschaftlich organisierten Ausgesperrten verpflichtet. Für den Arbeitgeber birgt diese Kampfoption allerdings den Nachteil, dass seine eigenen wirtschaftlichen Einbußen für die restliche Dauer des Streiks fortbestehen und ggf. sogar erhöht werden, da die Betriebsabläufe weiterhin gestört bleiben.

Aus diesem Grunde wird zunehmend eine andere taktische Variante verfolgt. Statt eine Erhöhung der wirtschaftlichen Drucksituation auf der gewerkschaftlichen Seite anzustreben, steht die Kompensation der Betriebsstörung im Fokus der eigenen Bemühungen. Typischerweise geschieht dies durch die Wahrnehmung streikbedingt ausfallender Arbeit durch interne oder externe Arbeitswillige bzw. durch kurzfristiges und nur vorübergehendes Outsourcing. Auf diesem Wege sollen die eigene Schäden, insbesondere der kurzfristige Verlust von Marktanteilen des Unternehmens[841] und damit das Aufkommen einer eigenen wirtschaftliche Drucksituation, effektiv vermieden werden.

In diesem Zusammenhang ist die Frage aufgekommen, welche Konsequenz es nach sich zieht, wenn sich aufgrund von Arbeitgebermaßnahmen die bisher von der Arbeitnehmerseite zum Einsatz gebrachten Kampfmittel an Effektivität verlieren oder sogar ihre Eignung zur Herstellung der Verhandlungsparität gänzlich einbüßen.

---

840 Zu den Einzelheiten, TREBER, Aktiv produktionsbehindernde Maßnahmen, S. 439; LIEB, DB 1984, Beilage Nr. 12, S. 4ff.

841 HEENEN, Kampfparität, S. 153ff., 176; NICOLAI, Verweigerung von Streikarbeit, S. 98, 119ff.

### 1. Meinungsstand

#### a) Zulassung der aktiven Produktionsbehinderung (i.e.S.) im Wege der Ausgestaltung

Vielfach wird für diesen Fall die Zulassung neuer Arbeitskampfmittel gefordert, vornehmlich diejenigen der aktiven Produktionsbehinderung (i.e.S.)[842], die nach hiesiger Auffassung nicht vom Schutz des Koalitionsrechts aus Art. 9 Abs. 3 GG erfasst wird[843]:

Die Technisierung von Arbeitsabläufen und Modernisierung von Betriebs- und Unternehmensstrukturen ziehe eine paritätsrelevante Begünstigung der Arbeitgeberseite nach sich[844]. Das Ausmaß der Folgen von Strukturveränderungen infolge fortschreitender Technisierung zeige sich etwa im Bereich der Druckindustrie. Dort ermögliche es der Einsatz computergesteuerter Druckmaschinen trotz hoher Streikbeteiligung, mit wenigen, gegebenenfalls sogar ungeschulten Arbeitnehmern die Produktion einer täglich oder wöchentlich erscheinenden Zeitung weitestgehend aufrechtzuerhalten[845].

---

842 DÄUBLER/*BIEBACK*, Arbeitskampfrecht, Rn. 431; BIEBACK/ZECHLIN-*MÜCKENBERGER*, S. 114, 121; GEGENWART, Arbeitskampf im Medienbereich, S. 114f.; HOYER, AiB 1986, S. 243, 247; *DERS.*, DuR 1986, S. 387; IMSF-*Balder*, S. 178, 183; LÜBBBE-WOLF, DB 1988, Beilage Nr. 9, S. 1, 4; NAUDITT, AuR 1987, S. 153, 154f.; PLANDER, DB 1987, Beilage Nr. 13, S. 1, 2.; SPIEKERMANN/BOBKE, Einstweilige Verfügungen im Arbeitskampf 1984 in der Metallindustrie, S. 19; STEINBRÜCK, Streikposten und einstweiliger Rechtsschutz im Arbeitskampfrecht der Bundesrepublik Deutschland, S. 170; TREBER, Aktiv produktionsbehindernde Maßnahmen, S. 172ff. und 466ff.; WENDT, Die Betriebsbesetzung, S. 131; DÄUBLER/*WOLTER*, Arbeitskampfrecht, Rn. 280q, 280wc, 280wf.; WOLTER, AuR 1988, S. 357f. Teilweise wird zur Begründung nicht auf die Herstellung der Parität, sondern wegen der generellen Ablehnung des Paritätsgedankens auf die Notwendigkeit der Effektivität des Arbeitskampfes verwiesen: DÄUBLER, Arbeitskampfrecht, Rn. 105n ff.; DÄUBLER/*WOLTER*, Arbeitskampfrecht, Rn. 883; WOLTER, AuR 1988, S. 355, 357f.; ZECHLIN, AuR 1986, S. 289, 292.

843 Vgl. in Teil 2 unter § 3 A.

844 GEGENWART, Arbeitskampf im Medienbereich, S. 114ff.; HOYER, AiB 1986, S. 243, 247; LÜBBE-WOLFF, DB 1988, Beilage Nr. 9, S. 1, 4; NAUDITT, AuR 1987, S. 153, 154, PLANDER, DB 1987, Beilage Nr. 13, S. 1, 2.; TREBER, Aktiv produktionsbehindernde Maßnahmen, S. 172ff. und 466ff.; WENDT, Die Betriebsbesetzung, S. 131.

845 DÄUBLER/*BIEBACK*, Arbeitskampfrecht, Rn. 431; GEGENWART, Arbeitskampf im Medienbereich, S. 114ff.; HOYER, AiB 1986, S. 243ff.; *DERS.*, DuR 1986, S. 387; LÜBBE-WOLFF, DB 1988, Beilage 9, S. 1ff.; NAUDITT, AuR 1987, S. 153, 154f.; TREBER, Aktiv produktionsbehindernde Maßnahmen, 1996; WENDT, Die Betriebsbesetzung, 1984; DÄUBLER/*WOLTER*, Arbeitskampfrecht, Rn. 280q, 280wc, 280wf; ZECHLIN, AuR 1986, S. 289ff.

Dieser Effekt werde darüber hinaus auch dadurch verstärkt, dass sich Arbeitskämpfe in Deutschland inzwischen auf nur wenige Tage beschränkten[846]. Die Entwicklung zu einer verminderten Dauer der Arbeitsniederlegungen sei historisch gewachsen und schützenswert. Arbeitsniederlegungen von wenigen Wochen seien jedoch in den meisten Branchen mit Unterstützung einiger Arbeitswilliger bei den heutigen technologischen Gegebenheiten unproblematisch ohne Qualitätsverlust kompensierbar, so dass der Arbeitgeber wegen des Arbeitskampfes nicht mehr den Verlust von Marktanteilen befürchten müsse[847].

In Folge der Computerisierung von Arbeitsabläufe ergäben sich vielfältige Möglichkeiten auf Arbeitgeberseite zur Kompensationen von Arbeitskampfmaßnahmen der Arbeitnehmer. Hierdurch würden die Paritätsverhältnisse in erheblichem Maße beeinträchtigt. Die so entstandene Verschiebung der Paritätsverhältnisse gelte es zu beseitigen, zumal mit denjenigen der Arbeitnehmerschaft bisweilen als Kampfmittel zur Verfügung stehenden Formen der bloßen Zurückbehaltung vertraglich geschuldeter Arbeitsleistung eine Verhandlungsbasis nicht mehr erkämpft werden könne[848]. Die den Arbeitnehmern neben dem Schwerpunktstreik bis dato zuerkannten alternativen Formen des Arbeitskampfes, im Besonderen der „Neuen Beweglichkeit", dem Spezialistenstreiks und dem Wellenstreik, sei eine gleichwertige oder gar höherwertige Eignung im Verhältnis zur aktiven Produktionsbehinderung abzusprechen[849]. Die geringere Eignung der zur Verfügung gestellten Formen und Taktiken des Arbeitskampfes zeige sich vornehmlich an den erhöhten Anforderungen bezüglich der Mobilisierungsfähigkeit und der Folgebereitschaft, die für das den Erfolg dieser Kampfvariante sicherstellende Überraschungsmoment erforderlich seien[850]. Darüber hinaus führe sie auch zu einem geringeren Kostendruck auf die Arbeitgeberseite[851].

---

[846] GEGENWART, Arbeitskampf im Medienbereich, S. 128; DÄUBLER/*WOLTER*, Arbeitskampfrecht, Rn. 280; ZECHLIN, AuR 1986, S. 289, 292; so auch BERGHAUS, Rechtsprobleme der Betriebsbesetzung und Betriebsblockade, S. 50.

[847] DÄUBLER/*BIEBACK*, Arbeitskampfrecht, Rn. 431; GEGENWART, Arbeitskampf im Medienbereich, S. 114ff.; HOYER, AiB 1986, S. 243ff.; *DERS.*, DuR 1986, S. 387; LÜBBE-WOLFF, DB 1988, Beilage Nr. 9, S. 1ff.; NAUDITT, AuR 1987, S. 153, 154f.; TREBER, Aktiv produktionsbehindernde Maßnahmen, 1996; WENDT, Die Betriebsbesetzung, 1984; DÄUBLER/*WOLTER*, Arbeitskampfrecht, Rn. 280q, 280wc und 280wf; ZECHLIN, AuR 1986, S. 289ff.

[848] TREBER, Aktiv produktionsbehindernde Maßnahmen, 1996; zuvor bereits DÄUBLER/*BIEBACK*, Arbeitskampfrecht, Rn. 415; DÄUBLER, Arbeitsrecht 1, Rn. 717, 720.

[849] DÄUBLER/BIEBACK, Arbeitskampfrecht, Rn. 438, m.w.N.; PLANDER, JZ 1986, S. 570, 573; STAMM, Sozialismus 1994, S. 50, 52; TREBER, Aktiv produktionsbehindernde Maßnahmen, S. 464.

[850] TREBER, Aktiv produktionsbehindernde Maßnahmen, S. 464f. Gleiches müsste nach seiner Argumentation wohl auch für den von ihm nicht näher angesprochenen Spezialistenstreik

Liefe ein Voll- bzw. Flächenstreik wegen verschobener Paritätsverhältnisse leer, könne die Arbeitnehmervertretung daher nicht weiter nur auf diese schwächeren Mittel verwiesen werden. Dies käme einer Beschränkung ihrer Koalitionsfreiheit gleich[852]. Alleine die Zulassung von Betriebsblockaden und Betriebsbesetzungen könne in dieser Situation Abhilfe schaffen[853]. Erst ihre Zulassung würde dem Arbeitskampf wieder in vollem Umfang zur Wirksamkeit verhelfen, da bei der Betriebsbesetzung - äquivalent zu einem nicht durch Kompensationsmaßnahmen gestörten Streik - die Produktion des Unternehmens gestoppt bzw. eingeschränkt werde, mit der Folge einer wirtschaftlichen Drucksituation auf Arbeitgeberseite.

Die beschriebene Neu- oder Umgestaltung des Arbeitskampfmittelarsenals einer der am Arbeitskampf beteiligten Seiten durch Ausgestaltung des Koalitionsrechts aufgrund gestörter Paritätsverhältnisse sei auch keine Neuheit. *TREBER* verweist insoweit auf die Diskussion über den Einsatz von Beamten auf Arbeitsplätzen streikender Arbeitnehmer[854]: Das Bundesarbeitsgericht[855] habe im Jahre 1985 den Einsatz von Beamten auf bestreikten Arbeitsplätzen der Deutschen Bundespost für zulässig erklärt. Das Gericht sei davon ausgegangen, dass die Parität zu Lasten der Arbeitgeber aufgrund fehlender Aussperrungsmöglichkeit und der Verpflichtung zur Alimentation der Beamten verschoben sei. Zudem habe es festgestellt, dass die Gegenseite durch den Beamteneinsatz nur unerheblich benachteiligt werde, da für den Arbeitgeber eine Umorganisation erforderlich bliebe[856].

*TREBER*[857] vertritt nun die Ansicht, die damalige Situation der Arbeitgeberseite entspräche derjenigen der Arbeitnehmerseite in technisierten Branchen[858]. Auch dort beeinträchtigten die besonderen Arbeitsbedingungen die Effektivität des Arbeitskampfes wesentlich. Eine Paritätsrelevanz der Fortführung des Unternehmens bei Begünstigung durch den Einsatz modernster Produktionstechnik

gelten, da er Ausdruck der sogenannten „Mini-Max-Taktik" ist. Eine Mobilisierung weniger unabkömmlicher Arbeitskräfte könnte man von Gewerkschaftsseite dann ebenso wenig erwarten wie eine erhöhte Mobilisierung der Arbeitnehmer bei Warn- und Wellenstreik. Ihrer Mobilisierung stünde folgt man der Argumentationslinie *Trebers* auch die Organisationsweise der Gewerkschaften nach Industriezweigen entgegen.

851 DÄUBLER/BIEBACK, Arbeitskampfrecht, Rn. 438, m.w.N.; PLANDER, JZ 1986, S. 570, 573; STAMM, Sozialismus 1994, S. 50, 52; RÜTHERS, AuA 1987, S. 37, 52; TREBER, Aktiv produktionsbehindernde Maßnahmen, S. 464.

852 TREBER, Aktiv produktionsbehindernde Maßnahmen, S. 464.

853 TREBER, a.a.O.; DÄUBLER/*BIEBACK*, Arbeitskampfrecht, Rn. 438.

854 TREBER, Aktiv produktionsbehindernde Maßnahmen, S. 457f.

855 BAG 10.9.1985, AP Art. 9 GG Arbeitskampf Nr. 86.

856 BAG 10.9.1985, AP Art. 9 GG Arbeitskampf Nr. 86.

857 TREBER, Aktiv produktionsbehindernde Maßnahmen, S. 460.

858 TREBER, a.a.O., S. 459f.

müsse jedenfalls dann angenommen werden, wenn die Kompensationen denjenigen Grad überschreite, der dem in anderen Bereichen entspräche, in welchen technologische Entwicklungen die Gegenwehr der Arbeitgeber nicht begünstigten.

Spätestens ab diesem Zeitpunkt könne ein „strukturelles Übergewicht" der Arbeitgeberseite nicht mehr verneint werden. Werde die Überbrückung von streikbedingten Ausfällen für die Arbeitgeberseite dann aber erst durch Veränderungen in den Arbeitsstrukturen aufgrund moderner Technik ermöglicht und somit der Arbeitskampf im wesentlichen nicht mehr vom Marktwert der vorenthaltenen Arbeitsleistungen bestimmt, sei der Gesetzgeber bzw. seien die Arbeitsgerichte gezwungen, den Parteien effektivere Arbeitskampfmittel an die Hand zu geben[859].

*TREBER*[860] stellt heraus, dass aus der Gewährleistung des Art. 9 Abs. 3 GG ganz grundsätzlich dem Gesetzgeber die Verpflichtung erwachse, für die Tarifvertragsparteien diejenigen Mittel bereitzuhalten, die der Verhinderung oder Beseitigung von Störungen der Funktionsfähigkeit des Tarifsystems dienten. Dem entspräche für den Fall einer völligen Paritätsstörungen die Verpflichtung, dem Sozialpartner durch die Zulassung neuer Handlungsoptionen neue Wege zu eröffnen. Voraussetzung sei hierbei aber, dass die Verschiebung des Verhandlungsgleichgewichts weder auf eigenen Defiziten der Sozialpartner beruhe noch mit vorhandenen Mittel beseitigt werden könne.

Vor diesem Hintergrund sei eine Erweiterung des Arbeitskampfmittelarsenals, also der Einsatz aktiv produktionsbehindernder Maßnahmen, sogar für den Fall angezeigt, dass die Arbeitgeber in rechtswidriger Art und Weise gegen die Streikmaßnahmen der Arbeitnehmerseite vorgingen. Denn ein solches Verhalten der Arbeitgeber führe unbestritten zu einer Paritätsstörung. Die Störung des Verhandlungs- und Kräftegleichgewichts wiederum sei in diesen Fällen aber weder durch den Einsatz weiterer Arbeitsniederlegungen zu bewältigen noch durch die gerichtliche Geltendmachung der gegenüber den sich rechtswidrig verhaltenden Arbeitgebern bestehenden Unterlassungsansprüche[861]. Letztere müssten im Wege des einstweiligen Rechtsschutzes erfolgen. Die Eignung des einstweiligen Rechtsschutzes für den Bereich des Arbeitskampfes sei insofern zu Recht bestritten[862]. Dem Richterspruch gegen rechtswidrige Arbeitskampfmaß-

---

[859] TREBER, a.a.O., S. 461; vergleichbarer Ansatz bei PLANDER, JZ 1986, S. 570, 572.

[860] TREBER, a.a.O., S. 428.

[861] TREBER, a.a.O., S. 469f.

[862] DÄUBLER/*COLNERIC*, Arbeitskampfrecht, Rn. 1302; DORNDORFF/WEISS, Warnstreiks und vorläufiger Rechtsschutz gegen Streiks, 1983; ISENHARDT, FS Stahlhacke, S. 195ff.; HENNIGS, Einstweiliger Rechtsschutz gegen gewerkschaftliche Streiks, S. 4f; LUCKSCHEITER,

nahmen bedeute regelmäßig die Vorwegnahme der Hauptsache, da abgeschlossene Tarifverhandlungen nach einer ausführlichen gerichtlichen Klärung nicht in den ursprünglichen Zustand zurückversetzt werden könnten.

Schließlich gehen die Befürworter aktiver Produktionsbehinderung davon aus, dass einer Zulassung alternativer Arbeitskampfmittel nicht die durch ihren Einsatz betroffenen Grundrechte des Arbeitgebers oder Dritter entgegenstünden[863]. Dies gelte insbesondere für das durch den Einsatz von Betriebsbesetzung und Betriebsblockade betroffene Eigentum des Arbeitgebers. Aus der in Art. 14 Abs. 2 GG verankerten Sozialbindung des Eigentums folge nämlich, dass übliche und adäquate Beschränkungen vom Eigentümer solange hinzunehmen seien, wie nicht in die Sachsubstanz oder die rechtliche Zuordnung des Eigentums eingegriffen würde[864]. Insbesondere argumentiert *TREBER*[865] dahingehend, dass eine verfassungsmäßige Beschränkung des Eigentumsrechts konsequenterweise auch für die Kampfart der aktiven Produktionsbehinderung deshalb möglich sein müsse, weil ihr Einsatz nicht das Maß überschreite, welches durch einen Streik unter üblichen Paritätsbedingungen erreicht werde.

Auch ein erfolgreich und umfangreich geführter Streik könne erhebliche Beeinträchtigungen des Arbeitgebereigentums verursachen. Im Falle des umfassenden Streiks sei der Arbeitgeber ebenso wenig wie bei einer Maßnahme mit aktivem Charakter in der Lage, sein Eigentum nach seinem Willen nutzbar zu machen. Ohnehin würde die Eigentumszuweisung an den Rechtsträger „Arbeitgeber" durch die aktive Produktionsbehinderung (i.e.S.) nicht tangiert. Ebenso fände weder eine dauerhafte Zweckentfremdung, noch die Aufhebung der Privatnützigkeit des Eigentums statt[866]. Vorübergehende, sich aus der Situation des Eigentumsobjekts ergebende Beschränkungen seien daher als Ausfluss der Sozialbin-

---

Der einstweilige Rechtschutz gegen Streik, 1989; STEINBRÜCK, Streikposten und einstweiliger Rechtsschutz im Arbeitskampfrecht der Bundesrepublik Deutschland, S. 81ff.; WALKER, Der einstweilige Rechtschutz im Zivilprozeß und im arbeitgerichtlichen Verfahren, Rn. 713ff.

863 GEGENWART, Arbeitskampf im Medienbereich, S. 114ff.; HOYER, AiB 1986, S. 243, 247; LÜBBE-WOLFF, DB 1988, Beilage Nr. 9, S. 1, 4; NAUDITT, AuR 1987, S. 153, 154; PLANDER, DB 1987, Beilage Nr. 13, S. 1, 2; TREBER, Aktiv produktionsbehindernde Maßnahmen, S. 484ff.; WENDT, Die Betriebsbesetzung, S. 131 unter Verweis auf das Mitbestimmungsurteil des Bundesverfassungsgericht, BVerfG 1.3.1979, BVerfGE 50, S. 290, 340.

864 WENDT, Die Betriebsbesetzung, S. 131; ähnlich TREBER, Aktiv produktionsbehindernde Maßnahmen, S. 484ff.

865 TREBER, a.a.O., S. 484.

866 Zu Inhalt und Umfang dieser Grenzen vgl. statt vieler nur: MAUNZ/DÜRIG-*PAPIER*, Art 14 GG, Rn. 367ff.

dung vom Arbeitgeber hinzunehmen[867]. Im Ergebnis müsse daher das Eigentumsrecht des Arbeitgebers gegenüber der Koalitionsausübung zurücktreten.

b) Keine Anerkennung der aktiven Produktionsbehinderung als eigenständiges Arbeitskampfmittel

Die herrschende Lehre lehnt eine Zulassung weiterer, sich qualitativ vom Arbeitskampf in Form der Arbeitsniederlegung absetzender Arbeitskampfmittel durch entsprechende Ausgestaltung des Koalitionsrechts ab[868]. Auch die bisherige Rechtsprechung muss wohl dahingehend interpretiert werden, dass sie eine Erweiterung des Arbeitskampfmittels in der vorgeschlagenen Weise nicht weiter in Betracht ziehen wird. Weder der Bundesgerichtshof[869] noch das Bundesarbeitsgericht[870] haben bislang im Ergebnis Arbeitskampfmaßnahmen, die über die

---

867 MAUNZ/DÜRIG-*PAPIER*, Art 14 GG, Rn. 119 und 712.

868 ADOMEIT, NZA 1988, S. 308; BERGHAUS, Rechtsprobleme der Betriebsbesetzung und Betriebsblockade, S. 50f; BUCHNER, RdA 1987, S. 209, 218f.; BROX/RÜTHERS, Arbeitsrecht, Rn. 325a; DERLEDER, BB 1987, S. 818f.; GAMILLSCHEG, KollArbR I, S. 1057f; HANAU, FAZ v. 3.1.1987, S. 13; HELLENTHAL, NZA 1987, S. 52ff.; HENSSLER, SAE 1989, S. 130, 132; V.HOYNINGEN-HUENE, JuS 1987, S. 513; KISSEL, Arbeitskampfrecht, § 61, Rn. 71ff.; KÄPPLER, JuS 1990, S. 619, 620; KONZEN Anm. zum Urteil des BAG v. 21.6.1988 und 8.11.1988, EzA Art. 9 GG Arbeitskampf Nr. 75/76 (insb. S. 43ff); LÖWISCH, RdA 1987, S. 219, 221; LÖWISCH/RIEBLE, Arbeitskampf- und Schlichtungsrecht, 170.2, Rn. 324; LORITZ, DB 1987, S. 223f.; *DERS.*, Symposion Arbeitskampfrecht, S. 117, 140; MÜLLER-RODEN, ZRP, 1988, S. 161ff.; PICKER, ZfA, 1986, S. 199, 211f.; *DERS.*, Warnstreik, S. 160; *DERS.*, Vertrags oder Kampfprinzip?, S. 34, 43, 57; RONELLENFITSCH, BB 1987, Beilage Nr. 6, S. 1, 2; SCHWARZE, RdA 1993, S. 264, 270; STAUDINGER/*RICHARDI*, vor § 611 BGB, Rn. 955; MünchArbR-*RICHARDI*, § 2 Rn. 35 und § 233, Rn. 23 und 24; RIEBLE, Arbeitsmarkt und Wettbewerb, Rn. 1347; MünchArbR/*OTTO*, § 286 Rn. 58ff.; SCHAUB, Arbeitsrechtshandbuch, § 193 III, Rn. 21, 57 und 59; SCHOLZ, SAE 1984, S. 351, 353; SCHWITANSKI, Deliktsrecht, Unternehmensschutz und Arbeitskampfrecht, 1987; SEITER, SAE 1980, S. 154; *DERS.* Streikrecht und Aussperrungsrecht, S. 143f. und S. 522 m.w.N. in Fn. 44f.; WEITNAUER in FS H. Kaufmann (1972), S. 371; WANK, Grundlagen des Arbeitskampfrechts, FS Kissel, S. 1225, 1242; WESCH, Betriebsbesetzung, S. 209, 214; ZÖLLNER, FS Bötticher, S. 427ff.

869 BGH 19.10.1954, AP § 125 StGB Nr. 1.

870 Zu Betriebsbesetzungen: BAG 29.3.1957, AP Art. 9 GG Arbeitskampf Nr. 5; BAG 14.2.1978, AP Art. 9 GG Arbeitskampf Nr. 59; BAG 8.6.1982, 1 AZN 289/81 (n.v.); zu Betriebsblockaden: BAG 7.11.1995, AP Art. 9 GG Arbeitskampf Nr. 138 und 139; BAG 21.6.1988 - 1 AZR 651/86, AP Art. 9 GG Arbeitskampf Nr. 108; BAG 21.6.1988 - 1 AZR 653/86, AP Art. 9 GG Arbeitskampf Nr. 109; BAG 8.11.1988, AP Art. 9 GG Arbeitskampf Nr. 111. Gleiches gilt für die Landesarbeitsgerichte: zur Betriebsbesetzung vgl. LAG Düsseldorf 24.2.1994, LAGE Art. 9 GG Arbeitskampf Nr. 54; LAG Bremen 6.5.1953, AP 1954, Nr. 87, S. 304, 308; LAG Hannover 25.5.1956, BB 1956, S. 924. Zur Betriebsblockade siehe: LAG Köln 2.7.1984, EzA Art. 9 Arbeitskampf Nr. 53; LAG Schleswig-Holstein 25.6.1986, LAGE Art. 9 GG Arbeitskampf Nr. 29; LAG Hamm 26.3.1981, DB 1981, S.

bloße Niederlegung der Arbeit hinausgehen und strafrechtlich geschützte Interessen Dritter verletzen, als durch Art. 9 Abs. 3 GG gerechtfertigt angesehen. Demgemäß haben sie auch keine anderweitige, wie von der Gegenansicht geforderte Ausgestaltung des Koalitionsrechts vorgenommen.

Die Anknüpfungspunkte zur Begründung der weit überwiegend ablehnenden Haltung gegenüber der von der Gegenansicht geforderten Erweiterung des Kampfmittelarsenals sind dabei allerdings vielgestaltig.

Ein ganz überwiegender Teil der Lehre[871] sieht bereits die Annahme einer Paritätsstörung durch die modernen Entwicklungen als verfehlt an. Die von der Gegenauffassung vorgebrachte Argumentation zur Paritätssituation sei nur auf den ersten Blick stichhaltig. Bei näherer Betrachtung liefere sie die Gegenargumente gleich mit[872]: Die Reaktion des Arbeitgebers sei nur eine Notmaßnahme, mit welcher der zumeist hohe Produktionsstandard nur über eine kurze Zeit aufrechterhalten werden könne[873]. Dementsprechend gehe mit einem andauernden Kompensationsbetrieb unweigerlich ein Qualitäts- und im Zuge dessen ein Marktanteilsverlust einher. Die Stellung am Markt sei aber im heutigen Wirtschaftsleben von unschätzbarer Bedeutung, weshalb den Arbeitgebern daran gelegen sei, Notarbeiten schnellstmöglich wieder einstellen zu können.

Im Ergebnis seien die Schwierigkeiten der Arbeitnehmerseite weniger auf technische Entwicklungen mit paritätsrelevanten Folgewirkungen zurückzuführen als vielmehr auf fehlende soziale Mächtigkeit[874]. Den Gewerkschaften gelänge es nicht mehr, die für einen erfolgreichen Streik notwendige Anzahl von Teilnehmern zu aktivieren. Hierin liege der Grund dafür, dass Kompensationsmaßnahmen der Arbeitgeberseite von Erfolg gekrönt und Arbeitnehmerforderungen schwerer durchzusetzen seien. Nicht technologische Innovationen, sondern die

---

1571, 1572; LAG München 2.6.1953, BB 1953, S. 858f; LAG München 11.2.1955, BB 1955, S. 1025.

[871] BERGHAUS, Rechtsprobleme der Betriebsbesetzung und Betriebsblockade, S. 50f.; BUCHNER, RdA 1987, S. 209, 218f.; DERLEDER, BB 1987, S. 818f.; HANAU, FAZ v. 3.1.1987, S. 13; HELLENTHAL, NZA 1987, S. 52ff.; HENSSLER, SAE 1989, S. 130, 132; KISSEL, Arbeitskampfrecht, § 61, Rn. 71ff.; WANK, Grundlagen des Arbeitskampfrechts, FS Kissel, S. 1225, 1242; ADOMEIT, NZA 1988, S. 308.

[872] HENSSLER, SAE 1989, S. 130, 132.

[873] Dieser Ansicht sind selbst die Vertreter aktiv produktionsbehindernder Maßnahmen: GEGENWART, Arbeitskampf im Medienbereich, S. 128; TREBER, Aktiv produktionsbehindernde Maßnahmen, S. 451; DÄUBLER/*WOLTER*, Arbeitskampfrecht, Rn. 280ve; ZECHLIN, AuR 1986, S. 289, 292.

[874] HENSSLER, a.a.O.

hohe Anzahl an Streikbrechern stünden der Effizienz von Arbeitskampfmaßnahmen entgegen[875].

Auch *WANK*[876] vertritt den Standpunkt, eine relevante Störung des Verhandlungsgewichts könne aufgrund erhöhter Technisierung nicht angenommen werden. Zwar ergäbe eine abstrakt-typisierende Betrachtung der Paritätsverhältnisse, dass häufig nur wenige Arbeitnehmer nötigt wären, um in modernen und technisierten Betrieben die Produktion aufrecht zu halten. Dies ändere aber nichts an der Personenbezogenheit der Produktion. Im Umkehrschluss bedeute dies, dass ein Fehlen solcher Arbeitnehmer, die ganze Produktionsprozesse zu steuern vermögen, empfindlichste Störungen herbeiführen könnten, wenn eben nicht alle, sondern nur diese Arbeitskräfte in den Ausstand träten. Auf diese Weise würde der Arbeitgeber vor die Problematik gestellt, Ersatzkräfte mit besonderer Qualifikation finden zu müssen. Ziel der Gewerkschaften müsse es folglich nicht unbedingt sein, eine *Vielzahl* von Arbeitnehmern zum Ausstand aufzurufen, sondern vielmehr die *richtigen* Arbeitnehmer zum Arbeitskampf zu motivieren.

Neben dieser Verneinung einer Paritätsverschiebung infolge fortschreitender Technisierung der Arbeitsabläufe wird zudem eine Einschränkung des Arbeitgeberverhaltens gegenüber der Erweiterung des Arbeitnehmerkampfpotentials als vorrangig angesehen[877]. Eine solche stelle sich als mildere Reaktion im Verhältnis zur Zulassung weiterer, in Qualität und Quantität intensiveren Arbeitskampfmittel als der Arbeitsniederlegung dar.

Aus diesem Grunde lehnt *LÖWISCH*[878] die Erforderlichkeit der Zulassung von Betriebbesetzungen ab. Gegenüber ihrer Zulassung sei die Einschränkung der Arbeitgebertaktik der „offenen Tür" vorrangig. Ein Verbot des Einsatzes von Leiharbeitern, der Anwerbung neuer Arbeitnehmer müsse als ausreichend wirk-

---

[875] So auch das LAG Köln 2.7.1984, EzA Art. 9 GG Arbeitskampf Nr. 53; BERGHAUS, Rechtsprobleme der Betriebsbesetzung und Betriebsblockade, S. 50.

[876] WANK, Grundlagen des Arbeitskampfrechts, FS Kissel, S. 1225, 1242; so auch ADOMEIT, NZA 1988, S. 308.

[877] BERGHAUS, Rechtsprobleme der Betriebsbesetzung und Betriebsblockade, S. 83; BLOESINGER, Rechtsstellung von Streikposten, S. 92; GAMILLSCHEG, KollArbR I, S. 1059; HENSSLER, SAE 1989, S. 130, 132; FRIEDERICH, DÖV 1988, S. 194, 197; V.HOYNINGEN-HUENE, JuS 1987, S. 505, 513; LÖWISCH, RdA 1987, S. 219, 220f; G. MÜLLER, Arbeitskampf und Recht, S. 143; MünchArbR/*OTTO*, § 286 Rn. 63; MÜLLER-RODEN, ZRP 1988, S. 161; OLBRICHT, Die Betriebsbesetzung als Arbeitskampfmaßnahme, S. 16f.; SCHOLZ, SAE 1984, S. 352; *ders.*, ZfA 1990, S. 377, 393; STAMM, Sozialismus 1994, S. 50, 52.

[878] LÖWISCH, RdA 1987, S. 219, 221; ebenso K.GAMILLSCHEG, Anm. zum Urteil des BAG 15.12.1998, EzA Art. 9 GG Arbeitskampf Nr. 131 und 132, Bl. 15; RICHTER/ZWANZIGER, AuR 1985, S. 175, 180.

sames Gegenmittel angesehen werden. Auch sei ein Verbot der Zahlung von Streikbruchprämien der Kampfmittelerweiterung auf Arbeitnehmerseite vorzuziehen. Bei Verstößen gegen die Beschränkung der Kompensation durch die Arbeitgeber stünde der betroffenen Gewerkschaft ein Unterlassungsanspruch zu. Der Einsatz weiterer, gegen die arbeitgeberischen Kompensationsmaßnahmen gerichteten Arbeitskampfmaßnahmen, wie sie die aktive Produktionsbehinderung darstelle, scheide daher aus.

Teilweise wird auch davon ausgegangen, dass es der Arbeitnehmerseite nicht an geeigneten Mitteln zum Ausgleich besonderer Paritätsverschiebungen fehle. Die Integration von über die bloße Arbeitsniederlegung hinausgehenden Arbeitskampfmitteln sei selbst nach dem Vortrag der Gegenauffassung nur möglich, wenn der Arbeitnehmerseite keine Alternativen mehr zur Verfügung stünden, um eine eventuell entstandenes Paritätsdefizit auszugleichen. Als geeignete Mittel stünden ihnen aber nach wie vor die Kampftaktik der „Neuen Beweglichkeit", der Spezialistenstreik sowie der Wellen- oder Wechselstreik zur Verfügung[879]. Diese Kampftaktiken bzw. Kampfformen seien in den vergangenen Jahren mit erheblichem Erfolg zur Durchsetzung tariflicher Ziele eingesetzt worden und zwar ausgerechnet in der angeblich durch die hohe Technisierung in ihren Paritätsverhältnissen bedrohten Druckereibranche. Schon insofern bestünden keine Anhaltspunkte dafür, dass die Vielfalt an vorhandenen Arbeitskampfmitteln und Taktiken nicht ausreichend seien, um geordnete Paritätsverhältnisse herzustellen. Als im Verhältnis zu den neuen Kampfmittelvarianten der aktiven Produktionsbehinderung milderes Mittel sei ihr Einsatz der Zulassung neuer, in Qualität und Quantität erheblich intensiverer Arbeitskampfmittel generell vorrangig.

Eindeutig erteilt die herrschende Lehre auch der von *TREBER* beanspruchten Zulassung der aktiven Produktionsbehinderung als Reaktionsmittel gegen rechtswidriges Arbeitgeberverhalten im Arbeitskampf eine Absage. Zu einer Paritätsstörung, welche die Erweiterung des Kampfmittelrahmens stützen könne, komme es in diesen Fällen schon deshalb nicht, weil den Arbeitnehmern der durchaus auch im Arbeitskampf funktionstaugliche Rechtsweg offen stehe[880].

Abschliessend wird als Argument gegen die Zulassung aktiver Produktionsbehinderung im Wege der Ausgestaltung zur Ausgleichung verschobener Paritätsverhältnisse deren Unvereinbarkeit mit entgegenstehenden Grundrechtspositio-

---

[879] BERGHAUS, Rechtsprobleme der Betriebsbesetzung und Betriebsblockade, S. 54, 61; HENSSLER, SAE 1989, S. 130, 132; LÖWISCH, RdA 1987, S. 219, 221f.; MünchArbR/*OTTO*, § 286 Rn. 31.

[880] HANAU, FAZ v. 3 1. 1987, S. 13; SCHWARZE, RdA 1993, S. 264, 270; KONZEN, FS Kissel, S. 571, 587ff.

nen Dritter[881] angeführt. Durch den Einsatz dieser Maßnahmen werde gezielt über Art. 12 Abs. 1 GG hinaus in weitere Grundrechtspositionen[882] der Arbeitgeberseite, aber auch in solche an sich unbeteiligter Dritter eingegriffen. Gerade die verursachten Kollisionen mit den Grundrechtspositionen letzterer seien nicht mit dem Mittel der praktischen Konkordanz zugunsten der Koalitionsbetätigung aus Art. 9 Abs. 3 GG aufzulösen.

### 2. Stellungnahme

Im Ergebnis ist mit der Rechtsprechung und herrschenden Lehre auch einer gesonderten Zulassung der aktiven Produktionsbehinderung als Arbeitskampfmittel zum Ausgleich von Störungen des Verhandlungsgleichgewichts bei gleichzeitiger Ungeeignetheit vorhandener Kampfoptionen ein Absage zu erteilen.

#### a) Keine Störung des geschaffenen Verhandlungsgleichgewichts

Eine Verpflichtung des Gesetzgebers bzw. der Rechtsprechung zu einer Erweiterung des Arbeitskampfmittelrahmens der Arbeitnehmerseite, wie sie von den Befürwortern der aktiven Produktionsbehinderung angenommen wird, würde zunächst voraussetzen, dass tatsächlich Besonderheiten einzelner Branchen zu einer nicht kompensierbaren Paritätsstörung führt. Erst wenn eine solche belegt ist, stellt sich überhaupt die Frage nach einer aus Art. 9 Abs. 3 GG folgenden Verpflichtung des Gesetzgebers, den Parteien anderweitige Mittel an die Hand geben zu müssen. Eine solche, erhebliche Störung des Verhandlungs- oder Kampfgleichgewichts lässt sich bei abstrakt-materieller Betrachtung nicht feststellen.

##### (1) *Unbeachtlichkeit von Paritätsstörung aufgrund mangelnder Kampffähigkeit*

Zunächst ist festzuhalten, dass nicht jede Kompensation streikbedingt ausgefallener Arbeit durch den Einsatz externer Arbeitskräfte zu einer Paritätsverschiebung und damit zur Notwendigkeit einer Erweiterung des Kampfmittelrahmens

---

[881] BERGHAUS, Rechtsprobleme der Betriebsbesetzung und Betriebsblockade, S. 48ff.; FRIEDERICH, DÖV 1988, S. 194, 197; HENSSLER, SAE 1989, S. 130, 132; V.HOYNINGEN-HUENE, JuS 1987, S. 505, 513; KÄMEREIT, Pressefreiheit und Arbeitskampfrecht, S. 194; KÄPPLER, JuS 1989, S. 618, 619; LORITZ, DB 1987, S. 223, 226; G. MÜLLER, Arbeitskampf und Recht, S. 142f.; OLBRICHT, Die Betriebsbesetzung als Arbeitskampfmaßnahme, S. 47; MünchArbR/*OTTO*, § 286 Rn. 59 und 63; RONELLENFITSCH, DB 1987, Beilage Nr. 6, S. 1, 9; SCHOLZ, SAE 1984, S. 351, 352; *ders.*, ZfA 1990, S. 377, 393; HbStR/*SCHOLZ*, § 151, Rn. 106; RAISER, RdA 1987, S. 201, 205; TÖTEBERG, ArbGeb 1987, S. 465, 466; WANK, FS Kissel, S. 1225, 1241; WESCH, Betriebsbesetzung, S. 200ff.

[882] Als betroffen und gegenüber Art. 9 Abs. 3 GG vorrangig werden im wesentlichen die Rechte aus Art. 2 Abs. 1, Art. 12, Art. 13 und Art. 14 GG angesehen.

führen kann. Eine Pflicht zur Kampfmittelerweiterung mit dem Ziel der Schaffung einer paritätischen Ausgangslage ist vielmehr abzulehnen, soweit die erfolgreiche Kompensation von Arbeitnehmermaßnahmen durch endogene Faktoren auf Gewerkschaftsseite begünstigt wird. Insoweit relevante Schwachstellen auf Gewerkschaftsseite können vielgestaltig sein. In Betracht kommen vornehmlich mangelnde Durchsetzungsfähigkeit aufgrund geringer Mitgliederzahl, sowie mangelnde Teilnahme der Arbeitnehmer am Streik. In all diesen Fällen werden dem Arbeitgeber regelmäßig arbeitswillige Facharbeiter zur Verfügung stehen und ihn in die Lage versetzen, den Betrieb trotz gewerkschaftlichem Streik aufrecht zu erhalten.

Die systematische Konzeption des Arbeits- und Tarifvertragsrechts bedingt, dass die Gewerkschaften für die Schaffung des Gegenmonopols auf Arbeitnehmerseite und der damit einhergehenden wirtschaftlichen Drucksituation auf Arbeitgeberseite eigenverantwortlich Sorge zu tragen haben[883]. Sehen sie sich zu einer Mobilisierung eines für die erfolgreiche Durchführung des Arbeitskampfes notwendigen Organisationsgrades (sog. soziale Mächtigkeit[884]) bzw. einer ausreichenden Anzahl von Streikteilnehmern nicht in der Lage[885] oder fehlt es ihnen generell an Finanzkraft[886], um einen langwierigen Arbeitskampf durchstehen zu können, gehen diese Defizite zu ihren Lasten.

Lassen sich solche Störungen belegen, müssen sie für die Beurteilung der Paritätssituation außer Acht bleiben, auch wenn ihnen tatsächlich Einfluss auf die

---

[883] BVerfG 4.7.1995, BVerfGE 92, S. 365, 396; BERGHAUS, Rechtsprobleme der Betriebsbesetzung und Betriebsblockade, S. 53; LORITZ, DB 1987, S. 223, 226; WESCH, Betriebsbesetzung, S. 199.

[884] BAG 16.11.1982, AP § 2 TVG Nr. 32; BAG 12.1.1988, Art. 9 GG Arbeitskampf Nr. 90; BAG 20.11.1990, AP § 2 TVG Nr. 40.

[885] Dabei ist zuzugeben, dass keine vollständige Mobilisierung der Arbeitnehmerschaft einer Branche notwendig ist (vgl. BERGHAUS, Rechtsprobleme der Betriebsbesetzung und Betriebsblockade, S. 50; TREBER, Aktiv produktionsbehindernde Maßnahmen, S. 434; DÄUBLER/*WOLTER*, Arbeitskampfrecht, Rn. 280q). Sie muss aber so umfangreich sein, dass durch ihren Arbeitskampf überhaupt ein wirtschaftlicher Druck auf der Arbeitgeberseite erzeugt werden kann.

[886] Paritätsrelevanz kommt jedenfalls dem Aspekt der Finanzkraft zu, wenn generell ausreichende Liquidität der Gewerkschaft besteht, sich der Arbeitskampf aber zu einem „Kampf der Kassen" entwickelt, in welchem die Gewerkschaft auszubluten droht; Stichwort: „Verbot des existenzvernichtenden Arbeitskampfes". So im Hinblick auf die Entscheidung zur Beschränkung des Aussperrungsrechts des BAG 21.4.1971, AP Art. 9 GG Arbeitskampf Nr. 43; BROX/RÜTHERS, Arbeitskampfrecht, Rn. 165; SCHOLZ/KONZEN, Die Aussperrung im System von Arbeitsverfassung und kollektivem Arbeitsrecht, S. 164f.; SEITER, Streikrecht und Aussperrungsrecht, S. 532ff.; a.A. ZÖLLNER, DB 1985, S. 2450, 2455; *DERS.*, Aussperrung und arbeitskampfrechtliche Parität, S. 42.

Gleichgewichtsverhältnisse zukommt. Denn beruht die Verschiebung der Paritätssituation auf derartigen Schwächen der Gewerkschaft, so besteht kein Bedarf für eine weitere Anpassung der Verhandlungspositionen. Sie sind keine Folge von Strukturfehlern im Tarifvertragssystem, sondern vielmehr Ausdruck der eigenen Schwäche, die vom Gesetzgeber und der Richterschaft zur Bereinigung der Paritätsstörung zur Verfügung gestellten Mittel eigenständig und erfolgreich einzusetzen.

(2) *Keine Paritätsverschiebung infolge fortschreitender Technisierung*

Darüber hinaus findet aber schon die Annahme einer Paritätsverschiebung zu Lasten der Arbeitnehmerseite allein aufgrund der fortschreitenden Technisierung von Arbeits- und Betriebsabläufen in keiner Tarifbranche Bestätigung. Infolge der Technisierung unterliegt die Gesamtarbeitssituation im Unternehmen einem steten Wandel. Daraus lassen sich jedoch keine unbehebbare Verschlechterung der Arbeitnehmer- bzw. der Gewerkschaftssituation ableiten.

Für den Bereich des Arbeitskampfrechts bringen die Veränderungen die Notwendigkeit der Anpassung der Kampftaktik mit sich[887]. Dies ist, wie die Geschichte des Arbeitskampfes aufzeigt, keine Besonderheit[888]. Vornehmlich in den vergangenen Jahrzehnten wurden wiederholt neue Streiktaktiken eingesetzt, um dem Arbeitgeber Kompensationsmaßnahmen zu erschweren und gleichzeitig die Effektivität des Streiks zu erhöhen. Eine Aufnahme von aktiv produktionsbehindernden Maßnahmen in den Fundus der zulässigen Arbeitskampfvarianten war dabei zu keiner Zeit notwendig, um paritätische Verhältnisse zu schaffen oder Tarifabschlüsse mit angemessenem Inhalt herbeizuführen.

Aus Sicht der Arbeitnehmer ist vielmehr eine Modifikation der vorhandenen und sich auf die Zurückhaltung der Arbeitsleistung beschränkenden Mittel angezeigt. Dabei dürfte das Augenmerk nicht nur auf die verschiedenen Optionen der Streikdurchführung an sich zu legen sein, sondern auf die Auswahl der Personen, die zum Streik aufgerufen werden sollen, wie von *WANK* vorgeschlagen. In hoch technisierten Unternehmen lässt sich eine Betriebsstörung mittels Streik weniger, aber dafür spezialisierter Arbeitskräfte erfolgreich durchführen. Auf diese Weise kann - was wiederum dem Interesse der Gewerkschaften dienen dürfte - für eine erhebliche Dauer mit geringem Kostenaufwand ein Arbeits-

[887] Diesem Prozess der Veränderung scheinen die Gewerkschaften nunmehr Rechnung zu tragen, wie die jüngste Fusion von Gewerkschaften zu der neuen Großgewerkschaft *ver.di* andeutet. Die Gewerkschaften beginnen, ihren Aktionsradius für die Zukunft enorm zu erweitern.

[888] Vgl. dazu im 2. Teil § 2. die umfassende Darstellung zur Entwicklung des Arbeitskampfgeschehens bei MünchArbR/*OTTO*, § 282 Rn. 1ff.

kampf durchgeführt werden. Auch dürfte dem Arbeitgeber in diesen Fällen die Kompensation ausgefallener Arbeit äußerst schwer fallen. Dem folgend, hat sich die Situation mit dem technischen Fortschritt für die Gewerkschaftsseite nicht zwingend verschlechtert. Man weiß den Vorteil modernster Technik bisweilen nur nicht zu nutzen. Ein solches Defizit auf Seiten der Arbeitnehmerschaft kann wiederum nicht zur Zulassung neuer Arbeitskampfmittel zu ihren Gunsten führen. Es entspricht dem Defizit, welches auf endogenen Faktoren beruht und muss daher ebenso wie dieses behandelt werden.

Das gefundene Ergebnis findet in den folgenden Erwägungen seine Bestätigung: Den Arbeitgebern könnte ebenso wenig eine Erweiterung des Kampfmittelinstrumentariums zugesprochen werden, wenn es der Gewerkschaftsseite gelänge, kurzfristig nicht ersetzbare Arbeitskräfte in Schlüsselstellungen zur Arbeitsniederlegung zu motivieren (z.B. im Falle der Arbeitsniederlegung durch IT-Spezialisten[889]), obwohl eine Kompensation der anstehenden Ausfälle in diesen Fällen fehlschlagen dürfte. Hier wie dort kann der Arbeitgeber nicht in den Genuss der Zulässigkeit einer lösenden Aussperrung oder anderer, noch weitreichenderer Eingriffsmöglichkeiten kommen. Denn in der dem Unternehmer nunmehr bevorstehenden wirtschaftlichen Drucksituation schlägt sich alleine der Marktwert der Arbeitnehmer nieder wie auch deren Position im Unternehmen. Letztlich ist nicht mehr passiert, als dass die Taktik der Arbeitskraftersetzung aufgegangen ist. Der Arbeitgeber kann sich der Drucksituation dann nur noch durch Verhandlungsbereitschaft entziehen.

Nicht anders kann es sich für die Gewerkschaftsseite verhalten. Bleibt ihre Kampftaktik aufgrund rechtmäßiger Gegenmaßnahmen der Arbeitgeberseite erfolglos, so ist ihre Verhandlungsposition einfach eine schwächere. Dass der Kampf bereits *per definitionem* die Möglichkeit der Niederlage enthält, ist keine neue Erkenntnis, sondern ist ihm immanent. Systematisch ist ebenso denkbar, dass der Arbeitskampf auch erfolglos, etwa mit einem Tarifabschluss weit unterhalb des von der Gewerkschaft angestrebten Zieles enden kann[890].

Hinzu kommt, dass ein Nichtverhandeln auf Arbeitgeberseite *de facto* auch bei erfolgreicher Kompensation nicht stattfinden wird. Die Arbeitgeberverbände und

---

[889] a.A. DÄUBLER/*WOLTER*, Arbeitskampfrecht, Rn. 280ve ff., der den IT-Spezialistenstreik für völlig wirkungslos erachtet, da Kompensationen durch Outsourcing oder Verlagerung in andere Betriebe unproblematisch möglich seien. Dieser Einschätzung stehen bereits die tatsächlichen Gegebenheiten entgegen. Die Angst in den Unternehmen vor Arbeitsniederlegungen der Computerfachkräfte ist derart groß, dass man versucht diese Arbeitnehmergruppe aus der übrigen Arbeitnehmerschaft auszusondern, indem diesen Sonderarbeitnehmern Sonderleistungen zuteil oder Beteiligungen am Unternehmen versprochen werden.

[890] Ebenfalls KISSEL, Arbeitskampfrecht, § 61 Rn. 77.

ihre Mitglieder wollen weder tariflose Zustände noch wollen sie länger als nötig auf ihre Arbeitskräfte verzichten, die sie benötigen, um dauerhaft wettbewerbsfähig bleiben zu können. Die Gewerkschaften bleiben folgerichtig auf Modifizierungen zulässiger Arbeitskampftaktiken verwiesen, um im Kampf um den Tarifvertrag Verhandlungsvorteile zu erlangen. Das haben die IG-Medien und die IG-Metall bereits erkannt. Sie setzen auf kurzfristige Streiks in wechselnden Betrieben, um eine Ersetzung oder betriebliche Umstrukturierung auf Arbeitgeberseite einerseits und „kalte Aussperrungen" andererseits unmöglich zu machen oder zumindest erheblich zu erschweren.

Das teilweise ins Feld geführte Gegenargument einer verringerten Dauer von Arbeitskämpfen spricht auch nicht gegen das gefundene Ergebnis oder gar für das Vorliegen einer Verschiebung der Parität. Die Dauer eines Arbeitskampfes ist nicht Voraussetzung, sondern wohnt ihm inne. Sie beruht auf der Disposition der Arbeitnehmerseite sowie auf dem Erfolg ihres Vorgehens. Dass sich die Dauer von Arbeitskämpfen in den vergangenen Jahrzehnten degressiv verhalten hat, beruht ganz wesentlich auf dem Umstand, dass gerade mit Hilfe kurzer Arbeitsniederlegung der erforderliche Druck auf der Gegenseite erzeugt werden konnte und daher eine Einigung frühzeitig möglich wurde.

Eine solche frühzeitige Einigung ist aber kein von Art. 9 Abs. 3 GG geschütztes Privileg der Arbeitnehmerschaft[891]. Ist mit einem kurzzeitigen Streik eine Durchsetzung des tariflich angestrebten Ziels nicht möglich, so muss der Kampf langfristig ausgerichtet werden. Alleine in dem Umstand, dass ein Streik aufgrund veränderter Umstände länger geführt oder durchgehalten werden muss, kann noch keine Paritätsverschiebung gesehen werden. Nicht die Wirkung des Streiks wird also durch die Kompensation blockiert, sondern allenfalls die des kurz andauernden Streiks. Damit bleibt auch die zutreffende Argumentation von *HENSSLER* unberührt, soweit er darauf abstellt, die Kompensation der Streikfolgen bringe auf längere Sicht das Unternehmen und damit auch den Arbeitgeber in wirtschaftliche Bedrängnis[892]. Insofern trifft seine Argumentation durchweg zu.

---

[891] Erinnert sei nur an die Gürtlergesellen, die im 14 Jahrhundert über ein Jahr lang die Arbeit niederlegten, vgl. dazu KASKEL-*BOGS*, Koalitionen und Koalitionskampfmittel, S. 1, 3; RITSCHER, Koalitionen und Koalitionsrecht in Deutschland bis zur Reichsgewerbeordnung, 1917, S. 90. Ebenso ist der große Streik vom 24.10.1956 bis 14.2.1957 zur Durchsetzung der Lohnfortzahlung für Arbeiter im Krankheitsfall in der schleswig-holsteinischen Metallindustrie zu nennen, vgl. dazu BAG 31.10.1968, AP § 1 TVG Friedenspflicht Nr. 2.

[892] Ebenso zutreffend dürfte seine Einschätzung sein, die Verhandlungsschwäche der Arbeitnehmerseite sei darauf zurückzuführen, dass es den Gewerkschaften nicht mehr gelänge, die erforderliche Anzahl von Arbeitnehmern zu aktivieren. Dies zeigte sich in den Arbeitskämpfen 2002 der Metallindustrie, in der es zu einer Befürwortung von Arbeitskämpfen in der

Demgegenüber vermag die an der Rechtsprechung des Bundesarbeitsgerichts zum Beamteneinsatz anknüpfende Argumentationslinie *TREBERS* nicht zu überzeugen. Zwar herrscht Einigkeit dahingehend, dass von einem Ungleichgewicht auszugehen ist, soweit der Streik als Arbeitskampfmittel aus paritätsrelevanten Gründen gänzlich leer läuft[893]. Sicherlich lässt sich auch die Ohnmacht auf Arbeitgeberseite im „Beamtenfall" mit der auf der Arbeitnehmerseite vergleichen, soweit es mit Hilfe moderner Technik zum erfolgreichen Einsatz von Kompensationsmaßnahmen kommt. Dass diese Hilflosigkeit aber tatsächlich durch paritätsrelevante Gründe hervorgerufen wurde, ist hingegen nur für den Fall des Beamteneinsatzes festgestellt[894]. Den Beweis für den Bereich der modernisierten Arbeitswelt bleibt *TREBER* damit schuldig.

Darüber hinaus spricht ein Vergleich der auszulösenden Rechtsfolgen in den beiden angesprochenen Fallkonstellationen gegen die Auffassung *TREBERS*. Bei näherer Betrachtung der angesprochenen Entscheidung des Bundesarbeitsgerichts zeigt sich, dass die Entscheidung letztlich die Frage betrifft, ob an sich zulässiges Unternehmerverhalten – wie die Umsetzung von Arbeitnehmern – aufgrund einer auf der Gegenseite hervorgerufenen Paritätsstörung eingeschränkt werden muss. Bei der Problematik, wie sie von den Befürwortern der Zulassung neuer Arbeitskampfmittel aufgeworfen wird, geht es hingegen nicht um die Einschränkung an sich zulässigen Verhaltens unter Rückgriff auf Art. 9 Abs. 3 GG, sondern vielmehr um die Zulassung an sich rechtswidriger Verhaltensweisen[895].

Wie aber die Rechtsprechung des Bundesarbeitsgerichts zum Beamteneinsatz belegt, wäre die einschränkende Nichtzulassung des paritätsrelevanten Verhaltens der Arbeitgeberseite einer Zulassung rechtswidriger Verhaltensweisen gegenüber vorrangig, weil dies im Verhältnis der Betroffenen untereinander und

Urabstimmung von über 85% der gewerkschaftsangehörigen Arbeitnehmer und demzufolge auch zu einer immens hohen Streikbeteiligung kam. Aufgrund dieser hohen Teilnahmequote am (Flexi-)Streik konnte in kurzer Zeit ein erheblicher wirtschaftlicher Druck auf die Arbeitgeber erzeugt und in Folge dessen eine tarifliche Einigung erreicht werden. Dieses Beispiel verdeutlicht, dass technischen Entwicklungen, seien sie auch noch so fortgeschritten, letztlich nur Paritätsrelevanz zukommen kann, wenn den Gewerkschaften eine umfangreiche Aktivierung der Arbeitnehmerschaft zur Streikbeteiligung nicht gelingt; vgl. zum Streikgeschehen im Bereich der Metallindustrie im Mai 2002: http://www.ig-metall.de.

[893] BIEBACK, Recht auf Streik, S. 16ff.; DÄUBLER/*BIEBACK*, Arbeitskampfrecht, Rn. 497c ff.; G. MÜLLER, RdA 1982, S. 86, 94f.; PLANDER, AuR 1986, S. 65, 71; RÜTHERS, AuR 1987, S. 37, 52; SÖLLNER, AuR 1982, S. 233, 239; TREBER, Aktiv produktionsbehindernde Maßnahmen, S. 457.

[894] BAG 10.9.1985, AP Art. 9 GG Arbeitskampf Nr. 86.

[895] Dazu siehe oben im 3. Teil § 1C.III.

unter Berücksichtigung der Interessen Dritter die mildere Lösung[896] darstellt. Dass eine solche Einschränkung dem Grunde nach denkbar und haltbar wäre, zeigt schon die erfolgreiche Klage gegen die Zulässigkeit von Umsetzung von Beamten auf Arbeitnehmerarbeitsplätze auf, auch wenn es sich nach Maßgabe der übrigen Rechtsordnung um rechtmäßiges Verhalten der Arbeitgeberseite handelt.

Es kann damit im Ergebnis festgehalten werden, dass die hohe Technisierung vieler Betriebe und die dadurch begünstigte Kompensierung von Arbeitskampfmaßnahmen des sozialen Gegenübers abstrakt-materiell betrachtet keine ausschlaggebende Störung der Parität verursacht.

(3) *Keine Paritätsstörung durch rechtswidriges Arbeitgeberverhalten*

Auch einer Zulassung aktiver Produktionsbehinderung in den Fällen rechtswidriger Verhaltensweisen der Arbeitgeber im Arbeitskampf, wie sie *TREBER* fordert, ist dringend zu widersprechen. Eingriffe in Rechte Dritter müssen sich vielmehr dem Instrumentarium des einstweiligen Rechtsschutzes stellen. Dabei steht die Erhaltung von Rechtsgütern des Angegriffenen und der Schutz seiner Rechtssphäre regelmäßig gegenüber den Interessen des Angreifers zurück. Daher obliegt es dem Angreifer, Umstände vorzutragen, die geeignet sind, seinen Angriff zu legitimieren. Gelingt ihm das nicht, so trägt er – wie im Falle des Arbeitskampfes – auch das Risiko einer endgültigen Wirkung der Entscheidung. Es ist nicht ersichtlich, weshalb für den Bereich des Arbeitskampfs von diesem Grundkonzept unserer gesamten Rechtsordnung abgewichen werden sollte. Bedenken gegen die Sichtweise der herrschenden Meinung bestehen daher in keiner Weise.

b) Keine Zulassung der aktiven Produktionsbehinderung infolge künftiger Paritätsverschiebung

Nach alledem steht fest, dass auch unter Zugrundelegung besonderer Verhältnisse, namentlich besonderer technischer Entwicklungen, in einzelnen Branchen eine Paritätsstörung zum Nachteil der Arbeitnehmerschaft zur Zeit nicht gegeben ist. Es lässt sich jedoch nicht ausschließen, dass in Zukunft Paritätsstörungen der vorgezeichneten Art und Weise auftreten könnten. Schon aufgrund dessen sollte man sich den Überlegungen eines Teils der Lehre, der für den Fall einer Wirkungslosigkeit von Streikmaßnahmen eine Erweiterung des Kampfmittelinstrumentariums fordert, nicht im vornhinein gänzlich verschließen[897]. Für

[896] Vgl. die Ausführungen zu diesem dem Erforderlichkeitsgedanken entspringenden Kriterium im 3. Teil § 3B.II.3.b).

[897] So auch ausdrücklich ErfK/*DIETERICH*, Art. 9 Abs. 3 GG, Rn. 273.

das von ihnen aufgestellte Szenario bleibt aber die Frage zu klären, ob den Parteien denn in der geschilderten Konstellation alternative Kampfmittel an die Hand geben werden müssen und wenn ja, welche.

Wie schon bei der Konturrierung des Schutzbereiches von Art. 9 Abs. 3 GG herausgearbeitet wurde, partizipieren nach hiesiger Auffassung aktiv in die Produktion eingreifende Maßnahmen schon nicht am Schutz des Koalitionsrechts, so dass ihnen bereits keine Relevanz für die soeben aufgestellte Frage zukommen kann. Um die Argumente der Befürworter aktiver Produktionsbehinderung nicht bereits durch die Negierung der Schutzbereichseröffnung abzuschneiden oder zu umgehen, wird für die sich anschließende Prüfung unterstellt, der Schutzbereich des Art. 9 Abs. 3 GG sei für diese Kampfmaßnahme grundsätzlich eröffnet.

(1) *Fehlende Geeignetheit der neuen Arbeitskampfmittel*

Ist die grundsätzliche Eröffnung des Schutzbereichs des Art. 9 Abs. 3 GG für die aktive Produktionsbehinderung (i.e.S.) und das Vorliegen einer Paritätsstörung infolge der Beschäftigung externer Arbeitskräfte in technisierten Unternehmen unterstellt, wäre die Zulassung dieser Arbeitskampfmittel nur möglich, wenn diese ihrerseits generell geeignet erschienen, ein Gleichgewicht zwischen den potentiellen Vertragspartnern herzustellen. Nur dann würden sie der Tarifautonomie dienen.

Im Hinblick auf dieses Ziel ist aber Mitteln die Geeignetheit abzusprechen, die zwar einerseits die eingetretene Paritätsverschiebung kompensieren, aber, indem sie über das angestrebte Ziel hinausschießen, die Parität zu Lasten der gegnerischen Seite übermäßig verschieben. Verbildlichen lässt sich diese Überlegung durch eine Schaukel. Ziel des Arbeitskampfes ist es, die Parität in ein ungefähres Gleichgewicht zu bringen. Dem entspricht es, Verhaltensweisen, die nur zu einem Wippen von einer Seite zur anderen führen, eine Absage zu erteilen[898]. Die Geeignetheit von Kampfmitteln ist demnach dann zu verneinen, wenn es bei ihrer Anwendung zu einer Disparität käme[899]. Die Zulassung solcher Mittel stünde der Dogmatik des Arbeitskampfrechts im Rahmen des Art. 9 Abs. 3 GG entgegen.

---

[898] Auf diese Problematik hat bereits *LIEB* hingewiesen: ZfA 1982, S. 142, 157.

[899] BIEBACK/ZECHLIN-*ANDRATZKE*, S. 182, 183; DÄUBLER/*BIEBACK*, Arbeitskampfrecht, Rn. 430; DÄUBLER, Arbeitsrecht 1, Rn. 708, 717 und 719; GEGENWART, Arbeitskampf im Medienbereich, S. 138, HOYER, AiB 1986, S. 243, 247; LÜBBE-WOLFF, DB 1988, Beilage Nr. 9, S. 7f.; BIEBACK/ZECHLIN-*MÜCKENBERGER*, S. 121f.; NAUDITT, AuR 1987, S. 153, 155f.; STEINBRÜCK, Streikposten und einstweiliger Rechtsschutz im Arbeitskampfrecht der Bundesrepublik Deutschland, S. 179; TREBER, Aktiv produktionsbehindernde Maßnahmen, S. 461; DÄUBLER/*WOLTER*, Arbeitskampfrecht, 280we ff.; ZECHLIN, AiB 1986, S. 289, 292.

Unter diesem, sehr wesentlichen Gesichtspunkt scheidet der Einsatz aktiv produktionsbehindernder Maßnahmen (i.e.S.), wie sie Betriebsbesetzung, Blockadeaktionen oder Computersabotagen darstellen, als Mittel zur Paritätsgewinnung und damit als mögliche Alternative zum Kampfmittel des Streiks aus[900]. Ihnen ist gemeinsam, dass sie der Gegenseite jegliche Abwehrmöglichkeiten abschneiden und den Arbeitgeber unter Verletzung strafrechtlicher Normen[901] übermäßig unter Druck setzen[902]. Gleiches lässt sich für die Kampfformen der Schlechtleistung und der partiellen Arbeitsniederlegung bescheinigen. Schon insoweit erscheint die Zulassung neuer Arbeitskampfformen, wie etwa die aktive Produktionsbehinderung (i.e.S.), nicht möglich, weil ihr Einsatz nicht geeignet ist, für paritätische Verhältnisse im Streit um den Abschluss eines Tarifvertrages zu sorgen.

(2) *Mildere Mittel*

Eine Erweiterung des Kampfmittelinstrumentariums im Wege der Ausgestaltung müsste des Weiteren auch dem Erforderlichkeitsgrundsatz genügen. Sie müssten, jedenfalls für die aufgezeigte Fallgestaltung, als erforderlich zur Herstellung der Funktionsfähigkeit der Tarifautonomie anzusehen sein. Eine solche, für die Zulassung einer Arbeitskampfmaßnahme generelle Erforderlichkeit kann jedoch nicht angenommen werden, wenn andere gleich geeignete, aber die Rechte Dritter in erheblichem Maße[903] weniger einschneidende Maßnahmen zur Erreichung des angestrebten Zieles vorhanden sind. Genau so liegt es aber bei der hier zu diskutierenden Fallgestaltung, wie aus der Analyse der herrschenden Lehre hervorgeht.

Mit *LÖWISCH* ist davon auszugehen, dass der Erweiterung des Kampfmittelrahmens um die aktive Produktionsbehinderung (i.e.S.) die Einschränkung der Arbeitgebermaßnahmen bzw. deren Rechtsfolgen vorrangig ist. Sein Modell erscheint durchweg schlüssig. Zwar lässt *LÖWISCH* in seinen Ausführungen ebenso offen, ob eine Beschränkung der Zulässigkeit arbeitgeberseitiger Maßnahmen rechtlich überhaupt möglich ist, wie er eine Begründung dafür vermissen lässt, weshalb die Einschränkung des Arbeitgeberverhaltens bzw. ihrer Rechtsfolgen gegenüber der Arbeitskampfmittelerweiterung die mildere Vorgehensweise darstellt. Beides soll im Folgenden nachgeliefert werden:

---

900 Ebenso KISSEL, Arbeitskampfrecht, § 61 Rn. 77.
901 Vgl. dazu 3. Teil § 1.
902 Vgl. dazu 3. Teil § 3A.
903 Vgl. zu dieser Modifikation der Erforderlichkeitsdefinition die Ausführungen im 3. Teil § 3B.II.3.b).

Grundsätzlich kann sich aus Art. 9 Abs. 3 GG ein Verbot von Handlungen überhaupt nur dort ergeben, wo es zur Beseitigung einer Paritätsstörung erforderlich ist[904]. Eine solche Begrenzung aufgrund von Paritätserwägungen bereitet allerdings dann Schwierigkeiten, wenn es zur Einschränkung von Verhaltensweisen kommt, die Ausdruck freier Unternehmerentscheidung, für sich genommen in Einklang mit der übrigen Rechtsordnung stehen und nach überwiegender Ansicht nicht einmal als Arbeitskampfmittel anzusehen sind[905].

Wird jedoch der Kampfrahmen durch ein Arbeitgeberverhalten nicht erweitert, scheint nicht die Einschränkung der Maßnahme, sondern vielmehr eine Regelung durch Anpassung der Rechtsfolgenseite mit dem Mittel der Betriebs- bzw. Arbeitskampfrisikolehre geboten[906]. Auch diese wäre ein milderes Mittel, gegenüber der Einschränkung des Arbeitgeberverhaltens und müsste diesem folglich vorgehen. Dies lässt *LÖWISCH* in seinen Ausführungen außer Acht.

Eine Erklärung hierfür wäre, dass es ihm in seiner Darstellung ausschließlich darauf ankam, aufzuzeigen, dass überhaupt mildere Mittel gegenüber der Einführung von Betriebsbesetzung und Betriebsblockade dem Arbeitskampfrecht zur Verfügung stehen. Erheblich ist folglich alleine, dass überhaupt eingriffsschwächere Mittel zur Verfügung stehen, die es vorrangig zur Einführung in Umfang und Intensität neuartiger Kampfmittel einzusetzen gilt.

Abgesehen von dieser auf *LÖWISCH* zurückgehenden Kritik an der Befürwortung einer Zulassung der aktiven Produktionsbehinderung ist mit der herrschenden Meinung davon auszugehen, dass einer Ausgestaltung alternativer Arbeitskampf- und Gegenmaßnahmen ohnehin entgegensteht, dass sich der Einsatz anerkannter Kampfmittel und Kampftaktiken[907] sehr wohl weiterhin als geeignet zur Wiederherstellung paritätischer Verhältnisse und dabei vor allem als weniger einschneidend als die aktive Produktionsbehinderung (i.e.S.) darstellt[908].

Die ablehnende Haltung hinsichtlich der Geeignetheit und dem Vorrang von Warn-, Wellen- und Spezialistenstreik gegenüber der Zulassung weiterer

---

[904] Dies übersieht STEINBRÜCK, Streikposten und einstweiliger Rechtsschutz im Arbeitskampfrecht der Bundesrepublik Deutschland, S. 177.

[905] Vgl. dazu ausführlich im 3. Teil § 3B.II.2.b).; ebenso NICOLAI, Anm. zum Urteil des BAG v. 17.2.1998, EzA Art. 9 GG Arbeitskampf Nr. 129; RIEBLE, SAE 1997, S. 281, 289.

[906] Vgl. auch BAG 17.2.1998, EzA Art. 9 GG Arbeitskampf Nr. 129 mit zustimmender Anm. NICOLAI; RIEBLE, SAE 1997, S. 281, 289.

[907] Vgl. etwa die Zusammenstellung bei BLOESINGER, Rechtsstellung von Streikposten, S. 93ff.; LÜBBE-WOLFF, DB 1988, Beilage Nr. 9, S. 1, 7.

[908] So auch BERGHAUS, Rechtsprobleme der Betriebsbesetzung und Betriebsblockade, S. 54; HENSSLER, SAE 1989, S. 130, 132; MünchArbR/*OTTO*, § 286 Rn. 31.

Kampfmittel ist von der Gegenauffassung keineswegs ausreichend begründet[909]. Es mag zutreffend sein, dass diese Kampfmittel und -taktiken im einzelnen andere Anforderungen an die Gewerkschaften stellen. Daraus alleine folgt aber noch nicht ihre Ungeeignetheit im Hinblick auf die Schaffung paritätischer Verhandlungsverhältnisse.

Das Bundesarbeitsgericht sieht heute den Warnstreik sehr wohl als adäquates und dem klassischen Streik in nichts nachstehendes Mittel an[910]. Eben diese Erkenntnis wurde vom Bundesarbeitsgericht zugrunde gelegt, als es den Warnstreik den gleichen Rechtmäßigkeitsvoraussetzungen wie dem Flächenstreik unterstellte. Ebenso verhielt es sich, als die Anerkennung der Aussperrung als zulässiges Arbeitskampfmittel der Arbeitgeberseite im Raume stand. In seinen Entscheidungsgründen hat das Gericht ausführlich die Defizite des Warnstreiks aufgezeigt. Dennoch wurde der Warnstreik, insbesondere in der Form der „neuen Beweglichkeit", im Ergebnis dem klassischen Streik[911] gleichgesetzt.

Auch dürften die erzielten tarifvertraglichen Erfolge rollierend ausgeführter Streiks Beweis genug dafür sein, dass den Gewerkschaften damit effektive und geeignete Mittel für die Durchsetzung ihrer tariflichen Ziele zur Verfügung stehen. Die Mobilisierung von Arbeitnehmern für die Durchführung eines Arbeitskampfes und die unterschiedlich straffe Koordination sind Eigenarten der einzelnen Kampfmittel. Sie führen aber nicht dazu, dass sie minder geeignet sind, das angestrebte Ziel des Tarifabschlusses zu erreichen.

#### (3) *Praktische Konkordanz und aktiv produktionsbehindernde Maßnahmen*

Schließlich spricht gegen eine Erweiterung des Kampfmittelarsenals um die Arbeitskampfform der aktiven Produktionsbehinderung die bei ihrem Einsatz entstehende Konkurrenz verschiedener Grundrechtspositionen von Arbeitgebern, Arbeitnehmern und Dritten, welche im Wege der praktischen Konkordanz zu einem Zurücktreten des Koalitionsrechts aus Art. 9 Abs. 3 GG und damit zur Nichtzulassung der aktiven Produktionsbehinderung führt.

#### (a) *Grundrechte des Arbeitgebers*

Weitgehend unbestritten ist die Verletzung des Eigentumsrechtes des Arbeitgebers aus Art. 14 Abs. 1 GG durch den Einsatz produktionsbehindernder Maßnahmen[912]. Wie die Ausführungen zum Streik und dessen Kollision mit Art. 12

---

[909] Siehe zu den verschiedenen Ansätzen im 3. Teil § 3B.III.1.a).
[910] BAG 12.9.1984, AP Art. 9 GG Arbeitskampf Nr. 81.
[911] Vgl. die Ausführungen im 2. Teil § 1A.II.1und im 3. Teil § 3B.II.3.a).
[912] Vergleiche zu den Beschränkungen des Eigentums durch Betriebsbesetzung, Betriebsblockade und Internetstreik 3. Teil § 1C.II.3.b).

Abs. 1 GG aufgezeigt haben, zwingt ein solcher Eingriff nicht unbedingt zu der Annahme, dass der Arbeitskampf wegen der Verletzung dieses Grundrechts zurücktreten muss. Andererseits ist ein Zurücktreten des betroffenen Grundrechts gegenüber der aktiven Produktionsbehinderung nicht schon mit dem bloßen Hinweis darauf abzutun, auch diese sei bloße Ausübung des Koalitionsrechtes. Insoweit erscheint fraglich, ob die Sachverhalte bei Streik und aktiver Produktionsbehinderung tatsächlich derart vergleichbar sind, dass eine Gleichbehandlung hinsichtlich der Grundrechtspositionen des Arbeitgebers geboten ist.

Im Hinblick auf Art. 12 Abs. 1 GG mag man dies durchaus bejahen. Sowohl der „herkömmliche" Streik, als auch die Betriebsbesetzung und die Betriebsblockade dienen der Störung der Produktion und damit der Berufsausübung des Arbeitgebers. Letztere muss der Arbeitgeber im Rahmen des Art. 12 Abs. 1 GG beim Streik bis zum Stillstand der Produktion hinnehmen. Die Folgen für die Berufsausübung des Arbeitgebers bei Betriebsbesetzung und ihr verwandte Kampfformen unterscheiden sich diesbezüglich nicht, weshalb für die Bewertung der Kollision mit Art. 12 Abs. 1 GG auch nichts anderes gelten kann[913].

Die aktive Produktionsbehinderung (i.e.S.) zeichnet sich im Verhältnis zum Streik aber durch eine weitere Dimension aus. Diese liegt in einem gezielten Zugriff auf Betriebsmittel und Betriebsgelände und damit in einem unmittelbaren, delikts- und strafrechtlich sanktionierten[914] Eingriff in das durch Art. 14 GG geschützte Eigentum des Arbeitgebers. Diesen Eingriff mit der zur Rechtfertigung von Eingriffen in Art. 12 GG verwandten Argumentation zu rechtfertigen, greift schlicht und ergreifend zu kurz.

Vielmehr ist alleine entscheidend, inwieweit mit der aktiven Produktionsbehinderung verbundene Eingriffe in das durch Art. 14 GG geschützte Eigentum im Hinblick auf Art. 9 Abs. 3 GG unter dem Gesichtspunkt der praktischen Konkordanz hinzunehmen sind. Von Bedeutung könnte es insofern sein, dass das Eigentumsrecht „Rahmenrecht" ist und daher unter dem Vorbehalt von Inhalts- und Schrankenbestimmung steht. Es ist ebenso wie das Koalitionsrecht nicht abschließend erfasst, sondern unterliegt der Ausgestaltung durch den Gesetzgeber[915]. Möglicherweise könnten Eingriffe in die durch Art. 14 Abs. 1 GG grundsätzlich geschützten Eigentumspositionen der Arbeitgeber zugunsten der Koali-

---

[913] So auch BERGHAUS, Rechtsprobleme der Betriebsbesetzung und Betriebsblockade, S. 96.
[914] Vgl. dazu 3. Teil § 1C.
[915] BVerfG 18.12.1968, BVerfGE 24, S. 367, 389; BVerfG 15.7.1981, BVerfGE 58, S. 300, 339; SACHS/*WENDT*, Art. 14 GG, Rn. 21ff. und 60ff.; MAUNZ/DÜRIG-*PAPIER*, Art. 14 GG, Rn. 1ff. und 27ff.

tionsbetätigung dann als rechtmäßig zu bewerten sein[916], wenn sie sich im Rahmen der Sozialpflichtigkeit des Eigentums bewegen.

Zumindest das Betriebseigentum steht in Bezug zu den beschäftigten Arbeitnehmern. Da sich seine Nutzung auf ihre Berufsausübung und Daseinsgrundlage erheblich auswirken kann, unterliegt es nach allgemeiner Ansicht einer erhöhten Sozialpflichtigkeit[917]. Dies spricht dafür, dass im Hinblick auf das Koalitionsrecht und die davon umfasste Tarifautonomie der Arbeitnehmer Einschränkungen der Nutzungsmöglichkeit des Arbeitsbetriebes – etwa durch Streik – möglich sein müssen.

Soweit nun aber *TREBER*[918] die Auffassung vertritt, eine verfassungsmäßige Beschränkung des Eigentumsrechts müsse schon deshalb auch für die Kampfart der aktiven Produktionsbehinderung möglich sein, weil der Einsatz dieser Kampfmittel nicht das Maß überschreite, welches durch Streik unter üblichen Paritätsbedingungen erreicht werde[919], übergeht er damit wesentliche Aspekte.

Zunächst ist die Qualität der Eigentumsbeeinträchtigung bei Streik und Betriebsbesetzung durchaus unterschiedlich, auch wenn Ergebnis die Nichtverwendbarkeit von Betriebsmitteln ist. Der „klassische" Streik führt allenfalls dazu, dass der Arbeitgeber sein Eigentum nicht mit den von ihm dafür ursprünglich vorgesehenen Arbeitskräften nutzen kann. Weder Besitz noch anderweitiger Sachgebrauch oder die Veräußerungsmöglichkeit werden in irgendeiner Weise eingeschränkt. Hingegen wird ihm bei der Betriebsbesetzung und der Betriebsblockade ein wesentliches „Mehr" an Nutzungsmöglichkeit seines Eigentums genommen. Der Unternehmer kann weder selber, noch mit Hilfe anderer arbeitswilliger seine Betriebsmittel nutzen. Ihm wird seine mit dem Eigentumsrecht eng verbundene und daher durchaus erhebliche Stellung als Besitzer der Sache entzogen.

Zudem lässt *TREBER* unbeachtet, dass es unter anderem Ziel von Blockadeaktionen ist, den Abtransport bereits produzierter Waren zu verhindern. Diese Folge beeinträchtigt den Arbeitgeber erheblich mehr, als es bei bloßer Zurückbehaltung der Arbeitsleistung der Fall wäre. Dem Arbeitgeber wird es zeitweilig unmöglich gemacht, über sein Eigentum frei zu verfügen, hergestellte Produkte an seine Vertragspartner zu übergeben und damit das Eigentum daran zu übertragen. Solche Folgen können nicht durch Begrenzung im Hinblick auf die Sozialbindung legitimiert werden; denn absolute Grenze der Sozialpflichtigkeit bildet

---

[916] So die Argumentation der Befürworter dieser Kampfmaßnahme: vgl. soeben unter (3).
[917] BVerfG 1.3.1979, BVerfGE 50, S. 290, 349.
[918] TREBER, Aktiv produktionsbehindernde Maßnahmen, S. 484.
[919] Vgl. zu den Einzeheiten dieser Argumentation im 3. Teil § 3B.III.1.a).

die Verfügbarkeit des Eigentumsobjektes[920], da der Charakter des Eigentums zum Schutze des Kernbereichs gewahrt bleiben muss. Demzufolge ist die Ansicht *TREBERS* auch in diesem Punkt abzulehnen.

Im Ergebnis kann damit eine umfangreiche Ausweitung der Sozialbindung des Unternehmereigentums, wie sie für die Erfassung von aktiv produktionsbehindernden Maßnahmen notwendig wäre, nicht hergeleitet werden. Daran ändert sich auch nichts, wenn der Arbeitgeber bzw. Unternehmer nicht Eigentümer der Betriebsmittel, sondern nur Mieter oder Pächter ist. Der verfassungsrechtliche Schutz verringert sich nicht dadurch, dass der Eigentümer seine Nutzungs- oder Verfügungsbefugnis auf einen Dritten rechtsgeschäftlich übertragen hat. Aus diesem Grunde schützt Art. 14 Abs. 1 GG auch Mieter und Pächter, soweit sie absolute, aus dem Eigentum abgeleitete Rechte innehaben[921]. Soweit man auch das Recht am eingerichteten und ausgeübten Gewerbebetrieb als dem Schutz des Art. 14 Abs. 1 GG unterstellt ansieht[922], gilt für dieses Recht das zum Sacheigentum ausgeführte.

Neben dem Eigentumsschutz des Art. 14 Abs. 1 GG steht der Schutz betrieblicher Räumlichkeiten. Das Hausrecht des Art. 13 GG ist durch das Besetzen des Arbeitsplatzes bzw. das „Verbleiben am Arbeitplatz“ unstreitig betroffen[923]. Der Schutzbereich unterliegt allerdings einer sachlichen Beschränkung[924], die wiederum abhängig ist von der Zweckbestimmung der jeweiligen Räumlichkeiten und etwaiger Beschränkungen von Interessen Dritter durch Tätigkeiten in den Räumen[925]. Für Geschäfts- und Betriebsräume wird in diesem Zusammenhang ein geminderter Schutz angenommen[926].

Aus diesem Grunde wird einer an sich erforderlichen Koalitionsbetätigung nach Art. 9 Abs. 3 GG gegenüber der Grundrechtsbetätigung aus Art. 13 GG, grundsätzlich der Vorrang einzuräumen sein. So hat das Bundesarbeitsgericht erkannt, der Arbeitgeber habe die Inanspruchnahme seiner Geschäftsräume zu dulden, wenn es um die Werbung von Mitgliedern durch eine Koalition gehe[927]. Das Ge-

[920] Vgl. BVerfG 12.6.1979, BVerfGE 52, S. 1, 27; HdVR/*BADURA*, § 10 Rn. 57.
[921] AltKomm/*RITTSTIEG*, GG, Art. 14, Rn. 88.
[922] Vgl. dazu Fn. 91 bei TREBER, Aktiv produktionsbehindernde Maßnahmen, S. 486.
[923] So auch BERGHAUS, Rechtsprobleme der Betriebsbesetzung und Betriebsblockade, S. 106; HENSCHE, S. 17.
[924] MAUNZ/DÜRIG-*PAPIER*, Art. 13 GG, Rn. 13a; VON MÜNCH/KUNIG, Art. 13 GG, Rn. 38f.
[925] BVerfG 13.10.1971, BVerfGE 32, S. 54, 76; VON MÜNCH/KUNIG, Art 13 GG, Rn. 38f.; MAUNZ/DÜRIG-*PAPIER*, Art 13 GG, Rn. 13ff.
[926] BVerfG 13.10.1971, BVerfGE 32, S. 54, 76; MAUNZ/DÜRIG-*PAPIER*, Art 13 GG, Rn. 13ff.
[927] BVerfG 17.2.1981, BVerfGE 57, S. 220ff.; BAG 23.9.1986, AP Art. 9 GG Nr. 45; BAG 30.8. 1983, BAG AP Art. 9 GG Nr. 38; BAG 26.2.1982, AP Art. 9 GG Nr. 35; BAG 23.2.1979, Art. 9 GG Nr. 30.

richt hatte dabei das Vorliegen eines Eingriffs schon deshalb abgelehnt, weil es auf die Störung des Betriebsablaufs ankomme, ein solcher aber nicht vorgelegen habe. Da Arbeitskampfmaßnahmen final auf die Störung des Betriebsablaufes gerichtet sind, kann dieses Kriterium des ungestörten Betriebsablaufs hingegen für sie nicht gelten. Denn dies würde zum Leerlauf jeder erforderlichen Arbeitskampftätigkeit führen. Hausrechtsbegrenzungen müssen, z.B. wie bei der Werbung für die Koalition, möglich bleiben. Sie müssen aus Gründen der praktischen Konkordanz allerdings auf zweckmäßige Maßnahmen beschränkt bleiben und können nur zu Zeiten statthaft sein, in denen überhaupt eine betriebliche Nutzung der Räumlichkeiten stattfindet[928]. Mithin steht das Hausrecht der Zulassung von Betriebsbesetzungen während der Betriebszeiten nicht entgegen.

(b) *Betroffene Grundrechte Dritter*

Durch die Kampfmaßnahmen der Betriebsblockade und der Betriebsbesetzung werden betriebsexterne Ersatzarbeitskräfte und betriebsangehörige Arbeitswillige gehindert, an ihre Arbeitsstätte zu gelangen. Dies schränkt ihre Berufsausübungsfreiheit (Art. 12 Abs. 1 GG) und ihre negative Koalitionsfreiheit aus Art. 9 Abs. 3 GG[929] ein und zwar unabhängig davon, ob ihre Arbeitsleistung aufgrund des Arbeitskampfes überhaupt noch benötigt wird oder nicht.

Die Einbeziehung von arbeitswilligen Personen in den Bereich des Koalitionsrechts wird häufig im Zusammenhang mit der „Außenseiterproblematik im Arbeitskampf"[930] diskutiert. Hinter diesem Schlagwort verbirgt sich, in Kürze zusammengefasst, die Erkenntnis, dass eine Einbeziehung von nicht der zum Arbeitskampf aufrufenden Gewerkschaft angehörigen Arbeitnehmern oder Dritten in die Regelungswelt des Arbeitskampfes unter dem Gesichtspunkt einer tatsächlichen Teilhabe an den Ergebnissen des Arbeitskampfes und des erreichten Tarifvertrages notwendig und daher als gerechtfertigt anzusehen ist[931]. Die Ein-

---

928 Ebenso BERGHAUS, Rechtsprobleme der Betriebsbesetzung und Betriebsblockade S. 106; TREBER, Aktiv produktionsbehindernde Maßnahmen, S. 490.

929 Diese Individualfreiheit, einer Koalition fern zubleiben oder sich an ihrer Tätigkeit nicht zu beteiligen, folgt nach allgemeiner Ansicht aus Art. 9 Abs. 3 GG ebenso wie die Gewährleistung einer Koalition beizutreten und sich in ihrem Namen zu betätigen: BVerfG 29.7.1959, BVerfGE 10, S. 89, 102; BVerfG 1.3.1979, BVerfGE 50, S. 290, 367ff.; BVerfG, 17.2.1981, BVerfGE 57, 220, S. 245.

930 Dazu ausführlich THÜSING, Der Außenseiter im Arbeitskampf, 1996; NICOLAI, Verweigerung von Streikarbeit, 1993; SEITER, Streikrecht und Aussperrungsrecht, S. 37ff.

931 BERGHAUS, Rechtsprobleme der Betriebsbesetzung und Betriebsblockade, S. 107f.; BROX/RÜTHERS, Arbeitskampfrecht, Rn. 289; GAMILLSCHEG, KollArbR I, S. 994; LÖWISCH/RIEBLE, Arbeitskampf und Schlichtungsrecht, 170.1 Rn. 15; MEIK, Der Kernbereich der Tarifautonomie, S. 125; MünchArbR/*OTTO*, § 285 Rn. 58; SEITER, Streikrecht und Aussperrungsrecht, S. 39 und 345; THÜSING, Der Außenseiter im Arbeitskampf, S. 54.

beziehung der Außenseiter ist damit Bestandteil der anerkannten Ausgestaltung des Arbeitskampfrechts unter Einschränkung ihrer negativen Koalitions- und Streikfreiheit[932]. Die bestehenden Konflikte werden im Wege der Abwägung aufgelöst[933]. Entscheidendes Kriterium bildet dabei die Funktionsfähigkeit des Arbeitskampfsystems. Demnach werden die Außenseiter mit denjenigen Folgen belastet, welche die erforderlichen Kampfmittel verursachen[934]. So hat es auch das Bundesarbeitsgericht für die Anwendbarkeit der Arbeitskampfrisikolehre beurteilt, wonach arbeitskampfbedingte Betriebsausfälle zum Lohnausfall auch bei Nichtorganisierten und Arbeitswilligen führt[935]. Ebenso sieht die Rechtsprechung eine Aussperrung von Außenseitern unter dem Gesichtspunkt der „Einheit der Belegschaft" als zulässig an[936].

Zudem richtet sich die aktive Betriebsbesetzung bzw. Betriebsblockade nicht unmittelbar gegen die Drittbetroffenen, sondern ist alleine auf eine Abschottung des Betriebes gerichtet. Die angestrebte Folge der Stillegung des Betriebes oder des Betriebsteiles stellt sich demnach hier nicht anders als bei einem umfassend geführten Streik dar[937]. In beiden Konstellationen wäre die Unmöglichkeit der Arbeitserbringung von den Arbeitswilligen trotz ihres grundsätzlichen Rechts, vom Arbeitskampf unberührt zu bleiben, mit zu tragen. Da insbesondere durch die aktive Produktionsbehinderung (i.e.S.) auch keine Zwangssolidarisierung der nichtorganisierten Arbeitswilligen bezweckt werden soll, müssen die Nichtorganisierten und Arbeitswilligen die Risiken und mittelbaren Folgen des Arbeitskampfes nach den oben genannten Grundsätzen mittragen, wenn man die Betriebsbesetzung als erforderliches Arbeitskampfmittel einstufen würde. Letztlich würden nach diesen Vorgaben also die konkurrierenden Grundrechtspositionen

---

932 SEITER, Streikrecht und Aussperrungsrecht, S. 42ff., 344ff.; SCHOLZ/KONZEN, Die Aussperrung im System von Arbeitsverfassung und kollektivem Arbeitsrecht, S. 255.

933 KONZEN, FS BAG, S. 273, 283; SEITER, Streikrecht und Aussperrungsrecht, S. 348f.

934 SCHOLZ/KONZEN, Die Aussperrung im System von Arbeitsverfassung und kollektivem Arbeitsrecht, S. 258f.

935 BAG 22.3.1994, AP Art. 9 GG Arbeitskampf Nr. 130; BAG 14.12.1993 AP Art. 9 GG Arbeitskampf Nr. 128.

936 BAG GS 28.1.1955, AP Art. 9 GG Arbeitskampf Nr. 1; BAG 29.6.1965, AP Art. 9 GG Arbeitskampf Nr. 6; aus der Literatur statt vieler: GAMILLSCHEG, KollArbR I, S. 994; SCHOLZ/KONZEN, Die Aussperrung im System von Arbeitsverfassung und kollektivem Arbeitsrecht, S. 257, 295; KONZEN, DB 1990 Beilage Nr. 6, S. 11ff.; VON MÜNCH/KUNIG-*LÖWER*, Art. 9 GG, Rn. 71; MAUNZ/DÜRIG-*SCHOLZ*, Art. 9 GG, Rn. 192; MünchArbR/*OTTO*, § 285 Rn. 58; für den Außenseiter-Arbeitgeber: BVerfG 26.6.1991, AP Art. 9 GG Arbeitskampf Nr. 117; THÜSING, Der Außenseiter im Arbeitskampf, S. 54.

937 So auch BERGHAUS, Rechtsprobleme der Betriebsbesetzung und Betriebsblockade, S. 106; TREBER, Aktiv produktionsbehindernde Maßnahmen, S. 493.

Dritter gegenüber einer Koalitionsrechtsausübung durch den Einsatz der aktiven Produktionsbehinderung wohl zurücktreten.

### 3. Ergebnis

Im Ergebnis ist der herrschenden Ansicht zu folgen, dass sich die aktive Produktionsbehinderung (i.e.S.) nicht als erforderliches Arbeitskampfmittel darstellt[938]. Denn selbst wenn man entgegen der vorliegend vertretenen Auffassung annähme, dass die aktive Produktionsbehinderung (i.e.S.) vom Schutzbereich des Art. 9 Abs. 3 GG erfasst wird, scheitert eine Zulassung dieser Mittel im Wege der Ausgestaltung sowohl an ihrer Geeignetheit als auch an ihrer Erforderlichkeit zur Herstellung einer funktionierenden Tarifautonomie. Schließlich stünde ihrer Anerkennung als Arbeitskampfmittel die durch sie betroffenen Grundrechtspositionen des Arbeitgebers aus Art. 14 Abs. 1 GG und unter Umständen auch des Art. 13 GG zwingend entgegen.

Deshalb ist festzustellen, dass die Betriebsbesetzung ebenso wie andere Formen der aktiven Produktionsbehinderung kein im Arbeitskampf zulässiges Mittel sein kann.

## C. Schranken des konkreten Arbeitskampfmitteleinsatzes

Steht die generelle Zulässigkeit und Anerkennung von Boykott, Wellenstreik, Wechselstreik, Warnstreik und der partiellen Arbeitsniederlegung nach dem bisherigen Ausführungen fest, bedarf es abschließend noch der Überprüfung, ob dennoch im Einzelfall ihr Einsatz beschränkt oder sogar verboten werden muss.

### I. Kein entgegenstehendes, zwingendes Gesetz

Dazu bedarf es in einem ersten Schritt der Feststellung, welchen Schranken das Arbeitskampfrecht aus Art. 9 Abs. 3 GG in seiner konkreten Anwendung unterliegt. Nach seinem Wortlaut handelt es sich bei dem Koalitionsrecht um eine schrankenlos gewährleistete Position. Demnach wäre es nur verfassungsimmanent beschränkbar.

Allgemein anerkannt ist aber, dass die Schranke des Art. 9 Abs. 2 GG entgegen ihrer systematischen Stellung - ebenso wie diejenige des Art. 5 Abs. 2 GG[939] -

[938] Dieses Ergebnis lässt sich auf die ebenfalls aufgrund ihrer Eingriffsintensität und ihrer Marktinadäquanz vom Schutzbereich des Art. 9 Abs. 3 GG ausgenommenen Arbeitskampfmittel der Schlechtleistung und partiellen Arbeitsniederlegung übertragen, wobei ihre alternative Zulassung für die hier in Rede stehenden Fälle ohnehin wenig Bedeutung haben dürfte.

[939] BVerfG 24.2.1971, BVerfGE 30, S. 173, 191ff.

auf Abs. 3 Anwendung findet[940]. Daraus folgt für die Rechtmäßigkeit des Arbeitskampfmitteleinsatzes, dass durch ihn kein einfaches, zwingendes Gesetzesrecht verletzt werden darf. Danach stünde jedoch der Rechtmäßigkeit von Kampfmaßnahmen im Grundsatz die Verwirklichung von Straftatbeständen entgegen. Dies wird von einem Teil der Lehre auch so vertreten[941].

Im Rahmen der Ausführungen zur Tatbestandsmäßigkeit der alternativen Arbeitskampfmittel wurde indessen aufgezeigt, dass dies nicht uneingeschränkt gelten kann, da jeder Streik den Tatbestand einer Nötigung gemäß § 240 StGB erfüllt und somit wegen Art. 9 Abs. 2 GG – obschon verfassungsrechtlich garantiert – unzulässig wäre. Insofern bedarf es einer näheren Konkretisierung der Funktionsweise dieser Schranke.

Als Maßstab ist die vom Bundesverfassungsgericht[942] entwickelte Wechselwirkungslehre heranzuziehen. Danach sind Straftatbestände wiederum im Lichte des Grundgesetzes auszulegen. Dies gilt auch für das Koalitionsrecht des Art. 9 Abs. 3 GG, so dass sich nur solche Arbeitskampfmaßnahmen als rechtswidrig erweisen, die nicht mehr von der Arbeitskampfgarantie des Art. 9 Abs. 3 GG erfasst sind. Dies kann im Einzelfalle zur Folge haben, dass sowohl die am Arbeitskampf unmittelbar Beteiligten als auch unbeteiligte Dritte eine Belästigung und Nötigungen durch den Arbeitskampf hinnehmen müssen[943].

Eine Rechtfertigung allen Handels unter dem Deckmantel des Arbeitskampfs gewährt Art. 9 Abs. 3 GG allerdings nicht. Streik und Aussperrung legitimieren weder Sachbeschädigung, Körperverletzung noch Landfriedensbruch. So ist grundsätzlich die Betriebsbesetzung als Hausfriedensbruch gemäß § 123

---

940 MAUNZ/DÜRIG-*SCHOLZ*, Art. 9 GG, Rn. 345; aus dem arbeitsrechtlichen Schrifttum: GLIETSCH, S. 128f.; HELLENTHAL, NZA 1987, S. 52ff., der an den Vorschlag *Friaufs* (FRIAUF, RdA 1986, S. 188, 191), für die Ausgestaltung des Arbeitskampfrechts ein Stufensystem ähnlich demjenigen des Art. 12 GG zu entwickeln, anknüpfen will; LÖWISCH/RIEBLE, Arbeitskampf- und Schlichtungsrecht, 170.2, Rn. 324ff.; OLBRICHT, Die Betriebsbesetzung als Arbeitskampfmaßnahme, S. 30; REUTER, Die Grenzen des Streikrechts, ZfA 1990, S. 535, 556; SEITER, Streikrecht und Aussperrungsrecht, S. 522; a.A. nur NAUDITT, AuR 1987, S. 153, die sich in ihrer Argumentation auf den nach ihrer Ansicht „eindeutigen Wortlaut" stützt.

941 HUECK/NIPPERDEY, Bd. II/1, S. 1051ff; LÖWISCH/RIEBLE, Arbeitskampf- und Schlichtungsrecht, 170.2, Rn. 324ff.; OLBRICHT, Die Betriebsbesetzung als Arbeitskampfmaßnahme, S. 30; REUTER, Die Grenzen des Streikrechts, ZfA 1990, S. 535, 556; SEITER, Streikrecht und Aussperrungsrecht, S. 522.

942 Grundlegend: BVerfG 22.11.1951, BVerfGE 7, S. 198, 208f.

943 GAMILLSCHEG, KollArbR I, S. 1118.

StGB[944] rechtswidrig[945], die notwendig vorausgegangene Aufforderung des Arbeitgebers, das Betriebsgelände zu verlassen, vorausgesetzt. Da sie nicht am Schutz des Art. 9 Abs. 3 GG teilhat[946], ist der Straftatbestand des § 123 StGB insofern auch nicht im Lichte des Koalitionsrechts auszulegen oder anzupassen[947].

Die vorliegend in Rede stehenden Arbeitskampfmittel verstoßen nicht in verfassungsrechtlich relevanter Weise gegen Strafrechts- oder sonstige Verbotsnormen[948]. Aus diesem Grunde kann Art. 9 Abs. 2 GG ihrem konkreten Einsatz grundsätzlich nicht entgegenstehen.

## II. Verhältnismäßigkeit des konkreten Kampfmitteleinsatzes

### 1. Geeignetheit und Erforderlichkeit

Der konkrete Einsatz von Arbeitskampfmitteln muss ferner verhältnismäßig sein. Dabei kommt bei der Prüfung weniger dem Aspekt der Geeignetheit und Erforderlichkeit als dem Kriterium der Proportionalität Bedeutung zu. Dies beruht darauf, dass einer generell geeigneten Maßnahme wohl kaum die Eignung für ihren Einsatz im konkreten Einzelfall abzusprechen sein dürfte. Entsprechendes gilt letztlich auch für den Grundsatz der Erforderlichkeit. Der Große Senat des Bundesarbeitsgerichts hat sich im Jahr 1971 für die grundsätzliche Anwendbarkeit des Erforderlichkeitsgrundsatzes auf die Prüfung des Kampfmitteleinsatz ausgesprochen[949].

---

[944] Zur Erfüllung des Tatbestandes des § 123 StGB durch die Betriebsbesetzung im Arbeitskampf vgl. die Darstellungen im 3. Teil § 1C.I.2.

[945] BAG 21. 6. 1988, AP Art. 9 GG Arbeitskampf Nr. 109.

[946] Vgl dazu 3. Teil § 3.

[947] Dem enstpricht die in der Rechtsprechung ausgesprochene Beschränkung der Gewerkschaften und der Streikenden (neben der Arbeitsniederlegung) auf die Möglichkeit des Appells oder des „guten Zuredens", um auf die Arbeitswilligen einzuwirken, da andernfalls der Arbeitskampf unzulässig auf Dritte ausgeweitet würde: BAG 29.3.1957, AP Art. 9 GG Arbeitskampf Nr. 5; jeglichen Einsatz von Gewaltmitteln ablehnend: BAG 21.6.1988, AP Art. 9 GG Arbeitskampf Nr. 109; ArbG Lübeck 10.6.1993, EzA Art. 9 GG Arbeitskampf Nr. 111; LAG Schleswig-Holstein 28.6.1993, LAGE Art. 9 GG Arbeitskampf Nr. 51; LAG Köln 2.7.1984, EzA Art. 9 Arbeitskampf Nr. 53. § 8 des „Professorenentwurfs" von BIRK/KONZEN/LÖWISCH/RAISER/SEITER sieht daher vor, dass Streikposten „friedliche Mittel" einsetzen dürfen, Begründung S. 51; BROX/RÜTHERS, Arbeitskampfrecht, Rn. 477; MünchArbR/*OTTO*, § 287 Rn. 5; SEITER, Streikrecht und Aussperrungsrecht, S. 520f.

[948] Vgl. zur Tatbestandsmäßigkeit von Wellen-, Wechsel-, Warn- und Spezialistenstreik sowie des Boykotts die Ausführungen in 3. Teil § 1.

[949] BAG GS 21.4.1971, AP Art. 9 GG Arbeitskampf Nr. 43.

Ein Teil des Schrifttums zieht daraus den Schluss, der Verhältnismäßigkeitsgrundsatz müsse ohne jede Einschränkung bei der Prüfung des konkreten Kampfmitteleinsatzes im Einzelfall Anwendung finden[950]. Dies wird von der überwiegenden Ansicht in der Lehre[951] mit der Begründung abgelehnt, eine solche umfassende Anwendung des Erforderlichkeitsgrundsatzes führe zu einem abgestuften Arbeitskampfsystem im Sinne einer festgelegten Reihenfolge nach dem Maß der Beeinträchtigung (Warnstreik vor Erzwingungsstreik).

Der sich für eine einschränkende Anwendung der Erforderlichkeit im Rahmen der Prüfung des konkreten Kampfmitteleinsatzes aussprechenden Ansicht ist der Vorzug einzuräumen. Dafür spricht schon der allgemein anerkannte Grundsatz der Kampfmittelfreiheit. Müsste jeder Einsatz eines Kampfmittels exakt nach dem Prinzip des „mildesten Mittels" abgewogen werden, liefe das den Koalitionen gewährleistete Wahlrecht faktisch leer. Gleichzeitig würde ihre Kampfstrategie völlig berechenbar und damit entwertet. Damit stünde die Einschränkung der Koalitionsrechte, namentlich die effektive Kampfführung und Dispositionsmöglichkeit, aus Art. 9 Abs. 3 GG im Raum[952]. Im Hinblick auf den Grundsatz der freien Kampfmittelwahl, der Rechtssicherheit und des Koalitionsrechtes aus Art. 9 Abs. 3 GG ist daher von einer Überprüfung des konkreten Arbeitskampfmitteleinsatz auch hinsichtlich seiner Erforderlichkeit abzusehen[953].

---

950 V.HOYNINGEN-HUENE, JuS 1987, S. 505, 509f.; SEITER, Streikrecht und Aussperrungsrecht, S. 146.

951 AUKTOR, Der Wellenstreik im System des Arbeitskampfrechts, S. 38; KÄMEREIT, Pressefreiheit und Arbeitskampfrecht, S. 125; KONZEN, SAE 1991, S. 335, 340; *DERS.* AcP 177, S. 473, 514; SCHOLZ, ZfA 1990, S. 377, 400; SEITER, Streikrecht und Aussperrungsrecht, S. 516f.; TREBER, Aktiv produktionsbehindernd Maßnahmen, S. 477. Auch der 1. Senat des Bundesarbeitsgerichts hat sich für eine eingeschränkte Anwendung des Erforderlichkeitsgrundsatzes ausgesprochen. Nach seiner Auffassung müsse die Frage der Geeignetheit und Erforderlichkeit auf die Frage der generellen Zulässigkeit eines Arbeitskampfmittels beschränkt bleiben und dürfe eben nicht auf den konkreten Arbeitskampfmitteleinsatz erstreckt werden, BAG 20.12.1963, AP Art. 9 GG Arbeitskampf Nr. 34.

952 Ebenso AUKTOR, Der Wellenstreik im System des Arbeitskampfrechts, S. 37; DÄUBLER-*BIEBACK*, Arbeitskampfrecht, Rn. 327; GAMILLSCHEG, KollArbR I, S. 1009; KREUZ, Der Grundsatz der Verhältnismäßigkeit im Arbeitskampfrecht, S. 133f.; GEGENWART, Der Arbeitskampf im Medienbereich, S. 41; V.HOYNINGEN-HUENE, Jus 1987, S. 505, 509; RÜTHERS, ZfA 1987, S. 1, 37; SCHOLZ/KONZEN, Aussperrung, S. 232f.; SEITER, Streikrecht und Aussperrungsrecht, S. 517; TREBER, Aktiv produktionsbehindernde Maßnahmen, S. 350.

953 AUKTOR, Der Wellenstreik im System des Arbeitskampfrechts, S. 38; BRODMANN, Arbeitskampf und Pressefreiheit, S. 115; GAMILLSCHEG, KollArbR I, S. 1009; KÄMEREIT, Pressefreiheit und Arbeitskampfrecht, S. 125; KONZEN, SAE 1991, S. 335, 340; *DERS.* AcP 177, S. 473, 514; SCHOLZ, ZfA 1990, S. 377, 400; SEITER, Streikrecht und Aussperrungsrecht, S. 516f.; TREBER, Aktiv produktionsbehindernde Maßnahmen, S. 477.

### 2. Proportionalität

Anders stellt sich die Anwendbarkeit für den Grundsatz der Proportionalität dar. Dieser Grundsatz entfaltet seine Wirkung nur eingeschränkt im Bereich der Ausgestaltung[954]; seine Bedeutung liegt vielmehr bei der Kontrolle der Rechtmäßigkeit des konkreten Kampfmitteleinsatzes im Einzelfall. Inhaltlich ist er darauf ausgerichtet, dem Arbeitskampfgeschehen „vor Ort" eine Exzess-[955] und Rechtsmissbrauchskontrolle[956] aufzustülpen. Nach seinen Maßgaben werden dem Arbeitskampf in seiner konkreten Durchführung Grenzen zu ziehen sein, wenn die Folgen des Kampfes völlig außer Verhältnis zu seiner Funktion[957] stehen[958].

#### a) Gebot der fairen Kampfführung und Wellenstreik

##### (1) *Problemstellung*

Aus dem Grundsatz der Proportionalität leitet sich nach allgemeiner Auffassung das Gebot zu einer fairen Kampfführung ab[959]. Gemeint ist damit die Rücksichtnahme auf die berechtigten Interessen der Betroffenen. Diese generalklauselmäßige Formel bedarf der Konkretisierung. Das erfolgt bisweilen durch die Bildung von Fallgruppen. Als eine solche Fallgruppe gilt nach herrschender überwiegender Meinung sowohl das Verbot einer „ruinösen Kampfführung"[960] als auch der Integritätsschutz von Betriebsmittel durch die Sicherstellung von Not-

---

954 Siehe dazu die Ausführungen zu den verfassungsrechtlichen Vorgaben im 3. Teil § 3B.I.3.a).

955 Diese Begrifflichkeit wird verwendet von BIRK/KONZEN/LÖWISCH/RAISER/SEITER, „Professorenentwurf", S. 20; KONZEN, AcP 177, S. 473, 514; ZÖLLNER/LORITZ, Arbeitsrecht, § 40 VI 4b, S. 462.

956 So benannt von MünchArbR/*OTTO*, § 2. Auflage, § 278 Rn. 122, 125.

957 Zur Herstellung der Funktionsfähigkeit des Tarifsystems als Ziel des Arbeiskampfs vgl. im 3. Teil § 3B.I.3.b).

958 So auch LÖWISCH/RIEBLE, Arbeitskampf- und Schlichtungsrecht, 170.1, Rn. 76; WANK, FS Kissel, S. 1225, 1235.

959 Statt vieler: HUECK/NIPPERDEY/SÄCKER, Bd. II/2, S. 1028ff.; BROX/RÜTHERS, Arbeitskampfrecht, Rn. 165; LIEB, Arbeitsrecht, Rn. 604.

960 BAG 21.4.1971, AP Art. 9 GG Arbeitskampf Nr. 43; AUKTOR, Der Wellenstreik im System des Arbeitskampfrechts, S. 42; BROX/RÜTHERS, Arbeitskampfrecht, Rn. 165; DÄUBLER/*SCHUMANN*, Arbeitskampfrecht, Rn. 204b; ErfK/*SCHLACHTER*, 2. Auflage, Art. 9 GG Rn. 113; HANAU/ADOMEIT, Arbeitsrecht, Rn. 300; LIEB, Arbeitsrecht, Rn. 604; LÖWISCH/RIEBLE, Arbeitskampf- und Schlichtungsrecht, 170.2, Rn. 218, 231; MünchArbR/*OTTO*, § 285 Rn. 157ff.; SEITER, Streikrecht und Aussperrungsrecht, S. 532ff.; ZÖLLNER/LORITZ, Arbeitsrecht, § 49 VI 4 b), S. 462.

und Instandhaltungsarbeiten[961]. Umstritten ist, ob sich aus dem Gebot zu einer fairen Kampfführung darüber hinaus auch die Notwendigkeit ergibt, den Gegner über Beginn und Ende der Kampfaktion rechtzeitig zu unterrichten[962].

(2) *Meinungsstand*

(a) *Pflicht zur Information der Gegenseite über Beginn und Ende der einzelnen Streikwelle*

*RIEBLE*[963] ist der Ansicht, der Wellenstreik verstieße gegen das Fairnessgebot, da der Gegner über Beginn und Ende der Kampfaktion nicht rechtzeitig unterrichtet würde. Die Unfairness des Wellenstreiks gründe sich dabei darauf, dass der Hauptfaktor für die Druckausübung beim Wellenstreik nicht in der Arbeitsniederlegung liege, sondern vielmehr in der durch die mangelnde Information hervorgerufenen Unsicherheit des Arbeitgebers darüber, wo, wann und wie lange mit Arbeitsniederlegungen zu rechnen sei. Aus diesem Umstand ergebe sich die Notwendigkeit, die Gegenseite über Beginn und Ende der jeweiligen Kampfhandlung rechtzeitig in Kenntnis zu setzen[964]. Dem Proportionalitätsgedanken sei erst Genüge getan, wenn nicht nur eine frühzeitige Ankündigungserklärung erfolgen würde, sondern diese darüber hinaus die Eckpunkte der geplanten Arbeitskampfmaßnahme, wie Zeitpunkt ihres ungefähren Beginns, ihre Dauer und Lokalität beinhalten würde.

*RIEBLE* lenkt für die Begründung seiner Ansicht den Blick auf das Vertragsrecht[965]. Zivilrechtlich sei es verboten, dem Vertragspartner die geschuldete Leistung ohne Ankündigung vorzuenthalten. Der Vertragpartner sei verpflichtet, seinen Gegenüber durch rechtzeitige Kündigungserklärung über das Ausbleiben der Vertragsleistung zu informieren. Selbst wenn die Kündigungserklärung nicht fristgebunden sei, dürfe eine Kündigung nicht zur „Unzeit“ ergehen. Dieser Rechtsgedanke komme u.a. in den §§ 627 Abs. 2, 671 Abs. 2, 675 2. HS BGB

---

[961] BAG 30.3.1982, AP Art. 9 GG Arbeitskampf Nr. 74; BROX/RÜTHERS, Arbeitskampfrecht, Rn. 165; DÄUBLER/*SCHUMANN*, Arbeitskampfrecht, Rn. 224; HANAU/ADOMEIT, Arbeitsrecht, Rn. 300; LIEB, Arbeitsrecht, Rn. 604; LÖWISCH/RIEBLE, Arbeitskampf- und Schlichtungsrecht, 170.2, Rn. 218ff.; MünchArbR/*OTTO*, § 285 Rn. 138ff.

[962] Zum Streitstand: RIEBLE, SAE 1996, S. 281, 286f; REUTER, JuS 1997, S. 761; AUKTOR, Der Wellenstreik im System des Arbeitskampfrechts, S. 44ff.

[963] RIEBLE, SAE 1996, S. 285, 286; vergleichbar REUTER, JuS 1997, S. 761.

[964] Das Erfordernis, Beginn, Ende und Lokalität der einzelnen Streikaktionen bekannt geben zu müssen, sieht auch der Entwurf eines Streikgesetzes in Spanien vor, vgl. REITZE, RdA 1993, S. 300f.

[965] RIEBLE, SAE 1996, S. 285, 286.

deutlich zum Ausdruck. Für den Arbeitskampf könne daher nichts anderes gelten.

(b) *Keine Ankündigungspflichten hinsichtlich der einzelnen Welle*

*AUKTOR*[966] lehnt eine derartige Eingrenzung des Wellenstreiks durch die Auferlegung einer Ankündigungspflicht aus dem Gesichtspunkt des Fairnessgebots ab. Beim Wellenstreik handele es sich um ein lauteres Kampfmittel. Schon aus diesem Grund könne ihm das Fairnessgebot nicht entgegenstehen. Vertragsorientierte Begründungsansätze, wie sie *RIEBLE* liefere, könnten eine Bindung dieses Kampfmittels an Ankündigungspflichten hinsichtlich Beginn und Beendigung nicht stützen.

*AUKTOR*[967] verweist zudem auf den Umstand, dass die Konkretisierung des Prinzips der fairen Kampfführung durch die Bildung von Fallgruppen in Rechtsprechung und Lehre bislang nur zur Anerkennung eines Verbots des „vernichtenden" bzw. „ruinösen" Arbeitskampfes[968], der Pflicht der Wiederherstellung des Arbeitsfriedens sowie zur Wiederaufnahme der Arbeit nach Beendigung des Arbeitskampfes[969] geführt habe. Da der Wellenstreik offensichtlich keines der beiden Gebote verletze, könne er auch nicht unter dem Gesichtspunkt der unfairen Kampfführung eingeschränkt werden.

(3) *Stellungnahme*

Die Kritik *AUKTORS* an der Ansicht *RIEBLES* überzeugt nicht. Bereits die Begründung, Wellenstreiks seien ein an sich lautere Arbeitskampfmittel und daher nicht durch den Fairnessgrundsatz beschränkbar[970], geht fehl und stellt einen Zirkelschluss dar. Man wird kaum bestreiten können, dass der klassische Flächenstreik ein an sich lauteres Kampfmittel ist. Dennoch unterliegt er anerkanntermaßen den Einschränkungen nach Maßgabe des Fairnessgebotes, etwa der Notwendig-

---

966 AUKTOR, Der Wellenstreik im System des Arbeitskampfrechts, S. 44ff.

967 AUKTOR, a.a.O., S. 42.

968 AUKTOR, Der Wellenstreik im System des Arbeitskampfrechts, S. 42 unter Hinweis auf BAG GS 21.4.1971, AP Art. 9 GG Arbeitskampf Nr. 43; BROX/RÜTHERS, Arbeitskampfrecht, Rn. 165; ErfK/*SCHLACHTER*, 2. Auflage, Art. 9 GG Rn. 113; LÖWISCH/RIEBLE, Arbeitskampf- und Schlichtungsrecht, 170.2, Rn. 218, 231; MünchArbR/*OTTO*, § 285 Rn. 157ff.; SEITER, Streikrecht und Aussperrungsrecht, S. 532ff.; ZÖLLNER/LORITZ, Arbeitsrecht, § 49 VI 4 b), S.462.

969 AUKTOR, a.a.O., unter Hinweis auf BAG GS 21.4.1971, AP Art. 9 GG Arbeitskampf Nr. 43; ErfK/*SCHLACHTER*, 2. Auflage, Art. 9 GG Rn. 113; HROMADKA/MASCHMANN, Arbeitsrecht, Bd. 2, § 14 Rn. 67; LÖWISCH/RIEBLE, Arbeitskampf- und Schlichtungsrecht, 170.2, Rn. 218.

970 AUKTOR, a.a.O., S. 43.

keit einer Durchführung von Erhaltungs- und Notdienstarbeiten. Nichts anderes gilt für andere, an sich lautere Kampfmittel.

Entscheidend ist vielmehr die Frage, ob der Wellenstreik in der vorgeschlagenen Weise eingeschränkt werden muss. Im Ergebnis sprechen dabei die gewichtigeren Argumente für eine Beschränkung des Wellenstreiks durch die Auferlegung einer gehaltvollen Ankündigungspflicht.

Einer solchen Auflage für den Wellenstreikeinsatz steht zunächst - anders als *AUKTOR* meint - entgegen, dass keine der anerkannten Fallgruppen des Prinzips der fairen Kampfführung beim Einsatz dieses Kampfmittels einschlägig ist. *AUKTOR* selbst hat darauf hingewiesen, es bedürfe der Bildung von Fallgruppen im Rahmen der Konkretisierung des Prinzips der fairen Kampfführung. Es handelt sich somit auch nach der Auffassung *AUKTORS* bei dem Prinzip um einen offenen und daher konkretisierungsbedürftigen Tatbestand. Damit weist *AUKTOR* auf den Schwachpunkt seiner Argumentation selbst hin. Denn er verweist auf die Vorschriften der §§ 242, 138 BGB. Hier wie dort ist die Bildung neuer Fallgruppen gerade nicht ausgeschlossen. *RIEBLE* zielt mit seiner arbeitskampf- und vertragsdogmatischen Herleitung der Ankündigungspflichtigkeit einzelner Arbeitskampfmaßnahmen auf nichts anderes als die Bildung einer neuen Fallgruppe ab. Anders als *AUKTOR* zu suggerieren versucht, ist diese Fallgruppe in Rechtsprechung und Literatur bislang weder nicht gesehen noch abgelehnt worden. Das Bundesarbeitsgericht[971] hat sich in der Vergangenheit ausdrücklich für eine Verpflichtung zur Mitteilung über den Beginn einer Aussperrung als Ausfluss des Fairnessgebots ausgesprochen. Und auch der sog. „Professorenentwurf"[972] sieht in seinen §§ 7, 11 Abs. 3 aus Fairnessgründen die Notwendigkeit einer Ankündigung von Beginn und Beendigung für jede einzelne Kampfmaßnahme mit einer Zwölf-Stunden-Frist vor.

Für die Herleitung der Ankündigungsfrist als Ausfluss des Fairnessgebots greift *RIEBLE* auf das Vertragsrecht zurück. Diese Herleitung überzeugt, wie die folgenden Überlegungen belegen. Dem vertragsrechtlichen Ansatz *RIEBLES* könnte allenfalls entgegengehalten werden, dass er von der Übertragbarkeit der allgemein anerkannten zivilrechtlichen Grundsätze auf das Arbeitskampfrecht ausgeht, ohne dies überhaupt verifiziert zu haben. Im Ergebnis greift diese Kritik

---

971 BAG 27.6.1995, AP Art. 9 GG Arbeitskampf Nr. 137. Das BAG hat sogar für den Beginn von Warnstreiks eine Ankündigungserklärung gefordert, diese allerdings mit der aus zivilrechtlicher Warte fragwürdigen Erleichterung, dass die Beendigungserklärung dem Arbeitgeber nicht zugehen müsse: BAG 31.10.1995, EzA Art. 9 GG Arbeitskampf Nr. 123; siehe zu dieser Frage ausführlich unter 3. Teil § 3B.II.3.a).

972 BIRK/KONZEN/LÖWISCH/RAISER/SEITER, Gesetz zur Regelung kollektiver Konflikte, 1988.

aber nicht durch, da überzeugende Argumente für eine solche Anwendung der zivilrechtlichen Grundsätze im Arbeitskampfrecht sprechen:

Zentrales Mittel eines wettbewerbs- und marktorientierten Arbeitskampfsystems[973] ist die Zurückhaltung der eigenen arbeitsvertraglichen Leistung und damit die kollektive Verknappung des Arbeits(kräfte)angebots[974]. Das Arbeitskampfrecht ist demnach untrennbar mit dem Vertragsverhältnis zwischen Arbeitnehmer und Arbeitgeber verbunden, so dass eine Anknüpfung an die Regelungsmaterie des Vertragsrechts nahe liegt.

Dem steht auch nicht entgegen, dass durch den Arbeitskampf die vertraglichen Pflichten suspendiert werden. Diese Folge tritt nämlich erst ein, wenn der Arbeitskampf zulässigerweise aufgenommen worden ist. Bis dahin bleibt das Vertragssystem mit seinen Rechten und Pflichten in Kraft. Geht es also um den Beginn des rechtmäßigen Einsatzes eines Kampfmittels, kann die Rechtsfolge „Suspendierung" noch keine Berücksichtigung finden.

Des Weiteren ist zu berücksichtigen, dass nach ganz herrschender Auffassung dem Arbeitgeber ein Recht auf Einsatz von Arbeitswilligen, auf Werben für die Nichtteilnahme am Streik und auf Vergabe von Aufträgen an Subunternehmer durchaus zugestanden wird. Kurz gesagt, dem Arbeitgeber wird das Recht zugesprochen, den Versuch einer Kompensation streikbedingter Ausfällen zu unternehmen. Wenn dem aber so ist, kann die Ausübung dieses Rechts nur dadurch gewahrt werden, dass unangekündigte oder zu kurzfristige Streiks als Verstoß gegen das Fairnessgebot und damit als unzulässig angesehen werden[975].

Legt man dies einmal zugrunde, so ist nicht nur irgendeine sinnentleerte Erklärung über den Streikbeginn zu fordern. Vielmehr muss die Erklärung so ausgestaltet sein, dass der Arbeitgeber sich auf das ihm Bevorstehende angemessen vorbereiten kann. Demnach wäre eine zeitige und präzisierte Angabe des Streikbeginns, des Streikumfangs und des ungefähren Beendigungszeitpunktes zu fordern.

Im Ergebnis ist es *RIEBLE* gelungen, aus zivilrechtlichen und arbeitsrechtlichen Erwägungen heraus, berechtigte und gewichtige Interessen der Arbeitgeberseite herzuleiten, die letztlich zu einer Ankündigungspflicht für Kampfmaßnahmen führen, wenn diese nicht unmittelbar durch ihren Einsatz, sondern durch ihre besondere taktische Vorgehensweise, einen wirtschaftlichen Druck auf den Ar-

---

973 Vgl. dazu schon die Ausführungen im 3. Teil § 3A.II.

974 Dazu bereits ausführlich im 3. Teil § 3A.II.2.d)(2). Grundlegend dazu PICKER, Vertragsprinzip oder Kampfprinzip, 1988, S. 63; RIEBLE, Arbeitsmarkt und Wettbewerb, 1997, Rn. 1312ff.

975 So auch RIEBLE, SAE 1997, S. 285, 286.

beitgeber erzeugen. Die wesentlichen Gesichtspunkte sprechen daher für eine detaillierte Ankündigungspflicht von Wellenstreikmaßnahmen. Das muss selbst dann gelten, wenn der Wellenstreik aufgrund dieser Auflage leerzulaufen droht. Wird der Wellenstreik also aufgenommen, ohne die Gegenseite vorher über Zeit und Ort zu informieren, oder wird der Wellenstreik ohne eine dahingehende Ankündigung beendet, so ist darin eine rechtswidrige Arbeitskampfführung zu sehen.

b) Gemeinwohlbindung und der Spezialistenstreik im Bereich der Daseinsfürsorge

(1) *Problemstellung*

Durch die Art und Weise der Führung des Arbeitskampfes kann das Gemeinwohl betroffen werden. Regelmäßig ist das der Fall, wenn Funktionseliten im Bereich der Daseinsfürsorge ihre Arbeit niederlegen[976]. Ihr Streik führt aufgrund ihrer exponierten Stellung im Betrieb nicht nur zu erheblichen und umfangreichen Ausfällen im übrigen Unternehmen, sondern zudem zu einer erheblichen Betroffenheit der Allgemeinheit.

Als Beispiel sei der im Jahre 2001 durch die Vereinigung Cockpit e.V. organisierte Streik von Flugzeugpiloten der Deutschen Lufthansa und ihrer Tochter- und Beteiligungsunternehmen genannt. Dieser Arbeitskampf zog die Aufmerksamkeit der Öffentlichkeit nicht nur wegen der bislang in der Tarifgeschichte einmaligen Forderung nach Erhöhung der Löhne um 26% auf sich[977]. Sondern er erlangte auch deshalb besondere Bedeutung, weil er enorme Auswirkung für die Allgemeinheit nach sich zog. Diese lagen im wesentlichen in einem hohen Grad von Nichterfüllungen der Transportverpflichtung durch den bestreikten Arbeitgeber, die weder durch die anderen Fluggesellschaften, noch durch andere Unternehmen wie der Deutschen Bahn AG aufgefangen werden konnten. Daneben kam es zu erheblichen Wartezeiten bei gleichzeitiger Überfüllung der Flughäfen. Schäden in Millionenhöhe für die Volkswirtschaft waren die Folge dieser Arbeitsniederlegung.

---

[976] Vgl. zu dieser Problematik die grundlegenden Arbeiten von RÜTHERS, ZfA 1987, S. 1ff.; LÖWISCH, ZfA 1988, S. 137ff. und SCHERER, Grenzen des Streikrechts in Arbeitsbereichen der Daseinsfürsorge, 2000.

[977] Schon aufgrund der Höhe der Tarifforderung könnte der Arbeitskampf als rechtsmißbräuchlich angesehen werden. Dagegen spricht jedoch der vom Bundesverfassungsgericht, BVerfG 26.6.1991, BVerfGE 84, S. 212, 230f., bestätigte Grundsatz, dass eine Tarifzensur nicht stattfindet. Ein staatlicher Lohnstopp oder eine Festsetzung von Höchstlöhnen wäre mithin mit der Tarifautonomie nicht vereinbar; ebenso MünchArbR/*OTTO*, § 282 Rn. 93.

(2) *Rechtliche Würdigung*

Wie die Besonderheit des Spezialistenstreiks im Bereich der Daseinsfürsorge zu behandeln ist, ist höchst umstritten. Ende der achtziger Jahre war die Problematik erstmals Gegenstand einer umfangreichen Diskussion. *RÜTHERS*[978] und *LÖWISCH*[979] haben damals wesentliche Arbeiten zur Frage der Notwendigkeit von Modifikation der Rechtmäßigkeitsvoraussetzung des Arbeitskampfes für Arbeitsniederlegungen durch Arbeitnehmer in Kernpositionen von Betrieben am Beispiel des Luftverkehrs beigesteuert[980]. Ihre Erwägungen gilt es in Anbetracht der aktuellen Entwicklungen bei den Luftfahrtunternehmen, der Situation in Krankenhäusern und im Hinblick auf den „IT-Spezialistenstreik" aufzugreifen.

*RÜTHERS* und *LÖWISCH* konzentrieren ihre Aufmerksamkeit auf vier rechtliche Determinanten. Eine erste bildet die Parität und dabei vornehmlich die Frage, ob und inwieweit bei einem Spezialistenstreik eine reale Möglichkeit zur Erzeugung eines paritätsnotwendigen Gegendrucks in der jeweiligen Kampflage durch die Arbeitgeberseite vorhanden ist[981]. In engem Zusammenhang mit der Paritätswahrung der Arbeitskampfmaßnahme steht dann die Notwendigkeit der Wahrung der Verhältnismäßigkeit und einer „fairen" Kampfführung. Die im Ergebnis aber ausschlaggebende Frage war damals und ist es auch heute noch, ob und für welche Tätigkeiten eine Bindung der Tarifparteien an das allgemeine Wohl besteht und zu welchen Einschränkungen des Arbeitskampfrechts auf Arbeitnehmerseite eine solche Bindung führen kann.

(a) *Bindung der Arbeitskampfparteien an das Gemeinwohl*

(i) Generelle Bindung der Koalitionen an das Gemeinwohl

Hinsichtlich der generellen Bindung der Tarifvertragsparteien an das Gemeinwohl ist auf eine Entscheidung des Großen Senats des Bundesarbeitsgerichts aus dem Jahr 1971 zu verweisen[982]. Danach haben die Arbeitskampfparteien die In-

---

[978] RÜTHERS, ZfA 1987, S. 1ff.

[979] LÖWISCH, ZfA 1988, S. 137ff.

[980] Vgl. dazu die grundlegenden Entscheidungen des Bundesgerichtshofs: BGH 31.1.1978, NJW 1978, S. 816ff.; BGH 16.6.1977, BGHZ 69, S. 128ff., wonach dieses Verhalten an § 826 BGB zu messen sei. Zu beachten ist aber, dass es sich bei den „Streikenden" um Beamten handelte, weshalb bereits eine Anwendung arbeitskampfrechtlicher Vorschriften verneint wurde.

[981] Vgl. dazu 3. Teil § 3B.II.2.a).

[982] BAG 21.4.1971, AP Art. 9 GG Arbeitskampf Nr. 43; vergleichbar ist auch der Bundesgerichtshof in der sogenannten „Fluglotsenentscheidung", BGH 31.1.1978, BGHZ 70, S. 277ff. Gegenstand der Entscheidung waren streikähnliche Aktionen von Fluglotsen, die das Gericht als sittenwidrig i.S. des § 826 BGB ansah, u.a. weil die Lotsen ihre Arbeit nicht gänzlich

teressen der Allgemeinheit zu berücksichtigen, woraus die Notwendigkeit erwachsen könne, das Recht auf Arbeitskampf zum Wohle der Allgemeinheit einzuschränken. Dem hat sich die ganz überwiegende Ansicht in der Lehre angeschlossen[983]. Die grundsätzliche Bindung der Tarifvertragsparteien an das Gemeinwohl wurde später auch durch das Bundesverfassungsgericht bestätigt[984]:

> *"Selbstverständlich müssen auch die Gewerkschaften angesichts der Bedeutung ihrer Tätigkeit für die gesamte Wirtschaft und ihres (auch geistigen) Einflusses auf weitere Bereiche des öffentlichen Lebens bei allen ihren Aktivitäten das Gemeinwohl berücksichtigen".*

Unter dem Hinweis darauf, die vom Bundesarbeitsgericht aufgestellte Schranke der Gemeinwohlbindung sei dem Wortlaut des Art. 9 Abs. 3 GG nicht zu entnehmen, wird diese in Rechtsprechung und Literatur herrschend vertretene Ansicht vereinzelt angegriffen[985]. Gegen die vom Großen Senat befürwortete Bindung des Arbeitskampfes an das Gemeinwohl spreche bereits, dass Art. 9 Abs. 3 GG den Arbeitskampf selbst dann zulasse, wenn sich die Bundesrepublik Deutschland in einem Notstand befinde. Vor diesem Hintergrund könne ein genereller Gemeinwohlvorbehalt nicht richtig sein[986]. Zur Begründung wird ergänzend angeführt, die Grenze des „Gemeinwohls" sei viel zu unbestimmt, um als wirksame Schranke des Arbeitskampfrechts Anerkennung finden zu können[987].

Dieser Kritik an Rechtsprechung und herrschender Lehre ist entgegenzuhalten, dass die Gemeinwohlbindung nicht nur - wie auch die Gesetzgebungsmaterialien zu Art. 9 Abs. 3 GG belegen[988] - der historischen Entwicklung des Streikrechts entspricht. In unserer Rechtsordnung finden sich des Weiteren zahlreiche gesetzliche Belege dafür, dass die Interessen Einzelner zurückstehen zu stehen

---

niederlegten, sondern ihren „Dienst nach Vorschrift" versahen. Gleichzeitig sah er für diese Beurteilung als entscheidend an, dass die Arbeitskampfpartei die besonderen Auswirkungen auf die Allgemeinheit strategisch dazu nutzte, den Druck auf die Gegenseite erheblich zu erhöhen.

983 GAMILLSCHEG, KollArbR I, S. 1174; BROX/RÜTHERS, Arbeitskampfrecht, Rn. 194; REUTER, ZfA 1990, S. 547ff.; SEITER, Streikrecht und Aussperrungsrecht, S. 543; MünchArbR/*OTTO*, § 282 Rn. 87f.

984 BVerfG 18.12.1974, BVerfGE 38, S. 281, 307.

985 DÄUBLER/*BIEBACK*, Arbeitskampfrecht, Rn. 495.

986 DÄUBLER/*BIEBACK*, Arbeitskampfrecht, Rn. 496.

987 KALB, RdA 1994, S. 385 ff., 390; KEMPEN, AuR 1990, S. 237; SCHWARZE, JuS 1994, S. 653ff.

988 "Beschränkungen sind nur im Interesse des Allgemeinwohls und nur durch förmliches Gesetz möglich" (Vorschlag des Allgemeinen Redaktionsausschusses des Parlamentarischen Rates zu Art. 9 Abs. 3 GG , JböR 1951, 119); siehe auch SEITER, Streikrecht und Aussperrungsrecht, S. 543 ff. und HANAU/THÜSING, Tarifautonomie im Wandel, S. 35, 61.

haben, soweit sie zu unangemessenen Nachteilen für die Allgemeinheit führen. Neben Art. 14 GG seien in diesem Zusammenhang § 228 BGB und § 323c StGB genannt[989]. Dementsprechend ist davon auszugehen, dass die Gemeinwohlbindung der Tarifvertragsparteien[990] sich ganz generell auf koalitionsspezifisches Verhalten erstreckt und mithin auch auf die Durchführung von Arbeitskämpfen.

*(ii)* Daseinsfürsorge und Gemeinwohlbindung

Steht die Bindung der Arbeitskampfparteien an das Wohl der Allgemeinheit fest, bleibt zu klären, welche Dienstleistungen überhaupt dem Bereich der Daseinsvorsorge, zugeordnet werden können bzw. müssen. Vor dem Hintergrund, dass nicht jeglicher, die Allgemeinheit irgendwie mittelbar berührender Dienstausfall zur Beschränkung führen kann (hinzuweisen wäre etwa auf die Arbeitsniederlegung von Frisören oder Malern), bedarf es für die Bewertbarkeit von Spezialistenstreiks einer Zuordnung von Dienstleistungen zum Bereich der Daseinsfürsorge.

Über das Ergebnis einer solchen Subsumtion unter den Daseinsversorgungsbegriff herrscht im besonderen für den im hier verwandten Beispiel herangezogenen Bereich des öffentlichen Verkehrs Uneinigkeit. Unbestritten setzt die Zuordnung eines Dienstleistungsbereichs voraus, dass es sich bei den fraglichen Leistungen um solche handeln muss, die von ganz besonderer Bedeutung für die Allgemeinheit sind. Das hat das Bundesverfassungsgericht für Versorgungsleistungen, die Leben und Gesundheit der Menschen betreffen, ausdrücklich bejaht[991]. Diese Schutzgüter seien die „vitale Basis der Menschenwürde" und nähmen daher von Verfassungs wegen eine exponierte Position ein.

*LÖWISCH* und *KRAUß* sehen vor diesem Hintergrund die Dienstleitungen der Deutschen Bahn AG nicht als dem Bereich der Daseinsvorsorge zugehörig an. Hieraus muss wohl auch gefolgert werden, dass sie gleiches für die Luftfahrt vertreten würden[992]. Wie auch das überwiegende Schrifttum im öffentlichen Recht[993] unterstellt *OTTO* jedweden Nah- und Fernverkehr der Daseinsvorsorge. Auch der sog. „Professorenentwurf"[994] nennt in § 11 Abs. 2 als zu sichernden

[989] Ebenso HANAU/THÜSING, a.a.O.

[990] Ausführlich WIEDEMANN, TVG, Einleitung, Rn. 345 ff.

[991] BVerfG 25.2.1975, BVerfGE 39, S. 1, 42.

[992] LÖWISCH/KRAUß, Arbeitskampf und Schlichtungsrecht, 170.9 Rn. 23, S. 426. In diese Richtung werten auch HANAU/THÜSING, Tarifautonomie im Wandel, S. 35, 43, den Beitrag von LÖWISCH/KRAUß.

[993] Grundlegend FORSTHOFF, Der Staat als Industriegesellschaft, 1971, S. 75ff.; OSSENBÜHL, DÖV 1971, S. 513; MAURER, Allgemeines Verwaltungsrecht, S. 16ff.

[994] BIRK/KONZEN/LÖWISCH/RAISER/SEITER, Gesetz zur Regelung kollektiver Konflikte, 1988.

Bestand der Mindestversorgung die Gesundheit, die Nahrung, die Post und den Verkehr.

Eine Beschränkung der der Daseinsführsorge zurechenbaren Dienstleistungsbereiche auf die vom Bundesverfassungsgericht anerkannten Fallgruppen, wie sie *LÖWISCH* und *KRAUß* befürworten, würde den Bereich der Daseinsvorsorge zu eng festschreiben. Vielmehr scheint es angezeigt, unter Abwägung der Interessen der Streikenden mit denen der Allgemeinheit die Grenzen der Daseinsfürsorge zu bestimmen. Im Ergebnis dürften dann, der Regelung in § 11 des „Professorenentwurfes" entsprechend, die Bereiche der Energie- und Wasserversorgung, der Feuerwehr, des Postwesens und des Verkehrs der Daseinsfürsorge zugeordnet werden[995].

Dafür spricht, dass über Zeit- und Ländergrenzen hinweg, die Funktionsfähigkeit dieser Dienstleistungsbereiche als besonders schützenswert angesehen wurde. Untermauert wird dies durch die Sonderstellung von Versorgungstätigkeiten in unserer Rechtsordnung. Es finden sich Monopol- und Pflichtleistungstatbestände für alle soeben genannten Leistungen: §§ 11 Abs. 2 und 3 PostG für die Post, § 10 EnEG für die Versorgungsleistung mit Strom und Gas, §§ 22, 47 PBefG für den Personennahverkehr und § 21 Abs. 2 Satz 2 LuftVerkG. In all diesen Normen wird aufgrund einer Zuordnung dieser Tätigkeitsbereiche zur Daseinsversorgung die Vertragsfreiheit aus Aspekten des Schutzes der Allgemeinheit zurückgedrängt. Entsprechendes muss auch für das Arbeitskampfrecht gelten, da es der kollektiven, privatautonomen Regelung von Arbeitsbedingungen durch die Tarifvertragsparteien dient.

(b) *Folgen für die Rechtmäßigkeit des Arbeitskampfes*

Schließlich bestehen erhebliche Differenzen in Rechtsprechung und Literatur über die Auswirkungen der bestehenden Bindung an das Allgemeinwohl hinsichtlich Art und Umfang der Folgen für die Kampfberechtigung der in den genannten Dienstleistungsbereichen tätigen Kampfparteien.

Allerdings lassen sich zwei Punkte als nahezu unumstößlich festhalten. Erstens: In Bereichen der lebensnotwendigen Versorgung der Allgemeinheit – wie etwa der medizinischen Versorgung durch staatlich betriebene Krankenhäuser – kann solchen Arbeitnehmern, die existentiell notwendige Tätigkeiten für diese Versorgungsleistung erbringen, ein Recht zur gänzlichen Arbeitsniederlegung nicht zugesprochen werden[996]. Zweitens: Arbeitskämpfe, die konzeptionell darauf ge-

---

[995] So auch HANAU/THÜSING, Tarifautonomie im Wandel, S. 35, 57.

[996] Allgemeine Meinung: BAG 19.1.1962, AP § 2 TVG Nr. 13; HUECK/NIPPERDEY/SÄCKER, Bd. II/2, S. 984; ZÖLLNER/LORITZ, Arbeitsrecht, § 40 VI 7, S. 464ff.; GAMILLSCHEG, Kol-

richtet sind, hohe Schäden bei Unbeteiligten Dritten hervorzurufen, um den dadurch in der betroffenen Bevölkerung entstehenden Unmut als Druckmittel gegen den Arbeitgeber einzusetzen, widersprechen der Funktionsweise des Tarif- und Arbeitskampfsystems und sind demnach als rechtswidrig einzustufen[997].

Das Bundesarbeitsgericht hat es in seiner „Fluglotsenentscheidung" im Ergebnis nicht anders gesehen:

> *„Ganz entscheidend fällt im Streitfall zudem das ungewöhnliche, weit über das mit Streiks sonst verbundene Maß von Nachteilen und Belastungen für 'Unbeteiligte' ins Gewicht, die keinerlei Einfluss auf diese Vorgänge nehmen konnten. Die planmäßige und ausgedehnte Störung der Flugsicherung war bewusst in die Hauptreisezeit gelegt und deshalb ein besonders großer Personenkreis monatelang schweren Beeinträchtigungen und Gefährdungen ausgesetzt; Millionenschäden für die Volkswirtschaft wurden angerichtet: Nicht als bloße Nebenwirkung eines Arbeitskampfes, was je nach Lage des Falls hingenommen werden müsste, sondern zur Verstärkung des auf die Kl. ausgeübten Drucks als strategisches Mittel der Maßnahmen selbst."*

Zwar hat das Gericht in diesem Zusammenhang von der Vorgehensweise auf eine Sittenwidrigkeit des Arbeitskampfes i.S. des § 826 BGB geschlossen, jedoch für die Frage der Rechtmäßigkeit ergibt sich letztlich nichts anderes.

Für die noch übrigen Fälle des Elitenstreiks im Bereich nicht lebensnotwendiger Daseinsvorsorge und bei bloß faktischen Folgen für die Allgemeinheit verbleibt dennoch Klärungsbedarf:

§ 2 Abs. 2 des „Professorenentwurfs"[998] löst diese Problematik, indem er Kampfmaßnahmen, welche die Allgemeinheit unverhältnismäßig belasten, für unzulässig erklärt. Gemäß § 11 des Gesetzesvorschlags haben die Kampfparteien gemeinsam dafür zu sorgen, dass die zur Befriedigung der elementaren persönlichen, sozialen und staatlichen Bedürfnisse erforderliche Mindestversorgung aufrechterhalten bleibt. Dem entspricht im Ergebnis auch die Arbeit von

---

lArbR I, S. 987ff.; LÖWISCH/KRAUß, Arbeitskampf und Schlichtungsrecht, 170.9, Rn. 21; ErfK/*KISSEL*, 1. Auflage Art. 9 GG, Rn. 108; ErfK/*SCHLACHTER*, 2. Auflage, Art. 9 GG, Rn. 108; ErfK/*DIETERICH*, Art. 9 GG, Rn. 180; SEITER, Streikrecht und Aussperrungsrecht, S. 552; SCHERER, Grenzen des Streikrechts in Arbeitsbereichen der Daseinsfürsorge, S. 166.

997 ZÖLLNER/LORITZ, Arbeitsrecht, § 40 VI 7, S. 464ff.; GAMILLSCHEG, KollArbR I, S. 987ff.; SEITER, Streikrecht und Aussperrungsrecht, S. 552; SCHERER, Grenzen des Streikrechts in Arbeitsbereichen der Daseinsfürsorge, S. 166. Wegen der sich dabei ergebenden paritätsspezifischen Problematik vgl. die Ausführungen im 3. Teil § 3B.II.2.a).

998 BIRK/KONZEN/LÖWISCH/RAISER/SEITER, §§ 2 und 11.

*RÜTHERS* zur Zulässigkeit von Arbeitsniederlegung im Bereich des Luftverkehrs, der sich bei nicht substituierbaren Leistungen an die Allgemeinheit für eine Unzulässigkeit des Arbeitskampfes aus Gründen der Parität und der Bindung an das Gemeinwohl ausspricht[999].

Völlig entgegengesetzt argumentiert *LÖWISCH*, der nicht nur jegliche Paritätsbetroffenheit verneint, sondern auch die Gemeinwohlbindung auf nur „ganz unerträgliche Folgen" für die Allgemeinheit determiniert sieht. Erst wenn die existenznotwendigen Grundlagen für die Bevölkerung in Frage stünden, oder die Funktionsfähigkeit der staatlichen Organe in Gefahr seien, sei eine Unzulässigkeit des Arbeitskampfes anzunehmen[1000]. Zwischen diesen beiden Extrempositionen wird schließlich die Auffassung vertreten, dass zwar einerseits eine Verpflichtung zur Vornahme von Notstands- und Erhaltungsarbeiten angenommen werden müsse, andererseits aber ein generelles Streikverbot im Bereich der Daseinsvorsorge von den oben genannten Sonderfällen einmal abgesehen abzulehnen sei[1001].

Der letzten, vermittelnden Ansicht gebührt der Vorzug. Für Tätigkeiten lebensnotwendiger Versorgung der Allgemeinheit, wie sie etwa die medizinische Grundversorgung darstellt, ist es erforderlich, ein (umfängliches[1002]) Streikrecht nicht zuzusprechen. Demgegenüber ist unter Berücksichtigung der praktischen Konkordanz eine gänzliche Einschränkung der Arbeitskampfbetätigung nicht erforderlich, um eine ausreichende Versorgung der Allgemeinheit sicherzustellen. Abstriche sind hier auf beiden Seiten zu machen.

Allem voran steht dabei die Durchführung von Notstandsarbeiten zur Vermeidung erheblicher Nachteile für die Allgemeinheit. Art und Weise der Durchführung sind im einzelnen an die gegebenen Umstände der Branche anzupassen. Hinsichtlich der Organisation und Durchsetzung der Notdienstarbeiten gilt, dass es vorrangig Aufgabe der Kampfparteien ist, geeignete Modalitäten für den Einzelfall zu finden. Kommt keine Einigung zustande, ist eine Notkompetenz des Arbeitgebers zu bejahen, die es ihm ermöglicht, die erforderlichen Maßnahmen selbst zu treffen[1003]. Mit der Anerkennung einer Verpflichtung zur Verrichtung

---

[999] RÜTHERS, ZfA 1987, S.1, 42ff.

[1000] LÖWISCH, ZfA 1988, S. 137, 148ff.

[1001] Vgl. etwa KALB, Arbeitskampfrecht, S. 86; ErfK/*KISSEL*, 1. Auflage 1998, Art. 9 GG, Rn. 106; ErfK/*SCHLACHTER*, 2. Auflage 2000, Art. 9 GG, Rn. 106; ErfK/*DIETERICH*, Art. 9 GG, Rn. 180; SCHERER, Grenzen des Streikrechts in Arbeitsbereichen der Daseinsfürsorge, S. 166; SEITER, Streikrecht und Aussperrungsrecht, S. 552.

[1002] Vgl. die Ausführungen zur partiellen Arbeitsniederlegung im 3. Teil § 3A.II.3.b)(1)(d).

[1003] Offegelassen vom Bundesarbeitsgericht, BAG 31.1.1995, EzA Art. 9 GG Arbeitskampf Nr. 119. Anders aber die Instanzgerichte und die überwiegende Lehre: LAG Franfurt 22.4.1969, AuR 1970, S. 349, 351; LAG Niedersachsen 1.2.1980, DB 1980, S. 2041;

von Notdiensten, geht die Verpflichtung zur inhaltlich exakten Ankündigung einher[1004]. Nur wenn der Streik rechtzeitig bekannt ist, besteht auch die Möglichkeit, Planungen zur Vermeidung von Belastungen Dritter, insbesondere die Organisation von Notstandsarbeiten, vorzunehmen. Dies ähnelt § 11 Abs. 3 des Professorenentwurfs.

Des Weiteren könnte noch die zwingende Durchführung eines obligatorischen Schlichtungsversuches als Schranke dienen[1005]. Dem steht zwar eine jahrzehntelange Ausgestaltung durch die Gerichte entgegen; jüngste Tendenzen in der Lehre weisen aber unter Bezugnahme auf die Verhandlungspflicht den Weg in Richtung eines obligatorischen Schlichtungsverfahrens[1006]. Im Hinblick auf den Schutz der Allgemeininteressen erscheint jedenfalls für den Bereich der Daseinsfürsorge die Vorschaltung eines obligatorischen Schlichtungsverfahrens vorzugswürdig. Tangiert wie im Bereich der Daseinsfürsorge ein Arbeitskampf wesentliche Interessen an sich unbeteiligter Dritter, so ergibt sich aus dem Verhältnismäßigkeitsprinzip die Erforderlichkeit des vorgezogenen Einsatzes des milderen Mittels der Schlichtung[1007].

Den vorgeschlagenen Einschränkungen steht auch der Paritätsgrundsatz nicht entgegen. Sicherlich können umfassende Notstandsarbeiten, Ankündigungspflichten und ein obligatorischer Schlichtungsversuch die Wirkungskraft der Arbeitsniederlegung und somit die Schutzfunktion des Tarifwesens und dessen Beitrag zur Einkommensgerechtigkeit erheblich tangieren. Zu beachten ist aber auch, dass die im fraglichen Bereich tätigen Arbeitnehmer unter Berücksichtigung der besonderen Natur ihrer Tätigkeit und ihrer Unentbehrlichkeit im Unternehmen bereits eine gestärkte Verhandlungsposition genießen. Einschränkungen des Arbeitskampfmitteleinsatzes, die nicht aus Gründen des Arbeitgeberschutzes vorgenommen werden, sondern alleine an wichtige Belange der Allgemeinheit anknüpfen, sind demzufolge hinzunehmen, soweit der Arbeitskampf auf diesem Wege nicht gänzlich ausgehöhlt wird.

---

BROX/RÜTHERS, Arbeitskampfrecht, Rn. 293; OETKER, Die Durchführung von Not- und Erhaltungsarbeiten bei Arbeitskämpfen, 1984, S. 64; THÜSING, Anm. zu BAG 31.1.1995, EzA Art. 9 GG Arbeitskampf Nr. 119.

[1004] Vgl. § 11 Abs. 3 des „Professorenentwurfs"; ebenso HANAU/THÜSING, Tarifautonomie im Wandel, S. 35, 63f.

[1005] HANAU/THÜSING, a.a.O., S. 35, 64.

[1006] HOTTGENROTH, Die Verhandlungspflicht der Tarifvertragsparteien, 1990; LÖWISCH, ZfA 1971, S. 319, 339; MAYER-MALY RdA 1966, S. 201, 205 ff.; HUECK/NIPPERDEY, Bd. II/1, S. 79 und 138; WIEDEMANN/THÜSING, RdA 1995, S. 280, 286.

[1007] Wie hier HANAU/THÜSING, Tarifautonomie im Wandel, S. 35, 65.

# 4. Teil Zusammenfassung der Ergebnisse

## § 1 Aktive Produktionsbehinderung (i.e.S.)

Als aktive Produktionsbehinderung (i.e.S.)[1008] sind solche Kampfmittel anzusehen, die im Rahmen von Arbeitskämpfen über die passive Arbeitsniederlegung hinaus in Betriebsabläufe eingreifen und zur Stillegung der Produktion führen. Klassische Formen dieses Arbeitskampfmittels sind die Betriebsbesetzung wie auch die Betriebsblockade. Jedoch beschränkt sich die aktive Produktionsbehinderung (i.e.S.) nicht allein auf diese beiden Varianten. Aufgrund der Technologisierung der Betriebe und die Computerisierung von Produktionsabläufen, Dienstleistungen, des Vertriebs u.ä. hat sich eine weitere Formen der aktiven Produktionsbehinderung entwickelt, die sich kurz als Internetstreik bezeichnen lässt. Hierbei handelt es sich um Onlinedemonstrationen und das Verändern von Internetinhalten.

In der Rechtsprechung[1009] sowie von einem Großteil der Literatur[1010] werden die Betriebsbesetzung und die Betriebsblockade als rechtswidriges Arbeitskampfmittel angesehen. Dennoch geht die Tendenz in der Lehre in jüngerer Zeit dahin, die Rechtmäßigkeit dieser Kampfmittel anzuerkennen, soweit ihr Einsatz zur Herstellung der Verhandlungsparität erforderlich ist[1011].

Diese Ansicht in der Lehre vernachlässigt jedoch, dass die aktive Produktionsbehinderung (i.e.S.) erhebliche Verstöße gegen zivil-, strafrechtliche und urheberrechtliche Vorschriften mit sich bringt[1012]. Eine Rechtfertigung dieser Verstöße unter Berufung auf völkerrechtliche Normen, Grundrechte, allgemeine zivilrechtliche oder strafrechtliche Grundsätze sowie auf besondere Grundsätze des Arbeitsrechts lässt sich nicht herleiten[1013].

Eine Rechtfertigung der Verstöße ergibt sich entgegen der Ansicht Einiger letztlich auch nicht aus dem in Art. 9 Abs. 3 GG verankerten Arbeitskampfrecht. Dabei scheitert eine Rechtfertigung aktiver Produktionsbehinderung unter Berufung auf Art. 9 Abs. 3 zwar auch, wie in der Rechtsprechung und von einem Teil der Literatur angenommen wird, daran, dass sie gegen den Grundsatz der Verhältnismäßigkeit verstößt. Bislang verkannt ist jedoch, dass für die aktive Produktionsbehinderung (i.e.S.) bereits der Schutzbereich des Art. 9 Abs. 3 GG

[1008] vgl. 2. Teil § 1C.
[1009] Siehe 3. Teil § 3B.III.1.b); vgl. auch die Nachweise in Fn. 3
[1010] Siehe Fn 4.
[1011] Vgl. 3. Teil § 3B.III.1.a); siehe auch die Nachweise in Fn. 1 und 2.
[1012] Vgl. 3. Teil § 1C.III.
[1013] Vgl. 2. Teil § 1C.II.3.

nicht eröffnet ist, es folglich genau genommen auf die Frage ihrer Verhältnismäßigkeit nicht mehr ankommt[1014]. Insofern ist der Argumentation der Befürworter der Zulässigkeit der aktiven Produktionsbehinderung der Boden entzogen, da es auf die Verhältnismäßigkeit der Maßnahmen nicht mehr ankommen kann, wenn bereits der Schutzbereich des Grundrechts nicht eröffnet ist. *Im Einzelnen:*

Mit dem Bundesverfassungsgericht ist davon auszugehen, dass nur solche Maßnahmen und Verhaltensweisen den Schutz des Art. 9 Abs. 3 GG genießen, die sich als „koalitionsspezifisch" charakterisieren lassen. Bei der Bestimmung dessen, was „koalitionsspezifisch" im Sinne der vorgenannten Rechtsprechung des Bundesverfassungsgerichts ist, ist die jüngste Rechtsprechung des Bundesarbeitsgerichts heranzuziehen, wonach das Tarifvertragssystem Ausdruck kollektiver Privatautonomie ist[1015].

Da sich die Berechtigung zum Arbeitskampf alleine aus seiner Hilfsfunktion zur Herstellung der Funktionsfähigkeit des Tarifvertragssystems ableitet, dieses System jedoch nach richtiger Auffassung privatautonom und damit marktspezifisch funktioniert, können nur solche Arbeitskampfmittel als koalitionsspezifisch angesehen werden, die die Funktionsweise der Marktwirtschaft unangetastet lassen.

Gerade diesen Anforderungen genügt die aktive Produktionsbehinderung nicht. Anders als der Streik, verstanden als kollektive Zurückbehaltung der Arbeitsleistung, zeichnet sich die aktive Produktionsbehinderung (i.e.S.) dadurch aus, dass erheblicher als bei der Arbeitsniederlegung Rechte und Interessen des Arbeitgebers und sogar Dritter zielgerichtet verletzt werden. Auf diese Weise missachtet die aktive Produktionsbehinderung die Grundfesten der Selbstregulierung des Markts durch Angebot und Nachfrage, die durch das Koalitionsrecht und dessen Ausgestaltung in Form des Tarifvertragsgesetzes doch gerade gesichert werden sollten[1016]. Die verschiedenen Ausformungen der aktiven Produktionsbehinderung vermögen es folglich nicht, den Streit um den Tarifvertrag unter Rücksichtnahme auf die Marktgesetze zu lösen. Ihnen muss daher eine Koalitionsspezifik i.S. des Art. 9 Abs. 3 GG abgesprochen werden. Folge ist, dass sie nicht in den Schutzbereich des Art 9 Abs. 3 GG fallen. Eine Rechtfertigung der aufgezeigten Normverstöße entfällt, womit die aktive Produktionsbehinderung (i.e.S.) kein zulässiges Arbeitskampfmittel darstellt[1017].

---

[1014] Vgl. 3. Teil § 3A.

[1015] Zum Ganzen: 3. Teil § 3A.I.3.a)(2).

[1016] Siehe 3. Teil § 3A.II.3.b)(3).

[1017] Zu Betriebsbesetzung, Betriebsblockade, Internetstreik im Einzelnen im 3. Teil § 3A.II.3.b).

## § 2 Formen der Arbeitsniederlegung und der Boykott

Im Hinblick auf die zur aktiven Prdouktionsbehinderung herausgearbeiteten Ergebnissen waren deren Auswirkungen auf weitere, besondere Mittel des Arbeitskampfes zu begutachten. Von besonderem Interesse waren insoweit Warnstreik, Wellenstreik, Spezialistenstreik, die partielle Arbeitsniederlegung und die Schlechtleistung als besondere Formen der Arbeitsniederlegung sowie der Boykott[1018]. In Abgrenzung zu den Maßnahmen der aktiven Produktionsbehinderung ist diesen Mitteln gemeinsam, dass sie sich im Wesentlichen auf die Nicht-, Teil- oder Schlechterbringung der arbeitsvertraglich geschuldeten Leistung beschränken[1019].

Im Hinblick auf den Schutzcharakter des Art. 9 Abs. 3 GG ergibt sich, dass jede Form der Schlechtleistung ebenso wie die partielle Nichterbringung der Arbeitsleistung und der güterrechtliche Boykott gegen die Marktprinzipien für die Aushandlung von Arbeitsbedingungen verstoßen. Ihnen ist daher ebenso die „Koalitionsspezifik" abzusprechen. Damit fallen auch diese Arbeitskampfmittel aus dem Schutzbereich der Koalitionsfreiheit heraus[1020].

Dieser Grundsatz erfährt jedoch eine Ausnahme: Soweit aus arbeitskampfrechtlichen Erwägungen einer Arbeitnehmergruppe nur ein eingeschränktes Recht auf Streik eingeräumt ist, muss sich diese Begrenzung dahingehend auswirken, dass die partielle Arbeitsniederlegung für diesen Fall unter Art. 9 Abs. 3 GG subsumiert werden kann. Dies erklärt sich dadurch, dass es sich in diesen Fällen weniger um eine eigenständige Kampfmaßnahme als um einen grundsätzlich zulässigen Streik handelt, der in seinem Umfang zum Wohle der Allgemeinheit beschränkt ist[1021].

Für Warn-, Wechsel-, Wellen- und Spezialistenstreik sowie den Arbeitnehmerboykott[1022] ist der Schutzbereich des Art. 9 Abs. 3 GG eröffnet[1023]. Ihre generelle Zulässigkeit und die Modalitäten für ihren Einsatz im konkreten Arbeitskampf müssen anhand des Verhältnismäßigkeitsgrundsatzes beurteilt werden.

Der Warnstreik gilt seit langem als zulässiges Mittel im Arbeitskampf. Umstritten ist jedoch die dogmatische Begründung für diesen Umstand. Anstoß für diesen Streit ist das problematische Verhältnis zwischen Warnstreik und dem sogenannten Ultima-Ratio-Prinzip, welches Ausfluss des Erforderlichkeitsgedanken

[1018] Zu den Definitionen dieser Arbeitskampfmittel siehe im 2. Teil § 1A.II.
[1019] Siehe 2. Teil § 3 und 3. Teil § 1B.
[1020] Vgl. 3. Teil § 3A.II.3.b)(1).
[1021] Vgl. im 3. Teil § 3A.II.3.
[1022] Zur Unzulässigkeit anderer Boykottformen: 3. Teil § 3A.II.3.b)(2).
[1023] Vgl. 3. Teil § 3A.II.3.b)(1).

ist. Nach diesem Prinzip darf der Arbeitskampf nur als letztes Mittel eingesetzt werden. Dies ist gleichbedeutend mit der Unzulässigkeit von Arbeitskämpfen vor Ausschöpfung aller Verhandlungsmöglichkeiten. Demnach verstieße der Warnstreik regelmäßig gegen den Erforderlichkeitsgedanken, weshalb er grundsätzlich als unzulässiges Kampfmittel angesehen werden müsste.

Dies ließe indes unberücksichtigt, dass Verhandlungen durch den Arbeitgeber häufig aufgenommen, aber nicht ernsthaft oder allenfalls mit Verzögerungstaktik betrieben werden. Ein solches Verhalten des Verhandlungspartners steht einer generellen Verhandlungsweigerung qualitativ gleich, weshalb eine Einschränkung des Ultima-Ratio-Prinzips für den Warnstreik angezeigt erscheint.

Ursprünglich zog das Bundesarbeitgericht genau diese Überlegungen zur Herleitung der Zulässigkeit des Warnstreiks heran. Die neuere Rechtsprechung nimmt jedoch im Hinblick auf die sog. Taktik der „neuen Beweglichkeit“, welche sie dem Warnstreik zuordnet, eine ausnahmslose Geltung des Ultima-Ratio-Gedankens an. Dabei soll diesem jedoch durch eine im Kampfbeginn liegende konkludente Erklärung des Scheiterns der Verhandlungen Genüge getan sein.

Dieses dogmatisch unsauberen „Kunstgriffes“ bedarf es jedoch nicht, soweit man zutreffend die „neue Beweglichkeit“ nicht dem Warnstreik, sondern dem Erzwingungsstreik zuordnet. In diesem Fall kann für den „echten“ Warnstreik zur systemgerechten Ausnahme vom Ultima-Ratio-Prinzip zurückgekehrt werden, während die Taktik der neuen Beweglichkeit aufgrund ihres Erzwingungscharakters an das Ultima-Ratio-Prinzip gebunden bleibt. Diesem wiederum ist nur dann genüge getan, wenn gegenüber der Gegenseite ausdrücklich erklärt wird, dass die Verhandlungen als gescheitert angesehen werden[1024]. Die bloße Einleitung des Arbeitskampfes genügt dem Ultima-Ratio-Grundsatz also nicht.

Hinsichtlich des Wellenstreiks ergeben sich Bedenken gegen seine generelle Geeignetheit daraus, dass den Arbeitgebern eine Gegenwehr gegen diese Kampfvariante praktisch unmöglich ist. Hierin könnte eine relevante Störung des Verhandlungsgleichgewichts liegen. Einer solchen Störung wurde seitens des Bundesarbeitgerichts durch die Erweiterung des Anwendungsbereichs der Arbeitskampfrisikolehre ausreichend Rechnung getragen, weshalb die Geeignetheit und Erforderlichkeit des Wellenstreiks nicht länger in Frage gestellt werden sollte[1025].

Hinsichtlich des konkreten Einsatzes der Wellenstreiktaktik überzeugt allerdings die von *RIEBLE* vorgetragene Kritik: Er sieht den Wellenstreik zwar als generell zulässiges Arbeitskampfmittel an, sieht in seinem Einsatz in der bisherigen Art

[1024] Zum Ganzen: 3. Teil § 3B.II.3.a).
[1025] Siehe 3. Teil § 3B.II.2.b).

und Weise jedoch einen Verstoß gegen das dem Proportionalitätsgedanken immanente Gebot der fairen Kampfführung. Anknüpfend an die zivilrechtlichen Grundsätze fordert er daher die Auferlegung von umfassenden Ankündigungspflichten bzgl. des Beginns und des Endes von Streikmaßnahmen. Dem ist zuzustimmen, auch wenn dadurch die Arbeitskampfmaßnahme „Wellenstreik" aus der Sicht der Arbeitnehmer an Interesse verliert[1026].

Der Spezialistenstreik erhitzt in jüngerer Zeit die Gemüter[1027]. Seine Zulässigkeit und die Rechtmäßigkeit der konkreten Arbeitsniederlegung durch Arbeitnehmer im Bereich der Daseinsfürsorge sind hoch umstritten.

Fraglich ist bereits, ob sich überhaupt eine grundsätzliche Bindung des Arbeitskampfes an das Gemeinwohl herausarbeiten lässt. Dies ist im Hinblick auf die Gesetzgebungsmaterialien zu Art. 9 Abs. 3 GG, als auch hinsichtlich der historischen Entwicklung des Streikrechts[1028], zu bejahen.

Daran anschließend stellt sich die Frage, welche Tätigkeiten einen derart erheblichen Gemeinwohlbezug aufweisen, dass Beschränkungen der Arbeitskampfbetätigung in Betracht kommen. Sie beantwortet sich unter Berücksichtigung besonderer vom Gesetzgeber getroffener Regelungen für den Bereich der Tätigkeit von Monopolisten oder monopolartigen Tätigkeitsfeldern. In den von §§ 11 Abs. 2 und 3 PostG, § 10 EnEG, §§ 22, 47 PBefG und § 21 Abs. 2 Satz 2 LuftVerkG aufgeführten Tätigkeitsbereichen hat der Gesetzgeber die Vertragsfreiheit zum Schutze der Allgemeinheit eingeschränkt. Diese Wertung des Gesetzgebers muss auf das Arbeitskampfrecht übertragen werden, mit der Folge, dass in diesen Tätigkeitsbereichen Beschränkungen des Streikrechts grundsätzlich in Betracht kommen.

Abschliessend bleibt zu klären, wie die Beschränkungen des Streikrechts beschaffen sein müssen: Für Tätigkeiten lebensnotwendiger Versorgung der Allgemeinheit, wie sie etwa die medizinische Grundversorgung darstellt, ist ein umfassendes Streikrecht abzulehnen. In den anderen Bereichen ist im Rahmen der praktischen Konkordanz eine gänzliche Einschränkung der Arbeitskampfbetätigung nicht erforderlich.

Abstriche sind jedoch auf beiden Seiten hinzunehmen. Durchzuführen sind jedenfalls Notstandsarbeiten zur Vermeidung erheblicher Nachteile für die Allgemeinheit. Mit dieser Verpflichtung zur Verrichtung von Notdiensten geht die

---

[1026] 3. Teil § 3C.II.2.a).

[1027] Hingewiesen sei nur auf die durch die Gewerkschaft Cockpit veranlassten Pilotenstreiks oder die von der Gewerkschaft ver.di organisierten Arbeitsniederlegungen von Arbeitnehmern der Deutschen Post.

[1028] Vgl. im 2. Teil § 3.

Pflicht zur exakten Ankündigung der Kampfmaßnahmen einher. Denn nur ein rechtzeitig angekündigter Streik ermöglicht Planungen zur bestmöglichen Vermeidung von Belastungen Dritter. Zu befürworten ist für den Bereich der Daseinsfürsorge die Einführung eines zwingend durchzuführenden Schlichtungsversuchs. Auf diesem Wege ließe sich gewährleisten, dass die Allgemeinheit erst belastet wird, wenn die Verhandlungen zwischen den Parteien endgültig gescheitert sind.

Insgesamt zeigt sich, dass sich bei dogmatisch sauberem Vorgehen aus dem Verfassungsrecht ein geordnetes System zulässiger Arbeitskampfmaßnahmen ebenso ableiten lässt, wie ein Prüfungsschema für die Zulässigkeit neu entwickelter Arbeitskampfmittel. Inwiefern sich das deutsche Arbeitskampfrecht im Zuge der Europäisierung verändern muss und wird, bleibt dabei abzuwarten.

## Literaturverzeichnis


| | |
|---|---|
| Achten, Udo | Arbeitskampf und Arbeitszeit – Perspektiven gewerkschaftlicher Zukunft in flexibler Arbeitszeit<br>Marburg 1985 |
| Adomeit, Klaus | Gewerkschaftsprobleme am Ende der 80er Jahre - Eine Darstellung in 18 Thesen<br>NZA 1988, S. 308ff. |
| Amelung, Knut | Bemerkungen zum Schutz des „befriedeten Besitztums" in § 123 StGB<br>NJW 1986, S. 2075ff. |
| Anschütz, Gerhardt | Handbuch des Deutschen Staatsrechts<br>Band II<br>Tübingen 1932 |
| Anschütz, Gerhardt | Die Verfassung des Deutschen Reiches vom 11. August 1919<br>14. Auflage<br>Berlin 1933<br>Nachdruck: Bad Homburg 1965 |
| Auffarth, Fritz | Der gegenwärtige Stand des Arbeitskampfrechts in der Bundesrepublik Deutschland unter besonderer Berücksichtigung des Streikrechts<br>RdA 1977, S. 129ff. |
| Auktor, Christian | Der Wellenstreik im System des Arbeitskampfrechts<br>Köln 2002 |
| Badura, Peter | Verfassungsfragen des nicht koalitionsmäßigen Streiks<br>DB 1985, Beilage Nr. 14, S. 1ff. |
| Badura, Peter | Das Recht der Koalitionen – Verfassungsrechtliche Fragestellungen<br>ArbRGew 15 (1977), S. 17ff. |
| Badura, Peter | Staatsrecht – Systematische Erläuterung des Grundgesetzes für die Bundesrepublik Deutschland<br>3. Auflage<br>München 2003 |
| Bahde, Alfred | Solidarität gegen kalte Aussperrung<br>*in* Ferlemann, Erwin / Janssen, Hans:<br>Existenz sichern, Arbeit ändern, Leben gestalten, S. 56ff.<br>Hamburg 1985 |

| | |
|---|---|
| Bartsch, Michael | Computerviren und Produkthaftung<br>CR 2000, S. 721ff. |
| Belling, Detlev W. | Die Verantwortung des Staates für die Normsetzung durch Tarifpartner<br>ZfA 1999, S. 547ff. |
| Beltz-Rübelmann, Manfred<br>Döding, Günther<br>Kleinhenz, Gerhard<br>Rüthers, Bernd | Zukunft der Tarifautonomie<br>Mannheim, Wien, Zürich 1988 |
| Benda, Ernst<br>Maihofer, Werner<br>Vogel, Hans-Vogel | Handbuch des Verfassungsrechts der Bundesrepublik Deutschland<br>2. Auflage<br>Berlin, New York 1994 |
| Berger-Delhey, Ulf | Der Streik im öffentlichen Dienst –<br>Probleme, Wechselwirkungen und Fragen<br>ZTR 1993, S. 3ff. |
| Berghaus, Michael | Rechtsprobleme der Betriebsbesetzung und Betriebsblockade<br>Konstanz 1989 |
| Bertelsmann, Klaus | Aussperrung - Eine Untersuchung ihrer Zulässigkeit unter besonderer Berücksichtigung ihrer geschichtlichen Entwicklung und Handhabung in der Praxis<br>Berlin 1979 |
| Beuthien, Volker | Mitbestimmung unternehmerischer Sachentscheidungen kraft Tarif- oder Betriebsautonomie<br>ZfA 1984, S. 1ff. |
| Bieback, Karl-Jürgen | Der Warnstreik im System des Arbeitskampfrechts<br>AuR 1983, S. 361ff. |
| Bieback, Karl-Jürgen | Recht auf Streik im Öffentlichen Dienst (Rechtsgutachten)<br>Frankfurt a. M. 1982 |
| Bieback, Karl-Jürgen<br>Moneta, Paolo | Streikfreiheit und Aussperrungsverbot,<br>Neuwied, Darmstadt 1989 |
| Biedenkopf, Kurt H. | Grenzen der Tarifautonomie<br>Karlsruhe 1964 |
| Binkert, Gerhardt | Gewerkschaftliche Boykottmaßnahmen im System des Arbeitskampfrechts<br>Berlin 1981 |

| | |
|---|---|
| Birk, Rolf | Der gewerkschaftliche Warnstreik im Öffentlichen Dienst<br>Stuttgart 1985 |
| Birk, Rolf | Die Rechtmäßigkeit von Unterstützungskampfmaßnahmen<br>Stuttgart 1978 |
| Birk, Rolf<br>Konzen, Horst<br>Löwisch, Manfred<br>Raiser, Thomas<br>Seiter, Hugo | Gesetz zur Regelung kollektiver Arbeitskonflikte<br>- Entwurf und Begründung –<br>Tübingen 1988 |
| Bispinck, Reinhardt | Der Tarifkonflikt um den Stufenplan in der Ostdeutschen Metallindustrie<br>WSI-Mitteilungen 1993, S. 469ff. |
| Bittner, Claudia | Anmerkung zum Urteil des BAG vom 12.11.1996 – 1 AZR 364/96<br>AR-Blattei [ES] 170.1 Nr. 43 |
| Bloesinger, Herbert | Rechtsstellung von Streikposten<br>Frankfurt a.M., Bern, New York, Paris 1989 |
| Blondiau, Heribert | Streiks und Streikverhalten im Metall und Baubereich der BRD.<br>Frankfurt a.M. 1979 |
| Bobke, Manfred<br>Grimberg, Herbert | Rechtsfragen der „Neuen Beweglichkeit". Warnstreik, „Ultima-Ratio"-Prinzip und Friedenspflicht<br>DB 1984, S. 1143ff. |
| Bobke, Manfred | Gewerkschaften und Aussperrung<br>Köln 1982 |
| Boemke, Burkhardt | Gemeinsame Anmerkung zu den Urteilen des BAG vom 15.12.1998 – 1 AZR 216/98 und 1 AZR 289/98<br>JuS 1999, S. 1138ff. |
| Bötticher, Eduard | Gestaltungsrecht und Unterwerfung im Privatrecht<br>Berlin 1964 |
| Brentano, Lujo<br>Auerbach, Emil<br>Lotz, Walther<br>Zahn, Friedrich | Arbeitseinstellung und Fortbildung des Arbeitsvertrages<br>Leipzig 1890 |
| Brodmann, Jörg | Arbeitskampf und Pressefreiheit<br>Berlin 1982 |

| | |
|---|---|
| Brox, Hans<br>Rüthers, Bernd<br>Schlüter, Wilfried<br>Jülicher, Friedrich | Arbeitskampfrecht<br>2. Auflage<br>Stuttgart, Berlin, Köln, Mainz 1982 |
| Brunner, Curt | Der Boykott – selbständiges oder unselbständiges Nebenkampfmittel eines zulässigen Arbeitskampfes<br>Köln 1979. |
| Buchner, Herbert | Der Arbeitskampf im Medienbereich – eine Sonderform des allgemeinen Arbeitskampfrechts?<br>RdA 1987, S. 209ff. |
| Buchner, Herbert | Die Bedeutung des Rechts am eingerichteten und ausgeübten Gewerbebetrieb für den deliktischen Unternehmensschutz<br>München 1971 |
| Buchner, Herbert | Das Arbeitskampfrecht unter den Anforderungen der Verhandlungsparität und Staatsneutralität<br>RdA 1986, S. 7ff. |
| Butzer, Hermann | Verfassungsrechtliche Grundlagen zum Verhältnis zwischen Gesetzgebung und Tarifautonomie<br>RdA 1994, S. 375ff. |
| Camerlynck, G.H.<br>Sinay, Hélène<br>Javillier , Jean Claude | Droit du Travail<br>6. Teil - La Grève<br>2. Auflage<br>Paris 1984 |
| Canaris, Claus-Wilhelm | Schutzgesetze-Verkehrspflichten-Schutzpflichten<br>*in* Festschrift für Karl Larenz zum 80. Geburtstag, S. 27ff.<br>München 1983 |
| Czerweny von Arland, Katharina | Die Arbeitskampfmittel der Gewerkschaften und der Verhältnismäßigkeitsgrundsatz<br>Frankfurt a.M., Berlin, Bern, New York 1993 |
| Däubler, Wolfgang | Der Streik im öffentlichen Dienst<br>2. Auflage<br>Tübingen 1971 |
| Däubler, Wolfgang | Neue Beweglichkeit im öffentlichen Dienst? - Der gewerkschaftliche Warnstreik als Rechtsproblem<br>Stuttgart 1984 |
| Däubler, Wolfgang | Tarifvertragsrecht<br>3. Auflage<br>Baden-Baden 1993 |

| | |
|---|---|
| Däubler, Wolfgang<br>Kittner, Michael<br>Klebe, Thomas | Betriebsverfassungsgesetz. Kommentar für die Praxis<br>6. Auflage<br>Frankfurt a.M. 1997 |
| Däubler, Wolfgang | Arbeitsrecht mit neuen Konturen?<br>AuR 1992, S. 1ff. |
| Däubler, Wolfgang | Das Arbeitsrecht 1<br>15. Aufl.<br>Reinbek 1996 |
| Däubler, Wolfgang | Strafbarkeit von Arbeitskämpfen?<br>*in* Baumann, Jürgen / Dähn, Gerd (Hrsg.), Studien zum Wirtschaftsstrafrecht, S. 91ff.<br>Tübingen 1972 |
| Däubler, Wolfgang | Die unverhältnismäßige Aussperrung<br>- BAG (GS) AP Art. 9 GG Arbeitskampf Nr. 43 -<br>JuS 1972, S. 642ff. |
| Däubler, Wolfgang | Arbeitskampfrecht<br>2. Auflage<br>Baden-Baden 1987 |
| de Jong, Jutta | „Wir müssen auch hungern, wenn ihr arbeitet!" Zur Rolle der Bergarbeiterfrauen in den großen Streiks zwischen 1889 und 1912<br>*in* Ditt, Karl / Kift, Dagmar, Bergarbeiterstreik und Wilhelminische Gesellschaft, S. 69ff.<br>Hagen 1989 |
| Degen, Barbara<br>Siebert, Gerd<br>Stöhr, Wolfgang | Handbuch für den Arbeitskampf<br>Frankfurt a.M. 1979 |
| Degen, Barbara | Blockaden<br>Nachrichten 1989, S. 33ff. |
| Degenhart, Christoph | Forum: Öffentlichrechtliche Fragen der Hausbesetzung<br>JuS 1982, S. 330ff. |
| Derleder, Peter | Betriebsbesetzung und Zivilrecht<br>BB 1987, S. 818ff. |
| Derleder, Peter | Die Verhaltenspflicht der sozialen Gegenspieler bei Fortsetzung der Betriebstätigkeit in einem vom Arbeitskampf unmittelbar betroffenen Betrieb<br>*in* Festschrift für Albert Gnade, S. 419ff.<br>Köln 1992 |

| | |
|---|---|
| Diekhoff, Ludwig | Zur Einschränkung des Hausrechts des Arbeitgebers<br>AuR 1958, S. 178ff. |
| Dieterich, Thomas | Anmerkung zum Urteil des BAG vom 4.4.2000 – 3 AZR 729/98<br>RdA 2001, S. 112ff. |
| Dieterich, Thomas | Betriebliche Normen des Tarifvertragsgesetzes vom 9.4.1949<br>Heidelberg 1964 |
| Dieterich, Thomas | Die Grundrechtsbindung von Tarifverträgen<br>*in* Festschrift für Günter Schaub, S. 117ff.<br>München 1998 |
| Dieterich, Thomas | Die Verfassungsmäßigkeit tariflicher Betriebsnormen<br>*in* Festschrift für Wolfgang Däubler, S. 451ff.<br>Frankfurt a.M. 1999 |
| Dieterich, Thomas<br>Hanau, Peter<br>Schaub, Günter | Erfurter Kommentar zum Arbeitsrecht<br>1. Auflage<br>München 1998 |
| Dieterich, Thomas<br>Hanau, Peter<br>Schaub, Günter | Erfurter Kommentar zum Arbeitsrecht<br>2. Auflage<br>München 2001 |
| Dieterich, Thomas<br>Müller-Glöge, Rudi<br>Preis, Ulrich<br>Schaub, Günter | Erfurter Kommentar zum Arbeitsrecht<br>4. Auflage<br>München 2004 |
| Dolzer, Rudolph<br>Vogel, Klaus<br>Graßhof, Karin | Bonner Kommentar zum Grundgesetz<br>Stand: Dezember 2003<br>Hamburg 1955 |
| Dorndorf, Eberhard<br>Weiss, Manfred | Warnstreiks und vorläufiger Rechtsschutz gegen Streiks<br>Frankfurt a.M. 1983 |
| Dörner, Heinrich | Dynamische Relativität<br>München 1985 |
| Dreier, Horst | Kommentar zum Grundgesetz<br>Art. 1-19 GG<br>Tübingen 1996 |
| Duhm, Rainer<br>Mückenberger, Ulrich | Arbeitskampf im Krisenalltag - Arbeitskampf in der Walkenrieder Seifenfabrik<br>Berlin 1977 |

| | |
|---|---|
| Dütz, Wilhelm | Die Grenzen von Aussperrung und arbeitskampfbedingter Entgeltverweigerung nach Risikoprinzipien und Kurzarbeitsregeln<br>BB 1979, Beilage Nr. 14, S. 1ff. |
| Dütz, Wilhelm | Arbeitsrecht<br>8. Auflage<br>München 2003 |
| Dütz, Wilhelm | Anmerkung zum Urteil des BAG vom 10.10.1978<br>EzA Art 9 GG Arbeitskampf Nr. 27 |
| Enderlein, Wolfgang | Zur Richtigkeitsgewähr der tarifvertraglichen Einigung als Leitgedanke des Arbeitskampfrechts<br>RdA 1995, S. 274ff. |
| Engel, Friedrich-Wilhelm | Produzentenhaftung für Software<br>CR 1986, S. 702 |
| Erbguth, Jan | Die Rechtsprechung zum Paritätsgrundsatz im Arbeitskampfrecht<br>Hannover 2001 |
| Erman, Walter | Bürgerliches Gesetzbuch. Handkommentar<br>Band 1 - §§ 812-2385<br>11. Auflage<br>Münster 2004 |
| Esser, Josef<br>Weyers, Hans-Leo | Schuldrecht, Band II/2, Besonderer Teil – gesetzliche Schuldverhältnisse<br>8. Auflage<br>Heidelberg 2000 |
| Fabricius, Fritz<br>Kraft, Alfons<br>Wiese, Günther<br>Kreutz, Peter<br>Oetker, Hartmut<br>Raab, Thomas<br>Weber, Christoph | Gemeinschaftskommentar zum Betriebsverfassungsgesetz.<br>7. Auflage<br>Neuwied, Kriftel, Berlin 2002 |
| Fabricius, Fritz | Kollision von Beschäftigungspflichten aus Doppelarbeitsverhältnissen<br>ZfA 1972, S. 35ff. |
| Fiedler, Herbert<br>Katzenberg, Paul | Rechtsprobleme elektronischen Publizierens<br>Köln 1992 |

| | |
|---|---|
| Fischer, Christian | Anmerkung zum Urteil des BAG vom 15.12.1998<br>RdA 1999, S. 406ff. |
| Fitting, Karl<br>Kaiser, Heinrich<br>Heither, Friedrich<br>Engels, Gerd<br>Schmidt, Ingrid | Betriebsverfassungsgesetz. Handkommentar<br>21. Auflage<br>München 2002 |
| Flume, Werner | Allgemeiner Teil des Bürgerlichen Rechts<br>1. Band, 2. Teil<br>Berlin, Heidelberg, New York, Tokyo 1983 |
| Forsthoff, Ernst | Der Staat als Industriegesellschaft<br>Stuttgart 1971 |
| Fraenkel, Michael | Tatbestand und Zurechnung bei § 823 Abs. 1 BGB<br>Berlin 1979 |
| Friauf, Karl Heinrich | Die Verfassungsrechtlichen Vorgaben einer gesetzlichen oder tarifvertraglichen Arbeitskampfordnung<br>RdA 1986, S. 188ff. |
| Friedrich, Dieter | Betriebsbesetzung als Mittel des Arbeitskampfes<br>– Ihre verfassungsrechtliche, strafrechtliche und polizeirechtliche Zuordnung –<br>DöV 1988, S. 194ff. |
| Fromm, Friedrich-Karl<br>Nordemann, Wilhelm | Urheberrechtsgesetz. Kommentar.<br>9. Auflage<br>Stuttgart 1998 |
| Galperin, Hans | Die autonome Rechtsetzung im Arbeitsrecht<br>*in* Festschrift für Erich Molitor, S. 143ff.<br>München 1961 |
| Gamillscheg, Franz | Kollektives Arbeitsrecht<br>Band 1: Grundlagen / Koalitionsfreiheit / Tarifvertrag / Arbeitskampf und Schlichtung<br>München 1997 |
| Gamillscheg, Franz | Arbeitsrecht II. Kollektives Arbeitsrecht.<br>6. Auflage<br>München 1984 |
| Gamillscheg, Franz | Anmerkung zum Urteil des BAG vom 25.10.2000 – 4 AZR 438/99<br>AuR 2001, S. 226ff. |

| | |
|---|---|
| Gamillscheg, Franz | Die Grundrechte im Arbeitsrecht<br>Berlin 1989 |
| Gamillscheg, Katharina | Gemeinsame Anmerkung zu den Urteilen des BAG vom 15.12.1998 – 1 AZR 216/98 und 1 AZR 289/98<br>EzA Art. 9 GG Arbeitskampf Nr. 131 und 132 |
| Gaul, Dieter<br>Brobowski, Paul | Das Arbeitsrecht im Betrieb von der Einstellung bis zur Entlassung<br>Band II<br>8. Auflage<br>Heidelberg 1986 |
| Gegenwart, Peter | Arbeitskampf im Medienbereich<br>Frankfurt a.M., Bern, New York, Paris 1988 |
| Gellermann, Martin | Grundrechte in einfachgesetzlichem Gewande<br>Neuwied 2001 |
| Gernhuber, Joachim | Die verdrängende Vollmacht<br>JZ 1995, S. 381ff. |
| Gerstenberg, Ekkhard | Löschen von Tonbändern als neuer strafrechtlicher Tatbestand<br>NJW 1956, S. 540 |
| Glietsch, Herbert | Die Zulässigkeit neuer Arbeitskampfformen<br>Bern, Frankfurt a.M. 1976 |
| Glückert, Jürgen | Schadensersatz bei Stromleitungsbeschädigungen<br>AcP 166 (1966), 311ff. |
| Gola, Peter | Gewerkschaftliche Aktivitäten im Betrieb<br>MDR 1987, S. 362ff. |
| Goll, Ulrich | Arbeitskampfparität und Tariferfolg<br>Berlin 1980 |
| Gröbing, Karl | Das Koalitionsrecht der Arbeitnehmer in der Krise<br>AuR 1986, S. 297ff. |
| Grote, Hermann | Der Streik. Taktik und Strategie<br>Köln 1952 |
| Haberstumpf, Helmut | Handbuch des Urheberrechts<br>2. Auflage<br>Neuwied, Kriftel 2000 |

| | |
|---|---|
| Hadding, Walther | Korporationsrechtliche oder rechtsgeschäftliche Grundlagen des Vereinsrechts?<br>*in* Festschrift für Robert Fischer, S. 165ff.<br>Berlin 1979 |
| Hagen, Horst | Die Drittschadensliquidation im Wandel der Rechtsdogmatik - ein Beitrag zur Koordinierung von Rechtsfortbildungen<br>Frankfurt a.M. 1971 |
| Hager, Günter | Haftung bei Störung der Energiezufuhr<br>JZ 1979, S. 53ff. |
| Hamann, Andreas<br>Lenz, Helmut | Das Grundgesetz für die Bundesrepublik Deutschland vom 23.5.49<br>3. Auflage<br>Neuwied, Berlin 1970 |
| Hammer, Ulrich | Der Warnstreik im System des Arbeitskampfrechts<br>PersR 1988, S. 317ff. |
| Hanau, Peter | Die Koalitionsfreiheit sprengt den Kernbereich<br>ZIP 1996, S. 477 |
| Hanau, Peter | Die neue Rechtsprechung zur gewerkschaftlichen Betätigung im Betrieb<br>ArbRGew 17 (1979), S. 37ff. |
| Hanau, Peter | Anmerkung zum Urteil des BAG vom 14.2.1989<br>SAE 1990, 13ff. |
| Hanau, Peter | Der Frühwarnstreik<br>DB 1982, S. 377ff. |
| Hanau, Peter | Zu den Rechtmäßigkeitsvoraussetzungen von Warnstreiks und zur Schadenersatzpflicht für rechtswidrige Streikhandlungen<br>EWiR 1989, S. 51f. |
| Hanau, Peter<br>Adomeit, Klaus | Arbeitsrecht<br>12. Auflage<br>Neuwied, Kriftel 2000 |
| Hanau, Peter | Betriebsbesetzung – ein Exzess<br>FAZ v. 3.1.1987, Nr. 2, S. 13 |
| Hanau, Peter | Aussperrung und Kampfparität<br>Wirtschaftspolitische Chronik 1978, S. 173 |

| | |
|---|---|
| Hanau, Peter<br>Thüsing, Gregor | Neue Sensibilisierung im Arbeitskampfrecht: Der Streik in der Luftfahrt<br>*in* Thüsing, Tarifautonomie im Wandel, S. 35ff.<br>Köln, Berlin, Bonn, München 2003 |
| Hautsch, Gerd<br>Pickshaus, Klaus<br>Priester, Klaus | Der Arbeitskampf um die 35-Stunden-Woche<br>Frankfurt a.M. 1984 |
| Hautsch, Gerd<br>Semmler, Bernd | Die Betriebsbesetzung<br>Frankfurt a.M. 1983 |
| Heenen, Norbert | Kampfparität und Bilaterales Monopol<br>Heidelberg 1988 |
| Heilmann, Joachim<br>Wahsner, Roderich | Erwitte und die Rechtfolgen – Betriebsbesetzung, Streik und Aussperrung<br>DuR 1976, S. 374ff. |
| Heilmann, Joachim | Koalitionsfreiheit als normales Grundrecht - Gedanken zum Beschluß des Bundesverfassungsgerichts v. 14.11.1995<br>AuR 1996, S.121ff. |
| Heimes, Jürgen | Neues Profil der Koalitionsfreiheit (Anmerkung zum Urteil des BVerfG vom 14.11.1995 - 1BvR 601/92)<br>MDR 1996, S. 563ff. |
| Heinze, Meinhardt | Der Warnstreik und die „Neue Beweglichkeit"<br>NJW 1983, S. 2409ff. |
| Hellenthal, Klaus | Zur Rechtswidrigkeit von sogenannten Betriebsbesetzungen<br>NZA 1987, S. 52ff. |
| Hennigs, Rolf-Hermann | Einstweiliger Rechtsschutz gegen gewerkschaftliche Streiks<br>Neuwied, Darmstadt 1987 |
| Hensche, Detlef | Notwendigkeit flexibler Arbeitskampfmittel<br>*in* Muhr, Gerd (Hrsg.), Streikrecht, Demokratie und Sozialstaat, S. 127ff.<br>Köln 1987 |
| Hensche, Martin<br>Kuschka, Martin | Recht und Arbeiterbewegung – Zum Gedenken an Wolfgang Abendroth<br>Köln 1979 |
| Henssler, Martin | Tarifautonomie und Gesetzgebung<br>ZfA 1998, S. 1 ff. |

| | |
|---|---|
| Henssler, Martin | Anmerkung zum Urteil des BAG vom 21.6.1988 - 1 AZR 653/86<br>SAE 1989, S. 130ff. |
| Hergenröder, Curt W. | Anmerkung zum Urteil des BAG vom 17.2.1998<br>SAE 1999, S. 51ff. |
| Hergenröder, Curt W. | Der Arbeitskampf mit Auslandsberührung<br>Berlin 1987 |
| Herschel, Wilhelm | Zur Entstehung des Tarifvertrages<br>ZfA 1973, S. 183ff. |
| Herschel, Wilhelm | Kernbereichslehre und Kodifikationsprinzip in der Tarifautonomie<br>AuR 1981, S. 267ff. |
| Herzog, Roman | Grundrechte aus der Hand des Gesetzgebers<br>*in* Festschrift für Wolfgang Zeidler<br>Band II, S. 1415ff.<br>Berlin, New York 1987 |
| Hess, Harald<br>Schlochauer, Ursula<br>Worzalla, Michael<br>Glock, Dirk | Kommentar zum Betriebsverfassungsgesetz 1972/2001<br>6. Auflage<br>Neuwied, Kriftel, Berlin 2003 |
| Hesse, Konrad | Grundzüge des Verfassungsrechts der Bundesrepublik Deutschland<br>Heidelberg 1993 |
| Hindrichs, Wolfgang<br>Mäulen, Claus<br>Scharf, Günter | Zunehmende gewerkschaftliche Streikfähigkeit aus sozialwissenschaftlicher Sicht<br>*in* Muhr, Gerd (Hrsg.), Streikrecht, Demokratie, Sozialstaat, S. 51ff.<br>Köln 1987 |
| Hoeren, Thomas | Grundzüge des Internetrechts: E-Commerce, Domains, Urheberrecht<br>2. Auflage<br>München 2002 |
| Höfling, Wolfram | Grundelemente einer Bereichsdogmatik der Koalitionsfreiheit – Kritik und Reformulierung der sog. Kernbereichslehre –<br>*in* Festschrift für Karl Heinrich Friauf, S. 377ff.<br>Heidelberg 1996 |

| | |
|---|---|
| Holle, Gerd | Inhalt und Begründung des „Grundsatzes der Parität" im Arbeitskampfrecht<br>Marburg 1992 |
| Hottgenroth, Ralf | Die Verhandlungspflicht der Tarifvertragsparteien<br>Baden-Baden 1990 |
| Hoyer, Jürgen | Streikposten und Justiz – Neue Erkenntnisse zur „Neutralität" des Staates im Arbeitskampf<br>DuR 1986, S. 387ff. |
| Hoyer, Jürgen | Streik nur auf dem Sofakissen? Zu einstweiligen Verfügungen gegen Streikaktionen im Arbeitskampf '84.<br>AiB 1986, S. 243ff. |
| Hromadka, Wolfgang<br>Maschmann, Frank | Arbeitsrecht<br>2. Band<br>2. Auflage<br>Berlin 2001 |
| Hueck, Alfred | Normenverträge<br>JherJB Band 73 (1923), S. 36f. |
| Hueck, Alfred<br>Nipperdey, Hans Carl | Lehrbuch des Arbeitsrechts<br>Zweiter Band – Erster Halbband<br>7. Auflage<br>Berlin, Frankfurt a.M. 1967 |
| Hueck, Alfred<br>Nipperdey, Hans Carl<br>Säcker, Franz Jürgen | Lehrbuch des Arbeitsrechts<br>Zweiter Band – Zweiter Halbband<br>7. Auflage<br>Berlin, Frankfurt a.M. 1970 |
| Isenhardt, Udo | Einstweiliger Rechtsschutz im Arbeitskampf<br>*in* Festschrift für Eugen Stahlhacke, S. 195ff.<br>Neuwied 1995 |
| Isensee, Josef<br>Kirchhof, Paul | Handbuch des Staatsrechts<br>Band III: Das Handeln des Staates<br>2. Auflage<br>Heidelberg 1996 |
| Isensee, Josef<br>Kirchhof, Paul | Handbuch des Staatsrechts<br>Band V: Allgemeine Grundrechtslehren<br>Heidelberg 1992 |

| | |
|---|---|
| Isensee, Josef<br>Kirchhof, Paul | Handbuch des Staatsrechts<br>Band VI: Freiheitsrechte<br>2. Auflage<br>Heidelberg 2001 |
| Isensee, Josef | Beamtenstreik – Zur rechtlichen Zulässigkeit des Dienstkampfes<br>Godesberg 1971 |
| Isensee, Josef | Die verfassungsrechtliche Verankerung der Tarifautonomie<br>*in* Veröffentlichungen der Walter-Raymond-Stiftung, Bd 24: Die Zukunft der sozialen Partnerschaft, S. 159ff.<br>München 1986 |
| Jacobi, Otto<br>Müller-Jentsch, Walter<br>Schmidt, Eberhardt | Gewerkschaften in der Bundesrepublik - Gewerkschaftliche Lohnpolitik zwischen Mitgliederinteressen und ökonomischen Sachzwängen<br>Frankfurt a.M. 1975 |
| Jarass, Hans D.<br>Pieroth, Bodo | Grundgesetz-Kommentar<br>6. Auflage<br>München 2002 |
| Jauernig, Othmar | Kommentar zum Bürgerlichen Gesetzbuch<br>10. Auflage<br>München 2003 |
| Jescheck, Hans-Heinrich<br>Ruß, Wolfgang<br>Willms, Günter | Leipziger Kommentar zum Strafgesetzbuch<br>10. Auflage<br>§§ 80-184c StGB<br>Berlin, New York 1988 |
| Jeschek, Hans-Heinrich<br>Ruß, Wolfgang<br>Willms, Günter | Leipziger Kommentar zum Strafrecht<br>5. Band - §§ 185-262<br>10. Auflage<br>Berlin, New York 1989 |
| Joachim, Hans G. | Ist der Grundsatz der Verhältnismäßigkeit ein geeignetes Kriterium für die rechtliche Erfassung des Phänomens „Arbeitskampf"?<br>AuR 1973, S. 289ff. |
| Joecks, Wolfgang | Strafgesetzbuch. Studienkommentar<br>4. Auflage<br>München 2003 |
| Jüres, Ernst August<br>Kuehl, Herbert | Gewerkschaftspolitik der KPD nach dem Krieg - Der Hamburger Werftarbeiterstreik 1955<br>Hamburg 1981 |

| | |
|---|---|
| Kalb, Heinz-Jürgen | Die Entwicklung des Arbeitskampfrechts durch das Bundesarbeitsgericht<br>RdA 1994, S. 385ff. |
| Kalb, Heinz-Jürgen | Arbeitskampfrecht<br>Neuwied, Kriftel 1986 |
| Kalbitz, Rainer | Tarifpolitik – Streik – Aussperrung: Die Gestaltungskraft der Gewerkschaften des DGB nach 1945<br>Köln 1991 |
| Kämereit, Peter | Pressefreiheit und Arbeitskampfrecht<br>Berlin 1995 |
| Kappes, Karl-Heinz | Zur Problematik außerbetrieblicher gewerkschaftlicher Arbeitskampfmaßnahmen<br>DB 1993, S. 378ff. |
| Käppler, Renate | Anmerkung zum Urteil des BAG vom 21.6.1988<br>AR-Blattei [D] Arbeitskampf II, Entscheidung 34 |
| Käppler, Renate | Die Folgen rechtswidriger Maßnahmen bei Arbeitskämpfen<br>NZA 1989, 475ff. = JuS 1990, S. 618ff. |
| Kaskel, Walter | Koalitionen und Koalitionskampfmittel<br>- Arbeitsrechtliche Seminarvorträge -<br>Berlin 1925 |
| Kempen, Otto Ernst | Warnstreik, Sympathiestreik und gewerkschaftliche Demonstration im grundgesetzlichen Arbeitsverfassungsrecht<br>AuR 1990, S. 237ff. |
| Kempen, Otto Ernst<br>Zachert, Ulrich | Tarifvertragsgesetz. Kommentar für die Praxis<br>3. Auflage<br>Köln 1997 |
| Kemper, Michael | Die Bestimmung des Schutzbereichs der Koalitionsfreiheit<br>Heidelberg 1990 |
| Kirchhof, Ferdinand | Private Rechtsetzung<br>Berlin 1987 |
| Kissel, Otto-Rudolph | Kollektive Arbeitbedingungen im Spannungsfeld zwischen Tarif- und Betriebsautonomie<br>NZA 1995, S. 1ff. |
| Kissel, Otto Rudolph | Die Rechtsprechung des BAG im Jahre 1988<br>NZA 1989, S. 81ff. |

| | |
|---|---|
| Kissel, Otto Rudolph | Arbeitskampfrecht<br>München 2002 |
| Kittner, Michael | Aktuelle Fragen des Arbeitskampfrechts<br>AuR 1981, S. 297ff. |
| Kittner, Michael | Parität im Arbeitskampf<br>GMH 1973, S. 91ff. |
| Kittner, Michael | Gewerkschaftsjahrbuch – Daten, Fakten, Analysen<br>Köln 1988 |
| Klemm, Peter | Machtkampf einer Minderheit, Köln 1984<br>- Die IG Druck spielt mit dem Feuer -<br>Arbeitgeber 1987, S. 204ff. |
| Knapp, Reinold Walter | Die passive Resistenz<br>Köln 1967 |
| Koch, Frank A. | Internet-Recht<br>München 1999 |
| König, Otto<br>Ostertag, Adi<br>Schulz, Hartmut | Unser Beispiel könnte ja Schule machen - Das Hattinger Modell, Existenzkampf an der Ruhr<br>Köln 1985 |
| Konzen, Horst | Anmerkung zum Urteil des Bundesverfassungsgerichts vom 26.2.1991<br>SAE 1991, S. 335ff. |
| Konzen, Horst | Anmerkung zum Urteil des BAG vom 11.7.1995<br>AP Art. 9 GG Arbeitskampf Nr. 139 |
| Konzen, Horst | Grundlagen und Grenzen des vorbeugenden Rechtsschutzes unter Tarifvertragsparteien<br>*in* Festschrift für Otto Rudolph Kissel, S. 571ff.<br>München 1994 |
| Konzen, Horst | Der Sympathiestreik bei inkongruenter Tarifzuständigkeit der Tarifparteien<br>DB 1990, Beilage Nr. 6, S. 1ff. |
| Konzen, Horst | Vom "Neuen Kurs" zur sozialen Marktwirtschaft - Kontinuität und Wandel in der deutschen Arbeitsrechtsentwicklung<br>ZfA 1991, S. 379ff. |
| Konzen, Horst | Aussperrungstaktik und Organisationspolitik<br>*in* Festschrift 25 Jahre Bundesarbeitsgericht, S. 273ff.<br>München 1979 |

| | |
|---|---|
| Konzen, Horst | Der Arbeitskampf im Verfassungs- und Privatrechtssystem<br>AcP 177 (1977), S. 473ff. |
| Konzen, Horst | Streikrecht und Boykott<br>*in* Festschrift für Karl Molitor, S. 181ff.<br>München 1988 |
| Konzen, Horst | Parität, Übermaßverbot und Aussperrungsquoten<br>JURA 1981, S. 585ff. |
| Konzen, Horst | Gemeinsame Anmerkung zu den Urteilen des BAG vom 21.6.1988 und 8.11.1988<br>EzA Art 9 GG Arbeitskampf Nr. 75, 76 und 91 |
| Kornbichler, Hendrik | Die Stillegung des Betriebs im Arbeitskampf<br>Aachen 1999 |
| Kötz, Hein | Deliktsrecht<br>9. Auflage<br>Neuwied, Kriftel 2001 |
| Kraft, Dennis<br>Meister, Johannes | Rechtsprobleme virtueller Sit-ins<br>MMR 2003, S. 366ff. |
| Kreuz, Harald | Der Grundsatz der Verhältnismäßigkeit im Arbeitskampfrecht<br>Berlin 1988 |
| Krichel, Ulrich | Zur Rechtslage bei politischen Streiks<br>NZA 1987, S. 297ff. |
| Krüger, Herbert | Staatliche Gesetzgebung und nichtstaatliche Rechtsetzung<br>RdA 1957, S. 201ff. |
| Larenz, Karl<br>Wolf, Manfred | Allgemeiner Teil des Bürgerlichen Rechts<br>8. Auflage<br>München 1997 |
| Larenz, Karl | Allgemeiner Teil des Bürgerlichen Rechts<br>6. Auflage<br>München 1997 |
| Larenz, Karl | Lehrbuch des Schuldrechts<br>Erster Band, Allgemeiner Teil<br>14. Auflage<br>München 1987 |

| | |
|---|---|
| Larenz, Karl<br>Canaris, Claus-Wilhelm | Lehrbuch des Schuldrechts<br>Zweiter Band – Besonderer Teil<br>2. Halbband<br>13. Auflage<br>München 1994 |
| Leinemann, Hermann | Handbuch zum Arbeitsrecht<br>119. Lieferung, Stand 1990<br>Neuwied, Kriftel |
| Lerche, Peter | Übermaß und Verfassungsrecht<br>Köln, Berlin, München, Bonn 1961 |
| Lieb, Manfred | Zum Verhältnis von Rechtsordnung und Arbeitskampf – Kritische Bemerkungen zur sog. zweiten Warnstreikentscheidung<br>NZA 1985, S. 265ff. |
| Lieb, Manfred | Die Zulässigkeit von Demonstrations- und Sympathiearbeitskämpfen - zugleich ein Beitrag zur Rechtslage bei unklarem Streikziel<br>ZfA 1982, S. 142ff. |
| Lieb, Manfred | Begriff, Geltungsweise und Außenseiterproblematik der Solidarnorm<br>RdA 1967, S. 441ff. |
| Lieb, Manfred | Anmerkung zum Urteil des BGH vom 31.1.1978<br>AP Art. 9 GG Arbeitskampf Nr. 61 |
| Lieb, Manfred<br>von Stebut, Dietrich<br>Zöllner, Wolfgang | Arbeitskampfrecht, 1990<br>Symposium Hugo Seiter zum Gedächtnis<br>Berlin 1990 |
| Lieb, Manfred | Zur Zulässigkeit kampfgebietserweiternder Aussperrung. Überlegungen über den Umfang arbeitskampfrechtlicher Spielräume auf Arbeitgeberseite<br>DB 1984, Beilage Nr. 12, S. 1ff. |
| Lieb, Manfred | Arbeitsrecht<br>8. Auflage<br>Heidelberg 2003 |
| Linnenkohl, Karl | Cyberspace und Arbeitsbeziehungen<br>BB 2001, S. 42ff. |

Loritz, Karl-Georg | Das Arsenal der Arbeitskampfmittel
*in* Lieb/von Stebut/Zöllner, Arbeitskampfrecht, Symposion Hugo Seiter zum Gedächtnis, S. 117
Berlin 1990

Loritz, Karl-Georg | Das Bundesarbeitsgericht und die „Neue Beweglichkeit"
ZfA 1985, S. 185ff.

Loritz, Karl-Georg | Betriebsbesetzungen – Ein rechtswidriges Mittel im Arbeitskampf
DB 1987, S. 223ff.

Löwisch, Manfred | Warnstreik und „Neue Beweglichkeit" - Zur rechtlichen und rechtspolitischen Problematik der sog. Warnstreikentscheidung des Bundesarbeitsgerichts vom 17.12.1976
BB 1982, S. 1373ff.

Löwisch, Manfred | Empfiehlt es sich, die Geltung des Ultima-Ratio-Grundsatzes im Arbeitskampfrecht gesetzlich zu regeln?
ZfA 1985, S. 53ff.

Löwisch, Manfred | Besondere Grenzen der Streikfreiheit in der Luftfahrt
ZfA 1988, S. 137ff.

Löwisch, Manfred | Das Übermaßverbot im Arbeitskampfrecht - Bemerkungen zum Beschluß des Großen Senats des Bundesarbeitsgerichts vom 21.4.1971
ZfA 1971, S. 319ff.

Löwisch, Manfred | Anmerkung zum Urteil des BAG vom 5.10.1999 – 4 AZR 668/98
RdA 2000, S. 312ff.

Löwisch, Manfred | Die Ausrichtung der tariflichen Lohnfestsetzung am gesamtwirtschaftlichen Gleichgewicht
RdA 1969, S. 129ff.

Löwisch, Manfred | Anmerkung zum Urteil des BAG vom 21.6.1988 -1 AZR 653/86
AR-Blattei [D], Arbeitskampf Nr. 29

Löwisch, Manfred | Anmerkung zum Urteil des BAG vom 8.11.1988 - 1 AZR 417/86
AR-Blattei [D], Arbeitskampf Nr. 30

Löwisch, Manfred | Arbeitskampf- und Schlichtungsrecht
Heidelberg 1997

| | |
|---|---|
| Löwisch, Manfred<br>Rieble, Volker | Tarifvertragsgesetz. Kommentar<br>München 1992 |
| Löwisch, Manfred | Zur rechtlichen Beurteilung besonderer Arbeitskampfmaßnahmen im Medienbereich<br>RdA 1987, S. 219ff. |
| Löwisch, Manfred<br>Krauß, Ernst-Friedrich | Arbeitskampf und Öffentliche Ordnung<br>AR-Blattei [D], Arbeitskampf VI |
| Löwisch, Manfred<br>Krauß, Ernst-Friedrich | Die rechtliche Bewertung von Betriebsblockaden nach der Sitzblockadenentscheidung des Bundesverfassungsgerichts<br>DB 1995, S. 1330f. |
| Löwisch, Manfred<br>Meier-Rudolph, Wolfgang | Das Recht am eingerichteten und ausgeübten Gewerbebetrieb in der Rechtsprechung des BGH und des BAG<br>JuS 1982, 237ff. |
| Lübbe-Wolff, Gertrude | Zur verfassungskonformen Interpretation des § 823 im Zusammenhang mit aktiv produktionsbehindernden Maßnahmen<br>DB 1988, Beilage Nr. 9, S. 1 ff. |
| Luckscheiter, Uwe | Der einstweilige Rechtsschutz gegen Streiks<br>Konstanz 1989 |
| Lyon-Caen, Gérard | Streik und Aussperrung in Frankreich<br>*in* Kittner, Michael (Hrsg.), Streik und Aussperrung, S. 333ff.<br>Frankfurt a.M. 1974 |
| Mason, Tim | Sozialpolitik im Dritten Reich. Arbeiterklasse und Volksgemeinschaft.<br>2. Auflage<br>Opladen 1978 |
| Maunz, Theodor<br>Dürig, Günther<br>Herzog, Roman<br>Scholz, Rupert | Grundgesetzkommentar<br>Stand: 42. Ergänzungslieferung, Februar 2003<br>München seit 1958 |
| Maurer, Hartmut | Allgemeines Verwaltungsrecht<br>14. Auflage<br>München 2002 |
| Mayer-Maly, Theodor | Der Warnstreik<br>BB 1981, S. 1774ff. |

Mayer-Maly, Theodor — Sozialpartnerparität als Verfassungsgebot
*in* Gedenkschrift für Harald Peters, S. 938ff.
Berlin 1967

Mayer-Maly, Theodor — Anmerkung zum Urteil des BAG vom 8.11.1988 - 1 AZR 417/86
SAE 1989, 321ff.

Mayer-Maly, Theodor — Anmerkung zum Urteil des BAG vom 21.6.1988 - 1 AZR 651/86
AP Art 9 GG Arbeitskampf Nr. 108

Mayer-Maly, Theodor — Aussperrung und Parität
DB 1979, S. 95ff.

Mayer-Maly, Theodor — Bemerkungen zur Entwicklung der Diskussion über den Verhandlungsanspruch tariffähiger Verbände
*in* Festschrift für Karl Molitor, S. 239ff.
München 1988

Mayer-Maly, Theodor — Verhandlungsanspruch tariffähiger Verbände
RdA 1966, 201ff.

Mayer-Maly, Theodor — Buchbesprechung zu Biedenkopf, Grenzen der Tarifautonomie
RdA 1965, S. 430f.

Medicus, Dieter — Durchblick: Drittbeziehung im Schuldverhältnis
JuS 1974, S. 613ff.

Medicus, Dieter — Bürgerliches Recht
19. Auflage
Köln, Berlin, Bonn, München 2002

Medicus, Dieter — Schuldrecht II - Besonderer Teil
11. Auflage
München 2002

Meier, Klaus; Wehlau, Andreas — Die zivilrechtliche Haftung für Datenlöschung, Datenverlust und Datenzerstörung
NJW 1998, S. 1585ff.

Meik, Frank Andreas — Der Kernbereich der Tarifautonomie
Berlin 1987

Merkel, Reinhard — Ist rechtswidriges Löschen von Tonbändern Sachbeschädigung?
NJW 1956, S. 778

Meyer, Regine — Streik und Aussperrung in der Metallindustrie
Marburg 1974

Möhring, Philipp
Nicolini, Käte — Urheberrechtsgesetz. Kommentar
2. Auflage
München 2000

Möschel, Bernhardt — Der Schutz des Eigentums nach § 823 Abs. 1 BGB
JuS 1977, S. 1ff.

Möstl, Markus — Anmerkung zum Urteil des BAG vom 25.2.1998 – 7 AZR 641/96
JZ 1999, S. 202ff.

Mückenberger, Ulrich — § 116 AFG und das Verbot der Aussperrung
*in* Muhr, Gerd (Hrsg.), Streikrecht, Demokratie und Sozialstaat, S. 95ff.
Köln, 1987

Müller, Gerhard — Einsatz von Beamten auf Arbeitnehmerplätzen bei einem legitimen Tarifstreik im öffentlichen Dienst
RdA 1982, S. 86ff.

Müller, Gerhard — Tarifautonomie und gesetzliche Regelung des Arbeitskampfrechts – Bemerkungen zum Beschluss des BVerfG vom 26.6.1991 zur Abwehraussperrung, zum Beschluss des BAG vom 21.11.1990 zur Frage der Mächtigkeit des Arbeitgebers und des Arbeitgeberverbandes und zur Offensivaussperrung.
DB 1992, S. 269ff.

Müller, Gerhard — Arbeitskampf und Recht
Grundsätze der Tarifautonomie
Frankfurt a.M./Wiesbaden 1987

Müller, Gerhard — Die Tarifautonomie in der Bundesrepublik Deutschland - rechtliche und ethische Grundlagen
Berlin 1990

Müller-Graf, Christian — Anmerkung zum Urteil des BGH vom 15.11.1982 – II ZR 206/81
JZ 1983, S. 860ff.

Müller-Guercke, Petra — Gewerkschaftliche Betätigung in den Betrieben
Köln 1980

Müller-Jentsch, Walter
Kessler, Rainer — Spontane Streiks in der Bundesrepublik
KJ 1973, S. 361ff.

| | |
|---|---|
| Müller-Roden, Helge | Betriebsbesetzung – Neue Form im Arbeitskampf – ZRP 1988, S. 161ff. |
| Münzberg, Wolfgang | Verhalten und Erfolg als Grundlage der Rechtswidrigkeit und Haftung Frankfurt a.M. 1966 |
| Musa, Wilhelm | Zur Rechtfertigung der Aussperrung RdA 1971, S. 346ff. |
| Nauditt, Barbara | Die Eingriffsbefugnisse der Polizei im Arbeitskampf AuR 1987, S. 153ff. |
| Nautz, Jürgen P. | Die Durchsetzung der Tarifautonomie in Westdeutschland Frankfurt a.M., Bern, New York 1985 |
| Neumann-Duisberg, Horst | Korrektur des Unmittelbarkeitsbegriffs beim Eingriff in den Gewerbebetrieb (§ 823 BGB) NJW 1968, S. 1990ff. |
| Nicolai, Andrea | Anmerkung zum Urteil des BAG vom 17.2.1998 EzA Art. 9 GG Arbeitskampf Nr. 129 |
| Nicolai, Andrea | Verweigerung von Streikarbeit Köln 1993 |
| Niemann, Fabian | Urheberrecht und Elektronisches Publizieren in Deutschland und Großbritannien Bonn 1998 |
| Nierhaus, Michael | Grundrechte aus der Hand des Gesetzgebers? AöR 116 (1991), S. 72ff. |
| Niese, Werner | Streik und Strafrecht Tübingen 1954 |
| Nikisch, Arthur | Arbeitsrecht Band II: Koalitionsrecht, Arbeitskampfrecht und Tarifvertragsrecht 2. Auflage Tübingen 1959 |
| Nipperdey, Hans-Carl | Rechtsprobleme der Aussperrung und des Streiks DB 1963, S. 1613ff. |
| Oetker, Hartmut | Anmerkung zum Urteil des BAG vom 22.3.1994 AP Art. 9 GG Arbeitskampf Nr. 130 |

| | |
|---|---|
| Oetker, Hartmut | Anmerkung zum Urteil des BAG vom 22.3.1994<br>SAE 1995, S. 254ff. |
| Oetker, Hartmut | Die Durchführung von Not- und Erhaltungsarbeiten bei Arbeitskämpfen<br>Heidelberg 1984 |
| Oetker, Hartmut | Gemeinsame Anmerkung zu den Urteilen des BAG vom 25.2.1998 – 7 AZR 641/96 und 11.3.1998 – 7 AZR 700/96<br>SAE 1999, S. 149ff. |
| Oh, Barbara | Zur Mitbestimmung in den Betrieben der New Economy<br>AiB 2000, S. 655ff. |
| Ohm, Wolfgang | „Nur“ ein Verweilen<br>Gewerkschaftsreport 1986<br>Band 7, S. 4f. |
| Olbricht, Sabine | Die Betriebsbesetzung als Arbeitskampfmaßnahme<br>Gießen 1990 |
| Ossenbühl, Fritz | Daseinsvorsorge und Verwaltungsprivatrecht<br>DÖV 1971, S. 513ff. |
| Ostendorf, Heribert | Kriminalisierung des Streikrechts<br>Neuwied 1987 |
| Otto, Hansjörg | Tarifautonomie unter Gesetzes- oder Verfassungsvorbehalt<br>*in* Festschrift für Albrecht Zeuner, S. 121ff.<br>Tübingen 1994 |
| Otto, Hansjörg | Anmerkung zu den Urteilen des BAG vom 15.12.1998 – 1AZR 289/98 und 1 AZR 216/98<br>AP Art. 9 GG Arbeitskampf Nr. 155 |
| Palandt, Otto | Kommentar zum Bürgerlichen Gesetzbuch<br>63. Auflage<br>München 2004 |
| Pfarr, Heide M.<br>Brandt, Hermann | Zur Geltung des Verhältnismäßigkeitsgrundsatzes bei Streik und Aussperrung<br>AuR 1981, 325ff. |
| Picker, Eduard | Arbeitskampfrecht und Gesamtrechtsordnung. Zur arbeitskampfrechtlichen Neuorientierung des Bundesarbeitsgerichts in der 4. Warnstreikentscheidung<br>DB 1989, Beilage Nr. 16, S. 1ff. |

Picker, Eduard — Ursprungsidee und Wandlungstendenzen des Tarifvertragswesens. Ein Lehrstück zur Privatautonomie am Beispiel Otto v. Gierke
*in* Gedenkschrift für Brigitte Knobbe-Keuk, S. 879ff.
Köln 1997

Picker, Eduard — Der negatorische Beseitigungsanspruch
Bonn 1972

Picker, Eduard — Positive Forderungsverletzung und culpa in contrahendo – Zur Problematik der Haftung „zwischen" Vertrag und Delikt
AcP 183 (1983), S. 369ff.

Picker, Eduard — Vertragliche und deliktische Schadenshaftung – Überlegungen zu einer Neustrukturierung der Haftungssysteme
JZ 1987, S. 1041ff.

Picker, Eduard — Der Warnstreik und die Funktionen des Arbeitskampfes in der Privatrechtsordnung
Köln, Berlin, Bonn, München 1983

Picker, Eduard — Die Regelung der Arbeits- und Wirtschaftsbedingungen
ZfA, 1986, S. 199ff.

Plander, Harro — Der Staat als Hoheitsträger und Tarifvertragspartei im Rollenkonflikt
AuR 1986, S. 65ff.

Plander, Harro — Streikeinsatz von Beamten und arbeitskampfrechtliche Parität
JZ 1986, S. 570ff.

Plander, Harro — Arbeitslosigkeit, neue Technologien und gewerkschaftliche Streikfähigkeit
DB 1987, Beilage Nr. 13, S. 1ff.

Platow, Helmut — Arbeitskampfbedingungen im Medienbereich – insbesondere am Beispiel des Wellenstreiks
ArbRGew 37 (2000), S. 73ff.

Preis, Ulrich — Verhältnismäßigkeit und Privatrechtsordnung
*in* Festschrift für Thomas Dieterich, S. 429ff.
München 1999

Preis, Ulrich — Arbeitsrecht – Kollektivarbeitsrecht
Köln 2003

Raiser, Ludwig — Das Eigentum als Menschenrecht
*in* Festschrift für Fritz Baur, S. 105ff.
Tübingen 1981

| | |
|---|---|
| Raiser, Thomas | Die arbeitsrechtliche Grundlage des Arbeitskampfes im Medienbereich<br>RdA 1987, S. 201ff. |
| Raiser, Thomas | Die Aussperrung nach dem Grundgesetz<br>Berlin 1975 |
| Ramm, Thilo | Der Begriff des Arbeitskampfes<br>AcP 160 (1961), S. 336ff. |
| Ramm, Thilo | Das deutsche kollektive Arbeitsrecht zwischen den Weltkriegen<br>ZfA 1988, S. 157ff. |
| Ramm, Thilo | Koalitionsbegriff und Tariffähigkeit – BVerfGE 18, 18<br>JuS 1966, S. 223ff. |
| Ramm, Thilo | Der Arbeitskampf und die Gesellschaftsordnung des Grundgesetzes<br>Stuttgart 1965 |
| Ramm, Thilo | Bundesverfassungsgericht und kollektives Arbeitsrecht<br>AuR 1988, S. 367ff. |
| Rebmann, Kurt<br>Säcker, Jürgen<br>Rixecker, Roland | Münchener Kommentar zum Bürgerlichen Gesetzbuch<br>Band 2a – Schuldrecht Allgemeiner Teil<br>§§ 241 – 432 BGB<br>4. Auflage<br>München 2003 |
| Rebmann, Kurt<br>Säcker, Jürgen<br>Rixecker, Roland | Münchener Kommentar zum Bürgerlichen Gesetzbuch<br>Band 5 – Schuldrecht Besonderer Teil<br>§§ 705-853 BGB<br>3. Auflage<br>München 1997 |
| Rebmann, Kurt<br>Säcker, Jürgen<br>Rixecker, Roland | Münchener Kommentar zum Bürgerlichen Gesetzbuch<br>Band 6 – Sachenrecht<br>§§ 854-1296 BGB<br>3. Auflage<br>München 1997 |
| Reichert, Bernhardt<br>van Look, Frank | Handbuch des Vereins- und Verbandsrechts<br>8. Auflage<br>Neuwied 2001 |
| Reitze, Serge | Entwurf eines spanischen Streikgesetzes<br>RdA 1993, S. 300ff. |

Reuß, Wilhelm — Der Ärztestreik
RdA 1972, S. 321ff.

Reuß, Wilhelm — Rechtsfolgen der Aussperrung
AuR 1963, S. 225ff.

Reuter, Dieter — Die unfaßbare „Neue Beweglichkeit" – BAG NJW 1985, 85
JuS 1986, S. 19ff.

Reuter, Dieter — Anmerkung zum Urteil des BAG vom 12.11.1996 – 1 AZR 364/96
JuS 1997, S. 761ff.

Reuter, Dieter — Nochmals: Die unverhältnismäßige Aussperrung – BAG (GS) AP, Art. 9 GG Arbeitskampf Nr. 43
JuS 1973, S. 284ff.

Reuter, Dieter — Die Arbeitskampffreiheit in der Verfassungs- und Rechtsordnung der Bundesrepublik Deutschland
*in* Festschrift für Franz Böhm, S. 521ff.
Tübingen 1975

Reuter, Dieter — Für ein konsistentes Arbeitskampfrecht
*in* Festschrift für Günther Wiese, S. 427ff.
Neuwied, Kriftel 1998

Reuter, Dieter — Die Grenzen des Streikrechts
ZfA 1990, S. 535ff.

Reuter, Dieter — Anmerkung zum Urteil des BAG vom 21.6.1989 - 1 AZR 651/86
SAE 1989, S. 101ff.

Richardi, Reinhard — Gegnerunabhängigkeit, Verhandlungsgleichgewicht und Verhandlungsfreiheit als Funktionsvoraussetzung des Tarifvertrages im öffentlichen Dienst?
DB 1985, S. 1021ff.

Richardi, Reinhard — Der Beschluß des Großen Senats des Bundesarbeitgerichts vom 21.April 1971
RdA 1971, S. 334ff.

Richardi, Reinhard — Arbeitsrecht und Zivilrecht
ZfA 1974, S. 3ff.

Richardi, Reinhard — Anmerkung zum Urteil des BAG vom 6.7.1970 – 5 AZR 523/69
SAE 1972, S. 33ff.

| | |
|---|---|
| Richardi, Reinhard | Kollektivgewalt und Individualwille bei der Gestaltung des Arbeitsverhältnisses<br>München 1968 |
| Richardi, Reinhard | Betriebsverfassungsgesetz mit Wahlordnung. Kommentar<br>8. Auflage<br>München 2002 |
| Richardi, Reinhard | Betriebsverfassungsgesetz mit Wahlordnung. Kommentar<br>7. Auflage<br>München 1998 |
| Richardi, Reinhard | Das Ordnungsmodell des Tarifvertragssystems und der Arbeitskampf<br>JZ 1985, S. 410ff. |
| Richardi, Reinhard<br>Wlotzke, Ottfried | Münchener Handbuch zum Arbeitsrecht<br>2. Auflage<br>München 2000 |
| Richardi, Reinhard | Die Verhältnismäßigkeit von Streik und Aussperrung<br>NJW 1978, S. 2057ff. |
| Richter, Klaus<br>Zwanziger, Bertram | Zur Zulässigkeit des Verbringens von Ersatzcrews an Bord bestreikter Schiffe.<br>AuR 1985, S. 175ff. |
| Rieble, Volker | Der Tarifvertrag als kollektiv-privatautonomer Vertrag<br>ZfA 2000, S. 5ff. |
| Rieble, Volker | Arbeitsmarkt und Wettbewerb - Der Schutz von Vertrags- und Wettbewerbsfreiheit im Arbeitsrecht<br>Freiburg 1996 |
| Rieble, Volker | Anmerkung zum Urteil des BAG vom 12.11.1996<br>SAE 1997, S. 281ff. |
| Rieble, Volker | Anmerkung zum Urteil des BVerfG vom 26.6.1991 - 1 BvR 779/85<br>EzA Art. 9 GG Arbeitskampf Nr. 97 |
| Ritscher, Wolfgang | Koalitionen und Koalitionsrecht in Deutschland bis zur Reichsgewerbeordnung<br>Stuttgart 1917<br>(Nachdruck, Frankfurt a.M. 1992) |
| Rombach, Wolfgang | Killerviren als Kopierschutz – Vertragliche und deliktische Anspruchsgrundlagen der Betroffenen<br>CR 1990, S. 101ff. |

| | |
|---|---|
| Ronellenfitsch, Michael | Der Anspruch auf polizeiliches Einschreiten bei Betriebsbesetzungen in der Druckindustrie<br>BB 1987, Beilage Nr. 6, S. 1ff. |
| Rost, Friedhelm | Die neue Rechtsprechung des Bundesarbeitsgerichts zum Arbeitskampfrecht<br>ArbRGew 31 (1994), S. 125 |
| Roxin, Claus | Verwerflichkeit und Sittenwidrigkeit als unrechtsbegründende Merkmale im Strafrecht<br>JuS 1964, S. 373ff. |
| Ruck, Silke | Zur Unterscheidung von Ausgestaltungs- und Schrankengesetzen im Bereich der Rundfunkfreiheit<br>AöR 117 (1992), S. 543ff. |
| Rudolphi, Hans-Joachim<br>Horn, Eckhard<br>Günther, Hans-Ludwig<br>Hoyer, Andreas<br>Wolters, Gereon | Systematischer Kommentar zum Strafgesetzbuch<br>7. und teilweise 8.Auflage<br>Stand April 2003<br>Frankfurt am Main |
| Rudolphi, Hans-Joachim | Gewerkschaftliche Beschlüsse über Betriebsbesetzungen bei Aussperrungen als strafbares Verhalten gemäß § 111 StGB<br>RdA 1987, S. 160ff. |
| Ruhland, Klaus | Arbeitskampfparität<br>Landshut 2001 |
| Rüth, Karl | Die Rechtsprechung des Bayerischen Obersten Landesgerichts in Verkehrsstrafsachen und Bußgeldverfahren<br>DAR 1982, S. 241ff. |
| Rüthers, Bernd | Der Abbau des „ultima-Ratio"-Gedankens im Arbeitskampfrecht durch das Bundesarbeitsgericht<br>DB 1990, S. 117ff. |
| Rüthers, Bernd | Arbeitgeber und Gewerkschaften – Gleichgewicht oder Dominanz<br>DB 1973, S. 1649ff. |
| Rüthers, Bernd | Rechtsprobleme des betriebsbezogenen wilden Streiks<br>JZ 1970, S. 625ff. |
| Rüthers, Bernd | Arbeitsrecht und politisches System<br>Frankfurt a.M. 1973 |
| Rüthers, Bernd<br>Berghaus, Michael | Anmerkung zum Urteil des BAG vom 12.01.1988,<br>AP Art. 9 GG Arbeitskampf Nr. 90 |

| | |
|---|---|
| Rüthers, Bernd | Kampfparität und Solidaritätsminimum bei Arbeitskämpfen im öffentlichen Dienst<br>AuR 1987, S. 37ff. |
| Rüthers, Bernd | Sonderprobleme der Rechtmäßigkeit von Arbeitskämpfen im Luftverkehr<br>ZfA 1987, S. 1ff. |
| Rüthers, Bernd | Rechtsprobleme der Aussperrung<br>Berlin 1980 |
| Sachs, Michael | Grundgesetz. Kommentar<br>3. Auflage<br>München 2003 |
| Säcker, Franz Jürgen | Streikhilfeabkommen und Kartellrecht<br>ZHR 137 (1973), S. 455, 463ff. |
| Säcker, Franz Jürgen<br>Oetker, Hartmut | Grundlagen und Grenzen der Tarifautonomie<br>München 1992 |
| Säcker, Franz Jürgen | Das neue Entgeltfortzahlungsgesetz und die individuelle und kollektive Vertragsfreiheit<br>AuR 1994, S. 1ff. |
| Säcker, Franz Jürgen | Die Instituts- und Betätigungsgarantie der Koalitionen im Rahmen der Grundrechtsordnung<br>ArbRGew 12 (1974), S. 17ff. |
| Säcker, Franz Jürgen | Zu den rechtspolitischen Grundlagen der Arbeitskampfentscheidung des BAG vom 21.4. und 26.10.1971<br>GMH 1972, S. 282ff. |
| Säcker, Franz-Jürgen | Anmerkung zum Urteil des Bundesverfassungsgerichtes vom 26.6.1970<br>JZ 1970, S. 774ff. |
| Samson, Erich | Zur Strafbarkeit von Betriebsbesetzungen<br>RdA 1987, S. 250ff. |
| Saul, Klaus | Staat, Industrie und Arbeiterbewegung im Kaiserreich<br>Köln 1974 |
| Schack, Haimo | Urheberrecht und Urhebervertragsrecht<br>Tübingen 1997 |

Schaub, Günter | Arbeitsrechts-Handbuch
10. Auflage
München 2002

Scherer, Inge | Grenzen des Streikrechts in Arbeitsbereichen der Daseinsfürsorge
Berlin 2000

Scheuner, Ulrich | Der Inhalt der Koalitionsfreiheit
*in* Weber, Werner / Scheuner, Ulrich / Dietz/Rolf: Koalitionsfreiheit – 3 Rechtsgutachten
Berlin, Frankfurt a.M. 1961.

Schlachter, Monika | Gleichheitswidrige Tarifnormen
*in* Festschrift für Günter Schaub, S. 651ff.
München 1998

Schliemann, Harald | Zur arbeitsgerichtlichen Kontrolle kollektiver Regelungen
*in* Festschrift für Peter Hanau, S. 577ff.
Köln 1999

Schliemann, Harald | Arbeitsgerichtliche Kontrolle von Tarifverträgen
ZTR 2000, S. 198ff.

Schmidt, Eberhardt | Ordnungsfaktor oder Gegenmacht. Die politische Rolle der Gewerkschaften
Frankfurt a.M. 1971

Schmidt, Karsten | Einhundert Jahre Verbandstheorie im Privatrecht
Hamburg 1987

Scholz, Rupert | Verfassungsrechtliche Grundlagen des Arbeitskampfrechts
ZfA 1990, S. 377ff.

Scholz, Rupert | Die Koalitionsfreiheit des Arbeitgebers
ZfA 1980, S. 357ff.

Scholz, Rupert; Konzen, Horst | Die Aussperrung im System von Arbeitsverfassung und kollektivem Arbeitsrecht
Berlin 1980

Scholz, Rupert | Koalitionsrecht und „Neue Beweglichkeit" im Arbeitskampf - Anmerkungen zum Warnstreikurteil des BAG vom 12.9.1984 – 1 AZR 342/83 -
SAE 1985, S. 33ff.

Scholz, Rupert | Anmerkung zum Urteil des LAG Köln vom 2. 7. 1984 - 9 SA 602/84
SAE 1984, S. 351ff.

| | |
|---|---|
| Schönke, Adolf<br>Schröder, Horst | Kommentar zum Strafgesetzbuch<br>26. Auflage<br>München 2001 |
| Schricker, Gerhard | Urheberrechte auf dem Weg zur Informationsgesellschaft<br>Baden-Baden 1997 |
| Schricker, Gerhard | Urheberrechtsgesetz. Kommentar<br>2. Auflage<br>München 1999 |
| Schwarze, Roland | Die Grundrechtsbindung der Tarifnormen aus der Sicht grundrechtlicher Schutzpflichten<br>ZTR 1996, S. 1ff. |
| Schwarze, Roland | Die verfassungsrechtliche Garantie des Arbeitskampfes – BVerfGE 84, 212<br>JuS 1994, S. 653ff. |
| Schwarze, Roland | Zur arbeitkampfsrechtlichen Zulässigkeit der Streikbruchprämie<br>RdA 1993, S. 264ff. |
| Schwitanski, Heinz Georg | Deliktsrecht, Unternehmensschutz und Arbeitskampfrecht<br>Köln 1986 |
| Seiter, Hugo | „Neue Beweglichkeit" durch Warnstreiks?<br>JZ 1983, S. 773ff. |
| Seiter, Hugo | Die neue Aussperrungsrechtsprechung des Bundesarbeitsgerichts<br>RdA 1981, S. 65ff. |
| Seiter, Hugo | Die neue Betriebsrisiko- und Arbeitskampfrisikolehre<br>- zu den Beschlüssen des Bundesarbeitsgerichts vom 22.12.1980 (1 ABR 2/79 und 1 ABR 76/79), DB 1981, 321f. -<br>DB 1981, S. 578ff. |
| Seiter, Hugo | Anmerkung zum Urteil des BAG vom 14.7.1981<br>SAE 1984, S. 100ff. |
| Seiter, Hugo | Streikrecht und Aussperrungsrecht<br>Tübingen 1975 |
| Siebrecht, Fritz | Das Recht im Arbeitskampf<br>3. Auflage<br>Köln 1964 |

Sieg'l, Christian | Arbeitskämpfe seit dem Spätmittelalter
Köln 1993

Singer, Reinhardt | Tarifvertragliche Normenkontrolle am Maßstab der Grundrechte?
ZfA 1995, S. 611ff.

Singer, Reinhardt | Rückzahlung von Fortbildungskosten aufgrund Tarifvertrages - tarifdispositives Richterrecht
SAE 1997, S. 213ff.

Sinzheimer, Hugo | Über einige Grundfragen des Arbeitstarifrechtes - Eine Auseinandersetzung mit den Grundlehren Erwin Jacobis
*in* Die Reichsgerichtspraxis im deutschen Rechtsleben, Bd. 4, 1-1 - Festschrift für das Reichsgericht, S. 1ff.
Berlin 1929

Sinzheimer, Hugo | Berichte und Protokolle des achten Ausschusses über den Entwurf einer Verfassung des Deutschen Reiches. Bericht der verfassungsgebenden Nationalversammlung 1919 – Nr. 21, S. 389ff.

Soergel, Hans Theodor | Bürgerliches Gesetzbuch. Kommentar
Band 4, Schuldrecht III (§§ 705-853)
11. Auflage
Stuttgart, Berlin, Köln, Mainz 1985

Söllner, Alfred | Zu Sinn und Grenzen der Vereinbarungsbefugnis der Tarifvertragsparteien
AuR 1966, S. 257ff.

Söllner, Alfred | Tarifmacht – Grenzen und Grenzverschiebungen
NZA 2000, Sonderbeilage zu Heft 24, S. 33ff.

Söllner, Alfred | Grenzen des Tarifvertrags
NZA 1996, S. 897ff.

Söllner, Alfred | „Gute Gewohnheit – Gutes Recht" – zur Rechtmäßigkeit alter und neuer Verhaltensweisen im Arbeitskampf
*in* Festschrift für Ernst Molitor, S. 333ff.
München 1988

Söllner, Alfred | Grundriss des Arbeitsrechts
11. Auflage
München 1994

| | |
|---|---|
| Spiekermann, Peter<br>Bobke, Manfred | Einstweilige Verfügungen im Arbeitskampf 1984 in der Metallindustrie<br>WSI-Arbeitsmaterialien Nr. 11<br>Düsseldorf 1986 |
| Spöhring, Walter | Streiks im internationalen Vergleich<br>Göttingen 1980 |
| Stahlhacke, Eugen | Zulässigkeit neuer Arbeitskampfmittel<br>Köln 1994 |
| Stamm, Sybille | Ein politischer Konflikt. Der Arbeitskampf der IG Medien<br>Sozialismus 1994, S. 50ff. |
| Staudinger, Julius von | Kommentar zum Bürgerlichen Gesetzbuch<br>1. Buch. Allgemeiner Teil, §§ 164-240<br>13. Auflage<br>München 2001 |
| Staudinger, Julius von | Kommentar zum Bürgerlichen Gesetzbuch<br>2. Buch. Recht der Schuldverhältnisse, §§ 328-361b<br>13. Auflage<br>München 2001 |
| Staudinger, Julius von | Kommentar zum Bürgerlichen Gesetzbuch<br>2. Buch: Recht der Schuldverhältnisse, §§ 611-615<br>13. Auflage<br>München 1999 |
| Staudinger, Julius von | Kommentar zum Bürgerlichen Gesetzbuch<br>2. Buch. Recht der Schuldverhältnisse - §§ 823-825<br>13. Auflage<br>Berlin 1999 |
| Staudinger, Julius von | Kommentar zum Bürgerlichen Gesetzbuch<br>2. Buch. Recht der Schuldverhältnisse - §§ 823-832<br>12. Auflage<br>Berlin 1986 |
| Staudinger, Julius von | Kommentar zum Bürgerlichen Gesetzbuch<br>3. Buch - § 854-882 BGB<br>13. Auflage<br>München 1995 |
| Steinbrück, Hans Joachim | Streikposten und einstweiliger Rechtsschutz im Arbeitskampfrecht der Bundesrepublik Deutschland<br>Baden-Baden 1992 |

| | |
|---|---|
| Steinbrück, Hans Joachim | Einstweilige Verfügungen im Arbeitskampf - Zivilprozessuale Aspekte<br>AuR 1987, S. 161ff. |
| Stern, Klaus | Das Staatsrecht der Bundesrepublik Deutschland<br>Band III, 1. Halbband: Allgemeine Lehren der Grundrechte<br>München 1988 |
| Stern, Klaus | Das Staatsrecht der Bundesrepublik Deutschland<br>Band III, 2. Halbband: Allgemeine Lehren der Grundrechte<br>München 1994 |
| Strick, Kerstin<br>Richter Marcus | Anmerkung zum Urteil des BAG vom 7.11.2001<br>EzA § 3 TVG Nr. 24 |
| Taupitz, Jochen | Haftung für Energieleiterstörungen durch Dritte<br>Berlin 1981 |
| Tenfelde, Klaus<br>Volkmann, Heinrich | Streik. Zur Geschichte des Arbeitskampfes in Deutschland während der Industrialisierung<br>München 1981 |
| Thüsing, Gregor | Anmerkung zum Urteil des BAG vom 31.1.1995<br>EzA Art. 9 GG Arbeitskampf Nr. 119 |
| Thüsing, Gregor | Anmerkung zum Urteil des BAG vom 17.10.1995<br>EzA Art 9 GG Nr. 60 |
| Thüsing, Gregor | Arbeitskampfrisiko, Notdienstvereinbarungen und Beschäftigungspflicht - Anmerkung zu neueren Tendenzen der BAG-Rechtsprechung<br>DB 1995, S. 2607ff. |
| Thüsing, Gregor | Der Außenseiter im Arbeitskampf<br>Berlin 1996 |
| Todt, Elisabeth | Die gewerkschaftliche Betätigung in Deutschland 1850-1859<br>Berlin 1950 |
| Tomandl, Theodor | Rezension der Festschrift für Eduard Bötticher<br>ZfA 1974, S. 83ff. |
| Töteberg, Gabriele | Auch als Nötigung strafbar<br>Der Arbeitgeber 1987, S. 465ff. |
| Treber, Jürgen | Anmerkung zum Urteil des BAG vom 12.11.1996 - 1 AZR 364/96<br>EzA Art. 9 GG Arbeitskampf Nr. 127 |

| | |
|---|---|
| Treber, Jürgen | Aktiv produktionsbehindernde Maßnahmen<br>Mainz 1996 |
| Tröndle, Herbert<br>Fischer, Thomas | Kommentar zum Strafgesetzbuch<br>51. Auflage<br>München 2003 |
| Uhlenbruck, Wilhelm | Der Ärztestreik als Mittel kollektiver Interessenwahrnehmung<br>RdA 1972, S. 327ff. |
| Ule, Carl Hermann | Streikrecht und Polizei<br>Köln, Berlin, Bonn, München 1972 |
| Veit, Susanne<br>Bobke, Manfred H. | Warnstreik und "Ultima ratio"-Prinzip in der Rechtsprechung des BAG<br>WSI-Mitteilungen 1990, S. 187ff. |
| von Bar, Christian | Anmerkung zum Urteil des BAG vom 8.11.1988 - 1 AZR 417/86<br>AP Art. 9 GG Arbeitskampf Nr. 111 |
| von Gravenreuth, Günter | Computerviren, Hacker, Crasher und Cracker<br>NStZ 1989, S. 201ff. |
| von Hoyningen-Huene, Gerrik | Die Vereinigungsfreiheit<br>AR-Blattei [D], Vereinigungsfreiheit I |
| von Hoyningen-Huene, Gerrik | Rechtmäßigkeitsvoraussetzungen aktueller Arbeitskampfmittel der Gewerkschaften<br>JuS 1987, S. 505ff. |
| von Hoyningen-Huene, Gerrik | Streikbedingte Sonderzuwendungen als Arbeitskampfmittel<br>DB 1989, S. 1466ff. |
| von Münch, Ingo<br>Kunig, Philip | Grundgesetz – Kommentar<br>Band 1 (Präambel bis Art. 19)<br>5. Auflage<br>München 2000 |
| von Mangold, Hermann<br>Klein, Friedrich<br>Starck, Christian | Das Bonner Grundgesetz. Kommentar<br>4. Auflage<br>München 1999 |
| Walker, Wolf-Dietrich | Der einstweilige Rechtschutz im Zivilprozess und im arbeitgerichtlichen Verfahren<br>Tübingen 1993 |

| | |
|---|---|
| Waltermann, Raimund | Zu den Grundlagen der Rechtsetzung durch Tarifvertrag<br>*in* Festschrift für Alfred Söllner, S. 1251ff.<br>München 2000 |
| Waltermann, Raimund | Zu den Grundlagen der Tarifautonomie<br>ZfA 2000, S. 53ff. |
| Wank, Rolf | Anmerkung zum Urteil des BVerfG vom 10.1.1995<br>AP Art. 9 GG Arbeitskampf Nr. 76 |
| Wank, Rolf | Anmerkung zum Urteil des BVerfG vom 14.11.1995<br>JZ 1996, S. 627ff. |
| Wank, Rolf | Grundlagen des Arbeitskampfrechts<br>*in* Festschrift für Rudolf Kissel, S. 1225ff.<br>München 1994 |
| Wassermann, Rudolf | Alternativkommentar zum Strafgesetzbuch<br>Band 3 - §§ 80-145d StGB<br>Neuwied, Kriftel 1986 |
| Wassermann, Rudolph | Alternativkommentar zum Grundgesetz für die Bundesrepublik Deutschland<br>Band 1: Art. 1-37 GG<br>2. Auflage<br>Neuwied 1989 |
| Weitnauer, Hermann | Die negative Streikfreiheit<br>*in* Festschrift für Heinz Kaufmann, S. 371ff.<br>Köln 1972 |
| Wendt, Sabine | Die Betriebsbesetzung<br>Rechtstatsächliche und rechtsvergleichende Untersuchung einer neuen Arbeitskampfform in Großbritannien, Frankreich, Italien und der Bundesrepublik<br>Frankfurt a.M., New York 1984 |
| Wesch, Martin | Die Bedeutung neuer Arbeitskampfmittel am Beispiel von Betriebsbesetzung und Betriebsblockade<br>Berlin 1993 |
| Wessels, Johannes<br>Hettinger, Michael | Strafrecht Besonderer Teil / 1<br>25. Auflage<br>Heidelberg 2001 |
| Wiedemann, Herbert<br>Thüsing, Gregor | Die Tariffähigkeit von Spitzenorganisationen und der Verhandlungsanspruch der Tarifvertragsparteien<br>RdA 1995, S. 280ff. |

| | |
|---|---|
| Wiedemann, Herbert | Anmerkung zum Urteil des BAG vom 19.10.1976<br>AP § 1 TVG Form Nr. 6 |
| Wiedemann, Herbert | Tarifvertragsgesetz. Kommentar<br>6. Auflage<br>München 1999 |
| Wiedemann, Herbert<br>Stumpf, Hermann | Tarifvertragsgesetz. Kommentar<br>5. Auflage<br>München 1977 |
| Wohlgemuth,<br>Hans Hermann | Beamtenstreik und Verfassung<br>Der Personalrat 1992, S. 94ff. |
| Wohlgemuth,<br>Hans Hermann | Rechtsfragen des Solidaritätsstreiks<br>AuR 1980, S. 33ff. |
| Wohlgemuth,<br>Hans Hermann | Staatseingriff und Arbeitskampf. Zur Kritik der herrschenden Arbeitskampfdoktrin<br>Frankfurt a.M. 1977 |
| Wohlgemuth,<br>Hans Hermann | Aktuelle Probleme des Arbeitskampfrechts<br>AuR 1991, S. 108ff. |
| Wohlgemuth,<br>Hans Hermann | Aussperrung und Grundgesetz<br>BB 1979, S. 111ff. |
| Wohlgemuth,<br>Hans Hermann | Probleme des Warnstreiks<br>AuR 1982, S. 201ff. |
| Wolf, Klaus-Peter | Reicht der Druck? IG-Metall diskutiert über Wechselstreiks<br>Der Gewerkschafter 1990, S. 18ff. |
| Wolf, Manfred | Tarifautonomie, Kampfparität und gerechte Tarifgestaltung<br>ZfA 1971, S. 151ff. |
| Wolter, Henner | Richterrecht und gewerkschaftliche Streikfähigkeit<br>(Zur Kritik neuerer Rechtsprechung des Bundesarbeitsgerichts zum Arbeitskampf)<br>AuR 1988, S. 357ff. |
| Wolter, Henner | Aussperrung, Parität und Verhältnismäßigkeit<br>AuR 1979, 193ff. |
| Zachert, Ulrich<br>Metzke, Maria<br>Hamer, Ulrich | Die Aussperrung<br>Köln 1978 |

| | |
|---|---|
| Zechlin, Lothar | Streikposten und Nötigung – ein verfassungsrechtlicher Problemaufriss<br>AuR 1986, S. 289ff. |
| Zechlin, Lothar | Streik, Strafrecht, Polizei<br>Köln 1986 |
| Zechlin, Lothar | Polizei und Arbeitskampf<br>*in* Muhr, Gerd (Hrsg.), Streikrecht, Demokratie und Sozialstaat, S. 188<br>Köln 1987 |
| Zeuner, Albrecht | Störung des Verhältnisses zwischen Sache und Umwelt als Eigentumsverletzung – Gedanken über Inhalt und Grenzen von Eigentum und Eigentumsschutz<br>*in* Festschrift für Werner Flume, S. 775ff.<br>Köln 1978 |
| Zöllner, Wolfgang | Die Fortentwicklung des Richterrechts zum Arbeitskampf, insbesondere zur Aussperrung<br>DB 1985, S. 2450ff. |
| Zöllner, Wolfgang | Die Rechtsprechung des Bundesverfassungsgerichts zu Art. 9 Abs. 3 GG<br>AöR 98, (1973), S. 71ff. |
| Zöllner, Wolfgang | Die Rechtsnatur von Tarifnormen nach deutschem Recht<br>Wien 1966 |
| Zöllner Wolfgang | Der Abbau einheitsvertraglicher Arbeitsbedingungen im nicht tariflich gesicherten Bereich<br>RdA 1969, S. 256ff. |
| Zöllner, Wolfgang | Arbeitsrecht und Marktwirtschaft<br>ZfA 1994, S. 423ff. |
| Zöllner, Wolfgang | Tarifmacht und Außenseiter<br>RdA 1962, S. 453ff. |
| Zöllner, Wolfgang | Die Zulässigkeit neuer Arbeitskampfformen<br>*in* Festschrift für Eduard Bötticher, S. 427ff.<br>Berlin 1969 |
| Zöllner, Wolfgang | Aussperrung und arbeitsrechtliche Parität<br>Düsseldorf 1974 |
| Zöllner, Wolfgang<br>Loritz, Karl-Georg | Arbeitsrecht<br>5. Auflage<br>München 1998 |

Zwanziger, Bertram — Die ITF Kampagne gegen Billigflaggenschiffe im System des deutschen Arbeitskampfrechtes unter Einschluss des Kollisionsrechtes
Göttingen 1994

## Stichwortverzeichnis

Almut Maulshagen

# Betriebliche Arbeitskampfregelungen

Frankfurt am Main, Berlin, Bern, Bruxelles, New York, Oxford, Wien, 2003.
360 S.
Schriften zum Arbeitsrecht und Wirtschaftsrecht.
Herausgegeben von Abbo Junker. Bd. 27
ISBN 3-631-39678-3 · br. € 56.50*

Betriebliche Arbeitskampfregelungen: in der Praxis zwar von großem Interesse, in der Wissenschaft aber nur ansatzweise diskutiert. Es ist weitgehend ungeklärt, inwieweit Betriebsparteien regelnd in das Arbeitskampfgeschehen eingreifen können. Die Aktualität dieser Frage wird insbesondere vor dem Hintergrund der verstärkt geforderten Liberalisierung des Tarifrechts deutlich. Immer öfter wird der Flächentarifvertrag zugunsten des Firmentarifvertrages in Frage gestellt. Zudem wird häufig eine Verlagerung der Regelungsbefugnisse von der tariflichen auf die betriebliche Ebene gefordert. Es stellt sich daher die Frage, ob Betriebsvereinbarungen Tarifverträge auch im Hinblick auf arbeitskampfrechtliche Fragen ersetzen bzw. ergänzen können.

*Aus dem Inhalt*: Reichweite der Rechtsetzungs- und Regelungsbefugnis der Betriebsparteien · Vorrang höherrangigen Rechts · Funktionale Zuständigkeit · Regelungsbestandteile von Betriebsvereinbarungen · Möglicher Inhalt von Betriebsvereinbarungen · Erzwingbare und freiwillige Betriebsvereinbarungen · Zulässigkeits- und Rechtsfolgeregelungen · Gleitzeitregelungen · Grundsätze des Arbeitskampfrechts · Anwesenheitsprämien · Notstands- und Erhaltungsarbeiten · Maßregelungsverbote · Arbeitskampfrecht als dispositives Recht · Grundsatz der Parität · Faktoren der Paritätsbewertung · Grundsatz der Verhältnismäßigkeit · Grundsatz der Gegnerunabhängigkeit · Grundsätze des Betriebsverfassungsrechts · Neutralitätspflicht des Betriebsrats · Friedenspflicht des Betriebsrats · Gebot der staatlichen Neutralität · Vertrauensvolle Zusammenarbeit · Betriebsverfassungsrechtliches Arbeitskampfverbot

FSC
www.fsc.org
MIX
Papier | Fördert
gute Waldnutzung
FSC® C083411

Zeitfracht Medien GmbH
Ferdinand-Jühlke-Straße 7
99095 Erfurt, Deutschland
produktsicherheit@kolibri360.de

Druck:
CPI Druckdienstleistungen GmbH
im Auftrag der
Zeitfracht Medien GmbH
Ein Unternehmen der Zeitfracht - Gruppe
Ferdinand-Jühlke-Str. 7
99095 Erfurt